东亚儒学问题新探

吴震 著

北京大学出版社

图书在版编目（CIP）数据

东亚儒学问题新探 / 吴震著. —北京：北京大学出版社，2018.1
（近思文丛）
ISBN 978-7-301-28922-8

Ⅰ.①儒… Ⅱ.①吴… Ⅲ.①儒学—研究—东亚 ②儒学—研究—日本 Ⅳ.①B222.05 ②B310 ③B313

中国版本图书馆 CIP 数据核字（2017）第 262008 号

书　　名	东亚儒学问题新探 DONGYA RUXUE WENTI XIN TAN
著作责任者	吴震　著
责任编辑	王晨玉　田炜
标准书号	ISBN 978-7-301-28922-8
出版发行	北京大学出版社
地　　址	北京市海淀区成府路 205 号　100871
网　　址	http://www.pup.cn　新浪微博:@北京大学出版社
电子信箱	pkuwsz@126.com
电　　话	邮购部 62752015　发行部 62750672　编辑部 62752025
印刷者	三河市北燕印装有限公司
经销者	新华书店
	787 毫米×1092 毫米　16 开本　25.75 印张　360 千字 2018 年 1 月第 1 版　2018 年 1 月第 1 次印刷
定　　价	65.00 元

未经许可，不得以任何方式复制或抄袭本书之部分或全部内容。
版权所有，侵权必究
举报电话: 010-62752024　电子信箱: fd@pup.pku.edu.cn
图书如有印装质量问题，请与出版部联系，电话: 010-62756370

鸣　谢

本书为国家哲学社会科学研究基金重点项目
"日韩朱子学的承传与创新"（13AZD024）的阶段性成果

并获得复旦大学上海儒学院"复旦儒学丛书"规划项目的资助

目 录

序 / 陈来   i
自 序   v

代前言：关于东亚儒学问题的一些思考   1
  一 "东亚"一词的由来   1
  二 近代中国语境中的"东亚"   5
  三 近年来"东亚儒学"研究的简单回顾   7
  四 关于"何以可能"与"何以必要"的问题   10
  五 小结   13

第一篇 东亚儒学问题省思

第一章 东亚儒学刍议
  ——以普遍性与特殊性的问题为核心   19
  引言   19
  一 问题由来：何谓"东亚儒学"   21
  二 一场没有交锋的论战：何谓"东亚"   31
  三 17世纪以后东亚文化差异巨大论   43
  四 儒学日本化与日本特殊论   52
  五 日本儒学中的普遍与特殊   62
  六 余论   73

第二章 试说"东亚儒学"何以必要
  ——从子安宣邦、黄俊杰的相关论述说起   79

一　子安宣邦：建构"作为方法的东亚"　　79
二　黄俊杰：文化多元视域中的东亚儒学　　84
三　小结：从四个方面谈东亚儒学何以必要　　94

第二篇　德川日本的儒学重建

第三章　道的"去形上化"
——日本徂徕学建构政治化儒学的一项尝试　　101
引言　"海内第一流人物"　　101
一　问题由来：近代性与日本化　　103
二　道的"去形上化"与政治化　　107
三　道的非道德化　　112
四　道的历史性与普遍性　　115
五　小结　　121

第四章　以古言征古义
——德川儒者荻生徂徕经典诠释方法论初探　　123
一　古文辞学的发现　　125
二　以汉语会汉语　　128
三　以古言征古义　　132
四　小结　　140

第五章　德川日本徂徕学的礼仪制度重建　　143
一　"礼"是先王之"准据"　　144
二　"礼"的现实化问题　　150
三　"行礼"的人情基础　　160
四　小结　　166

第六章　17世纪德川儒学"反朱子学"的案例考察
——从伊藤仁斋"仁学""道论"思想建构来看　　169
引言　朱子学的日本命运　　169
上篇　仁学　　172

下篇　道论　　195
　　余论：德川儒者"反朱子学"的几点省察　　212

第三篇　日本心学与儒学日本化

第七章　德川日本心学运动中的中国因素
　　——兼谈"儒学日本化"　　221
　　引言　东亚地区的两种心学　　221
　　一　心学：从中国到日本　　224
　　二　梅岩心学的思想特质　　233
　　三　石门心学的讲学运动　　238
　　四　石门心学与"儒学日本化"　　244
　　五　附录：飞騨国心学讲学的一部实录
　　　　二木长啸《讲席日志》（摘译）　　249
　　　　　　　　　　　　　　　　　　　251

第八章　德川日本心学运动的"草根化"特色
　　——就民间文书《心学入门手册》而谈　　268
　　引言　心学研究中的"瓶颈"问题　　268
　　一　心学活动在下馆藩的展开　　270
　　二　心学讲学的草根化特色　　274
　　三　余论："津田观点"再思　　280

第九章　中国善书在近世日本的流衍及其影响
　　——以中江藤树的宗教观为中心　　284
　　一　藤树与茂猷的思想交涉　　285
　　二　藤树宗教观的主要特色　　289
　　三　中国善书在日本的流传　　294
　　四　小结　　298

第十章　中国善书思想在东亚的多元形态
　　——从区域史的观点看　　302
　　一　将中国亦视为一种"区域"　　303

二　《乡约》《六谕》在东亚的不同遭遇　　307
　三　中国善书在东亚的多元展开　　315
　四　小结　　324

附　录

附录一　丸山真男有关"日本性"问题的思考　　329
　一　"近代"是丸山的一种宿命　　330
　二　早期丸山的"日本研究"　　332
　三　晚期丸山的"原型—古层"论　　336
　四　小结：对丸山"日本性"探索的一些思考　　343

附录二　关于"东亚阳明学"的若干思考
　　——以"两种阳明学"的问题为核心　　348
　引言　何谓"东亚阳明学"、什么是"阳明学"？　　348
　一　"两种阳明学"：解构中日阳明学的"同质性"　　351
　二　何以说"原本就没有两种阳明学"？　　357
　三　"红色阳明学"与"白色阳明学"　　361
　四　"近代阳明学"是日本的"近代思想""政治言说"　　364
　五　小结：东亚阳明学研究具有建构性的意义　　369

参考文献　　373

序

我国学者的东亚儒学研究由来已久，自1980年代中期以来的发展尤为突出。特别是80年代中期至90年代中期，东亚儒学中的韩国儒学研究在我国进展甚快，高水平成果亦复不少。其原因之一是，与80年代以前只有东方哲学专业的研究学者注意韩国儒学不同，80年代以后从事中国哲学研究的学者成为韩国儒学研究的主力。如张立文教授和我都是在1985年的上半年分别在《哲学研究》和《北京大学学报》发表了关于韩国儒学的研究论文。也是在1985年秋天，中国大陆十几位中国哲学的学者受邀参加了在日本筑波大学举行的国际退溪学会议。1989年在北京由中国人民大学中国哲学教研室为主举办了国际退溪学会议，此后参与韩国儒学研究的中国哲学学者更日渐增多。新世纪以来，又有中国青年学生留学韩国，以韩国儒学为主题作博士论文，归国后继续从事研究，成为韩国儒学研究的生力军。此外，韩国儒学界和中国学界的交流意愿比较积极，也是促成韩国儒学研究在中国较快发展的原因之一。反观国内，80年代以来，我们对日本儒学研究的力量增长较慢，与韩国儒学研究的大量增长成为对比。仅从这一点来看，吴震教授的这部以日本德川时代儒学研究为主体的东亚儒学研究的出版，就有很重要的意义。

近四十年来，我国的宋明理学研究以及韩国性理学研究都有了长足进步，在一定意义上说，已居于世界前列。但我国学者对日本近世儒学的研究还比较薄弱。我还记得，京都大学的岛田虔次先生的名作《朱子学与阳明学》的中译本在1986年出版时，该书当时给我印象最深的并不是关于朱熹和王阳明的简要论述，而是其中所表现的东亚朱子学的比较视野。如该书第一章一开始就谈及张横渠的四句"为天地立心,为生民立命,为往圣继绝学,为万世开太平",他说:"中国的宋学(其结晶即朱子学)同日本的朱子学不同,假如将张横渠的这四句取为标准,则某种程度上不是能更清楚地领悟它吗?就是说我国的朱子学,极其缺乏为天地、为人类、为学问之传统,而且为万世这样规模雄大的精神。"该书后记中说:"我国的朱子学好像是以名分特别是以君臣大义为中心,可是我怎么也不能想象在中国的朱子学里名分论可以居独占的大比重。"这种中日朱子学的比较研究在我国则一直是缺乏的。又如,岛田先生在该书后记说:"我以为,好像基督教史多是在泛欧洲视野下被写成一样,儒教史、朱子学史也应首先作为贯通中国、朝鲜、日本(越南?)的通史来写。朝鲜的朱子学,譬如那个理发气发说,不论对朱子学教理一般,还是特别对日本的朱子学,如何做出了重大的、本质的贡献,阿部吉雄博士的《日本朱子学同朝鲜》(1965)里都有指教。我认为写出将这些方面都正当地纳入视野之内的儒教史、朱子学史,是当前的急务。"这里所说的就是提倡撰写东亚朱子学史或东亚儒学史,也就是说,东亚的朱子学不能说只是中、韩、日三国各自朱子学的独立发展,而是还有其贯通的一面,使得东亚朱子学也构成为或可以看作为一个有关联、有发展的历史整体。岛田先生的这些主张我虽然颇为留意,此后也一直关心日本朱子学研究,但遗憾的是,自己始终没有对日本朱子学或日本儒学下过功夫。因此,看到吴震教授的这部即将出版的日本儒学的著作,我是非常高兴的。总之,加强对日本近世儒学的研究,是目前我国发展东亚儒学研究的一个重大任务。

本书包括三个主要部分,第一部分是有关"东亚"讨论的叙述。对"东亚""东亚儒学"概念的历史发生和多种使用,乃至晚近东亚论述包含的复杂面向,本书都有全面的介绍和讨论,反映了最新、最前沿的发展,对有意了解和参与这个领域研究的学者十分有益。第二部分是对德川儒学的研究,不仅包括对德川时代荻生徂徕、伊藤仁斋的思想研究,也包括对石田梅岩及其讲学运动的研究,这些研究都吸收了学界已有的成果，并具有中国学者的比较视野。其中对近世中国善书在东亚流传的研究，由于作者对中国明清善书做过深入研究，故其研究得心应手，并能辨析中国善书在朝鲜时代和江户日本的不同处境。第三是近代以来"日本化"与"日本性"的研究。所谓日本化主要是儒学的日本化，其中涉及的近代日本道德论等，对于研究中国近代以来的道德论的变化发展，亦有参考价值。日本性主要讨论丸山真男对"日本性"的思考。对于丸山真男，中国学界一般只了解其前期关于德川时代日本政治思想史的研究，对其后期关于早期日本文化的研究知之甚少，本书对此做了深度的反思，应该引起关注。

总之，本书史料运用非常广泛，涉及的问题多且深入，问题意识突出，其思考富有时代性，是目前中文世界东亚儒学研究的一部杰作，很值得向读者推荐。最后，我还想指出，本书作者吴震教授长期从事宋明儒学研究，在宋明儒学研究领域享有盛名，这是他对东亚近世儒学研究能做出积极贡献的重要原因。我相信，本书的出版，必将在我国日本儒学研究和思考方面，发挥积极有力的推动作用。

陈　来
2017 年 2 月

自 序

环视近十年来的国际学术界,"东亚儒学"俨然已成一研究新领域,其发展势头十分可喜。只是相比之下,中国大陆的哲学界在此领域中的成果比中国台湾学界所取得的成就逊色不少,从质和量两个方面看,都得坦承这是事实。就笔者管见所及,在大陆学界,以"东亚儒学"命名的学术专著,至今似乎唯有陈来教授的《东亚儒学九论》(2008)一部而已。当然,若以专题而论,则有关日本或韩国的儒学专题研究(包括通史性的以及个案性的)已有大量涌现,甚至出现了一些通史性的论著,这里不遑一一举例,仅举两例:李甦平《韩国儒学史》(2009)、邢丽菊《韩国儒学思想史》(2015)。不过,这些通史研究的作者大多有着专业的学术训练。

而在当今韩国及日本的学术界,有关东亚儒学的整体研究也有了长足的进步,相关成果的积累也相当丰厚。但是不容否认的一个现实状况是:在韩国,中国儒学与韩国儒学这两大领域的学者之间的交流,在日本,日本儒学与中国儒学这两大领域的学者之间的交流,都几乎处在"隔行如隔山"的境地之中,彼此之间囿于当今学科的设置愈加细化的缘故,因而疏于往来交流,相反,倒是在中国大陆或者台湾的学术研讨会上,这些不同领域的学者有时会同时出现,令他们自己也感到有些讶异。就研究现状来看,韩国的情况我并不熟悉,故不宜妄议,日本近年来正在加快东亚儒学研究的步伐,其特征与日本学者擅长于史料文献的考订和梳理一样,他们对东亚儒学的研究也非常注重"以小见大"的专题性或个案性的问题研究,而并不喜欢高谈阔论"东亚儒学"的方法论问题或诠释学问题。

有迹象表明，有不少此前从事中国儒学研究的日本学者，已经开始将目光拓展至韩国儒学或日本儒学的研究领域，这里仅举几例（为避繁琐，省略书目），例如三浦国雄教授的韩国儒学研究、吾妻重二教授的日本以及韩国的礼学研究、中纯夫教授的朝鲜阳明学研究、土田健次郎教授的日本江户儒学研究、吉田公平教授的中日两国心学思想研究、小岛毅教授的近代日本阳明学的研究，等等。至于开东亚儒学研究之风气之先的则非前辈学者子安宣邦教授莫属，他的《东亚儒学：批判与方法》（2003中国台湾版）可能是日本学者的首部以"东亚儒学"命名的专著，而他对"东亚"问题以及"东亚儒学"问题的批判性考察十分尖锐而又有独到见识，值得关注。

台湾学界对于东亚儒学研究领域的开辟，无疑具有创举之功。历史的追溯暂且不论，20世纪末21世纪初，台湾大学成立了"东亚文明研究中心"，此后转身为人文社会科学高等研究院，在黄俊杰教授充满学术战略眼光的率领下，为台湾学界开启了东亚儒学的一代风气，在十多年的坚持努力下，有关东亚儒学研究的成果积累已将近200部，其中，黄教授一人的著作就近30部（包括专著和编著），这些丰硕累累且成就颇高的研究成果放在全球视野中看，无疑是首屈一指的。他们所获得的这些成就不仅对于东亚儒学研究而且对于中国传统文化的弘扬都具有积极的学术意义。

我对日本儒学的研究则是半路出家，套句俗语，大多属于为参加会议而做的"应景之作"。诚然，我自20世纪80年代留学日本之后，便开始对日本儒学逐渐引发兴趣，但由于长期以来埋头于中国哲学特别是明代阳明学的研究，所以在阳明后学的系列研究（我称之为"三大板块"——王门的"浙中""江右""泰州"研究计划，见拙著《泰州学派研究"后记"》，2009年）完成之前，并没有余力进入日本儒学的研究领域。第一篇涉足日本研究的论文其实是一篇研究综述，是2003年受台湾大学黄俊杰教授之邀，参加"东亚儒学"国际会议之际，匆忙赶写出来的《十六世纪中国儒学思想的近代意涵——以日本学者岛田虔次、沟口雄三的相关讨论为中心》，此后也并没有集中心思对日本儒学做系统整体的研究，只是断断续续地为应付各种东亚儒学的学术会议而写下了几篇有关东亚儒学问题以及若干有关日本儒学问题的学术论文。说实话，现在呈现在读者面前的这部拙著，便是将这些会议论文加以汇集而成的结果。

不过，近十年来，自觉对于何谓"东亚儒学"，"东亚儒学"何以必要又何以可能等问题有过一些思考，也提出了若干拙见，同时，对于日本江户儒学的主要问题也做了一些专题性的考察，因此也就有了本书的十来篇学术论文的累积。需略加辩白的是，我的这些研究之所以注重专题性的问题考察而非系统性的通史建构，这应当与我个人的一个固执己见的学术观点有关——即我以为在当今学术界的发展潮流来看，诸如《中国哲学史》这类通史性大部头专著的撰述工作即便有其自身的学术价值，但其价值也已经显得十分有限，我觉得在老一辈为构建中国哲学学科而不得不从事的通史性研究的基础上，再增加几部类似的通史著作已经没有什么必要性。当然，这并不等于说通贯性地展开东亚儒学研究已经失去了学术意义，相反，从中国哲学或儒学的角度出发，来思考或建构日本或韩国的儒学史却是有待开发或继续努力的研究领域，只是这类通史性的宏观叙事式的研究非我性之所近、力之所及。

当然，若就学术研究的自身特性而言，任何专题性或个案性的学术研究，如果缺乏对研究对象的整体性关照，那么，必使研究视野自受局限而将导致研究结果偏于一隅之见。举例来说，关于徂徕学的研究，既需要将徂徕学置于日本江户儒学的思想背景中来加以整体性把握，同时也需要将徂徕学置于中国儒学的背景中来加以跨文化考察，因为徂徕学固然具有重建日本儒学的特征，然而在重建过程中，徂徕学的思想对话却指向中国儒学特别是孔孟儒学和朱子学。所以，在研究徂徕学的过程中，就需要我们尽量做到这样一点：从中国儒学的视角出发，对徂徕学建构日本化儒学的问题意识展开批判性反思。至于有关徂徕学（包括江户儒学）的文献性批判研究或整理研究，则尽量汲取日本学者的大量研究成果即可，而不必与日本学者已经做出的徂徕学基础性研究争短长。这样的研究取向应当是东亚儒学研究的特长所在也是优势所在，也就是说，正因为我们是从"他者"的视角出发，所以或可使我们的日本儒学研究给日本学界带来一点点意外的效果。也许，自日本学者的眼光看，我们的日本研究难免存在一些知识性的错误，但是，任何跨文化的比较性研究都会存在这样或那样的类似失误，这就需要我们深入地推进这项研究，通过学术交流或互相学习，必能进一步改善东亚儒学研究的生态，不至于回到全球化时代之前的"老死不相往来"的旧生态当中。

根据我的初步研究经验，令人颇感棘手的是，"东亚"问题，而在本书的题名中，"东亚"两字也赫然在目，故有必要略赘几句。"东亚"一词，当然原是地理概念，是欧洲人用以区别于西方而书写的地理名称——east Asia。然而曾几何时，东亚一词开始伴随战争的记忆，在20世纪初开始发生了语义上的一些微妙变化，东亚已不再是单纯的地理概念，而带有了地政学的含义，特别是在第二次世界大战期间，日本帝国宣扬发动战争的目的在于构建"大东亚共荣圈"以来，于是，"东亚"一词便有了浓厚的帝国色彩和政治意味。按子安宣邦的分析，这是日本帝国欲将"东亚"实体化的一种政治图谋，所谓"实体化"，就是指东亚在日本帝国的统领下，该地域的不同文化可以同质化为"一个世界"，不同语言可以同质化为"日语世界"，不同种族可以同质化"日本人"，这无疑是一种帝国殖民主义的妄想，其注定灭亡则是不言而喻的。因此，在日本战败之后，"东亚"一词被视作战争时代的帝国语言而得以禁止使用，取而代之的是日语"東アジア"（可译作"东亚细亚"）。然后由于日本政府在战后对于战争责任等问题迟迟未能获得最终的解决，所以，"东亚"所伴随的战争记忆也就无法从深受战争伤害的东亚内部及其周边国家的人们心中彻底抹去。

必须说明的是，我所采用的"东亚"一词，既不能将其归入纯粹的地理概念，也不能将其理解为政治学概念，而是将东亚视作一个"文化东亚"的概念，换言之，也正是在"文化东亚"的意义上，我们有必要正视历史上东亚地域所发生的文化交流、思想传播等等现象。当然,在将东亚作为研究对象之前,我们须拥有一种自觉意识:即我们所着眼的是东亚地域的文化现象,至于近代以来在东亚发生的战争历史,则属于另一个历史学或政治学的研究领域,而与我们的东亚儒学研究并没有直接的关联。在我们看来,东亚儒学这项学术性研究并无必要以清算东亚实体化的那段历史作为研究的前提,彻底的历史清算属于政府行为,其或有待来日,而东亚三国的学者也有必要共同反省这段历史。总之,20世纪上半叶的这段并不光彩的东亚历史不能成为我们展开正当学术研究的沉重包袱,而东亚儒学的学术研究或可反过来成为反省东亚历史、重建东亚秩序的一个助益。

毋庸讳言,儒学在历史上曾经是东亚秩序得以建构的一个重要纽带,在当今全球化时代,儒学是否还具有前近代的东亚秩序的建构功能,答案恐怕是否定的。在我们看来,随着全球化的全面发展,地域文化也日益受到重视而不是被全球化所吞没,因为全球化并不意味着不同地方文化的同质化,相反,正是在各种不同文化彼此尊重、相互学习的前提下,全球化才能得以保持其健康的发展。也正由此,我们也就不可想象采用中国的传统儒学去重建整个东亚的政经秩序。但是,儒学作为一种文化传统,其中所蕴含的在当今世界仍具有普遍性的例如仁爱、正义、良知等价值观念以及被20世纪90年代"世界伦理宣言"所采纳的"己所不欲勿施于人"的道德金律,仍可成为具有积极意义的思想资源,提供人们思考如何重建人与人的信赖合作关系?如何建构人类的"共生"世界?因为文化交流、文明对话带来的相互了解已然是21世纪人类面临的事关人文世界发展前途的大事。正是在这个意义上,东亚儒学研究一方面可以改变20世纪"闭关自守"的研究旧习,更重要的是,通过虚心学习儒学传统在异域的发展历史,从中获得有益于儒学未来发展的某些启迪,并通过对儒家传统的创造性转化,以使东亚儒家的核心价值理念成为共建东亚的"共生"社会秩序的精神基础。

最后,我要向陈来教授拨冗赐序,致以衷心的感谢!他在《序》中对拙著颇多溢美之辞,令我愧不敢当。我还要向黄俊杰教授致以衷心的感谢！长年以来，如果没有他的持续不断的关心和支持，没有他的几次再番地邀请我参加台湾大学的东亚儒学会议，或许我就会失去续写书中各篇论文的动力。从这个角度说，本书是与台湾东亚儒学研究交流的产物。

其他还应感谢的人员更多，杭州师范大学张天杰副教授通览全稿，提出了不少文字修订意见，还有一些学生帮我复印资料，只是这里无法一一列出他们的姓名，当然心中的感激之情永在！需说明的是，由于文章写作时期不一，文字表述以及原文引用多有重复，对此虽做了一些删改，但已经无法一一纠正过来，还望读者见谅并提意见！

2017 年 4 月 10 日
于复旦大学

代前言：关于东亚儒学问题的一些思考

中文"东亚"一词源自日语的汉字书写，而该词伴随着20世纪30年代所谓"大东亚共荣圈"这一沉痛的战争记忆。如今"东亚"作为一种文化概念而非单纯的地理概念，逐渐成为东亚各国学术界关注的对象。近十余年来，在台湾学界的努力下，"东亚儒学"已足以构成一独立的研究领域，并已到了对此研究领域的已有成果及将来发展等问题进行总结反省的阶段，特别是对于东亚儒学"何以可能"与"何以必要"的问题进行反思显得尤为重要。正是在此问题意识的促动下，台湾大学人文社会高等研究院在2014年7月主持召开了"2014东亚儒学研讨会"，借此机会，我想梳理一下近几年来自己有关"东亚儒学"问题的一些思绪，以求教于大家。

一 "东亚"一词的由来

"东亚"一词原是对east Asia的日语翻译，它的日语书写有两种方式："東亜"和"東アジア（Asia）"。前者是日语汉字，后者则是用日语"片假名"来音译"亚细亚"（Asia），即"亚洲"。在20世纪30年代的近代日本，日语汉字书写的"東亜"一词具有浓厚的帝国日本意识形态的烙印，往往伴随着"大东亚共荣圈"的战争记忆，故自1945年日本战败以后，"東亜"一词成为禁语，从社会语言上消失，取而代之的是"東アジア"。尽管"東亜"一词几近消失，但是有关"東アジア"问题的情结在日本学界却丝毫未见衰退。[1]

---

[1]　以日语"東アジア"为关键词，输入复旦大学、台湾大学、京都大学的图书馆书目查找系统，分别出现的词目数字是：564条、5235条、6759条。

关于"东亚"一词的词源学问题，特别是日本近代史上，该词是如何出现及其演变等问题，陈玮芬在子安宣邦的论述基础上，指出这个词汇未见诸中国的《词源》《辞海》等主要辞书，而是出现在1920年代的日本，最早是以"东亚美术史""东亚佛教史""东亚文明史""东亚考古学"等学术性的专用名词出现，具有文化含义的地域概念，到了30年代以后，逐步演变成地政学概念，并且被进一步扩大为帝国日本建构"东亚共同体""大东亚共荣圈"的理念[1]。当然，1943年11月6日日本军国政府发表的《大東亜共同宣言》（东京：新纪元社，1944年）不仅意味着"东亚"一词已上升为国家意识形态，而且将此提升为战争理念，公开宣称当时日本发动的侵略战争是为了解放亚洲也是为了"建立世界之和平"的所谓"正义"战争。因此"东亚"一词所伴随的战争记忆是十分沉痛的。但是"东亚"作为学术用语之出现并非始于20年代的日本，而要往前追溯半个世纪以上。

关于"东亚"问题，子安宣邦在2000年11月参加韩国成均馆大学主办的"东亚学术国际会议"发表的一篇论文《昭和日本と"東亜"概念》中已有明确阐述[2]。归纳而言，子安的核心观点有二：1. 东亚概念的出现是为了摆脱中华文化中心论，他指出作为文明史、文化史的"东亚"概念之提出，是"热切地想要'脱亚'的近代日本内部的东方主义（orientalism）者所建构的概念"，因此，"所谓'东亚'正是为了改变指向中华主义文明中心的一元论要素而发展出来的文化地域概念"，他指出"我们可以预知，这个新的文化地域概念'东亚'将会产生地域内的多元性的文化发展"[3]，这就告诉我们，"东亚"不是一个不言自明的地域概念，它作为一种地域文化概念，是具有历史内涵

---

[1] 分别参见陈玮芬：《近代日本汉学的"关键词"研究：儒学及其相关概念的嬗变》，台北：台湾大学出版中心，2005年，第101—135页；子安宣邦：《"アジア"はどう語られてきたか——近代日本のオリエンタリズム》（《"亚洲"是如何被论述的——近代日本的东方主义》），东京：藤原书店，2004年。

[2] 该文原载《環》第5号，东京：藤原书店，2001年4月，后收入氏著《"亚洲"是如何被论述的》一书中。

[3] 子安宣邦：《"東亜"概念と儒学》，载氏著《"亚洲"是如何被论述的》，第187页。

的；2. 东亚一词与近代日本的"东方主义"有密切关联，所谓"东方主义"，是萨义德（1935—2003）提出的一个批判性概念，盖指西方学者在审视东方时，常以自身为普遍性准则，而将东方视作停滞、落后的特殊性空间，因此东方应该按照西方的普遍主义原则来摆脱停滞落后的状态，以便融入西方的普遍世界[1]。在子安看来，近代日本在审视东亚之际，就是运用了这种"东方主义"的眼光。

然而问题是日本战后将"东亚"书写转换成"东亚细亚"，就能消除战争记忆吗？子安质疑道："'东亚'之死而能产生'东亚细亚'吗？"[2]他给出的答案当然是否定的。至于"作为文化概念的'东亚'"是否可能？子安虽表基本认同，但也提醒我们这一概念主要是针对中国文化一元论，他指出："所谓文化概念的'东亚'，是对中华主义的文明一元论指向，以相对化的形式而重构起来的地域概念。"这是说，作为文化概念的"东亚"的形成建立在对战前"东亚"的地政学概念的一种反省和批判上，它涵指以中国为起源的文明这一广泛地域的"共通性"的地域内部所存在的多元文化形态。而且这不仅仅是一种文化概念，更是一般意义上的"广域"性概念。他指出，根据这一概念的"广域性"，而将国家民族中心主义相对化，所以这一概念可以包含从文化到经济乃至政治等各种社会领域，在空间上也可包含多样多层的相互交流。因此重要的是，"东亚细亚"并不是国家间关系的"实体化"，而是使生活者的相互交流成为可能的一种表示"关系域"的文化地域概念，换言之，也就是一种"方法的"概念[3]。这才是用我们的手来解构帝国日本的"东亚"概念，以便重新建构"东亚细亚"的一个可能途径。很显然，子安提出以"东亚"为"方法"的观点，是将中华文明相对化的文化概念，是承认这一广泛地域中文化多元性的概念。

对于子安的上述见解，我们可以表示基本的赞同，但是这里须指出两点：第一，"东亚"一词的产生与19世纪末的中日战争背景以及

---

[1] 参见萨义德：《东方学》，王宇根译，北京：生活·读书·新知三联书店，1999年。
[2] 子安宣邦：《昭和日本と"東亜"の概念》，载氏著：《"亚洲"是如何被论述的》，第101页。
[3] 同上书，第103—104页。

随之兴起的"大亚细亚主义"思潮有密切关联,例如左翼思想家、中国问题专家暨亚洲主义者尾崎秀实(1901—1944)在第二次世界大战期间发表文章指出:"在当下的情势下,作为实现'新秩序'之手段的'东亚协同体',确实是日支事变(引者按,系指1937年'七七事变')进程中所孕育的历史产物。"[1] 也正由此,1941年12月当日本帝国政府向英美宣战之际,正式将此次战争命名为"大东亚战争",因为自1931年以来的与中国之间持续的战争状态才是向英美决战的真正原因[2]。至此可见,"东亚"一词原本并不是单纯的学术史概念或方法论概念,而是具有浓厚政治意涵的概念,且有复杂的战争记忆,这是不容忽视的。

第二,在战后史学界,东洋史学家西嶋定生(1919—1998)在1970年代提出了"東アジア世界"这一著名观点[3],他着眼于8世纪前的中国、日本和朝鲜的文化历史,指出构成东亚世界有四大要素:汉字、儒教、律令、佛教。由这四大要素构成了东亚一体性的历史文化圈。西嶋此论有一个目的,他要批评"一国史"日本论——即日本历史是与中国大陆毫无关联而独自发展形成的独特世界这种偏见。西嶋以"东亚世界"来批评"一国史"的日本论述到底具有何种理论效力,这是另一个问题,此且不论,但他反对"日本史特殊化"的努力却是值得

---

[1] 尾崎秀实:《"東亜協同体"の理念とその成立の客観的基礎》,原载《中央公論》1939年1月号,收入米谷匡史编:《尾崎秀実時評集——日中戦争期の東アジア》,东京:平凡社,2004年"東洋文庫"本,第187页。关于尾崎的生平,风间道太郎的《尾崎秀実伝》(东京:法政大学出版局,1968年初版,1976年补订版)比较翔实可信,传记显示这位出生于台湾而同情中国民族主义革命的亚洲主义者尾崎秀实有关"东亚共同体"问题的构想是其独立发展出来的,而与战时成为帝国意识形态的"大东亚共荣圈"等形形色色的"大亚细亚主义"的观念并不相同。参见鹤见俊辅(1922—2015):《战争时期日本精神史:1931—1945》,邱振瑞译,成都:四川教育出版社,2013年"东亚人文100丛书"(岩波书店1982年原版,台湾行人出版社2008年繁体字版),第55页。

[2] 参见鹤见俊辅:《战争时期日本精神史:1931—1945》,第57页。战后日本在美军主导下,被禁止使用"大东亚战争"一词而改以"太平洋战争"一词,导致这场战争被抽离于中日之间的脉络而变成日美之间的战争,从而掩盖日本败给中国"这个不光彩的事实",因此鹤见竭力主张以"十五年战争"(而且是一场"连续性战争")一词来取而代之(同上书,第57—58页)。这个说法也不同于中国的"八年抗战"之说。

[3] 西嶋定生:《東アジア世界の形成:総説》(《东亚世界的形成:总说》),岩波书店讲座《世界歷史》4,东京:岩波书店,1970年,后收入西嶋定生:《中国古代国家と東アジア世界》,东京:东京大学出版会,1983年。

关注的。

总之,作为文化史概念的"东亚",是建立在文化多元这一思想立场之上的,而作为地理概念的"东亚"则未免缺乏"政治敏感度"和"时代敏感度";同样,如果仅仅作为战争产物来看待,也不免缺乏文化历史的视野。固然,若从本来意义上说,"东亚"原是一个地理学概念,只是在帝国日本时期,逐渐演变成地政学概念(又称地缘政治学),这是不容否认也是无法回避的。问题只是在当下,我们究竟以何种立场和姿态来审视"东亚"问题。

二 近代中国语境中的"东亚"

我们知道,自戊戌变法到辛亥革命的十余年间,大量中国青年东渡日本,一方面借助日本以学习西学,另一方面通过对日本近代社会的实地观察,感受到中国落后挨打的原因就在于缺乏观念上的革命。于是,人们开始借用日译西学的名词概念来推动各种观念上的革新,"东亚"一词传入中国便是一例。事实上,早于《国粹学报》一年的1904年发刊的《东方杂志》在《新出东方杂志简要章程》第1条便开宗明义地宣称:

> 以启导国民,联络东亚为宗旨。

这里出现的"东亚"一词便值得引起关注。这一宗旨的发表当然有两个时代背景值得注意:日俄战争的爆发以及国学运动的兴起。这里提到的"东亚"没有明确指明来源,但显然是来自日本,值得注意的是"联络东亚"一说,应与19世纪末在日本出现并盛行一时的"兴亚论""大亚细亚主义"之思潮有关,例如甲午战争前一年即1893年樽井藤吉(1850—1922)在其《大東合邦論》(提倡与朝鲜"合邦"而与中国"合纵"的观点)一文中就已明确使用"东亚"一词,指出当时的"东亚诸国"犹如中国春秋战国七雄相争,虽然各国不愿被"秦"所吞并,但最终仍然不得不被"秦"所统一,意谓东亚各国最终走向"一体",乃是历史发展之必然趋势。至于其所谓的"秦"具体何指,则是不言自明的,应当是指在"弱肉强食""适者生存"的原则下，当时的帝国列强很有可能扮演"秦"的角色，而新兴后起的日本帝国（以1890年发布《大日本帝国宪法》为标志）更是统合东亚各国的唯一力量。

樽井藤吉虽是明治早期的自由民权论者，但他同时又是九州福冈的右翼组织"玄洋社"成员[1]，是明治十七年（1884）在上海建立的"东洋学馆"的发起人之一（创办者为中江兆民）。该学馆的使命在于为重振东亚而培育人才，主要以培养通晓中文的人才为目标——即以"通晓清国之政治人情风俗语言"（参见《東洋学館趣旨書》）为宗旨，该学馆尽管短命，至次年9月便告解散，但却是日本近代史上第一个在海外设立的语言学校，也是1901年在上海成立的"东亚同文书院"的前身。

在此之前，日本近代史上最早的亚洲主义团体"兴亚会"于明治十三年（1880）三月在东京成立，在此组织之下，又有"兴亚学校"于同年二月成立。出任会长的是旧熊本藩主细川齐护第六子长冈护美，会员包括清朝人和朝鲜人，在当时这是名副其实的国际性团体组织，后来成为东洋学馆馆长的末广重恭便是兴亚会的骨干成员之一。该会于次年得到了明治天皇的赏赐金1千元，但不久其活动便趋于沉静，明治十五年五月，由于兴亚学校迟迟得不到文部省的官方承认而不得不关闭，并被并入文部省直辖的外国语学校，"兴亚会"的会名也于明治十六年（1883）一月被改名为"亚细亚协会"[2]，其后又与近卫笃麿（1863—1904）于1898年创立的"东亚同文会"合并。

由上可见，在19世纪末的近代日本，"兴亚论"已然成为一种思

---

[1] "玄洋社"为日本最早的右翼组织，成立于1881年2月，其活动过程颇为复杂，是大亚细亚主义运动的主要推手，也是当时中国革命党人如孙中山、黄兴等的主要援助者，其派生右翼组织"黑龙会"（1901年成立）编有《東亜先覚志士記伝》一书（三卷，共2700余页），主要介绍了19世纪末20世纪初活跃于中国大陆等地的所谓"大陆浪人"的事迹。参见堀幸雄：《战前日本国家主义运动史》，熊达云译、高士华校，第1部第2章"头山满与玄洋社"、第3章"内田良平的黑龙会"，北京：社会科学文献出版社，2010年"中日历史问题译丛"，第7—23、31页。另参苇津珍彦：《大アジア主義と頭山満（増補版）》，东京：日本教文社，1972年。
[2] 关于19世纪末"兴亚会""亚细亚协会"乃至亚洲主义等问题，请参见藤谷浩悦：《戊戌变法と東亜会》，《史峰》第2号，1989年3月；狭间直树：《初期アジア主義についての史的考察》，连载于《東亜》第410—416号，2001年8月—2002年2月；桑兵：《"兴亚会"与戊戌庚子间的中日民间结盟》，《近代史研究》2006年第3期。

潮,而东洋学馆便是在其背景中成立的,而其另一社会背景则是明治十五年(1882)三月,玄洋社与其他团体组建九州改进党,以发展成为"公议政党"为目标,在全九州地区向民权派发起广泛呼吁,而在各地纷纷成立的政社作为其支部,以图建立全国性的联合协议体的政党。该政党的早期活动之一便是计划建立东洋学馆。在成立之初发表的《東洋学館趣旨書》中,有这样一段话:

> 盖东洋之神髓在清国之头上而存者,若论与我国之关系,即辅车相依、唇齿相保之大要也。[1]

可见,其所谓"东洋"主要指清朝和日本,而对两者之关系则以"辅车相依、唇齿相保"来表述,而建立学馆之旨趣则在于"扳回东洋之衰运"[2]。于是,东洋一词作为与西洋对立的概念,具有了对抗性论述的意味。就其实质内涵来看,其所谓"东洋",即相当于稍后出现的"东亚"。

总之,在日本,"东亚"问题开始受到关注,始于19世纪80年代,以"兴亚会"的成立为标志,形成了"大亚细亚主义"或"亚洲主义"等社会思潮。而"东亚"一词是针对西洋而言的地理性概念,本来并没有明显的地政学这一特殊意味。只是到了20世纪30年代以后出现所谓"大东亚共荣圈"这一概念,于是"东亚"一词发生了质变,已不再是单纯的地理概念,更主要的是地政学概念,含有了政治军事外交的排他性意味,还有一种帝国主义意识形态的意味,这是已为大家所熟知的事实。

三 近年来"东亚儒学"研究的简单回顾

在日本,战前战后的学术用语发生了很大变化。战后,"东亚"一词几成死语,但是人们在思想上对东亚问题的批判反省却远远不够,

---

[1] 转引自佐佐博雄:《清法戰爭と上海東洋学館の設立》,载《国士館大学文学部人文学会紀要》第12号,1980年1月,第58页。文见网站 kiss.kokushikan.ac.jp/pages/。
[2] 以上有关东洋学馆的叙述,请参见上引佐博雄的论文。

相反，在近二十年来，东亚问题的讨论不仅充塞人文社会学界的各个领域，而且还深刻地影响到政治领域，以至于人们一谈到"东亚"就变得很敏感。然而另一方面，值得注意的是在日本学界，当人们一旦涉及儒学问题时，却以一种对象化、客观化的审视态度来对待，对江户儒学往往能够坦然处之，而对近代日本儒教则抱有一种弃若敝屣的态度，至于儒学的当下性问题以及未来发展等问题则在人们的视域之外，仿佛儒学在现实社会当中已经完全是"幽灵"一般的存在。

那么在日本以外的东亚各国和地区，近年来儒学研究的状况又有哪些新的变化呢？我对韩国学界有关东亚儒学研究的状况并不清楚，而对台湾地区的儒学研究一直以来就有关心。20世纪80年代初，就有台湾学者将儒学研究的视野拓展到东亚，只是这种所谓的拓展，尚缺乏一种明确的自觉意识——也就是为什么有必要将儒学置于东亚领域来思考的自觉意识。因此，这种儒学研究大多是出于个人的语言优势或学养背景，或是因为学者个人对日韩两国的文化历史感兴趣，但这种研究依然处在东亚各国彼此隔绝的状态。80年代末至90年代初，受到源自欧美学界的"亚洲资本主义"这一问题的影响，尤其在日本和中国台湾地区，不少学者开始从思想文化的层面来探索亚洲经济何以得到迅猛发展的根源。

然而事实上，对东亚问题乃至亚洲问题的关注，这是自近代日本甚至可以说自近世日本（1603—1868）以来，就一直存在的文化情结或思想纠结，例如已故京都大学名誉教授岛田虔次（1917—2000）早在20世纪60年代出版的《朱子学与阳明学》这部名著中，就曾呼吁人们应当关注如何建构东亚儒学史或东亚思想史的学术问题，只是在当时几乎没有人呼应。若从政治、经济等领域来看，日本一直以来就没有放弃过对东亚问题的关注，甚至有一段时期又开始议论如何重建"东亚共同体"的问题，一些好事者还撰写了东亚共同体宪章，尽管日本官方乃至学界的部分人士对战争问题始终缺乏深刻的反省。与此形成鲜明对照的是，有关东亚儒学的问题在日本学界也显得冷冷清清，这或许与近代以来儒学在日本近代化过程中已经不可避免地走上了"自杀"（渡边浩语)进程有点关联。至于战后日本的儒学是否已经完成了这个"自杀"进程,不宜遽下断言,但至少可以说,儒学被视作"死"的传统或是"客观"的研究对象,这是当今大多数日本学者的一般认识。

然而令人颇感兴味的是,近十余年来在台湾出现了东亚儒学研究的热潮,仅在台湾大学一地,有关东亚儒学研究的论著就已出版了一百多种。我处在隔岸观火的境地——并非"身在此山中",但是却可从大陆的背景出发,来发表一些个人的见解。有台湾学者看到我的一篇拙文后,觉得在大陆出现了一种质疑台湾学界东亚儒学研究的"声浪",这可能有点夸大其词了[1]。在我看来,大陆学界特别是中哲界的一些朋友对东亚儒学的态度毋宁是冷淡的,在其背后或有这样一种意识存在:儒学正宗依然在中华大地。他们并不特别在意自己周边地域的文化传统(含其儒学文化),仍然想当然地以为儒学唯有中国大陆的儒学,只此一家别无分店,儒学中心也当然在大陆而不会发生任何转移或变化;以为日本或韩国的所谓儒学,无非是中国儒学的分店或支流,在哲学上几乎没有讨论的价值,即便从文化形态上看,也至多是一种边缘角色。

近年来,随着儒学与国学的研究在全国各地不断兴起,大陆学者开始热衷于谈论文化"自信",这与之前出现的所谓"中国模式"论有几分相似,至于"东亚儒学"却少有人问津,至于其原因到底何在,目前断言尚为时过早,或仍然需要静待一些时日,才能看得更为清楚,但有一点可以肯定地说:这与近百年来,一方面中日韩之间的知识交往不成比例有着莫大的关联——即中国对自己邻居的了解之少与他们对中国的了解之多往往不成比例;另一方面又总是以为现代化就是西方化(欧美化),而东亚文化无非是中华文化的一种化身而已。对于上述两种根深蒂固的观点,学术界至今仍然缺乏认真的反省。

---

[1] 参见拙文:《试说"东亚儒学"何以必要》,载《台湾东亚文明研究学刊》第8卷第1期,2011年6月,第310—320页;《"东亚儒学"刍议——普遍性与特殊性问题为核心》,载《中国学术》总第31辑,北京:商务印书馆,2012年,第354—405页。张崑将对拙文的评论,见其文:《"顺""逆""去"中心的互动模式——以东亚儒学为中心的思考》,台湾大学高等人文社会科学研究院主办2014年7月10日"东亚儒学研讨会"会议论文。

至于台湾学界何以兴起东亚儒学研究，与1999年民进党执政以后喧嚣一时的"去中国化"策略是否有关，这是我们应当冷静思考并做出回应的问题。但是说实话，这个问题已经游离于学术领域之外，因此任何对此问题所下的判断都免不了涉入学术与政治的纠缠当中，这是应当引起警觉的。

四 关于"何以可能"与"何以必要"的问题

至于东亚儒学何以可能与何以必要的问题，其实这两个问题是互为关联的，不存在先后次序的关系。若要加以区别，则可说"何以可能"着眼于学理性问题的探讨，而"何以必要"则着眼于当下社会的现实问题。作为学理性问题，在此问题之前，其实已经有了预设，亦即东亚儒学作为一项历史事实，是在我们进行建构之前就已存在的，而今天之所以要讨论其"何以可能"的问题，这是因为人们缺乏自觉意识的缘故。黄俊杰教授从经典诠释学的角度切入这一领域，做出了很大贡献，这是大家有目共睹的，不用我在这里赘述。在黄教授的研究过程中，提出了诸多值得重视和反思的一些方法论问题，例如他明确提出应当注意"中心对边陲""正统对异端"之思维框架的危险性，坚持"多元文化"的立场，提出"全球对话"的视野，都是非常重要而且有益的见解。

在2014年"东亚儒学研讨会"，黄教授撰文将论题集中在东亚儒学"何以必要"的问题上，以我之拙见来略加归纳，大致有两点：第一，为了打破"一国史"研究视野的局限，以为这与当今社会已处在21世纪全球化新时代格格不入，而为了推进儒学的将来发展，很有必要打破"一国史"的视野局限，以宏观的视野来考察儒学与东亚各地域文化的互动与融合，应当说这是很有见地的观点，我非常赞同[1]。只是须指出，这一提法其实与1970年代西嶋定生提出的打破"一国史"

---

[1] 以上所引黄俊杰的观点，均见其文：《为什么讲"东亚儒学"》，台湾大学高等人文社会科学研究院主办2014年7月10日"东亚儒学研讨会"会议论文。

以重建东亚世界的史学理论有何异同，或有必要另作探讨。第二，黄教授指出东亚儒学之所以必要，乃是为了打破"以西释中"的研究进路，他主张应当立足东亚来思考东亚，叫作"重访东亚文化传统"或者"重访作为东亚文化主流的儒家核心价值"，目标则是为使儒学成为"全球化时代新人文精神的重要基础"。我们没有理由怀疑这一倡议具有前瞻性的意义，只是如何实现打破"以西释中"的魔咒，尚有待方法论的建构。

在此，我有两点想法提出来，供大家批评和指正。

第一，打破"一国史"这个提法其实不是近年来才出现的，若要追溯源头，早在 20 世纪上半叶，京都学派中的哲学派和西洋史学派的某些学者在德国观念论哲学（特别是黑格尔）以及以兰克、德罗伊森等为代表的德国史学派的影响下，就已提出"世界史"这一观念，他们要努力建构的所谓"世界史的哲学"，首先就必须打破"一国史"的局限性。我对日本史学史以及西方史学史的研究是一个门外汉，没有资格多说，但根据我最近在思考"近代超克"问题时所接触的一些文献，我感觉到这种所谓"世界史"的建构，与黑格尔哲学的"绝对理性"、迈内克（1862—1954）的"国家理性"等等至少有些理论关联。他们有一个基本的设想，就是认为任何一个民族国家的历史都不能摆脱"理性"的笼罩，历史就是理性自我展开的历史，最后也必将回归到"绝对理性"的实现，这才是建构世界史的观念基础。这显然是一种历史目的论的观念图式，在第二次世界大战期间充当了不光彩的角色，这一点值得我们今天进行深刻的反思。在我看来，打破"一国史"并不是一个对民族国家历史进行"强拆"即可实现的，而应当是一个"有破有立"的过程，如何使得本国传统文化重换新颜的问题。犹如当今在全球化问题讨论中出现的一个观点那样，地方性知识如何获得全球性意义，而不能是倒过来，先有一个全球化的同质性的抽象普遍的价值观念，然后以此来宰制甚至抹除地方性知识。东亚儒学问题的复杂性在于：它既是一种地方性知识——中日韩越等等，同时又是地域共同体的知识——中日韩越彼此之间存在十分复杂的历史文化的相互交涉。东亚儒学的对话能否为重建这种地方性知识，从而为沟通东亚各国之间的良性互动提供积极的思想资源，其成败之关键就在我们自己。在这个意义上，东亚儒学研究不仅是一个学术问题更是一个实践问题。

第二，关于多元文化论，实际上也是出自 19 世纪欧洲的理论，只是在 20 世纪 80 年代末，随着冷战结束和全球化的发展，多元文化的观念又一次在全球兴起，成为全球化理论的一个重要理论基础。我对于陈来 2005 年提出的"多元普遍性"之概念非常赞同，最近我提出使用"具体普遍性"这一概念。其实，"多元"属于文化概念，因为文化理论告诉我们，任何"文化"总是民族的、历史的，而不存在超越民族历史之上的文化形态；"具体"一词则是一个哲学概念，它本来是相对于"抽象"而言的，在儒家文献中，《孟子》的"具体而微"或许是最早的案例，这是孟子用来称颂孔门弟子颜渊等人具备"圣人之一体"（《孟子·公孙丑上》）。我认为普遍性东西虽然是绝对的而不是相对的，但是普遍存在同时又可以是"具体"的（如"具体而微"），而并非是抽离于历史文化之外的抽象性观念。放在中国哲学传统中来看，这种具体普遍性就像是"理一分殊""体用一源"的思维模式所反映的那样，形上并不排斥形下，而就在形下世界中展现自身，同时在此过程中，理的普遍性并没有被消除或悬置，而是就在多元世界中生生不息。因此，理一分殊又可称为多元一体论，这是中国哲学传统的重要智慧，理应受到我们的重视，而且也可以作为我们今后思考东亚儒学问题的一项重要资源。

我认为正是在具体普遍性或多元一体论的观念之下，我们才能清醒地认识普遍性落实在具体的地域文化中必呈现出多元的姿态。因此，儒学的核心价值（如仁学、恕道）也就必然呈现出多元性，而不是绝对一元的排他性，因为我们无法想象儒学价值观传到日本或韩国之后，便会完全取代日本文化或韩国文化的固有传统，事实正相反，儒家思想之所以能够在历史上被日本或韩国文化所吸收，这恰好表明儒学本身就是一个开放性系统，而绝不像近代以前西方基督教传统那样以一神论的观念形式而展现出对其他文化的宰制性。另一方面，强调具体普遍性也并不意味着否认"理一"的普遍性，而恰恰是在承认"天下公共之理"这一普遍性的基础上才能使各种具体的地方性知识构成一整体性的意义。例如儒家所讲的仁爱精神便是一种普遍性原理（提升至理性层面的"爱之理"），然而这一原理的推广实施却须根据推己及人的"推恩"原则（即恕道原理）来加以落实和扩充，而不能以一种居高临下的姿态来强迫他人必须承受，与此同时，每个人若都能真正做到"推己及人"，首先从自身的修身实践做起，那么儒家的"己所不欲，勿施于人"的"恕道"原理就能得以实现。

总之，儒家核心价值正是在具体普遍性的观念之下，使其自身保持一种开放性，可以与其他地域文化的"他者"进行对话沟通、交流学习以增进互相了解，文明之间的所谓"冲突"庶可避免。曾几何时，由于人们厌恶抽象普遍性的观念，进而提出与之抗争的"特殊性"观念，例如战争期间出现的日本特殊论，形成了普遍与特殊两元对反的对抗性论述框架，以至于认为以日本特殊便可战胜西方普遍，并且由此反过来将日本的特殊性转化出普遍性——成为东亚盟主的化身。我以为，具体普遍性观念正可彻底打破这种两元性对抗论述，同时又不会产生无视甚至抹杀地域性文化价值的恶果，更不会伤及各地域文化的自主性。

五 小 结

最后，有几点补充说明：

第一，我们知道 80 年代"港台"新儒学对大陆学界曾有过很大影响，21 世纪以来当代中国学界开始对海外新儒学有所反思和批判，正是通过这种反思和批判，必将大力促进儒学的整体新发展。同样的道理，台湾东亚儒学研究也已迎来了自我反省的新时期。

第二，我以为东亚儒学研究有理由使之成为 21 世纪儒学新发展的组成部分，并自觉地将此作为当代新儒学运动来进行总结。而为了使这项研究实践发挥出更多的现实意义，更有必要超越地域文化以及各种政治意识形态的牵制，在努力打通大中华地区及东亚文化交流的过程中发挥积极的推进作用。

第三，在东亚儒学研究过程中，批判性视野尤其重要。为何重要，只要稍微懂得一点哲学史的人大多知道，不用赘述。但我要强调的是，我们这个时代仍然需要启蒙，而唯有批判才有启蒙。这里不妨试举一例来略作说明。五四运动提出的民主与科学的口号是大家所熟知的，可是为了实现这一纲领，必须要有"评判的态度"作为前提，这是胡适提出的一个重要观点，值得引起重视。所谓"评判"即今天所说的"批判"或"批评"。那么何以"批判"的态度是实现民主和科学的前提呢？卡尔·波普尔（1902—1994）在第二次世界大战结束那年发表的《开放社会及其敌人》[1]可以帮助我们理解这一点，他指出"开放社会"是相对于集权主义的"封闭社会"而言的一种好的社会，因为这个社会能够对批评全面开放，而不存在任何"定于一尊"的绝对权威——包括思想上和制度上的，为了保证社会的开放性，我们就需要有民主的观念，而所谓民主也就是做到对批判态度以及开放原则的尊重——即意味着对"他者"的尊重[2]。东亚儒学何以可能与何以必要这两个问题的最终答案，或许就在于我们当今社会需要对"他者"的尊重、对话语霸权的批判以及对构建开放社会的不懈追求。

第四，开放社会其实也就是多元性社会。当然，在强调文化多元的同时，也应当关注文化认同的问题，因为文化多元并不排斥文化认同，如同普遍原理的"分殊性"或具体性并不能成为排斥"理一"的普遍原理的理由，尽管具体普遍性的观念应当成为建设开放社会的重要条件。

第五，在当今文化多元的社会中，传统与现实之间仍然处于一种紧张的关系。但是"制度不再而传统犹存"这一看似悖论式的命题未尝不能成立，也就是说，儒学思想赖以维系的制度设计（例如政教不分、官学合一）虽已不复存在，也不可能在今天重建政教合一的制度，但是

---

[1] 卡尔·波普尔：《开放社会及其敌人》，陆衡等译，北京：中国社会科学出版社，1999年。
[2] 有关胡适、波普尔的说法，参见余英时：《余英时谈治学经验》，载《东方早报·上海书评》2014年6月29日。引自何俊编：《师英录》，上海：上海辞书出版社，2014年，第35—36页。

儒家文化所承载的精神传统、核心价值却依然存在于每一位文化主体承担者的心中，而且化为每个人的行为方式乃至生活方式。问题在于如何使"传统"经过现代化的一番激荡，并通过对中西文化中普世原理的创造性转化，使其获得与时俱进的现实意义。正是在此当下的社会背景中，我们需要对东亚地域的儒学思想史做一番史学重构及思想诠释的工作。重要的是，思想史在史实重建的同时，又是一项意义赋予的工作。从学术角度看，史学建构属于第一序，意义赋予属于第二序，但从现实角度看，第二序则比第一序更重要。

总之，在当今全球化时代来审视儒学的未来发展，既有必要坚持文化多元论的立场，也有必要树立具体普遍性的观念，以此作为尊重"他者"、展开文明对话的基础，同时又能与"文化自信"的确立产生良性互动，因为"自信"绝不是意味着无视"他者"的夜郎自大。

第一篇

东亚儒学问题省思

第一章　东亚儒学刍议
——以普遍性与特殊性的问题为核心*

引　言

自20世纪80年代，主要以美国为发信源的"儒教文化圈"这一概念的提出，一度风靡学界，不少学者纷纷以此为审视角度，将亚洲"四小龙"经济腾飞的原因往"儒教"身上追根寻源，尽管这一概念的提出对于人们思考东亚社会发展的制度性原因提出了省思的空间，然而近来人们意识到这样一种"目的论"式的探讨方法显然问题重重，因为问题的答案显然已经包含在问题的设定当中，何谓"东亚"及其"儒教"竟成了不言自明的概念构架，而对于"儒教"以及"东亚共荣圈"等概念极为敏感的当代日本知识界来说，他们对于"儒教文化圈"概念之使用往往有一种抗拒心理。自20世纪末90年代开始，随着"冷战"格局的瓦解、全球化浪潮的兴起以及东亚经济的再一次腾飞，特别是进入21世纪以后的近十年来，在汉语学界悄然兴起了一股"东亚儒学"的研究热潮。这股研究热潮主要发源于90年代末的中国台湾及韩国学界，至今绵延不断，并开始波及中国大陆学界。中国台湾地区的研究成果非常丰富，我们将在后面有详细讨论，至于大陆的中国哲学史学界，就管见所及，目前所能看到的有关东亚儒学的论著，可以张立文《和合与东亚意识》（上海：华东师范大学出版社，2001年）为代表，这里的"东亚意识"，主要是指以儒学为核心的"文化意识"，而有关东亚儒学的专题性论著则唯有陈来《东亚儒学九论》（北京：生活·读

---

* 本文曾在2010年6月27日国际中国哲学会（ISCP）、中国哲学史学会、武汉大学国学院等主办的"近三十年来中国哲学的发展：回顾与展望"国际学术研讨会上宣读。

书·新知三联书店,2008年)[1]。日本的亚洲论述由来甚久,自19世纪末以来就有"支那学""东洋学""东亚"等学术研究的丰厚积累,然而有关东亚儒学的研究却意外地少见,仅见子安宣邦《东亚儒学:批判与方法》(台北:喜马拉雅研究发展基金会,2003年),而该书的撰述显然是与台湾东亚儒学研究互动的结果[2]。

关于东亚儒学研究的发展及其所存在的问题,2005年黄俊杰编纂的《东亚儒学研究的回顾与展望》(台北:台湾大学出版中心,2005年)一书对此做了总结及展望,其中黄俊杰《东亚儒家经典诠释传统研究的现况及其展望》[3]一文对于2005年之前的将近十年来在东亚研究领域的成果有很详细的回顾,其中以台湾学界为主兼及大陆学界,以东亚儒学为主兼及经典诠释等问题。文章揭示出这一时期的东亚儒学研究有一个基本特色:亦即以经典诠释为探索方法,以多元开放为合作模式,整合东亚地区人文学界的一批学者,共同推动东亚儒学的国际性研究,并获得了相当丰硕的研究成果。

2009年10月,叶国良《"国立"台湾大学对日本汉学研究的努力》[4]一文在回顾台湾大学对日本汉学研究的长久历史之同时,着重介绍了近

---

[1] 另可参考刘宗贤、蔡德贵编:《当代东方儒学》,北京:人民出版社,2003年。当然若论东亚儒学领域的专题论文则数量更多,这里仅举三例:李甦平:《东亚儒学与东亚意识》(《中国文化》1998年春季号),郭齐勇:《东亚儒学核心价值观及其现代意义》(《孔子研究》,2000年第4期),牟钟鉴:《东亚儒学的复兴》(2002年在中国人民大学孔子研究院成立庆典暨"孔子与当代"国际学术研讨会上的发言)。相关编著则举一例,王青主编:《儒教与东亚的近代》,保定:河北大学出版社,2007年。

[2] 《东亚儒学:批判与方法》共由12章组成,除了3章以外,其余均为子安参加台湾学术会议而撰,除一篇作于1997年以外,余均为2000年至2002年期间的作品。另,子安宣邦著述十分丰富,现已译成中文的专著有《东亚论:日本现代思想批判》,赵京华译,长春:吉林人民出版社,2004年;《国家与祭祀》,董炳月译,北京:生活·读书·新知三联书店,2007年;《福泽谕吉〈文明论概略〉精读》,陈玮芬译,北京:清华大学出版社,2010年。有关其著的详细目录,参见林封良、林郁晔整理:《子安宣邦著作目录》,孙军悦译,载《文化研究》第6期(增刊),2008年夏季号,台北:远流出版,2008年,第221—229页。该期《文化研究》为"子安宣邦专辑",共收子安论文6篇及相关讨论文章7篇,值得参看。感谢台湾"清华大学"祝平次教授惠赠此刊。

[3] 收入黄俊杰:《东亚儒学:经典与诠释的辩证》,台北:台湾大学出版中心,2008年。

[4] 载日本关西大学亚洲文化交流中心:《アジア文化交流研究》第5号,大阪:关西大学,2010年2月。

年来在台湾大学主持的"东亚近世儒学中的经典诠释传统研究计划""人文社会高等研究院东亚经典与文化研究计划"的情况,指出自 2000 年至 2009 年 8 月止,在已出版的"东亚文明研究丛书"的 92 种当中,有 45 种与日本汉学研究有关[1]。作者在此用"汉学"而不用"儒学"一词,显然是由于作者考虑到"儒学"一词比"汉学"一词所指范围要小得多,有许多涉及历史的、文学的研究,并不能以"儒学"概念来涵盖。

本文以上述黄俊杰、叶国良的两篇回顾性文章为基础,主旨在于回顾近十年来东亚儒学的研究史,并探讨其中所存在的某些问题,而将焦点聚集于儒学与东亚之间所呈现的普遍与特殊的张力问题,并就近来日本学界对东亚问题的看法提出一些感想。至于"东亚儒学"如何可能而又何以必要等问题的答案则唯有随着"东亚儒学"的深入开展才会逐渐明朗起来。

一 问题由来:何谓"东亚儒学"

关于"东亚儒学"这一概念的含义,黄俊杰曾明确指出:

> 所谓"东亚儒学"这个研究领域,既是一个空间的概念,也是一个时间的概念。作为空间概念的"东亚儒学",指儒学思想及其价值理念在东亚地区的发展及其内涵。这个意义下的"东亚儒学",因为视野较"宋明儒学""德川儒学"或"朝鲜儒学"更为广阔,所以从"东亚"视野所看到的儒学的问题,与仅从中国、日本或韩国单一地区所看到的儒学内部的问题大不相同。作为时间概念的"东亚儒学",在东亚各国儒者的思想互动之中应时而变、与时俱进,而不是一个抽离于各国儒学传统之上的一套僵硬不变的意识形态。所以,"东亚儒学"本身就是一个多元性的学术领域,在这个领域里面并不存在前近代式的"一元论"的预设,所以不存

---

[1] 顺便指出,上述这套丛书于 2008 年由上海的华东师范大学出版社出版了 31 种大陆简体字版,其中有关东亚儒学(包括日本汉学、朝鲜儒学)的专著达 22 种之多,可以预测东亚儒学研究将在大陆学界产生更为广泛的影响。

在"中心 vs 边陲"或"正统 vs 异端"的问题。[1]

这是对"东亚儒学"概念较为清晰明确的一个界定,同时也回应了某些学者对"东亚儒学"概念的提出所抱有的一些疑虑(参看下述子安宣邦有关"东亚"的论述)。所谓从空间上说,即谓"东亚"为一地域概念,因此东亚儒学就在于探讨"儒学思想及其价值理念"在这个地域中的发展及其内涵。但是这里就引发一个问题:在东亚地域的不同国度及其文化传统中存在着普遍的儒学价值理念吗?换种问法,儒学思想是否作为一种"一元论"的思想体系在东亚地域的空间中存在过?对此问题的解答,文章又预设了一个时间概念,以为作为时间概念的"东亚儒学"正可打破这种"一元论"的预设。所谓时间概念的东亚儒学,旨在强调儒学在东亚地域的历史性、发展性,亦即强调中国儒学在东亚地域的传播有一个"本土化"过程。黄文认为在此过程中,东亚儒学展现为"一个多元性的学术领域",意谓中国儒学在朝鲜、日本或者其他诸如越南等地,其发展演变是各不相同的,因此儒学在东亚并不必然地呈现为"一元论",由此,中国与朝鲜或日本之间,就不存在"中心对边陲"或"正统对异端"的问题。

然而,如果设定儒学思想有一普遍的价值理念,那么即使在异地异域的历史发展中有各种不同形态的表现,但是其价值理念却不会因此而消失,我们是否仍然能够从中抽取出儒学思想的普遍性原理?也就是说,虽然在文化形态上可以有各种不同呈现,但是在终极意义上,儒学价值是否具有超越时空的普遍性?这却是从事东亚儒学研究不得不做出回应的一个重大问题。仅从文字上声明东亚儒学研究不预设"中心对边陲""正统对异端"是不够的,因为在具体的研究过程中,必然遇到儒学价值的普遍性与不同地域文化的特殊性如何调适的问题。

很显然,黄俊杰也意识到这个问题的重要性,所以他又设定了一种研究途径,要求重视"经典中的普世价值与诠释者身处的地域特性之间的张力"问题,同时也要注意"诠释者的政治身份认同与文化身

---

[1] 黄俊杰:《东亚儒学:经典与诠释的辩证》"自序",台北:台湾大学出版中心,2008年,第1—2页。

份认同之间的张力"问题[1]。这里的第二个问题暂且不谈，就第一个问题来看，其实也就是上述儒学价值的普世性与东亚地域的特殊性如何调适的问题。黄俊杰指出："前者（按，即第一种张力问题）既是'普遍性'与'特殊性'之间的紧张性，又表现为解经者与经典互动的紧张关系。"关于东亚儒学的"普遍性"，黄俊杰更为明确地断言："儒家经典中所传递的是一套所谓'放诸四海而皆准，百世以俟圣人而不惑'的超越时间与空间的永恒的价值理念。"同时，黄俊杰也指出："所谓'特殊性'是指：历代经典解释者都不是超时空的存在，他们都身处具体而特殊的历史情境之中，受时间与空间因素之制约。他们对经典的解释，常常不免展现他们所身处的时代的'特殊性'。"[2]然而在我看来，所谓"特殊性"并不仅仅是指"解经者"的时空存在所规定的"特殊性"，还应涵指"普遍性"如何在具体的地域空间及时间上得以历史地展现。也就是说，特殊性既是指解经者的经典解释所展现的主观特殊性，同时也是指普遍性在具体的时空领域中所存在的客观特殊性。如同普遍性既是存在又是展现一样，特殊性同样不仅是解经者的一种思想展现，同时也应当是一种历史存在。因此，所谓"普遍 vs. 特殊"的紧张性所要面对的是这样一个根本问题：在拥有不同文化传统的"特殊"的各东亚地域是否拥有"普遍"的同一的儒学价值体系？

对此问题，黄俊杰在上述文章中没有正面涉及，但从其字里行间却也不难读出他的基本观点应当是：东亚儒学拥有一种普遍价值观。他指出东亚儒学在历史上的发展呈现出两大特点：一是"（思想）发展的连续性"，一是"思想结构的类似性"。所谓"连续性"和"类似性"，所指各异，一是指向历史，一是指向结构，然就其实质言，无非是说东亚儒学无论是在动态的历史发展上还是在静态的思想结构上，都表现出"同"的一面。若将这一观点放在日本儒学史领域来考量的话，那么结论就是：一方面，日本儒学的思想发展具有自身的"连续性"特征；另一方面，日本儒学的思想结构又具有与中国儒学的"相似性"

---

[1] 黄俊杰：《东亚儒学：经典与诠释的辩证》，第3页。
[2] 同上书，第132—134页。

特征。毫无疑问，这一结论的前提是：有一种抽象的、普遍的儒学存在，那就是中国儒学；日本儒学（还可包括朝鲜儒学）的思想发展及其思想结构都无法摆脱中国儒学的笼罩。诚然，既然是在"儒学"这一领域范围，那么各种特殊形态的日本或朝鲜的"儒学"，就必然与"原发"的中国儒学具有家族相似性，我们也不能否认中国儒学在历史上对日本或朝鲜产生过一定的影响。但是，正如下文的探讨将要看到的那样，且不论古代，就近世至近代的日本儒学而言，实在很难说其儒学思想发展只有连续而没有挫折，更不能说其儒学思想的结构与中国儒学完全类似。须指出的是，作为儒学研究者也许无法接受这样一种观点：儒学经典的普世价值可以因为地域之异而发生根本性的改变，发展出另一形态的具有日本特色的儒学价值。但是，就德川儒学（朝鲜儒学且不论）而言，当今日本学界普遍认为德川儒学在理论形态及其核心关怀上，与中国儒学之"异"要远远大于两者之间的"同"。当然，这里涉及诸多事实判断的问题，有待具体入微的历史研究。现在的问题是，到底有没有一种所谓的"东亚儒学"？还是说只有中国儒学、日本儒学、朝鲜儒学而根本没有所谓的"东亚儒学"？

这一问题令我们联想起前段时期一度引起热议的"中国有没有哲学"的问题讨论，质言之，也就是如何为"中国哲学"正名的问题。这个问题其实又是20世纪30年代以来的老问题——亦即所谓"中国哲学"到底是指"哲学在中国"还是指"中国底哲学"？笔者无意在此重议这一问题，我想提示的是，如同"中国哲学"的正名问题一样，所谓"东亚儒学"也存在如何正名的问题。我认为"东亚儒学"是指"儒学在东亚"，更具体地，可以表述为中国儒学在历史上存在于东亚地域的各自文化传统之中，它是一个历史性的概念。这个说法的含义可以分两层来看，首先如果没有中国儒学，那么日本或朝鲜等东亚地域就不可能自发地产生出"儒学"，因为儒学从来不是数学、物理学那样的一般知识，所以"东亚儒学"是指中国儒学在东亚地域的历史存在；其次，当儒学走出中国而传入东亚其他地域之际，这些地域也并非是文化真空，而是在自身的文化传统中来容纳儒学，因此就有一个熔铸重塑儒学的"本土化"过程，由此而形成不同于中国儒学的另一种形态的儒学，例如日本儒学、朝鲜儒学。要之，"东亚儒学"是一个历史性概念，它是指在东亚地域的儒学思想史，它既是东亚地域文化的一种历史形态，同时又是东亚地域儒学的一种思想形态，但是东亚儒学这个概念绝不意味着中国儒学可以取代东亚地域的各种儒学形态。

不过，也有学者对"东亚儒学"概念表示质疑。例如台湾学者张崑将以多年专攻日本儒学的经验，提醒我们要慎用"东亚儒学"（或"东亚儒教"）这一概念。他认为在论述"东亚儒学"之际，如果是以中华文化为核心或整体，其他东亚国家的儒教吸收仅仅是被看作部分地接受（此即"中心对边陲"的思维方式），那么这样的论述就有危险，如同当年日本幕府晚期的水户学、国学派以本国为中心的文化主义论述一样，其结果只是构造一种自我优越的心理。因此，他指出"'东亚儒学'或'东亚四书学'这一词语的问题在于：以中国的儒教或四书学为文化核心，企图为'东亚'概念填补一个具有共同实体的文化素材。然而这恐怕不过是一个虚构概念，也不可能存在这样的事实。"他甚至断言，若就日本吸收中国儒学的具体状况来看，我们也不能采用"东亚朱子学"或"东亚理学"之类的概念，因为这类概念同样"不适用于日本"。[1]

然而依我之见，"东亚理学"且置不论，"东亚朱子学"一词却有一定的来由。事实上，将朱子学纳入东亚视野展开研究，也许始于2000年由台湾汉学研究中心等学术机构主办的"朱子学与东亚文明研讨会"，会后由杨儒宾主编出版了《朱子学的开展——东亚篇》，主编者在《导论》中宣称：朱子学不仅是"东亚的"而且是"世界的"；并指出"'东亚的朱子学'这个概念是暧昧的，因为它不可能不存在以'朱子学'为旨归的中心；但由于位于中心的这种文本必然要不断的再诠释，也要作更深刻的再体现，所以落实来讲，'东亚的朱子学'逃避不了是种多元中心的朱子学。"[2] 所谓"多元中心"，概指"中心"

---

[1] 张崑将：《安藤昌益的儒教批判及其对〈四书〉的评论》，载黄俊杰编：《东亚儒者的四书诠释》，台北：台湾大学出版中心，2005年，第210、211页。
[2] 《朱子学的开展——东亚篇》，台北：汉学研究中心，2002年，第4、7页。

的多元化。由此推论,则可引申出"中心对次中心"这对概念,而与上述"中央对边陲"的设定便有根本不同;所谓"次中心",是相对于原发性"中心"而言的概念,正可用来取代"边陲"这一概念。因此从诠释的角度看,"中心对次中心"的设定正可避免"正统对异端"的后果[1]。又如,2006年2月台湾大学召开了一场名为"东亚朱子学的同调与异趣"国际学术会议,会后由黄俊杰、林维杰主编出版了同名论文集,黄俊杰在该书《序》中强调:"'东亚朱子学'是一个值得大力推动的研究领域。"[2]该书收入子安宣邦的一篇论文,标题为《朱子学与近代日本的形成》(陈玮芬译),然而该文的日语原文发表在《台湾东亚文明研究学刊》第3卷第1期(总第5期,2006年6月)时,正式标题却是《朱子学と近代日本の形成——东亚朱子学の同调と异趣》。这是子安事后将会议主题挪作论文副标题之用,还是另有他故,笔者未作考证,至少可以看出子安是同意"东亚朱子学"这个名称的。不过,他又强调在广义上能接受"东亚朱子学"的提法,但从狭义上理解"东亚朱子学",则将落入"辨别真伪的二分法"当中,这种研究便是"错误的、无意义的,同时也是有害的研究"[3]。所谓"辨别真伪的二分法",就是预设东亚地域的朱子学与原发性的朱子学之间存在"真实与虚伪"两层构造而必须加以辨别为前提的一种"方法"。而所谓"真实与虚伪"两层构造,表明子安担心在"东亚朱子学"的名义之下,以中国朱子学为中心,故是"真实"的,并以此作为裁断日本朱子学的判准,相对而言,日本朱子学则有可能是"虚伪"的。显然,子安此说的一个出发点仍然是对"中心对边陲"这一思维构架的担忧及其反拨。尽管如此,2009年作为上书的"接续之作",又由蔡振丰主编出版了《东亚朱子学的诠释与发展》一书[4]。可见,"东亚朱子学"一词虽是在东亚儒学名义下的新造之词,但已成一定气候而开始流行了。

---

[1] "中心对次中心"(陈来语),意谓"中心"并非固定不变的,而会随着特定的历史条件发生转移,例如16世纪以后,也许朱子学的中心已不在中国而转向李氏朝鲜。
[2] 《东亚朱子学的同调与异趣》,台北:台湾大学出版中心,2008年,第1页。
[3] 同上书,第155页。
[4] 《东亚朱子学的诠释与发展》,台北:台湾大学出版中心,2009年,第5页。

当然，张崑将之所以担忧的理由也是显而易见的，他是基于这样的历史考察：在日本江户时代，儒学并没有一统天下，他们也有本国的"学问风格"，例如他们的徂徕学以及水户学，其中我们根本看不到"曾经存在一个'东亚儒教''东亚四书学'此一概念思维的共通性，更不用说日本还存在着国学派、神道学派以及广大的佛教学术团体，他们对儒教的态度，不是有敌意，就是视之具有潜在的威胁。"所以他提议，当我们在处理"东亚××"之课题的时候，要注意防范自大心理作怪，"而从特殊性出发，以多元的视角与方法来发展普遍性"[1]。应当说，他的提议及其担忧不是没有道理，他的一些提法也是很多日本学者喜欢使用的，例如特殊、多元、反对中心主义、反对中华文化的实体性，尤其是"中心对边陲""整体对部分"等等问题设定原本就是用来批判中国中心主义话语的。

的确，张崑将提议要注重日本的"特殊性"，而不要用儒学的普遍性去宰制这种特殊性，这有助于我们重新审视日本德川时期儒学思想的发展状况。事实上，在近世日本的思想史上，儒学与非儒学等各种思想是同时并存的，例如自德川家康开国（1600）以后不久，进入德川时期的17世纪，出现了这样一批思想风格各异的学者：林罗山（1583—1657）的朱子学，中江藤树（1608—1648）、熊泽蕃山（1619—1691）的阳明学，山鹿素行（1622—1685）的兵学，伊藤仁斋（1627—1705）、荻生徂徕（1666—1728）的古学派，以及进入18世纪的三宅石庵（1668—1730）、井上金峨（1732—1784）的折衷学派，贺茂真渊（1679—1769）、本居宣长（1720—1801）的国学派，等等。在他们当中既有拥儒者也有批儒者，他们的儒学观也呈现出很不一致的样态，开创了一个德川日本的百家争鸣时代[2]。

必须指出，当17世纪的中国儒学特别是宋明时代的朱子学和阳明

---

[1] 张崑将：《安藤昌益的儒教批判及其对〈四书〉的评论》，载黄俊杰编：《东亚儒者的四书诠释》，第212页。

[2] 以上参见张崑将：《日本德川时代古学派之王道政治论——以伊藤仁斋、荻生徂徕为中心》第1章《绪言》，台北：台湾大学出版中心，2004年，第1—2页。并参泽井启一：《"记号"としての儒学》（《作为"符号"的儒学》），东京：光芒社，2000年，第125—126页。

学传入德川日本以后，并没有取得独尊天下的地位，更没有上升为国家意识形态，因为在信仰及祭祀等国家体制的层面，主要由神道、佛教占据主导地位，而在社会上，又没有像中国或朝鲜那样的科举制度为儒学的传播提供重要的制度保证，所以儒学只是成了武士阶层或一般民众的一种知识趣味，这与当时日本社会属于"幕藩体制"而非中央集权体制有着莫大的关联。不过在我看来，尽管历史表明近世日本的思想形态、知识活动并不是单一的，对此我们要有充分的关注，不要以儒学来覆盖整个近世日本思想史，但是我们也不可由此而否定儒学思想在近世日本的存在历史，儒学在日本文化历史上的存在及其影响也是有目共睹的，只是我们不要再抱有"同文同种"的幻想，也不要以"中华文化一元论"的预设，想当然地以为中国儒学在近世日本社会及其一般民众中具有压倒性的影响力。

此外，当我们用"东亚××"的称呼来概括东亚思想史之际，还要特别注意"儒教"和"儒学"这两个概念的区分。一般而言，在日本学界，"儒教"和"儒学"的使用很随意，前者系指儒家思想的教化体制，后者系指儒家的义理形态。两者的含义是有细微之差别的。若使用"东亚儒教"来概括日本近世思想史，的确会给人造成一种印象：在德川日本已有了中国儒学的一套教化体制，事实上，儒教在德川日本不但没有一统天下，更谈不上以儒家思想为核心建构起了一套遍布社会各层的教学制度。因此在这个意义上，我们的确要慎用"东亚儒教"的说法，以免"儒教"成为覆盖东亚的宰制性概念[1]。但就德川思想的历史状况而言，事实告诉我们，儒学思想例如孔孟之道在德川日本的大多数学者身上有着深厚的影响，这也是不容否认的历史事实。因此在这个意义上，我们即便使用"东亚儒学"来概括当时的中国、日

---

[1] 在日本学界通常也使用"日本儒教"一词，例如服部宇之吉（1867—1939）为安井小太郎（1858—1936）《日本儒教史》（东京：冨山房，1939 年）作序云："言'日本儒教史'有两个意义，其一是作为日本儒学的历史，另一则是在形成日本儒学史上，与吾固有的皇道融会，成为浑然一道，此即'日本儒教'也。"（第 1 页）可见，这里的"儒教"涵指与日本皇道融为一体的日本儒学，显示出与中国儒学的根本差异。要之，"日本儒教"盖指日本化的儒教，如果说"东亚儒教"，则是涵指东亚化的儒教，这里的儒教一词就有了强烈的覆盖性、宰制性。

本还有朝鲜的思想状况，我看也不会是违反史实的虚构。至于"东亚儒学"概念是否含有"中心对边陲""整体对部分"的思维痕迹，是否含有"中国中心主义"的强烈意向，端在于从事东亚儒学研究者自己是否对此问题有清醒的意识，这是因为"东亚儒学"作为一个后设的概念以概括近世东亚的思想状况之际，已然不免后人的判断及立场。事实上，近世东亚的儒学思想史本身并不必然地具有"中国中心主义"的内涵，也并不构成对日本儒学或朝鲜儒学的排斥，相反，儒学在东亚地区的流传必然与各地域的文化传统构成相斥或相融的关系，进而产生出各自独特的"本土化"儒学——又可称为"儒学本土化"或"儒学在地化"，就近世日本而言，亦即"儒学日本化"。

与黄俊杰和张崑将的探讨偏重于"儒学"这一关键词相比，日本思想史研究专家子安宣邦在参与台湾大学举办的各种东亚研究国际会议之初，就再三提醒人们必须注意另一个重要的关键词——"东亚"，特别要注意"东亚"论述的历史性内涵。他指出：作为文明史、文化史的"东亚"是"热切地想要'脱亚'的近代日本内部的东方主义（orientalism）者所建构的概念。但是我们要注意，所谓'东亚'正是为了改变指向中华主义文明中心的一元论要素而发展出来的文化地域概念。我们可以预知，这个新的文化地域概念'东亚'将会产生地域内的多元性的文化发展。"[1]这就告诉我们，"东亚"不是一个不言自明的地域概念，它作为一种文化地域概念，是具有历史内涵的。它的历史与近代日本的"东方主义"密切相关[2]。在子安看来，近代日本在审视东亚之际，就是运用了这种"东方主义"的眼光。这就提醒我们必须将"东亚"放在近代日本的历史场景中来加以思考，这一概念往往是两层含义纠

---

[1] 子安宣邦：《"東亜"概念と儒学》，载氏著：《"アジア"はどう語られてきたか——近代日本のオリエンタリズム》（《"亚洲"是如何被论述的——近代日本的东方主义》），东京：藤原书店，2004年，第187页。

[2] 所谓"东方主义"，盖指西方学者常常以自身为普遍性准则，而将东方视作停滞落后的特殊性空间，因此东方应按西方的普遍原则来融入西方的普遍世界。参见萨义德：《东方学》，王宇根译，北京：生活·读书·新知三联书店，1999年。将萨义德的东方主义批判理论纳入东亚领域来审视近代日本与中国，则可参见石之瑜：《日本近代性与中国——在世界现身的主体策略》，台北："国立"编译馆，2008年。

缠交织在一起:一方面是采用西方普遍主义来拒斥中华文化的一元主义论述,另一方面又站在日本特殊论的立场来对抗欧洲的所谓普遍价值[1]。更为重要的是,到了20世纪30年代,随着帝国日本的形成,"东亚"这一概念的背后又预设了"帝国日本的地政学"含义。子安宣邦之所以再三强调这一点[2],是因为他有一个无法消解的忧患:他担心如果我们不严肃认真地检讨这个被帝国日本重组出来的"东亚"概念,说不定在哪一天"东亚"又会成为"往日帝国日本幻想的再生"[3]。由日本学者发出的这一沉重的声音,值得我们认真倾听。

除了对"东亚"论述展开严肃批评以外,子安宣邦还积极提议由实体的"东亚"向方法的"东亚"进行转换。他承认对于东亚各地的儒学史研究者来说,若能将儒学史与作为文化地域之概念的"东亚"结合起来,是可以"找到论述之原点"的,但是他同时又严肃地指出:如果只是记述"起源于中国的儒学、儒教文化在东亚细亚各地的多样性展开,这就与20世纪三四十年代帝国日本的'东亚'文化史论述并无二致"。为了避免这一点,有必要在重构"东亚"时,将实体的东亚概念转换成作为"思想方法的概念"[4]。所谓"作为方法",乃是现代日本学者非常喜欢使用的一个特殊概念,从竹内好的"作为方法的亚洲"、沟口雄三的"作为方法的中国",到子安宣邦的"作为方法的江户"等等,这个"作为方法"的提法虽然不太符合中文的表述习惯,然而究其旨意,无非是说须将研究对象——例如"中国"或"儒学"——"他者"化、"特殊"化。基于此,所以"作为方法的东亚"便是主张"东亚"是一多元性的文化概念,而儒学在东亚并不意味着拥有整体性、同一性的实体存在,它只具有"他者"的意义。依我看,这一观点的

---

[1] 参见子安宣邦:《"亚洲"是如何被论述的》,第188页。
[2] 关于"东亚"问题,子安宣邦在2000年11月参加韩国成均馆大学主办的"东亚学术国际会议"发表的一篇论文《昭和日本と"東亞"概念》已有明确的阐述,该文发表在《環》第5号,东京:藤原书店,2001年4月,又收在作者的《"亚洲"是如何被论述的——近代日本的东方主义》一书中。
[3] 参见子安宣邦:《"亚洲"是如何被论述的》,第189页。
[4] 同上书,第194—195页。

实质在于：打破"中华文化圈"或"汉字文化圈"等概念所建构起来的中华文化一元论论述，将以往"东亚"的论述实践由实体性描述转向方法论建构，而在此过程中，须彻底否认作为对象的——亦即"他者"化的中国主体性，只有这样才能反衬出解释者的主体性。

子安宣邦充满热情地认为 1997 年在台湾成功大学召开的"台湾儒学"会议（按，正式名称是"台湾儒学研究国际学术研讨会"）便是作为方法的"东亚"论述的最佳例证[1]，然而若干年以后，却使他由期望转而感到失望，渐渐地从台湾大学主持的东亚文化研究活动中淡出。

二 一场没有交锋的论战：何谓"东亚"

在 20 世纪与 21 世纪之交的前后几年，子安宣邦曾是台湾学界的座上客，他的那部论著《东亚儒学：批判与方法》的大部分文章便是在 2000 年至 2002 年期间参加台湾东亚会议而撰写的，由此可见子安参与"东亚儒学"的论述实践原本是十分积极的。然而他在 2005 年 2 月 22 日却以书面形式表达了对台湾大学东亚文化研究的不满[2]。关于个中缘由，笔者并不清楚，也不宜妄加揣测。我们所关心的是，子安宣邦与台湾学界在东亚儒学问题上究竟发生了什么意见冲突？而这些意见分歧又显示出哪些值得思考的问题？以下我们先从"东亚"一词说起。

无疑地，"东亚"原本是一个日本词汇，如前所述，带有第二次世界大战以来的"战争记忆"，与我们今天所使用的"东亚"一词不可同日而语。至于"东亚"一词的词源学问题，特别是在中国和日本的近代历史上，该词是如何出现及其演变的问题，陈玮芬的论文《"东洋""东亚""西洋"与"支那"》[3] 所述甚详，她在子安宣邦的论述

---

[1] 以上参见子安宣邦：《"亚洲"是如何被论述的》，第 196 页。
[2] 据户仓恒信所言，子安宣邦在信中"宣布退出"台湾大学的东亚研究计划，参见氏作：《省思"东亚的近代"的必要性：从子安宣邦的"来台"意义谈起》，载《文化研究》第 6 期（增刊），2008 年夏季号，台北：远流出版，2008 年，第 186 页。然而事实上，子安并非该研究计划的成员，也就无所谓"退出"。显然，户仓之说不免夸大其词。
[3] 陈玮芬：《近代日本汉学的"关键词"研究：儒学及其相关概念的嬗变》，台北：台湾大学出版中心，2005 年，第 101—135 页。

基础上[1]，指出这个词汇未见诸中国的《词源》《辞海》等主要辞书，而是出现在1920年代的日本，最早是作为学术性的专用名词而出现，亦指文化意涵的地域概念，到了30年代以后，逐步演变成地政学概念，并且被进一步扩大为帝国日本建构"东亚共同体""大东亚共荣圈"的理念。

较早的有关"东亚"论述，可以左翼思想家尾崎秀实（1901—1944）的下述言论为代表：

> 在当下的情势下，作为实现"新秩序"之手段的"东亚协同体"，确实是日支事变（引者按，即1937年"七七事变"）进程中所孕育的历史产物。[2]

所谓"新秩序"是相对于西方帝国主义的"世界旧秩序"而言的一个说法，可见"东亚共同体"这一概念是在战争背景之中提出的，因而具有浓厚的政治性意图。直至后来出现的"大东亚共荣圈"，这一政治意图被阐释成："大东亚"是"以日本为主"的，包括"支那及其周缘、隶属支那政治文化圈的诸国家、民族"，也包括"支那政治文化圈之外的南方国的诸国家、民族"[3]。这个以"日本为主"的所谓"大东亚共荣圈"，就是当年日本发动侵略的一种观念表述。

为什么必须以"日本为主"呢？这是因为在当时帝制日本的国家意识形态之下，人们已然形成了这样一种看法："体现了三千年东方文化之精髓"的是日本而不是中国，更重要的是到了近代，又唯有日本

---

[1] 参见子安宣邦：《"亚洲"是如何被论述的》，2004年，第187—189页。
[2] 尾崎秀実：《"東亜協同体"の理念とその成立の客観的基礎》，原载《中央公論》1939年1月号，收入米谷匡史编：《尾崎秀実時評集——日中戦争期の東アジア》，東京：平凡社，2004年"東洋文庫"本，第187页。关于尾崎秀实参与"东亚共同体"（又称"东亚协同体"）理论建构的过程，参见野村浩一：《近代日本的中国认识：走向亚洲的航迹》第2章《尾崎秀实与中国》，张学锋译，北京：中央编译出版社，1998年，第171—199页。作为左翼思想家的尾崎，他理想中的所谓"东亚新秩序社会"乃是"世界革命的一环"（同上书，第196页），这与帝国日本的东亚论述并不相同。
[3] 矢野仁一：《大東亜史の構想》，東京：目黒书店，1944年，转引自上引陈玮芬论著，第133页。

能够"摄取西方文化与科学,融合了东西方文化,成了东方的主要势力。所以,日本有绝对的资格为东方文化的融合无间预作准备"。[1] 这些学者的议论及其观点无疑为帝国日本的侵略行为提供了意识形态的需要,换言之,他们欲从观念上为当时的那场战争提供合理性证明。作为国家的宣言,1943年帝国日本发表的《大東亜共同宣言》(东京:新纪元社,1944年)则意味着"东亚共同体"已然上升为国家的意识形态,公开宣称在中国以及在南太平洋展开的战争是为使亚洲"从英美之桎梏中解放"出来的"正义"战争,同时也是为了"建立世界之和平"的战争。

那么,1945年以后,"東亜"一词从社会上的消失,是否等于该语的历史含义及其问题本身也随之消失呢?回答是否定的。更不用说,"東亜"所含有的战争记忆从来没有从东亚各国消失过。对于20世纪初日本帝国的侵略行为进行思想批判在现代日本(1945年以后)不断地进行着,但是这种批判的声音局限在一部分学界内部,长期以来并没有向日本以外的世界特别是深受侵略战争之害的东亚地区积极传达这种声音,以至于在中国、朝鲜、韩国等地的老百姓印象里,日本政府仍然没有对那场侵略战争有深刻的反省,所以自20世纪90年代中期以来,才会出现由105名日本国会议员组成的"历史研究会",1995年编纂出版了《大东亚战争的总结》[2],公然否认那场战争的侵略性质,这就令人怀疑他们的声音是否代表了日本国民的声音呢?更令人瞩目的是,不仅该书的出版恰逢战后50周年,而且与日本政府发表"村山讲话"(承认那场战争的侵略性并对亚洲受害国表示谢罪)为同一年。这一年还有一件标志性的"事件"发生,由右翼知识分子构成的"自由主义史观研究会"成立,鼓吹修正历史,两年后的1997年,持有同样立场的"新历史教科书编纂会"成立,将知识界的战争批判及其反省统统斥为"自虐史观"。可见,"东亚"不仅是一个历史问题,而且至今依然是一

---

[1] 平野义太郎:《大アジア主義の歴史的基礎》,东京:河出书房,1945年,转引自上引陈玮芬论述,第131页。
[2] 由日本辗转社于1995年出版,新华出版社于1997年出版了中文译本。

个敏感的现实问题，尽管对这股右翼思潮展开严厉批判的日本知识人亦大有人在[1]。

所以，将"東亜"改换成"東アジア"，不是解决问题的方法，反而更令问题显得复杂。子安宣邦便质问道："'東亜'は死に'東アジア'は生まれたか"[2]，翻译成中文就是"'东亚'之死而能产生'东亚细亚'吗"？子安给出的答案是否定的。他指出，在第二次世界大战以后的很长一段时期，伴随着"冷战构造"的出现，日本关于亚洲问题的"国家判断"一直处在"停止状态"，意味日本一直没有以"国家意思"的姿态，对过去的历史清算以及对亚洲新关系的构想向亚洲各国作过明确的表态。更令人沮丧的是，即便到了80年代"冷战构造"崩坏之后，这样的判断中止状态仍然持续着。因此，在对第二次世界大战前"東亜"概念的"死"没有做出清算之前，便要异想天开地重构"东亚细亚"，无异于欺骗自己。

关于"作为文化概念的'东亚'"是否可能？子安提出了一个定义："所谓文化概念的'东亚'，是对中华主义的文明一元论指向，以相对化的形式而重构起来的地域概念。"[3]这是说，作为文化概念的"东亚"是对战前"东亚"的地政学概念"东亚"的一种反省和批判之上才能形成，它涵指以中国为起源的文明这一广泛地域的"共通性"的地域内部所存在的"多元"文化形态。而且这不仅仅是一种文化概念，更是一般意义上的"广域"性概念。他指出，根据这一概念的"广域性"，而将本国本民族中心主义相对化，所以这一概念可以包含从文化到经济等各种生活领域，在空间上也可包含多样多层的相互交流，"东亚细亚"并不是国家间关系的"实体化"，而是使生活者的相互交流成为可

---

[1] 参见小森阳一：《天皇の玉音放送》，东京：五月书房，2003年；中译本《天皇的玉音放送》，陈多友译，北京：生活·读书·新知三联书店，2004年。高桥哲哉：《靖国問題》，东京：筑摩书房，2005年；中译本《靖国问题》，黄东兰译、孙江校，北京：生活·读书·新知三联书店，2007年。针对此书的评论，可参见小岛毅：《靖国史観：幕末維新という深淵》，东京：筑摩书房，2006年。高桥哲哉：《国家与牺牲》，北京：社会科学文献出版社，徐曼译，2008年。中文论著可参赵京华：《日本后现代与知识左翼》，北京：生活·读书·新知三联书店，2007年。
[2] 子安宣邦：《昭和日本と"東亜"の概念》，载氏著：《"亚洲"是如何被论述的》，第101页。
[3] 同上书，第103页。

能的一种表示"关系域"的文化地域概念，换言之，也就是一种"方法的"概念。[1] 这才是用我们的手来解构帝国日本的"東亜"概念，以便重新建构"东亚细亚"的一个可能途径。要之，子安所揭示的"东亚细亚"是一种方法论概念，是将中华文明相对化了的文化概念，是承认这一广泛地域中文化多元性的概念。所以，可以称其为"作为方法的东亚论"或者"文化地域东亚论"。由此也就能理解他为何对20世纪90年代开始出现的"东亚论"非常敏感而又小心谨慎了，他担忧的是，在没有对20世纪30年代帝国日本的"东亚论"作出彻底清算之前，便轻易地提出重构"东亚"，这是不负责任的缺乏批判精神的态度。

不过，子安的担忧虽有一定道理，作为历史学家对于20世纪初的"东亚"论述也确有必要加以厘清，确定其产生的政治文化背景，把握其内在的蕴涵及指向。但是及至21世纪，当大陆以及台湾学者重提"东亚"之时，并不是从地政学的角度来讲的，更没有将其与帝国日本的"东亚"论进行比附的任何意图。说穿了，在当今中国或许对于日本为何在"东亚"问题上"停止判断"有一定的关心，而且常有过激言论，然而就学界的状态看，只是有部分学者对于作为历史事象的近世东亚的"儒学"问题略有关注而已，他们所谈论的也大多是近世东亚儒学问题，很少涉及帝国日本的"东亚"论问题。对此，子安一再表示忧虑，认为那些学者不是过于迟钝，就是别有用心，其实这有点多虑了。事实上，帝国日本的"东亚论"的历史清算，应当是日本学者自觉努力的一项任务，并有义务向东亚其他国家的学者发出明确的信息，而不宜与中国学者从事东亚儒学研究的学术趣向混为一谈。当然也须承认，作为日本学者的这种时代忧患意识以及历史批判意识是值得重视的，他们对"东亚"问题的批判性建议也应当引起我们深思。

然而子安并没有停留在对东亚问题的历史反省，他对当今东亚儒学研究的趋向也提出了一些应当特别注意的问题。例如子安宣邦非常警觉当今"东亚"论述有可能使"中华文化一元论"得以复活，他指

---

[1] 子安宣邦：《昭和日本と"東亜"の概念》，载氏著：《"亚洲"是如何被论述的》，第103—104页。

出，历来以中华文明一元论为核心的所谓东亚论，有一个基本的思维结构，亦即中心/周边的思维结构，由此出发，政治上落为主导/服从的结构，文化上落为发源/接受的结构。这一思维结构的实质则是中国自古以来的"华夷秩序"结构，其结论必将导致"中华帝国为核心的文化一元论"[1]。对于这一"文化一元论"，子安的批判非常强烈，也引起了黄俊杰的关注（详见后述）。从历史上看，这种所谓"一元化东亚世界"的首次出现是以隋唐中华帝国为标识的[2]。令人颇感奇妙的是，隋唐中华帝国的"一元论"到了20世纪初，帝国日本也出现了类似于此的另一种以建设东亚新秩序为口号的"一元论"，我们姑且可以称其为"两种一元论"。如果前者是以中华文明为中心的话，那么后者则以何种文化为中心呢？无疑就是以已经宣告近代化（亦即欧化）成功的日本为中心。显然"两种一元论"的内涵有着根本不同，但其论述方式却惊人的一致——亦即均以某种普遍主义的"一元论"为观念基础。

其实，"东亚世界"是日本史学家西嶋定生（1919—1998）提出的一个著名观点[3]，其目的在于批评"一国史"日本论——亦即日本的历史是与中国大陆毫无关联而独自发展形成的这种偏见。正如李成市所指出的："西嶋的东亚世界论的构想，意在克服战前体制下的自以为是的特殊化日本史，是欲从世界史的文脉中来重新理解日本史的一种尝试、一种理论。"[4] 西嶋以"东亚世界"来批评"一国史"的日本论述到底具有何种理论效力，可以暂置勿论，但他反对"日本史特殊化"的努力却引发了学界的强烈关注。有趣的是，他的有关东亚世界的四大要素之定义，引发了台湾学者的回应，高明士认为除了四大要素以

---

[1] 子安宣邦：《东亚儒学：批判与方法》"序"，第6页。
[2] 2002年6月台湾大学主办"东亚文化圈的形成与发展"国际学术研讨会的"会议提要"。又见子安宣邦：《"东亚"概念与儒学》，载赵京华编译：《东亚论：日本现代思想批判》，长春：吉林人民出版社，2004年，第91页。
[3] 西嶋定生：《東アジア世界の形成：総説》，载岩波书店讲座：《世界歷史》4，东京：岩波书店，1970年，后收入西嶋定生：《中国古代国家と東アジア世界》，东京：东京大学出版会，1983年。
[4] 西嶋定生著、李成市编：《古代東アジア世界と日本》"解説"（李成市），东京：岩波书店，2000年"岩波现代文库"，第269—270页。

外，还应加上一条"科技"，他指出，西嶋"此说大致可被接受，惟仍欠周延，即忽略中国科技要素在此一地区之流通。所谓科技，此处特指中国官府所传授的天文、历法、阴阳学、算学、医学等"[1]。

后来，高明士将有关东亚文化圈五大要素的这一见解纳入2002年6月由台湾大学主持召开的"东亚文化圈的形成与发展"国际研讨会的主旨说明[2]，而且意外地引发了争议。子安宣邦对此"五大要素"说虽然没有特别的批评，但是他对这个会议主旨表示了相当的不满，在他看来，这个会议主旨的说明只不过是"传统的'中华帝国'话语的重构"[3]。这一解读显然有子安自己对东亚问题的解释立场，但他对台湾大学东亚会议的这种极为苛刻的评论，显然缺乏冷静的理解姿态。问题的复杂性在于，子安这篇会议论文的前言部分，却未见此后出版的该会议论文集[4]。据我的推测，会议论文的编辑者不至于大胆到随意删除子安论文的文字，合理的情形是，子安提交会议论文之际，原本没有这段"前言"，后来子安在藤原书店的杂志《环》第九卷（2002年夏号）上发表该文时特意增补了这段说明。

---

[1] 高明士：《当代东亚教育圈的形成——东亚世界形成史的一侧面》，台北："国立"编译馆中华丛书编审委员会，1984年，第15—54页。又见氏著：《天下秩序与文化圈的探索——以东亚古代的政治与教育为中心》下篇第一章《东亚文化圈的形成》，上海：上海古籍出版社，2008年，第228页。该书原由台北的喜马拉雅研究发展基金会于2003年出版，原书名是《东亚古代的政治与教育》，2004年再由台湾大学出版中心出版。

[2] 关于这次会议主旨说明的中文版，见《东亚论——日本现代思想批判》上篇第6章"'东亚'概念与儒学"，长春：吉林人民出版社，2004年，第89—92页。原文略云："东亚文化圈包括汉字、儒教、律令、中国科学技术（特别是医学、算学、阴阳学、天文、历算等）和中国佛教五个要素。东亚文化圈的形成并非一朝一夕之事，而是经历了多次的转变。至七八世纪上述的汉字等五个共同因素才全部出现了，这就是隋唐时代。这以前可以称为东亚文化的酝酿期，中国文化的这些要素陆续传到东亚地区，历经时间和环境的考验才得以见到具备了上述汉字等五大特征的东亚文化圈的出现。19世纪中叶以来，强大的西方文化大举东渐，致使东亚文化圈陆续解体。"

[3] 子安宣邦：《"東亜"概念と儒学》，载氏著《"亚洲"是如何被论述的》，第176页。

[4] 高明士主编：《东亚文化圈的形成与发展：儒家思想篇》，台北：台湾大学历史学系，2003年（后由台湾大学出版中心于2004年再版）。亦收入子安宣邦：《东亚儒学：批判与方法》，陈玮芬等译，台北：喜马拉雅研究发展基金会，2003年。笔者使用台湾大学历史学系2003年版。然而，上引户仓恒信的论文却尖刻地指出，"前言"部分的失落乃是会议论文编辑者的有意"删除"，此说显然有悖事实。

不过，有一位在台湾大学攻读博士学位的日本留学生户仓恒信撰文为子安宣邦抱不平，指出这次台湾会议的研究群体显然表明了"'自我实体化'的立场"，"宛如是为了挑战几年来子安所提出的'方法'概念而来，但其背后的理论根据却有相当薄弱之处"[1]。"挑战"一词具有相当的火药味，然而事实上据我对会议论文集的初步阅读，完全看不出任何台湾学者有意"挑战"子安的"方法"（指子安的"作为方法的"概念）的企图，因此以"挑战"一词不免太过意气用事了。那么，所谓理论依据"薄弱"，又体现在什么地方呢？据该文作者的分析，其中之一是因为会议组织的主旨说明将"中国的科技"这一要素莫名其妙地添入西嶋定生的"东亚世界论"之中，由于"中国的科技"是"中国文化圈"所"塑造出来"的，所以"中国的科技"是"中国文化圈"的一部分，而这样的论证方式是一种"循环论"而"无法成为有效的概念'定义'"[2]。不得不说，这一批评似是而非，中国的科技当然是中国文化圈的一部分，构成其要素之一，何以有中国科技是"中国文化圈"塑造出来的说法？可以看出，户仓欲为子安辩护而批评台湾大学的东亚研究，然而其论述却有不少揣测部分，本来并不值得一驳，但是既然该篇文字已公开发表，故有必要作以上的澄清[3]。

重要的是，上述子安的批评引起了黄俊杰的注意，他也意识到了问题的严重性，故有《"东亚儒学"如何可能》之作，然而依户仓恒信的看法，黄文的论证仍有漏洞。他特别针对黄文所说的东亚儒学在其形成过程中"既展现'发展的连续性'，又呈现'结构的整体性'"

---

[1] 户仓恒信：《省思"东亚的近代"的必要性：从子安宣邦的"来台"意义谈起》，载《文化研究》第6期（增刊），2008年夏季号，第178页。
[2] 同上注，第180页。
[3] 不过子安宣邦似乎很看重户仓恒信的这篇论文，他在相隔八年之后的2010年3月26日成功大学的一次讲演中，指出户仓该文对其"东亚"论述"是很重要的补充与佐证"。参见子安宣邦：《再论"作为方法的东亚"》（未刊稿）注4。然而依我看，户仓论文未免给人以一种印象：他处处将子安宣邦与黄俊杰做两极对立的处置。这个做法也是有悖事实的，其实两人之间虽有意见分歧，但总体来看，却是一种良性的互动。事实上，子安对黄俊杰的东亚研究多有肯定（参见子安宣邦：《"亚洲"是如何被论述的》，第105页注9，第192—194页等），如下文所述，黄俊杰对子安的研究亦颇多赞赏。

提出了批评:"那么为何于文中无法提出对于'战前日本'到现在的'东亚'论述之所以能免于被批判的理由？这都是因为其（引者按，指黄俊杰）无法向读者提出'如何可能'的根据"[1]。其意是说，黄文在讨论东亚儒学如何可能之际，必须对于"战前日本"的东亚论以及当代日本对这种东亚论的历史批评做出必要的回应，如果忽视了这一点，就无法回答东亚儒学如何可能的问题，然而户仓恒信的这个质问过于牵强。我以为中国学者在探讨东亚儒学的问题时，有关日本东亚论的批判并不应当是东亚儒学这一问题设定的学理性前提。

诚然，黄俊杰一文欲为其研究团队推动东亚儒学研究提供一种观念上的基础和方法上的进路，但他明显地意识到子安宣邦的批判性东亚论述，他引其说：

> 如果把"东亚儒学"当作不言自明的概念，以此为出发点所记述的东亚儒学史，将成为朝鲜、日本等周边地域的儒学发展史，带着向儒学核心回归的性质。这样的儒学史记述，以"中心—周边"的结构关系为前提。政治上它是支配（中心）—服从（周边）的结构，文化上就变成发源（中心）—接受（周边）的结构。这个结构传统称之为"华夷秩序"，是一个中华中心主义的文化秩序、国际秩序。当"东亚儒学"被认知为不言自明的概念时，我们就被迫无条件接受中心—周边的文化结构，与以中华帝国为核心的文化一元论。[2]

黄俊杰称赞此论"的确一针见血"，并表示以中国儒家传统作为中心的文化一元论正是"中华帝国政治上的'华夷秩序'作为基础而展开论述"的，而且这种"文化唯我论"实不可取[3]。接着黄俊杰表示，这种"文

---

[1] 参见上引户仓恒信论文，第184—185页。关于"结构的整体性"一词，后来黄俊杰将此文收入《东亚儒学：经典与诠释的辩证》时修改为"思想内涵的相似性"（第39、40页），又称"思想上的家族相似性"（第41、42页）。这一改动很重要，若推测无误的话，这应当是黄俊杰相应于子安宣邦之批评的互动结果。

[2] 引自黄俊杰：《东亚儒学：经典与诠释的辩证》，第42页。

[3] 同上。

化一元论"随着1911年辛亥革命成功、清帝国的瓦解而进入历史,在肯定当今21世纪的世界政治与文化是建立在"多元文化"与"多元现代性"的基础上而展开的。黄俊杰在此基础上,发表了他对"东亚儒学"概念的一个基本看法:

> 所谓"东亚儒学"在21世纪台湾的提法,正是预设了一个文化多元性的立场,在承认儒学传统在东亚如中国、朝鲜、日本、(中国)台湾(地区)、越南各地域,各自展开其多彩多姿、多元多样的面貌与内涵,但却又异中有同,东亚各地之儒者都心仪孔孟精神原乡,被《论语》《孟子》等原典所感召,并因应他们身处的时空情境的需求,而出新解于陈编,建构深具各地民族特色的地域性儒学传统。简言之,"东亚儒学"的特质在于"寓一于多",在儒学传统的大框架中展现东亚文化的多元性。[1]

这是说东亚儒学并不是文化一元论,而呈现出"文化多元性"之特质[2],也就是说,东亚儒学既有多元性又有同一性。至此,黄俊杰巧妙地回应了子安宣邦的质疑,但又不是将多元论化约为相对论。其实,黄俊杰的相关论述充满了一种"张力",用他自己的话说,也就是"中国儒学价值理念与东亚地域特性之间的张力"[3]。即意谓东亚文化的普遍性与东亚各地域文化的特殊性之间的张力,关于这一点,我们稍后再作较详细的讨论。

事实上,既然说到"儒学价值理念",就必然涉及一个问题,何谓"儒学价值"?如果这种"儒学价值"在东亚历史上是存在的,那么它是否具有普世性?至少对于东亚来说,它应该具有普世的意义。黄文的措辞虽然微妙,但其更倾向于认为,儒学存在着一种普世性的价值

---

[1] 黄俊杰:《东亚儒学:经典与诠释的辩证》,第43—44页。
[2] 这个"寓一于多"的说法,是黄俊杰"东亚"研究的一个重要立场。有趣的是,日本学者山室信一也有与此相似的"多而合一"说,见其作:《"多而合一"的秩序原理与亚洲价值论》,载吴志攀、李玉主编:《东亚的价值》,北京:北京大学出版社,2010年。
[3] 黄俊杰:《东亚儒学:经典与诠释的辩证》,第49页。

观念，上引所谓的"结构的整体性"以及后来修改成的"思想上的相似性"的表述都表明其有一个基本想法：东亚儒学必有普遍价值之存在，而且这一点是不由解经者的立场所左右的。所以他在该文的结语中，就明确指出：

> "东亚儒学"是一个自成一格的（sui generis）、自成体系的学术领域，它并不是中国、日本、朝鲜、（中国）台湾（地区）、越南各地儒学的机械式的组合或拼装，也不是东亚各地儒学的总合而已。相反地，当东亚各地儒者共同诵读孔孟原典，企望优入圣域的时候，东亚儒者已经超越各地之局限性而形成一种"儒学共同体"，共同体的成员都分享儒家价值理念。[1]

在这里，黄文不用中华文化圈或中华共同体的提法，而是直接使用"儒学共同体"，至于这一概念如何成立，黄文并没有具体论证，他只是表明这一共同体成员都分享着"儒家价值理念"，反过来说，正是儒家价值理念构成了"儒学共同体"的本质要素。然而在我看来，"儒学共同体"的概念设定可能有点轻率了。坦率地说，所谓"儒学共同体"与主张文化多元论而反对文化一元论的立场难以避免自我冲突，何况所谓"儒学价值"在东亚地域多元文化的历史中如何展现，这个问题更是需要澄清，其中将涉及普遍性与特殊性的纠缠。不管怎么说，黄俊杰与子安宣邦之间虽然没有形成正面的交锋，但是子安对台大东亚研究计划由期待转而警戒最终表示不满，似已不可挽回。不过站在第三者的立场观之，子安的东亚批判虽不可轻视，然其以此为出发点来解读乃至评判21世纪台湾东亚研究未免有过度之嫌。

数年之后的2008年4月，黄俊杰在台湾大学做了题为《作为区域史的东亚文化交流史：问题意识与研究主题》（载《台大历史学报》第43期，2009年6月，第187—218页）的公开讲演，提到第二次世界大战期间日本学界出现的"世界史的使命"这一问题，他说："太平洋战争以'世界

---

[1] 黄俊杰：《东亚儒学：经典与诠释的辩证》，第55—56页。

史的使命'作为合理化的基础,却使得日本所谓'世界史的使命'随着第二次世界大战结束而走入历史",然而在子安宣邦看来,这个"世界史"的问题远远没有得到清算[1]。因此,在这一问题上的认识差异,也是导致子安宣邦对台大东亚研究深感不满的重要原因之一。事实上,在2008年特别是2010年,子安宣邦又多次赴台参与学术会议,话题仍然主要围绕东亚问题而展开[2]。值得一提的是其中的一场报告:《再论"作为方法的东亚"》(2010年3月26日于成功大学)。子安在报告中回顾了多年来参与台湾的东亚研究之过程,特别提到2002年6月的那场"东亚文化圈的形成与发展"国际研讨会,表明当他读到由高明士主笔的"研讨会缘起与背景"的主旨说明之后,便对"这场研讨会所抱持的态度不禁由期待转为警戒"。为什么呢？因为在子安看来,"这篇文章在陈述历史事实的同时而极具政治意涵。'东亚'这个概念,并不是地图上有的地域概念,而是政治地理概念,是与政治支配、文化支配的欲望共存而成立的概念"。故在子安眼里,这场会议的性质是"以实体的中国文化圈作为东亚文化圈,为探究其形成与发展而举行的学术研讨会"。这是子安由其"作为方法的东亚"之立场出发而断然不能接受的。所谓"政治地理概念""政治支配、文化支配"以及"实体"性的中国文化圈之概念,正是子安的东亚论述中所欲竭力解构的对象。当然平心而论,这场台湾会议的组织者是否想把"东亚"纳入"地政学"范围来定义？是否想把实体的中国文化圈来覆盖东亚文化圈并进而将"东亚"实体化？我看未必尽然。问题只是会议组织者对于"东亚"论述的历史缺乏一种敏锐的批判意识。如有学者以为"东亚"是一个"很中性化的语言"[3],这个"中性化"的说法很引人注目,意谓当今

---

[1] 参见上引户仓恒信论文,第191页。
[2] 2008年4月,子安宣邦在台湾"交通大学"作了《战后日本论：从冲绳来看》的讲演,同年11月在台湾"清华大学"作了《近代日本与两种伦理学》的讲演。2010年3月,子安又分别在台湾的"交通大学""清华大学"、成功大学作了三场报告,题目依次是：《现今,询问伦理的意涵》《"伦理"语汇的死亡与再生》《再论"作为方法的东亚"》。以上各篇讲演稿的中文译本,承蒙台湾"清华大学"祝平次教授惠赠,谨此致谢!
[3] 杨儒宾语,见《子安宣邦思想论坛·东亚世界与儒学》,载《文化研究》第6期,2008年夏季号,第93—94页。

台湾所说的"东亚"已完成了"去脉络化"的处理，而不再含有20世纪帝国日本时期的那种将东亚"实体化"的意味。所以我想在90年代末，台湾大学之所以能够实施东亚文化研究计划，或许正是以台湾社会对"东亚"概念的这种认同态度为基础的。

然而在上述武汉大学的研讨会上，陈来则指出，自90年代以降台湾政坛兴起的一股所谓"去中国化"的风潮中，台湾学者有意识地将中国研究转向东亚研究，这是当今台湾何以热衷于东亚儒学之研究的一个重要背景。[1]当时作为与会者之一的澳大利亚国立大学梅约翰（John Makeham）教授在会后提供给笔者的一篇论文，也指出展开东亚研究是台湾学界研究中国传统文化的学者为应对"去中国化"的新形势而采取的一种"策略"。[2]说实话，当时我对这种外缘性的背景分析不敢遽下断言，通过2010年9月重访台湾大学，我进一步了解到台湾学界的不少知识精英关注于"东亚"问题由来甚久，绝非始于90年代末。不过，我觉得更令人关注的是，台湾学者在推进东亚儒学研究的过程中，往往呈现出"东亚意识"与"台湾意识"彼此交织的心态，同时还存在着"文化认同"（即对"文化中国"的身份认同）的问题，只是他们对两岸的政治现状所采取的大多是一种超脱的态度而拒斥单纯的"政治认同"。至于"台湾意识"以及两种"认同"之间的张力等问题，则有待今后的深入考察。我以为通过考察或将有助于我们了解当今台湾东亚研究的社会文化背景，反过来也将促使大陆学界对东亚问题表明自身的学术立场。

三 17世纪以后东亚文化差异巨大论

由上可见，在有关何谓"东亚"的问题上，子安宣邦认为这不仅

---

[1] 笔者认为，陈来之意只是说，2000年以后中国台湾当局推行的"去中国化"构成了当时的一种台湾社会背景，而不是说台湾大学的东亚儒学研究之目的在于迎合"去中国化"政策。今天看来，台湾的东亚儒学研究所秉持的是"多元中心论"意义下的"去中心化"之学术立场，而不可与"去中国化"同日而语。这是必须加以明确区分的。

[2] 梅约翰：《东亚儒学与中华文化民族主义：一种来自边缘的观点》，载复旦大学文史研究院编：《从周边看中国》，北京：中华书局，2009年，第122页。

是一个文化地域概念，还是一个具有特定历史内涵的概念，我们只有对20世纪帝国日本的"東亜"论述作出彻底清算，才能重新面对"东亚细亚"（即"东亚"），而且更重要的是，为避免重蹈覆辙，必须彻底放弃"东亚"实体化、一体化的幻想，只有将"东亚"视作"方法"，才能重建"东亚"的多元论述。所以他一再重申："'东亚'与其他'东洋'等一样，乃是历史的、政治的概念，绝非单纯的地理概念。"他甚至强调："我认为，亚洲问题对于日本人来说，离开了20世纪的历史体验是无法表述的，而且也是不可论述的。"[1] 这种"不可论述"的态度很令人同情也能理解，但这毕竟已经是一种论述，只是这种"论述"颇有一点"后现代"的味道，他总是将论述的着力点放在"解构"上而不是放在"建设"上。关于这一点，子安自己也有清醒的意识，并且也试图为如何建构"东亚"提供答案，例如他在2010年3月的台湾成功大学举行的会议上这样说道：

> 虽说反对"东亚"概念的实质化和"东亚文明圈"的重新建构，但并不表示我有明确的取而代之的答案。我知道在全球化的进展与20世纪式国家概念的动摇之下，需要新的地域概念，但目前只能反对单纯再生20世纪广泛的区域概念，并以如下的暂定提案回答。我建议不要把"东亚"概念实体化，而是作为论述的关系框架将"东亚"视为方法的概念。例如，藉由拥有"东亚"这共通的关系框架，将单一国史或帝国式的历史纪录相对化，让新的亚洲历史纪录成为可能，这样的方法性概念。……总之，我希望是透过以"东亚"为关系框架的多层多样的交流实践，产生所有在此区域生活的人所真正需要的"东亚"。[2]

---

[1] 子安宣邦：《昭和日本と"東亜"の概念》，《"亚洲"是如何被论述的》，第87—88页。
[2] 子安宣邦：《再论"作为方法的东亚"》，第6页。这段话引自2010年3月子安宣邦在台湾成功大学的一次讲演，但据子安所说，这段话原是2002年子安参加台湾大学举办的"东亚文化圈形成与发展"学术研讨会上的口头说明，而这段说明并没有刊载于此后出版的会议论文集（高明士主编：《东亚文化圈的形成与发展——儒家思想篇》，台北：台湾大学历史学系，2003年）。另据子安在台湾受访时的自述："我（引者按，指子安）过去常被人贴了解构者的标签，而且也被当作是不事建构而不负责任的批评家。然而……我是试图建构一项运动，（转下页）

可见,"东亚"需要在未来建构,就此而言,子安宣邦的态度是明确的。只是他坚决反对重建一个实体性的"东亚",亦即反对视东亚为本质之同一这类观点,而主张将"东亚"方法化。要之,在如何建构东亚的问题上,子安的答案就是一个:唯有将东亚视作"方法的东亚"。

另一方面,黄俊杰所关注的不是"东亚"问题本身的论述,而是儒学在东亚抑或东亚中的儒学之问题,他以文献批判为方法、经典诠释为手段,意图从东亚历史中寻找儒学的普遍价值,从而重新建构起有关东亚儒学思想史的一套论述。他一方面承认东亚文化的多元性,另一方面也强调在多元中存在着"一",这个"一"就是儒学价值的普遍理念,这个"多"与"一"的关系,他表述为"寓一于多",以为儒学价值乃是"儒学共同体"所共享的。尽管黄俊杰在近作《作为区域史的东亚文化交流史》讲演稿中强调他注重的是作为"过程"的东亚儒学而不是作为"结果"的东亚儒学,意谓我们不能仅仅关注作为历史存在的东亚儒学,更应关注的是作为当下存在的东亚儒学。同时他也坚持《"东亚儒学"如何可能》一文的立场:亦即不预设"中心 vs 边陲"以及"正统 vs 异端"的框架,但他并没有明确指出东亚儒学研究的目的是什么及其所能预期的结论又是什么,这就难免导致旁观者疑神疑鬼,甚至担心台湾学界想要重构"中华帝国"的东亚论述。

更令那些心怀疑虑者感到不安的是,黄俊杰已经大胆预测:随着中华帝国(1911)、日本帝国(1945)以及20世纪90年代"冷战"结构的毁灭,"进入21世纪以后,中国的崛起则使东亚的政经秩序再度面临重组"[1]。这个说法触目惊心。问题是,如何重组?由谁重组?不用说,由其文脉不难看出,这个重组的主体只能是21世纪崛起的"中国",而重组的重要途径之一无疑是重构"东亚儒学",作为其结果所体现出来的就不仅是文化秩序更是政经秩序了。细心的读者马上会注

(接上页)而非试图去解体。其中很重要的地方是,不能让死者被吸纳到国家里面去。"〔引自刘纪蕙:《他者视点与方法:子安宣邦教授访谈》,载《文化研究》第6期(增刊)2008年夏季号,台北:远流出版,2008年,第215页〕此可见子安并非是一味地解构,他另有建构的目标。

[1] 黄俊杰:《作为区域史的东亚文化交流史:问题意识与研究主题》,《台大历史学报》第43期,2009年,第192页。

意到，此所谓"东亚"已超越了一般的文化意义，而变成了"地缘政治学"或"地缘经济学"意义上的概念。这类概念不免与帝国日本所宣扬的"东亚共同体"之概念一样，"东亚"成了霸权主义以及地理政治秩序的一种象征[1]。难道东亚儒学的研究是以这种"地政学"东亚概念为前提，并以重组政经秩序为目标的吗？我可以肯定地说，通过阅读黄俊杰有关东亚儒学的大量论述，可知他绝不会有一丝一毫这样的想法，他的旨意在于阐明在全球化的浪潮之下，东亚地区也难免政治经济的重组，值此之际，东亚儒学是否拥有某些可供参照的思想资源，仅此而已。所以他郑重地宣称："'东亚儒学'撤除一切藩篱，以'东亚'为整体，为'东亚'而存在。在这个意义下的'东亚儒学'，正是21世纪全球化时代中进行'文明对话'的重要精神资产！"[2] 然而即便如此，也很难说当子安宣邦等当代日本的东亚论者看到"政经秩序重组"这个字眼就不会做这样的联想：他们会以为所谓重组是否在谋求政治经济上的东亚霸权，进而要重新建构起一个"中华文化一元论"或"中国中心论"？

不过，令子安宣邦感到事态之严重的原因还不止于此，更有日本学者也发出了类似的声音。例如日本哲学家广松涉（1933—1994）早在1994年3月16日，在《朝日新闻》上发表了一篇文章，标题就十分醒目：《东北亚成为历史的主角——以日中为轴心建设"东亚"新体制》[3]，广松涉指出："人们正在要求新世界观、新价值观。这一动向由欧美尤其是欧洲的知识人作了前期准备。不过，毕竟他们不能免于欧洲的局限。混乱还会延续一段时期。新世界观以及价值观最终将从亚洲产生，并将席卷世界"，而且他还断然宣称："作为日本的哲学工作者是

---

[1] 作为"地政学"概念的这个"东亚"，历来是子安宣邦猛烈批判的对象，在他看来，这个概念无疑就是帝国日本的"象征"，参见子安宣邦：《昭和日本と"東亜"の概念》，载氏著：《"亚洲"是如何被论述的》，第83—108页。

[2] 黄俊杰：《"东亚儒学"如何可能》，载氏著：《东亚儒学：经典与诠释的辩证》，第56页。

[3] 《東北アジアが歴史の主役に——日中を軸に"東亜"の新体制を》，后收入《広松涉著作集》第14卷，东京：岩波书店，1997年。

可以这样断言的"[1]。对此，子安宣邦不能掩饰他读到该文时的吃惊心情。他对该文十分恼火的原因主要有二：一是"东亚新体制"尤其是其中的"东亚"概念，一是由欧美世界观的崩坏而导向东北亚的新世界观、新价值观的产生——而且是以日中为轴心。对于第一点，子安的批评之严厉简直到了苛刻的程度，他认为广松的主张无疑是在重现"40年代帝国日本的世界史的表象以及世界观的标语"（按，指"东亚新秩序""东亚共荣圈"），这一批评的语气与上述子安对台湾东亚会议的批评可谓如出一辙。对于第二点，子安严厉指责广松的思路仍然停留在40年代战争时期的所谓"近代超克论"[2]。不管怎么说，虽然提法不同，但是不论是"政经秩序重组"论还是"东亚新体制"论，在子安宣邦的眼里所反映出来的影像几乎差不多，都是帝国时期东亚论的老调重弹。

可见，若要回答"东亚儒学"如何可能的问题，其实并不容易。因为"东亚"已然不是一个单纯的学术概念，它的含义十分广泛复杂，甚至涉及种种"帝国时期"的记忆。然而说到"儒学"，特别是说东亚的"儒学"，情况也不那么简单。例如一说到近世日本（1600—1868）的儒学史，人们常会搬出"文化"来说事，由于日本文化与中国文化的不同，因此日本儒学与中国儒学也就是两回事，不可划上等号。例如葛兆光曾指出：

> 它（引者按，指近来的"亚洲"论或"东亚"论）想象了一个具有共同性和同一性的亚洲，而忽略了亚洲和东亚的内在差异。中国、朝鲜和日本史很不一样的，他们的差异可能比中国和

---

[1] 引自子安宣邦：《何が問題なのか：広松渉"東亜新体制"発言をめぐって》（《问题何在：就广松涉"东亚新体制"之发言而谈》），载氏著：《"亚洲"是如何被论述的》，第112页。
[2] 关于"近代超克论"（"近代の超克"），这是日本第二次世界大战时期由部分知识分子兴起的一场带有强烈政治意识形态之色彩的所谓学术讨论，第二次世界大战以后的日本学界长期以来对此有着非常深厚的研究积累，可分别参看竹内好著、孙歌编：《近代の超克》，李冬木等译，北京：三联书店，2005年；子安宣邦：《"近代の超克"とは何か》，东京：青土社，2008年；广松涉：《"近代の超克"論——昭和思想史への一視角》，东京：讲谈社，1989年学术文库。中文论述则可参看孙歌：《竹内好的悖论》，北京：北京大学出版社，2004年。

英国、中国和法国的差异更大，未必中国和日本的差异就小。……所谓"同文同种"，是很有疑问的。[1]

这个所谓的"差异论"，我们姑且称之为"17世纪以后东亚文化差距巨大论"，其旨在于指出亚洲或东亚不存在什么"共同性""同一性"。当然作者对此有一个历史时间的限定，即指17世纪中叶以后，也就是特指"近世东亚"，在中国，是指明亡入清（1644）以后，在日本，是指德川（1603）日本，在朝鲜，是指朝鲜王朝后期（17世纪以降），当然事实上，"近世"作为一个史学概念，原本可以指中国10世纪以后。

葛兆光又指出："在17世纪以后的三百多年中，由于历史的变迁，在文化上，东亚三国实际已经分道扬镳了。……在东亚三国的观念世界里面，17世纪以后，根本就没有什么文化上的'东亚'，充其量也只是一个地理上的'东亚'"。"从历史上看，17世纪中叶以后的中国、朝鲜和日本之间，在文化上已经互相不认同了。……应当说，过去东亚的对于所谓中华文化的想象和认同，只不过是汉唐时代的那个中华，连这个想象，到了17世纪以后都没有了。"总体说来，葛兆光的看法非常尖锐。他的基本见解是，汉唐中华且不论，17世纪中叶以后的东亚三国已经分化得相当厉害，其严重程度已经到了如同东西洋之隔那样巨大。而且他强调17世纪以后的所谓"东亚文化"已经解体，所谓"东亚"只能是一个地理概念而不具有"文化"的意义了，因此，视"东亚"为一种"方法"的观点也就难以认同，至多只能认为"亚洲视野"仍有一定的意义而已，但这种"意义"相当有限，因为东亚至多只是研究中国的一个"背景"。[2] 我很赞成葛氏的上述立场，因为由此立场出发，正可反省20世纪80年代以来出现的所谓"儒家资本主义"的讨论中将东亚想象为铁板一块式的整体性思维模式。

---

[1] 葛兆光：《地虽近而心渐远——17世纪中叶以后的中国、朝鲜和日本》，载《台湾东亚文明研究学刊》第3卷第1期，2006年，第290页。
[2] 同上刊，第291—292页。

其实，这个"差异巨大论"与东亚三国的文化"差异论""非同一论"可谓如出一辙。尽管从表面上看，"差异巨大论""非同一论"与子安宣邦等人竭力主张的亚洲或东亚的"非实体论"是趋于一致的，对于近来台湾学界出现的那股东亚研究思潮也无疑敲响了一声警钟。然而，葛兆光并不能认同将中国视作方法，更反对抽离中国的历史而来谈什么中国学。在这点上，葛兆光否认亚洲为一"实体"存在的用意便与子安宣邦等人有着微妙的差异。这差异主要表现为，在葛兆光，经过对东亚文化同一性的批判，意在指明17世纪中叶以后的东亚三国的文化心态已有了巨大变化，我们只有充分意识到这一点，才能更好地面对将来的东亚文化共同体之问题，因为所谓东亚文化共同体不是历史的存在也非现实的存在而是将来的建构问题；子安宣邦通过对亚洲、东亚乃至儒教等问题的历史批判和解构，彻底否认建构东亚文化共同体的可能，在他看来，中国只能是一种"他者"、一种可以借用的"方法"，可以说，迄今为止，他的主要工作仍在东亚论述的批判而不在于探讨如何重建东亚。

按照上述17世纪中叶以后东亚文化"差异巨大论"的观点，那么到了18、19世纪以后，这种情况就变得日益明显，日本对中国的所谓文化认同感几近丧失，这一点在海外中国史学界已有不少相关的考察，例如美国的日本史专家Marius B. Jansenze指出，1876年日本驻华公使森有礼（1847—1889）与李鸿章（1823—1901）的一番对话反映了他们对世界局势的看法大相径庭，这充分表明日本已经与中国分道扬镳，不再将中国视作顶礼膜拜之对象了[1]。不过，历史是复杂的，特别是19世纪近代日本在"脱亚"还是"兴亚"等问题上常常显得摇摆不定。历来以为，日本自明治维新以后，开始走向"脱亚入欧"的道路，社会上下已经呈现西学一边倒的现象，从日本近代史的大致趋势来看，

---

[1] *China in the Tokugawa World*, Cambridge MA:Harvard University Press,1992, pp.116—119. 引自王晴佳：《中国近代"新史学"的日本背景——清末的"史界革命"与日本的"文明史学"》，载《台大历史学报》第32期，2003年，第200页。按，这场对话的中译及分析，可参王晓秋：《近代中国与日本——互动与影响》，北京：昆仑出版社，2005年，第88—91页。

此说虽不为过[1]，然而事实上，在1870年代以后的相当一段时期里，在日本学界却有重振"儒教"的迹象，而且中日两国仍有不少人抱有"同文同种"的观念想象。

又如1879年前后，中国面临如何应对沙俄南侵，而日本则面对因"琉球事件"而引发的如何得到中国认同以及作为中国之属国的朝鲜是否应该"独立"等复杂国际问题，同年12月，经明治政府授意，时任天津总领事的汉学家兼外交家竹添进一郎（1842—1917）向李鸿章表示：日中两国"同种同文，势又成唇齿，宜协心戮力，以御外侮"。这里的"同种同文"的说法或有外交辞令之嫌，未必是说话者的真实想法。但事实上，明治初年确有不少官僚是主张"日清提携"论的[2]，1880年11月，不少赞同此论的明治官僚及学者还组织了一个"兴亚会"，当时驻日的中国外交家何如璋和黄遵宪也被邀参加。该会的宗旨是日清联合，团结亚洲，对抗西方，其依据则是"东亚同文论"。不过，已有学者指出这个所谓的"兴亚会"的成员背景及其思想理念相当复杂，很快就在1884年中法战争后，该会的论调就由"亚洲连带论"渐渐地转向"清韩改造论"乃至"日本盟主论"[3]。再过十年，甲午战争之后，这种所谓"同文同种""唇齿相依""兄弟之国"[4]的幻想便彻底破灭了。

---

[1] 例如在明治初年的1872年，根据学校教育制度的最初法令《学制》，废除了幕府以来的私塾、藩校，这就从制度上使得原来的汉学及儒教失去了教育再生产的场所。1877年东京大学设立的法、理、文三学科中，一直到1883年左右，除了和汉文学专门课程以外，几乎所有学科都用英语教学，甚至包括日本教师在内（参见黑住真：《近世日本社会と儒教》，东京：ぺりかん社，2003年，第177页）。

[2] 陶德民：《明治の漢学者と中國——安繹・天囚・湖南の外交論策》（大阪：关西大学出版部，2007年）分别对19世纪末20世纪初在日本学界出现的"日清连衡论""日清同盟论""支那保全论"乃至"满洲经营论""支那管理论"有精彩分析，值得参看。

[3] 以上参见薄培林：《晚清中国官僚的中日韩联合论》，载日本关西大学《アジア文化交流研究》第5号，2010年，第470、472页。另据杨天石，1880年7月，日本人宫岛诚一郎在与驻日公使何如璋、朝鲜修信使金宏集等人会晤之际便提出了一个期望："自今以后永好，图三国之益"，"联络三大国而兴起亚洲"（《黄遵宪与宫岛诚一郎笔谈遗稿》，宫岛吉亮家藏，第17页）。关于19世纪末以降日本的亚洲主义论述，另可参王屏：《近代日本的亚细亚主义》，北京：商务印书馆，2004年。

[4] "兄弟之国"乃是黄遵宪《致王韬函》中语，见《黄遵宪全集》上，北京：中华书局，2005年，第309页。

有趣的是，也就在1880年，在首任驻日公使何如璋（1838—1891）的指示下，黄遵宪（1848—1905）起草了一万多字的《朝鲜策略》（见《黄遵宪全集》上，北京：中华书局，2005年），内容是向朝鲜政府建议，要求采取"亲中国，结日本，联美国"的外交策略。而为了寻找理论上的支持，黄遵宪从文化的角度来追溯中朝以及中日的关系，指出中朝两国不仅"文字同，政教同，情谊亲睦"，而且在地理上"形势昆连"，因此两国的命运是"休戚相关而患难相共"的，两家"情同一家"，至于日本与朝鲜，同样也是"壤地相接"，且"种类相同"[1]。这里黄遵宪将中朝日的互相关系表述为"文字同""政教同""种类同"，实质上也就是用"同文同种"说将中朝日东亚三国置于同一的文化圈内，他似乎根本没有意识到日本自明治初年以降就已经开始努力挣脱所谓的中华文化圈而要"入欧"了，在他的意识中，日本仿佛仍然是中华文化的"属国"，因为所谓"文字同""种类同"的这个"同"正是在"中心—边陲"的框架中所设定的一种关系，是由作为"边陲"的日本向"中心"的中国"同化"。但是正如一句中国老话所说的"同则不继"，只有"同"而没有"异"，这样的"同"其实并不牢靠，即便一时存在也会在瞬间毁灭，更何况这个"中心—边陲"的定义也会随着时代的推移而发生变化，特别是到了19世纪末20世纪初的甲午战争和日俄战争，这种"中心"观便有了根本改变，这个"中心"，中国是再也没有资格自居而完全被日本所取代了[2]。若从思想史的角度看，则可说从明治初期

---

[1] 引自上引薄培林论文，第467页。关于黄遵宪《朝鲜策略》的撰写经过及其在朝鲜朝野引起轩然大波的经过，详参上引杨天石《黄遵宪的〈朝鲜策略〉及其风波》一文。
[2] 例如日本明治期的著名史学家重野安绎（1827—1910）在为冈本监辅（1839—1904）编译的《万国史记》（作于1878年）作序时，就直言不讳地指出：1849年传入日本并引起轰动的《海国图志》的作者魏源以中国为天下之中心的观念很陈旧落伍（尽管他欣赏魏源重海防之苦心），他十分尖锐地批评魏源以"五洲诸邦为海国"，而将中国"自称曰中土，是童观耳，井蛙之见耳"（引自王晴佳：《中国近代"新史学"的日本背景——清末的"史界革命"与日本的"文明史学"》，载《台大历史学报》第32期，2003年，第203、204页）。然而就在甲午战后，1898年，那位洋务派著名人物张之洞（1837—1909）却向公众强调"同种"说，以勉励年轻人赴日学习现代科技，而革命派人物章太炎也曾使用这一用语，期望与日本共同建构亚洲。参见卡尔·瑞贝卡：《世界大舞台：十九、二十世纪之中国的民族主义》，高瑾等译，北京：三联书店，2008年，第218—219页。

直至20世纪中叶为止,"在日本,儒教的思想和文化的创造性最终消失了"[1]。

要之,所谓"东亚文化差距巨大论",主要是对17世纪中叶以后直至明治维新前夕,东亚三国(中日朝)的文化心态由渐渐分离而最终分道扬镳的一个现象描述。从中我们可以发现这种"差异巨大"的心态主要发自日本和朝鲜而不是中国(参上引葛兆光论文)。朝鲜且不论,就日本而言,所谓差异巨大,乃是为了突出日本的特殊性,从而摆脱以中国为中心的观念。若从思想史上看,摆脱中国中心论就是要否认儒学价值的普遍性。由此可见,儒学普遍性与日本特殊论构成了一种紧张关系。事实上,近代以来及至现代,人们对东亚问题的思考,往往受制于"普遍—特殊"这一思维框架。其实说到底,强调日本的"特殊性"便是针对"中华普遍论"而言的。

四 儒学日本化与日本特殊论

我们知道自1945年日本由近代进入现代以后,丸山真男(1914—1996)的一系列日本思想研究在战后日本知识界产生了极其深远的影响,奠定了日本思想史学界的一种研究范式。其标志性论著便是著名的《日本政治思想史研究》[2]。然而近年来,日本学界对丸山的思想

---

[1] 参见黑住真:《近世日本社会と儒教》,东京:ぺりかん社,2003年,第187页。不过,有关"同文同种"的观念相象即便到了20世纪以后不但没有完全消失,而且这一概念时常在中日二元对立构造中被人作为重建亚洲秩序所利用,例如1901年日本人在上海建立的"东亚同文书院"即是一个典型事例。可参〔日〕沪友会编:《上海东亚同文书院大旅行记录》,杨华等译,北京:商务印书馆,2000年;薄井由:《东亚同文书院——大旅行研究》,上海:上海书店出版社,2001。东亚同文书院的前身则是1898年在东京建立的"东亚同文会",会长近卫笃麿(1863—1904)曾发表《同人种同盟》一文,指出"东亚将不可避免地成为未来人种竞争的舞台。……我们注定有一场白种人与黄种人之间的竞争,在这场竞争中,支那人和日本人都将被白人视为盟敌。"(《近卫笃麿日记》,东京:鹿岛研究所出版会,1968年,第62—63页)

[2] 《日本政治思想史研究》,东京:东京大学出版会,1952年;王中江译,北京:三联书店,2000年。书中所收的三篇论文,分别撰写于1940年至1944年期间,于1952年结集出版,此后丸山对自己的观点又有所修正,另参《丸山真男讲義録》第7册,东京:东京大学出版会,1998年。关于丸山的德川儒学研究的批判和反省,可参子安宣邦:《徂徠を語るとは何を語るのか》(《徂徠论是一种什么论述》),《思想》第839号,1994年;黑住真:《日本思想とその研究——中国認識をめぐって》(《日本思想及其研究——就中国认识而谈》),载东京大学(转下页)

史研究提出了诸多批评和反省。例如黑住真便认为在丸山的思想史观当中隐藏着一种"近代主义式的日本特殊论",他指出"将作为东洋思想的朱子学视作反动的、否定性的东西,虽然在其影响之下,但是批判和克服其思想的日本式思想是更值得肯定的、近代性的东西,这一丸山的认识构架明显地具有一种脱亚论的近代主义式的日本特殊论的国家主义之色彩"[1]。也就是说,"日本特殊论"构成了丸山的思想史观。

对丸山的思想史立场有所修正的尾藤正英在《日本封建思想史研究——幕藩体制の原理と朱子学的思惟》(东京:青木书店,1961年)一书中也强调"儒学日本化"之说,他以德川时期山崎闇斋的朱子学为例,指出山崎朱子学虽然具有普遍主义特征,但究极而言,那是"日本化了的儒教",尽管日本的儒教在表面上与中国儒教类似,但这种相似性只是表现为对中国语言的借用,就其思想之实质而言,无疑具有"与中国儒教不同性格的道德思想及政治思想",因此山崎朱子学在本质上乃是"日本思想之一种"[2]。不过,尾藤对当时日本思想史学界的日本儒学特殊论也有批评。另一方面,尽管论说的方式及其立场与上述丸山及尾藤都有所不同,沟口雄三则明确指出:在日本思想史上,朱子学(包括丸山意义上的朱子学)并没有扎根,因此也就没有所谓的朱子学解体过程,更不存在"儒教的内部发展"以及"儒教思想自体"的分解过程(按,这是针对丸山的思想史观而发的),有的只是与儒教——严密而言,亦即中国儒教——完全异质的要素在其自身中萌芽发展的过程[3]。显而易见,沟口此说,是以丸山的问题意识为出发点,并对其观点所进行的反省和批评。而且,沟口雄三还有一个极端的说法,最能体现他的一个基本立场,他说:"在中国被称为'朱子学'或'阳明学'

(接上页)《中国——社会と文化》第 11 号,1996 年;蓝弘岳:《战后日本学界德川儒学研究史论评:以对丸山真男〈日本政治思想史研究〉的批判与修正为中心》,载黄俊杰:《东亚儒学研究的回顾与展望》,上海:华东师范大学出版社,2008 年,第 151—185 页。

[1] 黑住真:《德川儒教と明治におけるその再编》(《德川儒教与明治的儒教重组》),见《近世日本社会と儒教》,东京:ぺりかん社,2003 年,第 168 页。

[2] 尾藤正英:《儒教》,收入尾藤正英编:《中国文化丛书》第 10 册《日本文化と中国》,东京:大修馆,1974 年,第 425 页。

[3] 沟口雄三:《反宋学の道》,载《实存主义》第 54 号,东京:理想社,1960 年 12 月,第 22 页。

的东西，无论是怎样的形态，都没有在日本被受容。"[1] 其意是说，中国的朱子学或阳明学只是中国的，到了日本以后，就只有日本的朱子学或阳明学。换言之，只有具体的日本或中国的朱子学、阳明学，而根本不存在以中国为中心的所谓抽象的朱子学、阳明学。由此推论，便可得出一个结论：中国思想与日本思想在本质上是完全不同的。很显然，在这个意义上，沟口的思路及其立场与丸山的思想史观又有相近之处，都表现为"日本特殊论"或"儒学日本化"的一种立场[2]。质言之，沟口雄三的这一立场就是反对有什么普世性的儒学价值。

须指出的是，日本特殊论或儒学日本化的观点在 1960 年代以后，渐渐成为德川儒学研究的主流性见解，关于这一问题，可参见平石直昭《新德川思想史像的可能性——"现代化"与"日本化"的统一为目标》[3]。所谓日本儒学特殊论，表现德川儒学史上，就是指日本朱子学与中国朱子学之间存在着"巨大差异"，这不仅意味着两者的异质性要远远大于两者之间的同质性，从根本上说，两者之间就根本不存在什么"同质性"，正因为存在着异质性，故而不得不说这是一种"日本化"的朱子学。这种日本化现象落在德川思想史来看，大致可以追溯到徂徕学，其实这正是自丸山以来就已明确提出的一个论述思路，也就是认为儒学日本化可以从徂徕学那里找到其典型形态。

有趣的是，尽管对丸山的德川思想研究有不同意见，例如田原嗣郎于 1960 年发表的《德川思想史研究》对丸山的现代主义式的研究立场有所批评，但他在儒学日本化问题上的观点显得更为激进，甚至有将徂徕思想的独特性扩大为日本民族的特殊性之嫌。同样，另一位对丸山研究亦不无微词的京都学派的代表人物之一吉川幸次郎（1904—

---

[1] 沟口雄三：《中国思想の受容について》，载《日本の美学》第 9 号，东京：ぺりかん社，1984 年，第 110 页。

[2] 参见高岛元洋：《山崎闇斋：日本朱子学と垂加神道》，东京：ぺりかん社，1992 年，第 16 页。

[3] 《新しい德川思想史像の可能性——"现代化"と"日本化"の统一をめざして》，引自蓝弘岳：《战后日本学界德川儒学研究史论评：以对丸山真男〈日本政治思想史研究〉的批判与修正为中心》，载黄俊杰编：《东亚儒学研究的回顾与展望》，上海：华东师范大学出版社，2008 年。

1980）的《徂徕学案》等研究亦主张徂徕乃是主张日本优越的民族主义者，其思想具有相当程度的日本特性。平石直昭则在《战中、战后徂徕论批判——以初期丸山、吉川两学说之检讨为中心》[1]一文中，一方面对丸山的徂徕研究有所继承，采用内在理解的立场来挖掘徂徕思想的独特性，但另一方面他也注意到徂徕思想的独特性不能简单地化约为日本特殊性[2]。此外，自称研究方法为"思想的社会史"的衣笠安喜在其论著《近世儒学思想史の研究》（东京：法政大学出版社，1976年）一书中则将儒学日本化问题置于这样一种观察视野之中：亦即从荻生徂徕、贝原益轩等日本近世思想当中去探寻日本现代性思维的因素，从而凸显出近世日本儒学的独特性。这一思路显然也正是丸山的思想史思路。

20世纪80年代以后，丸山弟子渡边浩集中探讨了儒学日本化问题，并对其师丸山的观点有所批评[3]。渡边浩强调儒学在日本近世社会实现了日本化，这是因为中国的儒学尤其是朱子学与德川社会并不适应。可以说，渡边浩的这项研究标志着"儒学日本化"或"日本儒学论"的确立[4]。不过，与丸山注重观念的思想史研究不同，渡边的研究乃是一种社会思想史研究进路。后来他在1997年出版的《東アジアの王権と思想》[5]一书延续了他的这一考察方法，并将其视野扩展到了东亚儒学相关问题的论述，更为具体地论证了由于德川日本在社会体制上与东亚其他主要国家的不同，以及"思想成立之社会的场"不同，因而在思想形态上表现出了相当不同的面相，他通过对中国、朝鲜的儒学史考察，为重新理解德川儒学提供了一个异质性的参照系。关于渡边的德川思想研究虽然有一些争议，但是渡边所提出的德川时期朱

---

[1]《戦中、戦後徂徠論批判——初期丸山、吉川両学説の検討を中心に》，载《社会科学研究》39卷1号，1987年。中译本见蓝弘岳译，载张宝三、徐兴庆编：《德川时代日本儒学史论集》，台北：台湾大学出版中心，2004年，第99—174页。
[2] 参见上引蓝弘岳论文，第170页。
[3] 参见渡边浩：《近世日本社会と宋学》，东京：东京大学出版会，1985年。
[4] 参见上引蓝弘岳论文，第160页。
[5]《东亚的王权与思想》，东京：东京大学出版会，1997年。

子学绝非一统天下，并没有构成德川体制的意识形态，也未出现流行的迹象等观点大致得到了后来的日本思想史研究者的赞同。

到了 90 年代，对于丸山的日本思想研究的现代主义进路进行深刻批判的是子安宣邦。他于 1991 年出版的《"事件"としての徂徕学》一书中严厉批评丸山的德川思想史的建构无疑是一种关于"现代"的"历史哲学的故事"[1]，丸山从现代主义的观点出发对徂徕学的解释往往落入了一种"肆意的解释"[2]，而战后日本有关德川思想的研究无非是从"普遍"的现代西方知识立场出发的，但其对"普遍性"（亦即"现代性"）的追求结果却不无讽刺地落入了反面——亦即强调"日本特殊性"。重要的是，这一结果表明无论是丸山本人还是那些丸山的批评者，都未能避免陷入了将儒学实体化的窠臼之中，并在日本的现代性这一虚构中来论述德川儒学。因此，子安意图运用现代性批判理论，来解构现代日本知识人所陷入的这种"普遍与特殊之间的纠缠"[3]。在子安看来，"普遍与特殊"这对问题的解决只有通过对现代性知识系谱的彻底批判和解构才能实现，不可否认他的理论勇气值得钦佩。事实上，东亚儒学研究也正面临着如何应对"普遍与特殊"的问题。

黑住真在《德川儒教与明治的儒教重组》一文中指出了一个令他颇感疑惑的现象，亦即在"近代儒教"的问题上，日本学界（特别是日本思想史学者）长期以来采取了一种无视的态度，因而相关的研究积累很少，这与"近世儒教"的研究有着特别丰富的积累形成了鲜明的对照。究其原因，他认为由于近代社会的思想及其意识形态呈现出复杂多样性，在此背景之下，儒教存在并不是不言自明地被正当化的，特别是在战后的许多思想史学家眼里，儒教与近代简直像是"不共戴天"的存在一样，因为儒教本身被认为具有"反近代性"之特征，它是"对近代化的一种反动的否定事项"。黑住真认为，尽管"在日本近代，儒教呈现出复杂而难解的状态，但它却起到绝不能无视的巨大

---

[1] 子安宣邦：《作为事件的"徂徕学"》，东京：青土社，1991 年，第 23 页。
[2] 同上书，第 48 页。
[3] 子安宣邦：《徂徕を語るとは何を語ることか》，载《思想》839 号，1994 年，第 65 页。

作用"[1]。诚然，当我们一谈起日本儒教，大致是以德川至明治维新为止的所谓近世日本儒教为主，至于明治维新以后的近代日本，一般认为日本的社会进程已经完全西化，尤其是19世纪末20世纪初，日本已完成了向帝国主义的转变，这一时期的国家意识形态已毫无东方之色彩可言，其对中国及其朝鲜的蔑视态度非常鲜明地表现为对中国儒教的排斥和批评。黑住真的研究便是要推翻前人的这种成见，努力挖掘近代日本思想史上的儒教因素，其理论胆识是值得引起我们重视的。

依黑住真的观察，丸山的"日本特殊论"的着眼点在于德川向明治的社会转型，这一转型表现在思想史上，便是以近世日本的仁斋学、徂徕学为代表的"古学"以及与此一脉相承的"国学"意识形态对朱子学的否定，进而发展成明治日本的近代思想。也就是说，在丸山的意识当中，古学和国学是更为接近"近代"的"日本式"的思想，而德川儒教只有经过这一"日本式"思想的"颠覆"，才为近代的到来完成了"准备"[2]。丸山的这一思想史观一直成为战后日本思想史界的主流观点。然而事实上，若追溯其源，那么18世纪国学家本居宣长为对抗儒学而极力主张日本所"固有的生"这一观点就已经蕴含了相同的观念。只是在德川时期，国学派的思想影响有限，到了明治以后，随着西学已成压倒之势，于是国学以及神道的国家主义也就赢得了社会市场，与此相应，儒教思想渐渐退出了历史舞台。

但是正如黑住真所指出的，上述这种思想史的描述是近代主义的观念反映，从历史上看，是很成问题的。事实上，19世纪末20世纪初，儒教由退居幕后又一次跃上了舞台，儒教毋宁作为"现代的实践而得以再构筑、再强调"。例如就在甲午战争（日文表述为"日清战争"）之后的1900年至1906年，井上哲次郎（1855—1944）出版的三部曲《日本阳明学派之哲学》《日本古学派之哲学》《日本朱子学派之哲学》，便是当时重新唤醒日本儒教的代表作。虽然这些作品的基调不是对儒学

---

[1] 黑住真：《德川儒教と明治におけるその再編》，载氏著：《近世日本社会と儒教》，东京：ぺりかん社，2003年，第165页。
[2] 同上书，第168页。

的否定，然而作者的意图却在于通过"日本""哲学"等关键词，以标榜日本过去的各种思想不但不是近代的障碍，相反对于建构近代具有很大的意义。井上通过对明治初期的儒教否定论的反省，力图超越这一否定论，进而揭示出西洋也能通用的、崭新的日本思想的未来走向。井上的这一指向，到了1930年代以后的帝国日本时期，竟然演变了超越西方（近代超克论）的一种思想武器而被扩大化。丸山对近代日本儒教的批判正是以这一时代背景为出发点的，只是丸山的批判是以"西洋传统"为参照，于是，古学和国学便成了西洋传统在日本的"等价物"，这一思路则并不可取[1]。

那么，在德川日本，除了"差距巨大"现象以外，是否还有"文化亲近"之现象呢？如果要注意收集这方面的资料，可能还会有其他很多的发现。例如德川初期的阳明学者熊泽蕃山（1619—1691）曾就中华文明与日本的关系这样说道：

> 中华乃四海之师国，尤于日本之有功者大矣。礼乐、书数、宫室、衣服、舟车、农具、武具、西药、针灸、官职、位阶、军法、弓马之道，其外至于百工技艺，无一不由中华而至，不由中华而学。[2]

根据这里的说法，中华相对于日本而言具有"师国"的地位，对于日本文化的影响可谓遍及社会的各个方面。论者或谓，在德川日本的儒学史上，朱子学的存在要远远超过阳明学的存在，阳明学从未占据过德川思想的主流地位，因此蕃山的言论不足为信。例如蕃山自己也坦承："道德之真、大学之道，尚未行于（日本）。……故中华虽有大功，但其道其教未行。"[3] 这是说，虽然中华的各种文物已遍传至日本，然

---

[1] 黑住真：《德川儒教と明治におけるその再编》，载氏著：《近世日本社会と儒教》，东京：ぺりかん社，2003年，第169—170页。

[2] 熊泽蕃山：《集义外书》卷二，《全集》2，第25页，引自黑住真：《近世日本社会と儒教》，第15页。

[3] 黑住真：《德川前期儒教の性格》，载氏著：《近世日本社会と儒教》，第15页。

而儒教（道德之真，大学之道）却未能在日本得以推广实行。而蕃山相信在儒教之后，必有圣人之道兴焉。对于番山此说，黑住真指出，事实上，就在熊泽蕃山的时代以后，"儒教随着时代的推移，得到了飞跃性的深化和发展"。也就是说，德川初期以后直至末期，儒教不但没有衰微，反而逐渐迎来了高潮。他指出，就整体而言，"可以说，德川时期的儒教是极其显著的、兴盛的"[1]。

然而须注意的是，这个说法并不意味着德川时期儒教已经具有了政治上的特权，实际的情况是作为幕府政权的精神工具毋宁是佛教和神道，儒教真正在"公"的场合的出现，是在保科正之（四代家纲的辅佐，1651—1669）和纲吉（1680—1709 在位）时期，为适应文治、礼教的需要而出现的，这时期的儒教虽有一定的发展，但其本质无疑属于古典主义的知识训练，而儒教本身独自占领思想界的事实并不存在。据此，黑住真提出了一个独特的说法："德川儒教——日本儒教的非特权性"或"在复合性之中的儒教"[2]。我们可以称之为"儒教非特权论"。导致这一结果的原因与日本社会的特质有关，其中主要有二：一是在宗教祭祀领域，儒教没有特权，而被佛教和神道所独占；一是科举形式的儒教官僚制度在近世日本没有形成。由第一点，故儒教不能上升为德川期的国家意识形态；由第二点，故儒教的知识再生产就非常有限，同样，儒者作为行政及教育的功能也非常有限。因此，儒教在德川的存在方式就不同于中国和朝鲜，它主要是以提供"一般性语言"的训练方式获得成功的。要之，德川儒教并没有作为"宗教的、政治的正统性"来确立自身[3]，它通过与既有的正统思想（例如天皇、神道）相连接，从而提高自己的存在意义。虽然总体而言，"德川时代其实是支那最受尊重的时代"[4]。但是真正意义上的作为"体制"而确立起

---

[1] 黑住真：《德川前期儒教の性格》，载氏著：《近世日本社会と儒教》，第 25、16 页。
[2] 同上书，第 18、20 页。
[3] 黑住真：《德川儒教与明治的儒家重组》，载同上书，第 172 页。
[4] 中村久四郎：《近世支那の日本文化に及ぼしたる勢力影響》（《近世支那对日本文化的势力影响》）一，《史学雑誌》第 25 编第 2 号，1914 年，第 131 页。

来的儒教则要等到明治以降天皇制国家的时期才最终实现。[1]

　　无疑，黑住真通过对德川儒学的历史考察，一再表明了一个观点：儒教对日本而言，是一个特殊的历史存在，特别是在德川思想史上，儒教根本没有"特权"可言，它被淹没在各种"复合性"当中，至多只是德川思想的历史形态之一种。应当说，他的这项研究与渡边浩有相似之处，同样属于社会思想史研究，对于丸山以来的那种观念史研究的历史"虚构"具有批判的意义。在我看来，这项将儒学与日本社会相结合的研究工作对于我们从事东亚儒学研究无疑具有重要的启发意义，因为所谓东亚儒学研究，除了通过经典诠释以挖掘东亚儒学的思想意义这一路径以外，更需要我们对东亚各地的儒学史背景有一基本的客观把握，否则便不免有抽象空谈之感。例如当我们谈论日本朱子学或阳明学之际，如果缺乏对德川日本社会的基本了解和分析，便会给人造成这样一种片面的印象：仿佛日本思想就是中国的化身。日本学者最为感冒的就是这一点，他们会以为中国历来就有的两种毛病至今未改：一是自大主义的态度，一是外国有的中国早已有了的态度。

　　当然也须看到，在日本的当今学界，无论是日本思想史学者还是中国思想史学者，都非常注意"日本特殊性"的问题，例如子安宣邦在为自己提出的"作为方法的江户"这一命题所导致的误解作了这样的申辩：他是为了突出近代日本和近世江户的"相异性"，而"这就是'作为方法的江户'的观点。……这个观点就是：理解近代日本是以某种方式展开历史时代的，所以与其说是和前近代的连续性，不如说是更强烈地看出其间差异性的观点。"[2]换言之，"作为方法"这一提法本身与竹内好的"作为方法的亚洲"以及沟口雄三的"作为方法的中国"看似相近，然而子安更为突出强调的是通过"作为方法"的建构，以"强烈地"显示作为方法的对象之间的差异，子安便是要从这种"异"

---

[1]　黑住真：《德川前期儒教の性格》，载氏著：《近世日本社会と儒教》，第27页。
[2]　子安宣邦：《"世界史"和日本近代的观点》，载《台大历史学报》第28期，2001年12月，第244页。

中来突显作为方法之江户与近代的距离。同样,按照子安的解读,竹内好以及沟口雄三所欲建构的作为方法的亚洲和中国,也是为了突显与西洋相异的亚洲以及与中国相异的日本,目的在于揭示亚洲特殊、日本特殊的观点。

葛兆光也敏锐地觉察到20世纪90年代以来日本学界兴起的"东亚论"或"亚洲论"的那些学者"格外强调日本思想史的特殊性",他们特别反复提到近代日本不同于东洋或西洋的"'日本'自我意识的凸显",他们总是要追问:在世界和东亚的背景下,"日本思想的'日本性'来源"到底何在,"日本的特点究竟是什么"。[1] 我想,在强调日本特殊性的背后,明显地存在着一种思维方法:亦即将近世以来日本文化中的儒学因素或西方近代因素"他者"化、"对象"化——亦即所谓的"作为方法"的"方法"化,从而显示日本文化的主体性——即所谓的"特殊性",进而以这种特殊性为理据,反过来解构东洋或东亚的同一性、同质性。

例如津田左右吉(1873—1961)便曾指出:"将日本纳入东洋,是来自于以日本文化与西洋文化的对立而强调其特殊性的想法,或者说是由这样的想法派生出来的。"[2] 这个说法大致不差。不过,他由这种"特殊性"立场出发,却得出了一个著名而又极端的论断:"儒家之德教,从未支配过我国民之道德生活。"(《儒教的实践道德》)这意思是说,日本从来不属于儒教文化圈,所谓"东洋文明"或"东洋文化"也完全是虚构,这就非常偏激。显然,对"东洋文化"的这种解构,其目的在于强调日本的"特殊性",而其论述的背后既含有批判西洋普遍性的意图,同时又充满对中国的蔑视(黄俊杰语)。黄俊杰指出,根据津田左右吉的逻辑来推论,"东亚儒学"作为一个整体是不存在的,真正存在的只有中国儒学、日本儒学、朝鲜儒学等具体而特殊的"个体",而且

---

[1] 葛兆光:《谁的思想史?为谁写的思想史?》,载氏著:《西潮又东风:晚清民初思想、宗教与学术十论》,上海:上海古籍出版社,2006年,第23—24页。

[2] 津田左右吉:《東洋文化とは何か》,载氏著:《シナ思想と日本》(《支那思想与日本》),东京:岩波书店,1938年,第112页。

作为"整体"的"东亚儒学"之特质只有在个别的地域性的儒学传统中寻觅[1]。值得注意的是，类似津田左右吉的这种论调在当今日本的中国学界仍然还有一定的市场。当然对于这种偏激的观点也有批评，例如当今日本思想史研究专家泽井启一便认为津田左右吉等人的日本研究，其片面的视角恰恰构成了"日本的'闭止域'"[2]。不过在我看来，不用等到这些主张日本特殊论的学者来解构历史一元论，其实有关东亚文化多元多样的认识已然得到了当今大多数日本及中国学者的认同。

五 日本儒学中的普遍与特殊

迄今为止，日本学者主张儒学在日本历史上之所以显得非常"特殊"，一者可以归因于日本文化的特殊性，一者可以归因于近世日本社会的特殊性。而两者构成了一内一外、彼此关联的关系。本来，从文化学的角度看，各地域各民族的文化具有与其他文化的不同之处——亦即特殊性，这是理所当然的。而且正视这种文化之"异"，较诸强调文化之"同"，在某种意义上更具有积极性，也颇为符合中国文化所强调的"和而不同""同则不继"的精神。

事实上，日本的儒家学者对此问题也有一定的关注。例如19世纪日本幕末的儒官古贺侗庵（1788—1847）的弟子阪谷素（1822—1881）在其

---

[1] 黄俊杰:《"东亚儒学"如何可能》，载氏著：《东亚儒学：经典与诠释的辩证》，第34页。关于津田左右吉的研究，还可参见增渊龙夫：《日本の近代史学史における中国と日本（Ⅰ）——津田左右吉の場合》，载氏著：《历史家的同时代史的考察について》，东京：岩波书店，1983年，第3—48页。

[2] "闭止域"意谓"自我封闭"。参见泽井启一：《"記号"としての儒学》，东京：光芒社，2000年，转引自荻生茂博：《大国主義と日本の"実学"》，载氏著：《近代・アジア・陽明学》，东京：ぺりかん社，2008年，第314页。日本思想史研究专家荻生茂博的研究值得重视，他指出在当今考察日本儒教思想之际，要注意三点：1.有必要将日本儒教正确定位为东亚思想运动的一部分，2.彻底断绝过去在"汉学"当中所具有的东亚意识形态＝日本盟主论的想法，3.在此基础上，有必要提出新的思想史图像（同上书，第315页）。他的研究与丸山真男的思想史观有很大不同，他认为儒教在江户后期特别是在幕末时期，已经在日本社会得以渗透，"在包括日本在内的东亚世界已经形成了儒教这一共通的思想之'场'"（同上）。而丸山的研究思路则是，日本由徂徕学而开始摆脱作为"持续帝国"的朱子学世界，形成了与西洋相近的近代性思维，因此19世纪以降"脱亚入欧"的思想渊源其实可以追溯至这种"日本思想特权化"的传统思想内部（同上）。我以为，荻生茂博的这些分析和批评很值得引起我们的重视。

《尊夷説》一文中，指出任何事物都具有两个方面："亲和的固有合同性"与"无别的固有分异性"。因此，若从事物的"功用"角度看，"异"的层面更为重要。他举例来说明这一点，例如师弟朋友之间因为各有不同，所以才能互相切磋，究极而言，人之所以能够建功立业，其因亦在于能够"包容其异而尊之"。因此对"异"采取鄙视而拒斥之态度反而是一种"野蛮"的表现[1]。也就是说，由于事物存在"异"的面相，所以我们就有必要采用"包容其异"的态度来审视。而这一审视角度对于我们了解儒学在日本的特殊性是十分重要的。具体地说，自朱子学传入日本之后，由于没有成为国家的意识形态，因此知识人看待朱子学就不会采用"护教式"的态度，这就表明他们在面对外来的异文化（例如19世纪东传的西洋文化）的冲击之际，就能从实际理念出发坦然接受。这一点与朝鲜朱子学作一比较就更为明显。在朝鲜，特别是17世纪以后，他们自信中华的普遍原理唯有朝鲜得以保存下来，因而产生了一种"小中华"意识[2]，因此对于任何企图破坏普遍性原理（例如礼教）的行为都应该以"斥邪卫正"的态度加以彻底否定和批判。也正由此，所以他们对于西洋的先进技术的态度也就可想而知，他们不能容忍"异"样文化的侵入，正是在这个意义上，朝鲜的朱子学已经成为一种拥护现实社会体制的国家意识形态[3]，其结果便导致拒绝"他者"的自我绝对化。

在德川日本，儒学之不同于中国的特征主要表现为两点：一是"治国不用儒者"[4]，这是从外源性的角度指出日本儒学之特征在于，儒

---

[1] 以上参见前田勉：《兵学と朱子学、蘭学、国学——近世日本思想史の構図》，东京：平凡社，2006年，第126页。

[2] 关于17世纪以降朝鲜王朝的"小中华意识"问题，历来已有很多研究，可参孙卫国：《大明旗号与小中华意识——朝鲜王朝尊周思明问题研究（1637—1800）》，北京：商务印书馆，2007年。

[3] 参见上引前田勉论著，第128—129页。

[4] 长盘潭北语，见《野総茗話》，享保十八年（1733）刊，收入《通俗经济文库》，东京：日本经济丛书刊行会，1917年，转引自渡边浩：《儒学史异同的解释："朱子学"以后的中国与日本》（蓝弘岳译），载张宝三、徐兴庆编：《德川时代日本儒学史论集》，台北：台大出版中心，2004年，第30页。

学被排斥在治国安邦的学说领域之外；二是日本儒学例如朱子学较少关注形而上学问题，用平石直昭的话来说，亦即"日本朱子学往往较不关心形而上的实在"问题[1]，这是从思想的内在性角度指出日本儒学的特性，而这一特性也正是"儒教日本化"的一个典型表现。应当说，以上两种看法属于"内"与"外"的分析方式，而这两种视角都是有必要的。但问题是，日本儒学的"特殊性"是否能充分证明日本儒者对儒学的"普遍性"问题一概缺乏关心与认同？事实上，当我们深入思想家的理论内部去作具体观察，仍可发现近世日本的儒家学者对普遍问题也是有所关注的。

有研究表明，日本在历史上接受中国文化的过程显得非常"特殊"，德川之前的战国时代，朱熹的《四书集注》在朱熹死后不久的镰仓初期就已由日本留学僧传入日本，然而却在此后的三百余年间，主要在京都的博士家及五山寺院为核心的场所，作为传佛之次要文献得以宣讲。直至17世纪初叶，随着武家统治的战国时代结束，德川政权的确立，社会秩序得以恢复，儒教开始在社会上流行，可以称之为"儒教流行现象"[2]。从制度层面看，江户时代的讲学教育已开始逐渐从寺院转向幕府及各藩地方政府，在民间则形成了各种学校、私塾、寺子屋等等，到了18世纪后期，教育已深入到武士阶层及平民阶层，因此在二百余所的地方藩校中，几乎没有不讲儒学的。[3] 那么，从思想

---

[1]　平石直昭：《战中、战后徂徕学批判：以初期丸山、吉川两学说的检讨为中心》（蓝弘岳译），载吴宝三、徐兴庆编：《德川时代日本儒学史论集》，第112页。田原嗣郎早已指出，江户时代的所谓朱子学者林罗山、贝原益轩、山崎闇斋等人的朱子学理解呈现出这样的特征：他们将朱子学的核心概念"理"从朱子学的脉络中抽离出来，解释成为"事物的条理"，这表明德川前期的朱子学者在有关朱子学的核心问题上都脱离了朱子学，因此其思想就有"非朱子学的"特征（田原嗣郎：《山鹿素行と士道》，载《日本の名著》第12册《山鹿素行》，东京：中央公论社，1983年，第64页）。显然，田原此说基于这样一个立场，亦即在他看来，存在着一种普遍的"朱子学"，其云"非朱子学的"，意指非中国的朱子学。

[2]　吾妻重二：《江户初期における学塾の発展と中国、朝鮮》，载关西大学《東アジア文化交渉研究》第2号，2009年3月，第48页。另参阿部吉雄：《日本朱子学と朝鮮》，东京：东京大学出版会，1965年，第549页。

[3]　辻本雅史：《教育社会文化史》，东京：放送大学教育振兴会，2004年，第81页。转引自上引吾妻重二论文，第48页。

层面看,德川儒者对于中国儒学所宣扬的天命天道、天理良知等普遍原理又是如何接受的呢?当然,这里所说的"接受",意近日文的"受容",既有正面继承的含义,也有批判性的含义。

令人颇感兴味的是,德川幕府的儒家掌门人林罗山(1583—1657)之师、近世日本儒教之祖的藤原惺窝(1561—1619)[1]曾向罗山说道:

> 理之在也,如天之无不帱,似地之无不载。此邦亦然,朝鲜亦然,安南亦然,中国亦然。东海之东,西海之西,此言合,此理同也。南北亦若然。是岂非至公、至大、至正、至明哉!若有私之者,我不信也。(原汉文)[2]

我推测,藤原大概看过陆象山的书,否则他所说的"此言合,此理同"何以与象山的"此心同,此理同"如此相似?不仅语句模仿得惟妙惟肖,重要的是其中所透露出来的观念也几乎完全一致。只是放在藤原的语境中来看,他所强调的"言合理同",不是抽象地指东海圣人、西海圣人,而是具体地指朝鲜、安南(越南)、中国、日本,恰好就是现在所使用的"东亚"概念所覆盖的地域。顺便指出,藤原内心十分向往和崇敬中国以及朝鲜文化,这一点已有许多研究做了充分的阐明。[3]

藤原还曾经在替德川家康(1543—1616)所写的一封给安南国王的书信中,十分强调儒学普遍主义思想:

> 夫信者,吾人性中之固有,而感乎天地,贯乎金石,无以不通。岂啻交邻通好而已哉。虽是千里不同其风,所以五方皆不殊,此性也欤。由是见之,则其不同者,特衣服言语之末而已。然则千里万里虽远,衣服言语虽殊,有其不远者不殊而存。是所

---

[1] 惺窝曾与朝鲜大儒李退溪(1501—1570)的传人姜沆(1567—1618)交往,深受其教,故有惺窝思想属退溪朱子学之说。姜沆是因16世纪末因丰臣秀吉侵略朝鲜时而被虏至日本的,而惺窝则曾任幕府将军德川家康的御前侍讲,参与政事。

[2] 藤原惺窝:《惺窝问答》,《藤原惺窝集》下册,第394页。石田一良、金谷治编:《藤原惺窝·林羅山》,《日本思想大系》第28册,东京:岩波书店,1975年,第202页。

[3] 参见上揭吾妻重二论文。

以谓一信也。……[1]

这里所显示出来的观念亦与象山"心同理同"说几无二致。当然，藤原此说本身显然直接源自孟子学的人性学说，而他的这个说法出现在给安南国王的书信中，就颇值得吟味，他是用儒学观念来教育安南国应当相信人性中固有的存在是没有地理区域之隔阂的，他强调虽然地理不同、风俗各异乃至于衣服言语也很不相同，但是有一样东西则是完全一致的，那就是"人性"。因此落在行为上讲，就必然表现为"信"，也就是人性中固有的"信"。不用说，"信"乃是儒家伦理德目中的重要一条。

藤原惺窝还在制定与安南货船贸易的规则——《舟中规约》一文中，也强调了这种普遍主义思想，其中他直截了当地揭示了"天赋之理"的观念：

> 异域之于我国，风俗言语虽异，其天赋之理未尝不同。忘其同，怪其异，莫少欺诈慢（谩）骂。彼且虽不知之，我岂不知之哉？信及豚鱼，机见海鸥。惟天不容伪，钦不可辱我国俗。[2]

依此口气，天赋之理未尝不同的普遍主义乃是国与国之间建立外交关系的基石，推而言之，普遍主义才是世界秩序的真正保证。可见，藤原的思想立场其实非常接近于朱子学的普遍主义立场。

藤原还是一位教育家，他培养出了一大批德川时期的著名儒者，其弟子松永尺五（1592—1657）也于建立私塾教育非常热心，相传其门下竟有弟子五千之众，其讲授对象非常广泛："朝暮讲圣经不断，贵介公子、缙绅武弁之辈，罗辀交迹而来听言"。[3] 在松永门下出现了像木下顺庵（1621—1698）、安藤省庵这样的大学者，而在顺庵门下又出现了

---

[1] 《惺窝先生文集》卷九《致书安南国》，转引自荻生茂博：《大国主義と日本の"実学"》，见《近代・アジア・陽明学》，第325页。
[2] 《惺窝先生文集》卷九，转引自上揭荻生茂博论著，第325页。
[3] 《尺五堂先生全集》所收《尺五堂集》坤卷《尺五堂恭俭先生行状》，东京：ぺりかん社，2000年，转引自上揭吾妻重二论文，第55页。

新井白石（1657—1725）以及雨森芳洲（1668—1775）等名儒。与松永和顺庵都与亲密交往的朱子学者贝原益轩（1630—1714）更是大名鼎鼎的教育家、儒学家，他是第一位在日本朝廷开设《近思录》讲筵的学者。再从藤原弟子圈在德川时期的教育实践来看，例如他的首席大弟子林罗山可谓是江户时期学校教育的奠基者，他所创办的家塾成了后来幕府的"昌平坂学问所"的原型，不仅对幕府而且对此后的文教政策也有深远影响。据传，他在与德川家康的对话中，强调要学习"大明之道"，亦即向中国明朝学习，尤其须先学习"大明"的学校教育。怎么学呢？他提议可以大胆模仿"中华先儒书院文房"的制度以及朝鲜的书院制度[1]，而且他亲自实践，为德川前期的儒学教育打下了坚实的基础。上面所介绍的大多属于17世纪德川前期的儒家学者，在日本思想史研究领域却不太受人关注，事实上这批学者所构成的思想圈及其思想活动足以表明，儒学在德川时代已有了广泛的社会基础。

藤原晚年已跨入德川时期，其思想也应看作德川儒学的典型之一。荻生茂博通过对德川儒学的考察，指出"儒教为江户时代的政治思想提供了超越国家的普遍主义"。的确，儒教在整个江户时代虽然从来没有正式成为"官学"，但是在幕府任职的某些儒官在参与政事之际，儒家提供的那套有关人伦关系的普遍主义学说却是有用武之地的。然而令荻生茂博感到遗憾的是，"近代日本的'汉学'却没有继承这一点"，相反，儒教在近代国家主义的背景之下，不得不遭遇"再编"的命运[2]。他举例说，例如近代日本东洋哲学研究的开拓者井上哲次郎（荻生茂博称其为"两种阳明学"之中的"坏的阳明学者"）的后继者高濑武次郎（1868—1950）在第一次世界大战之后，强调世界秩序的建构必须遵循"优胜劣败"这一进化论的"法则"，而对于中国儒学的"四海兄弟，一视同仁，万物一体之仁"等主张却认为是不顾现实之差别现象的"空理"，在此观念之下，他坚持的是"本国中心主义"[3]。由此可见，德

---

[1] 参见上引吾妻重二论文，第59页。
[2] 荻生茂博：《大国主義と日本の"実学"》，载氏著：《近代・アジア・陽明学》，第326页。
[3] 同上书，第328页。

川前期所能看到的儒教普遍主义在明治时期的某些所谓汉学家手里几乎被彻底推翻。

然而事实上，在近代日本，儒学的普遍性原理仍然受到相当程度的关注。例如19世纪近代日本的著名哲学家西周（1829—1897），令西周闻名于东亚世界的是他最先将philosophy译成"哲学"，而他对哲学的定义便是"论明天道人道兼立教法者"[1]。显然，对西周来说，"哲学"是追求人类"同一之旨趣"的最高学问，所以他撰述的《百一新论》，其实质就在于"以近世社会既存的普遍性儒学知识为基础，说明近代知识在明治社会的形成过程"[2]。对此，子安宣邦追问道：那么，"近世日本的普遍性知识"的内容为何？它又是怎样形成的呢？他以17世纪贝原益轩的思想为案例，指出德川政权确立以后，儒学作为近世社会的学说体系得以形成，并逐渐取得了"普遍性"——即所谓"儒教"的成立，不过前后大约花了一个世纪的时间，其标志性人物便是贝原益轩，当然，这并不意味着当时儒学已实现了"制度化"[3]。要之，在子安看来，德川前期确已形成了以儒学（朱子学）为标识的"普遍知识"。

及至18世纪德川后半期，幕府在老中松平定信（1758—1829）的推动下，实行了著名的"宽政异学之禁"的政策，对于非朱子学的思想学说视作"异学"而加以排斥，同时又由幕府及各藩建立学校，以朱子学为教学体制，从而使得儒学的权威有了显著的提升。及至18世

---

[1] 西周：《百一新论》，载《明治文学全集》3，东京：筑摩书房，1967年，第23页。
[2] 子安宣邦：《日本朱子学究竟何事——贝原益轩与近世知识的成立》，载氏著：《东亚儒学：批判与方法》，陈玮芬等译，第25页。
[3] 同上书，第26页。关于近世日本是否存在"儒学制度化"这一历史现象，是一个值得探讨的问题。据辻本雅史的考察，他认为在近世日本，曾经有过儒学制度化的历史阶段，这主要是指1790年由幕府松平定信推动的宽政异学之禁（直至维新时期），这一政策以朱子学为"正学"，标志着儒学成了一种道德教化的体系，在此意义上，"近世日本的儒学迈向了制度化"（辻本雅史：《谈日本儒学的"制度化"——以十七至十九世纪为中心》，田世民译，载《台湾东亚文明研究学刊》第3卷第1期，总第5期，2006年6月，第267页）。换言之，宽政改革"从儒学的制度化和知识的再生产的观点来看，可以说是划时代的"，"可以评价是近世日本将儒学制度化的一种达成"（同上书，第263页）。但是辻本雅史又认为，由于近世日本并没有实行科举制度，同时又由于儒学缺乏政治上的独立地位，这就使得日本儒学的制度化并不充分（同上书，第272页）。

纪末19世纪初，广岛藩儒赖春水（1746—1816）在《学统論》（1786）引《礼记·王制篇》"一道德以同俗"一语，强调须以统一的道德原理（主要指朱子学）来整饬风俗，他以"学统论"作为学问之基础，指出："君子之学，知统为先。学焉无统，不如不学也。"[1] 又说："其统之所在，昭如白日。君相奉之，端其化源。学士禀之，宣其德意。政术一于上，风俗岂二三于下哉？学统明白，而后治教可得而言也。不学则已。"[2] 可见，赖春水是非常坚定的朱子学者，他视徂徕学以及阳明学为异端，欲以朱子学普遍原理来治国安邦。

另一位与赖春水几乎同时的尾藤二洲（1747—1813）也从"理"的角度对古学派的代表人物、反朱子学的徂徕学提出了尖锐批评：

> 古文辞学起于物徂徕。余早年尝学，故能知其意。其学之所主，在于功利。假圣人之言者，止缘饰也。言道乃先王之作者，非自然之理。为安天下之具，非当行之路。其纲要之处……其学唯理民之术而已，至自己只身心而不问也。[3]

这一批评涉及一个理论问题：亦即"道"究竟是徂徕所说的先王制作的"安天下"之工具，还是先验的"自然之理"。尾藤的这一质疑显然站在普遍主义立场之上的，这与朱子学的基本立场非常接近。据此可见，断定德川儒者缺乏普遍主义的关怀，这一判断是不全面的。例如尾藤二洲还说：

> 道乃天地之规矩，非一人之法。教乃天下之权衡，非一人之则。道本出于天地之自然，学乃与天下之人所共行。然天人一

---

[1] 赖春水：《学统说送赤崎彦礼》，载《寛政異学禁関係文書》，《日本思想大系》47《近世後期儒家集》，东京：岩波书店，1972年。转引自辻本雅史：《十八世纪后半期儒学的再检讨：以折衷派、正学派朱子学为中心》（田世民译），载张宝三、徐兴庆编：《德川时代日本儒学史论集》，第187页。
[2] 同上。
[3] 尾藤二洲：《正学指掌附录》，收入《日本思想大系：徂徕学派》，转引自辻本雅史：《十八世纪后半期儒学的再检讨：以折衷派、正学派朱子学为中心》（田世民译），载张宝三、徐兴庆编：《德川时代日本儒学史论集》，第189页。

体，为一道理。若无天下一枚一流，则不相谋合。故此教乃疗天下人之大医药，而此学乃可令天下之人与天地成一体一枚之大权衡。是故与医学之疗一人，弓箭之敌一人之具，有若天地悬隔、云泥之违乎！[1]

这里的说法就很明确，"道"是普遍的，而非"一人之法""一人之则"，意谓"道"是天下公共之法则，这与宋明儒的理为天下公共之理的普遍主义思路是可以吻合的。不过，辻本雅史却认为正学派朱子学的这些主张"在根本上毕竟是与徂徕学息息相关的"[2]，理由是，这些主张所反映的仍然是将"道"视为统合天下、规范社会的标准。这一看法可能忽视了尾藤二洲指责徂徕学落入"功利"这一重要立场。

子安宣邦对正学派朱子学以及宽政异学之禁的看法则与历来的评价有所不同，他认为正学派就是徂徕学的反对派，正学派通过异学之禁以及建立藩校，以使朱子学来统一教育，实现"教学的统一性、体系性"，然而正学派朱子学所重视的修身之学，则与明治时期重视修身、宣扬国民道德的近代日本教育体系有着承继关系，因为这一近代教育体系之祖型便是正学派所主张的"学统论"[3]。子安的这一结论大致是正确的。他所说的近代教育体制，盖指以1890年（明治二十三年）《教育勅语》的颁布以及次年井上哲次郎《勅语衍义》的发表为标志。的确，经井上哲次郎的阐释与发扬，国民的教育在于培养"国民道德"，而"国民道德论"被上升为"国家至上主义"。所以到了1912年（明治四十五年），井上又在《国民道德概论》一书中再三强调日本是以天皇为中心的"综合家族国家"，并强调日本具有与"中国差异化"的"优越性"。这里的"优越性"等于"先进性""普遍性"，是一个具有现代性意味的概念。要之，构成近代日本教育体制的思想基础在于将日本

---

[1] 尾藤二洲：《答问愚言》，载《宽政異学禁関係文書》，转引自上引辻本雅史论文，第190页。
[2] 同上。
[3] 子安宣邦：《朱子学と近代日本の形成——东亚朱子学の同调と異趣》（《朱子学与近代日本の形成——东亚朱子学的同调与異趣》），载《台湾东亚文明研究丛刊》第3卷第1期，2006年6月，第94—95页。

儒教与中国儒教的"差异化",从而凸显出日本的"普遍性"。须指出,这与德川儒者所关注的普遍问题已有了根本的不同,因为井上哲学无疑是一种官方的"御用哲学"。也正由此,明治末年兴起的一场所谓儒教复兴——又称"汉学"复兴所欲建构的学问并不是中国古来的学问而是翼赞日本国体的学问,其本质是一种"御用运动"。[1]

饶有兴味的是,作为国家主义者的汉学家井上哲次郎也承认"道"是一元的,所以在他看来,"古支那"的道可以适用于当代日本[2],只是这个"道"在当今"支那"已经沦丧,而在日本则表现为万世不易、流衍不绝的"皇道",由此便可开创出"新东亚文化"。[3]井上的学生西晋一郎(1873—1943)有更深入的考察,他指出德川后期崎门派儒者浅见絅斋(1652—1711)就已存在普遍性思维,他认为絅斋的"成气之理"说便是透过形式与内容的特殊化,"化特殊性为普遍性",而他自己的观点也非常鲜明:"理者无穷,人生之理亦无穷。……由于理有绝对性,各各的理于是又是气自全的天地"[4],所谓"自全的天地",是说"理"的绝对性、自足圆满性。因此,他将浅见絅斋的"成气之理"做了另一层转换诠释,以"理一"观念来解释日本的儒教伦理早已具有普遍性。根据陈玮芬的考察,实际上西晋一郎的意图在于祛除儒家发源于"支那"的"特殊性",而把"日本式"儒教伦理的特殊性,直接当作"普遍性"的伦理来加以定位及宣扬。[5]西晋一郎指出:

> 儒教是汉人的国民道德。国民道德如果没有涵盖道德的普遍真理,就不能成为国民道德。所以儒教必具备此普遍性,而此普遍性亦可滋养我国民道德。在三学派之中(按,指朱子、阳明、古学派)知晓如何发扬普遍性,泯除特殊性的,唯少数朱子学者

---

[1] 荻生茂博:《大国主義と日本の"実学"》,载氏著:《近代・アジア・陽明学》,第312—314页。
[2] 井上哲次郎:《東洋文化と支那の将来》,东京:理想社,1935年,第155—160页。
[3] 同上书,第263—264页。
[4] 西晋一郎:《東洋倫理》,东京:岩波书店,1934年,第47—48、64页。
[5] 陈玮芬:《近代日本汉学的"关键词"研究:儒学及其相关概念的嬗变》,第141页。

而已。徂徕学派和仁斋学派皆莫知所衷。王政维新之精神亦仅关乎朱子学，与其他二学派无关。[1]

在这个说法当中，蕴含着作者欲对德川思想史重新建构的意图。在他看来，德川儒学中的阳明学以及徂徕、仁斋的古学派均未能认识到儒教的普遍主义，而唯有崎门派朱子学对此有深切的认同。因此，唯有崎门朱子学才能在近代日本担当起建构国民道德的责任，最终成就了王政维新，成为"国民道德"的原型。同时，西晋一郎还表达了一个重要的信念：

> 若要令外来之教真正日本化，必须超脱其历史内容，发挥其普遍性，并与我的历史精神相互联结，才能达成。[2]

这段话完全可以成为现代日本盛行的"作为方法"的亚洲论（竹内好）、中国论（沟口雄三）以及江户论（子安宣邦）的一个注脚。所谓"超脱其历史内容"，无非是说，必须对中国儒教文化作一番"去实体化"的超越，将"外来之教"（这里是指中国儒教）的普遍性作一番"日本化"的脉络转换，然后才能与日本固有文化的精神相衔接，从而创造出一种"真正日本化"的文化，亦即"新东亚文化"（井上哲次郎语）。不过，若按丸山真男的观点，早在17世纪闇斋学派那里已经成功地将朱子学"日本化"了，他指出："敬义学派（按，指闇斋学派）是将朱子学'日本化'的最初的学派。"[3] 与此相反，若按井上哲次郎的观点，山崎不但没有实现朱子学的"日本化"，而且是"盲信朱子之言说的精神奴隶"[4]。显然，这个说法言过其实。

由上可见，在江户时代，日本儒学虽然由于社会体制等因素，始终未能上升为国家意识形态，但是就在儒学日本化——亦即日本特殊

---

[1]《東洋倫理》，第251页。转引自上揭陈玮芬论著，第141页。
[2]《東洋倫理》，第276页，转引自上揭陈玮芬论著，第142页。
[3] 丸山真男：《闇斎学と闇斎学派》，收入《日本思想大系》第31册《山崎闇斎学派》，东京：岩波书店，1970年，第638页。
[4] 井上哲次郎：《日本朱子学派之哲学》，东京：富山房，1905年，第410页。

化——的复杂多变的过程中可以看出，不少儒者对于儒学的普遍原理是有所认同的，不能因为反对"中华文化一元论"，反对东亚文化的"整体性"观点，强调日本文化具有不同于中国的特殊性，从而否认中国儒学的普遍原理曾对德川儒者有过相当程度的影响。关键在于我们不能忽视儒学的普遍原理在德川日本的儒学史上必然有一个本土化过程，这是任何文化交涉过程中的必然现象。重要的是，对于这些历史过程及其现象，有必要结合思想人物的具体个案做出全面深入的客观考察，而不能仅仅停留在某些抽象的方法论口号之上。诚然，学术研究需要方法论的引导，将中国作为"他者"或者"方法"的视野也不是没有道理，然而更重要的毋宁是，方法论建构须以历史的客观了解为基础而不能相反。当今日本的中国史研究专家岸本美绪指出，近年以来以沟口雄三等人为代表的提倡作为方法论的"亚洲学"，缺乏研究对象的具体设定，因而不免给人以某种"抽象论"的印象。[1]笔者亦颇有同感。

六 余 论

总而言之，在"东亚儒学"的研究过程中，正逐渐显示出问题的复杂性及多样性，不论是"东亚"还是"东亚儒学"，并不是不言自明的概念。关于东亚以及东亚儒学之概念所蕴含的历史含义如何把握，东亚儒学的建构如何可能等问题，需要我们进一步努力做出更为具体的历史考察以及理论批评，目前我们很难得出一个大家都能接受的一致看法。不过有一点已经明确：关于东亚的问题，绝不仅仅是中国大陆或台湾地区的问题，更是日本、韩国乃至越南等东亚地域所面对的问题，特别是作为"东亚"一词的始作俑者的日本对此问题拥有重要的发言权，这是我们今天从事东亚儒学研究所不能忽视的。

近年来台湾学界在东亚文化研究计划之下所展开的东亚儒学研究

---

[1] 岸本美绪：《東洋のなかの東洋学》(《东洋中的东洋学》)，《岩波講座："帝国"の学知》第3卷"東洋学の磁場"序章，东京：岩波书店，2006年，第5—6页。

已取得了相当可观的成果,但是东亚儒学作为一种新的学术领域,在如何自我定位的同时,更需要明确这项研究的未来目标如何设定。黄俊杰认为"东亚"是一多元文化的地域概念,并指出东亚儒学研究应注意普遍与特殊的张力以及政治认同与文化认同的张力,这些观点无疑具有方法论意义。然而黄俊杰在关注东亚儒学如何可能之余,却并没有清楚地回答东亚儒学何以必要这一问题。子安宣邦由积极参与到最后退出台湾东亚儒学研究计划的过程表明,一方面台湾学界对于"东亚"概念所蕴含的历史性、现代性等问题确有可能缺乏清醒而自觉的批判意识,另一方面也是更为重要的是,台湾学界自身有必要追问并且回答大力推动东亚儒学研究的目的何在的问题。子安宣邦担忧当今台湾的东亚儒学研究有可能是要重现"帝国"的亚洲主义论述,虽然这一担忧有过虑之嫌,但他批评台湾学者的东亚论述缺乏历史性批判却未必是无的放矢。

在我看来,"东亚儒学"只是东亚文化或东亚思想的一个分支,在性质上属于跨文化比较研究。如同东亚文化本身所具有的多元特征一般,东亚儒学也不可能有什么结构上的"整体性"或历史上的"同一性"。发源于中国的儒学在东亚各地域的展开及其呈现是一复杂多样的过程,而且这一过程又必然表现为"本土化"的过程。因此中国儒学相对于东亚其他地域的儒学而言只具有"相对性",而并不具有绝对的宰制性。这里所谓的"相对性",是指跨文化研究领域中的方法论意义上的相对主义。这种相对性固然是针对抽象绝对性而言,但并不等于模棱两可、毫无原则的折中主义,也不等于隔绝于普遍性的特殊主义,而是指历史上的各种不同社会及其文化自有其一套独特的道德观念及其实践理论,此独特性是在比较意义上呈现的,即相较于其他文化系统而言,各具体的文化传统自有独特性而不可能存在没有差异的文化传统,正是基于这样一种文化独特性,任何一种文化观念及其实践理论对于该社会来说就是"正当"的,我们不能在文化比较的名义下,用一种文化传统来横加指责或评判另一套文化传统的"好"与"坏"。例如在"帝国日本"时期,也许日本人相信"大东亚共荣圈"的亚洲主义论述是"对"的,但是对于当时的中国或朝鲜来说,那就断然不是"正确"的。故有必要将这种论述"相对化"。

由此看来,在近年有关东亚论述中出现的将中国相对化、他者化也未尝不可,把中国看作是东亚文化研究的一种背景也并没有错,在这一视角当中,需要我们有一种对"他者"的尊重态度,而跨文化研究中的相对主义正是提倡这种尊重他者而避免偏见的研究态度。我想,东亚儒学研究之所以可能的关键就在于我们如何认真看待儒学之在东亚的互为他者性及互为主体性。所谓互为他者性及互为主体性,意谓在将对象他者化的同时,并不预设自己的绝对性、普遍性,同时又不是消极地对待自己的主体性。也就是说,对于日本而言,中国固然是一种他者存在,但这并不意味着日本就是绝对性、普遍性在东亚的代表,同样通过对中国的他者化,亦可确认日本固有文化的主体性。如果我们把"儒学"从东亚文化的历史场景中剥离出来,用一种抽象的中国儒学来覆盖乃至宰制东亚其他地域的儒学历史,就必将陷入中华文化一元论、绝对主义的独断论。

问题是,从事哲学史或思想史研究的学者往往容易偏向于相信某种哲学思想的理论体系具有绝对普遍性原理。事实上,即便就东亚各地的思想史、文化史来看,正如上面所看到的那样,确有不少学者相信儒学所宣扬的"道"具有普世意义。这就表明在一定历史时期,人们对于儒学的普遍价值的文化认同是确实存在的,例如足以代表儒学伦理之普遍性的忠诚原理就在日本思想史上留有深厚的足迹。但是,所谓思想的普遍性也不能脱离社会历史而成为一种抽象普遍性,当中国儒学的忠诚原理落实在日本江户时代,便变成了对皇室以及藩主家室的忠诚,因此忠诚思想在日本就表现为一种具体的普遍性。

又如有学者从儒家伦理"孝"的角度着眼,注意到中国"孝"文化虽在江户日本受到一定的重视,但是不少儒者对于中国"二十四孝"的故事(例如"割股行孝")却不以为然,甚至有人讥讽为"怪异","非有道之者所述也"(林罗山语),因此从中国和日本对"孝"文化的不同理解中可以"抽取出中国和日本的儒教伦理在本质上的差异"[1]。这个说法，姑且可称之为中日文化的"本质差异论"，此论是否符合史实，须另外探讨，此不赘述。要之，儒学价值的普世性与东亚地域的特殊性所构成的张力问题应如何应对，在很大程度上规定了今后东亚儒学研究的一个方向。

须指出的是，从互为他者性的视角出发，最令人忌讳的有两点：一是将中国儒学的价值观抽象为绝对普遍性，以此作为裁断其他形态的儒学例如日本儒学、朝鲜儒学之"对"与"错"的绝对标准，这就将落入"正统对异端"的窠臼之中；一是将东亚儒学的价值观特殊主义化，以此作为对抗西方思想形态例如欧洲大陆哲学之"对"与"错"的评判标准，这就将落入"东洋对西洋"二元对抗的窠臼之中。如所周知，所谓"东洋对西洋"，正是20世纪以来帝国日本的一种思维模式，同时也是国家主义、民族主义的一种论述，这种论述在哲学上便表现为特殊主义，在第二次世界大战时期，更是表现为"西洋普遍/东洋特殊"的对抗性思维构造。他们把发动太平洋战争吹嘘为从西方殖民主义之下解放亚洲，便是这种思维作用之下的怪论。因此我们要特别警惕中国儒学特殊主义化，以为儒学只有在中国才是唯一的"正宗"，这种想法其实是对中国传统文化的自我矮化，不理解在"特殊性"当中蕴含着"普遍性"，换言之，也就是说不理解特殊性只是比较视域下的一个概念，其实特殊性乃是整体性的一部分而不能脱离整体而言，若就各种文化的个别性来看，自有不同于其他文化的特性，但是这种特性所构成的文化传统之整体必然是一有价值、有意义的系统存在，如儒家所说的"道"便是一普遍性的存在，倘若中国儒学不存在这种普遍的"道"之价值信仰，那么儒家文化必定早已灭亡。要之，当今之务不在于以特殊对抗普遍，而在于如何清醒地认识儒学普遍性

---

[1] 前川亨：《身体感覚としての孝——二十四孝と宝卷にみる孝の実践形態》(《作为身体感觉的孝——由二十四孝与宝卷所见的孝的实践形态》)，载土屋昌明编：《東アジア社会における儒教の変容》，东京：专修大学出版局，2007年，第189页。关于"孝"文化在江户日本特别是受到阳明学派的重视等情况，参见张崑将：《德川日本"忠""孝"概念的形成与发展——以兵学与阳明学为中心》，台北：喜马拉雅研究发展基金会，2003年。

以应对文化多元的发展趋势，并坚信中国传统文化之一的儒学"特殊性"恰恰表现为对普遍性理念的追求。

当然另一方面，我们也要特别小心当今在东亚儒学研究中偶尔听到的"儒学价值观"这一提法。尽管我们并不反对"儒学价值观"这一概念本身，因为儒学之有"价值观"，这是不容争议的事实。只是须注意的是，这一概念在外人眼里，很容易被解读为是一种"非西方化"主张。这种"非西方化"也就蕴含着以东方对抗西方的情绪化内涵。而且我们也要充分注意"儒学价值观"的提法与20世纪70年代新加坡首先提出的"亚洲价值观"这一含有意识形态之色彩的说法须区别开来。例如早在1978年，李光耀在一次公开场合，便明确地表明了他有关"亚洲价值观"的构想[1]，与李光耀一唱一和的是长期以来担任马来西亚领导人的马哈蒂尔，他在1995年与日本的右翼政治家石原慎太郎合著的《亚洲的声音》中宣称："亚洲将创造一个史无前例的伟大文明圈。"[2] 这些观点随后便遭到来自彼方如美国等学者的批评。如美国学者罗伯特·艾里甘特（R. Eligent）指出，李光耀的说法是将儒家价值观"制度化"了，因为"亚洲价值观"之实质无非就是"儒家伦理"，其目虽然在于避免"西方式的道德沦丧"；但是正如庄礼伟所指出的，新加坡与20世纪50年代"港台"新儒家复兴儒学的思想并不相同，他们鼓吹的这种亚洲价值观完全是为维护官方意识形态及其政府的权利合法性所服务的，因此他们所尊奉的儒家思想已不是原型的儒学了，它缺乏现实的、历史的批判精神，倒是助长了国家主义的情绪。[3] 我以为这是值得倾听的声音。也就是说，若是在东洋对西洋的思维框架下提倡"儒学价值观"，很有可能成为"亚洲价值观"的一种变相说

---

[1] 参见《李光耀40年政论选》，北京：现代出版社，1994年，第365页。更为具体的有关亚洲价值观的"国家定义"，则是出现在1991年1月4日新加坡内阁向国会提交的一份关于"共同价值观"的白皮书中，一共五条：1. 国家至上，社会为先；2. 家庭为根，社会为本；3. 关怀扶持，同舟共济；4. 求同存异，协商共识；5. 种族和谐，宗教宽容。这是新加坡关于亚洲价值观的官方版本。转引自庄礼伟：《"亚洲价值观"的语义与渊源考证》，载吴志攀、李玉主编：《东亚的价值》，北京：北京大学出版社，2010年，第297页。

[2] 转引自庄礼伟：《"亚洲价值观"的语义与渊源考证》，《东亚的价值》，第291页。

[3] 同上书，第303、308页。

法，这是当今东亚儒学研究所应竭力避免的。更重要的是，在上述"东亚价值观"的出台背后，存在这样一种思维惯性：以为在东西方二元对立的构架下，西方的伦理宗教传统已经丧失了自我更新的机制而有待东方的价值信仰系统来加以拯救。这就不免落入另一种意识形态的"一元论"，而与当今世界多元文化的发展趋向格格不入。[1]

以上我们对近年来东亚儒学研究的兴起、展开之过程作了简单的回顾，并指出了其中所蕴含的以及今后当注意的一些问题，也简略阐述了有关东亚儒学如何可能这一问题的看法，但是仍然未能回答在当今东亚社会，东亚儒学何以必要这一问题。对此问题的解答，唯望东亚各国的时下诸贤共同探讨。我们所希望看到的是，儒学仍然能够保持住现实的、历史的批判意识，如同一句老话所说的，没有批判就没有哲学，同样没有批判也就没有儒学，因为批判精神不仅是儒学的生命力而且是儒学的价值观之所在。因此我们须切忌视儒学为"主义"（一种意识形态化之倾向），儒学既不能是无视历史、维护现实而供人朝拜的对象，更不能成为衡定东亚地域文化之判准。为了避免这种"自我中心论"，既需要挣脱政治意识形态之束缚而以多元性的东亚文化为思考方向，同时更需要有一种时代的批判意识以审视传统儒学，否则我们甚至没有资格与"他者"（例如日本或韩国甚至是欧美）对话。在这个意义上，东亚儒学何以必要的问题就引人省思。

---

[1] 早在1984年，余英时在其论文《从价值系统看中国文化的现代意义》中基于法国启蒙主义历史哲学家维柯（Giovanni Battista Vico, 1668—1744）以及18世纪德国历史哲学家赫尔德（Johann Gottfried Herder, 1744—1803）提出的"多元文化"论，强调指出"所谓多元文化即以为每一民族都有它自己的独特文化；各民族的文化并非出于一源，尤不能以欧洲文化为衡量其他文化的普遍准则"（《余英时文集》第3卷，桂林：广西师范大学出版社，2004年，第2页）。韩国学者宋荣培则在1993年发表的一篇文章中指出："70年代在欧美学术界重新提起的文化多元论，使中国的新儒家受到很大的鼓舞。他们以此为契机，批判并克服由西方中心、西方本位文化发展史观刻画出的'现代化＝西欧化'的观点。"（宋荣培：《东西哲学的交汇与思维方式的差异》补论"儒家式现代化问题"第1章"与西方式不同的儒家现代化是否可能"，朴海光、吕钿译，石家庄：河北人民出版社，2006年，第239页）

第二章　试说"东亚儒学"何以必要

——从子安宣邦、黄俊杰的相关论述说起 *

此前，笔者撰文《"东亚儒学"刍议——就普遍性与特殊性的问题为核心》，在2010年6月国际中国哲学会（ISCP）、武汉大学哲学院主办的"近三十年来中国哲学的发展：回顾与展望"国际学术研讨会上宣读，得到了点评人陈来教授及与会学者诸多有益的批评，使我意识到尚需深入讨论的问题还有许多，特别是其中提到的两个问题——即"东亚儒学"如何可能以及何以必要的问题，由于篇幅的限制，上述未刊稿仅就第一个问题略有详细的叙述，而未能就第二个问题展开讨论。[1]

根据论述上的逻辑需要，本文准备分三步走：第一，着重介绍日本思想史专家子安宣邦对当今台湾的东亚儒学研究之批评，了解作为"他者"的视野对于我们反省东亚儒学如何可能之问题的重要性；第二，透过台湾学者黄俊杰对有关东亚儒学如何可能等问题的论述，了解当今台湾的东亚儒学研究在方法论上的一些主要观点及其特色；第三，通过以上对近年来东亚儒学研究的回顾与反省，对当今学界为何需要努力开拓"东亚儒学"这一研究领域的问题，提出笔者若干展望性的看法，以就正于学界同仁。

一　子安宣邦：建构"作为方法的东亚"

子安宣邦曾撰文《"東亜"概念と儒学》（以下简称子安论文）[2]，对

---

* 本文宣读于2010年9月7日台湾大学人文社会科学高等研究院第39次"台大儒学研讨会"。
[1]　本文仍沿着未刊稿的问题意识而作，但由于议题的相关性，不免与未刊稿会有一些内容重复，这是要预先说明的。
[2]　子安宣邦：《"アジア"はどう語られてきたか——近代日本のオリエンタリズム》（《"亚洲"是如何被言说的——近代日本的东方主义》），东京：藤原书店，2004年，第172—198页。（转下页）

"东亚儒学"特别是对"东亚"这一概念的问题提出了独到的看法。子安论文有着强烈的问题意识和反省意识,他对"东亚"问题的思考,可以归结为这样一点:亦即通过对现代日本知识界"亚洲问题"之认识的反省,对于当今的"东亚论述"(包括东亚儒学)如何可能的问题才能提出积极的建议,他指出应该努力克服"中华文化一元论"的倾向,由"实体的'东亚'转向方法的'东亚'"。以下我们就对子安论文的主要观点进行必要的梳理。

该文的撰述有一重要背景,值得注意。2001年10月,子安宣邦接到台湾大学和"国立"历史博物馆共同主办"东亚文化圈的形成与发展"学术研讨会的邀请函(会议召开则在次年6月),该会"缘起与背景说明"一文(由高明士执笔,以下简称"背景说明")引起了他对该会之旨意的注意以及质疑。在他看来,该文以对东亚文化圈形成的历史过程的叙述"代替了对'东亚文化圈的形成与发展'研讨会缘起和主题设定的相关说明",这是说"背景说明"以回顾"东亚文化圈"之形成过程的历史性话语"取代了其会议主旨的说明"[1],这就使得子安敏感地意识到这一"背景说明"的用意很有问题,因为这意味着在"台湾地位日益变得重要"的今天,要由台湾来重新组合"东亚文化圈"形成的历史性话语,这样一来,所谓"东亚文化圈"不过是包括了韩日中三国的一元化的"中国文化圈"的"代名词而已",更为严重的是,还可从中清楚地看出会议主办者的企图在于重构"传统的'中华帝国'话语",而且"'中华帝国'的话语,现在要由台湾于'东亚文化圈'这一新主题之下加以再生和重组了"。不得不说,子安的批评之尖刻、语词之锋利,令人震撼。在《"东亜"概念と儒学》的前言末尾,子安郑重声明他撰

(接上页)原载《環》第10卷(2002年夏号),东京:藤原书店,2002年。中译本有二:童长义译本,后纳入子安宣邦:《东亚儒学:批判与方法》,陈玮芬等译,台北:喜玛拉雅研究发展基金会,2003年,第1章;子安宣邦:《东亚论:日本现代思想批判》,赵京华编译,长春:吉林人民出版社,2004年。子安论文是为参加2002年6月台湾大学"东亚文化圈的形成与发展"国际研讨会而作,同名会议论文集于2005年由台大出版中心出版,2008年华东师范大学出版社出版了简体字版,所收均为童译本。本文据日语原文翻译。

[1]《"亚洲"是如何被言说的——近代日本的东方主义》,第176页。以下凡引该文,不再注明页码。

述这篇文章是"对'东亚文化圈'研讨会的批判性报告"[1]。可以想见,台湾学界不期然地迎来了一位重要的批评者。在我看来,这对台湾学界而言,未必是坏事,子安之敢于直言,正表明他对台湾学界的看重。

很显然,子安的上述批评有其自身的问题意识为背景,关于这一点,我们稍后再说。事实上,会议主办者的"背景说明"已经说的很清楚,它开宗明义地表明:"所谓'东亚文化圈',是指近代以前的东亚文化世界而言。"所以整篇有关"东亚文化圈"的说明是有时代下限之设定的,是对近代以前——主要是指中国隋唐时期——所形成的"中华文化圈"所做的相关说明。细读全文,可以看到这篇文字无非是对隋唐以来"中华文化圈"的构成要素、历史过程所做的一个史学性的描述,当然也就没有涉及近代日本的"东亚"论述。因此在我看来,会议主办者并没有这样的企图:意在当今台湾"再生和重组"作为"传统的'中华帝国'话语"的"中华文化圈"。不得不说,子安论文是有意的"误读"(从诠释学而非历史学的角度讲,这并非是贬义)。那么,为什么会发生这样的"误读"呢?这就需要从子安自身的"东亚"论述说起。

子安论文的第一节标题为"'东亚'概念与日本",一上来,他就表明"东亚"并不是不证自明的概念,并提出了两个问题:当今为何要谈"东亚"?为何要将"东亚"和"儒学"联系在一起?可以看出,子安的问题意识在于,他首先要追问"东亚"论述的历史渊源,进而要追问何谓"东亚儒学"。从该文的核心旨意来看,他要告诉我们:"东亚"是"于1920年代的帝国日本作为文化的地域概念被建立起来的",在此后的三四十年代,"东亚"则变成了"一个具有强烈政治意味的地缘政治学色彩的概念"。基于这一点,所以他自始至终强调,在对"东

---

[1] 以上所引皆在子安宣邦《"東亜"概念と儒学》一文的"前言"。这篇"前言"未见于此后出版的同名会议论文集,而上引近京华译本则据《環》第10卷(2002年夏号)译出。我推测该"前言"是子安在参加会议后,向《環》投稿之际,新加的一段文字,故不存在同名会议论文集所收童译本删除这篇"前言"的可能。

亚"概念未做出彻底的历史清算之前，便口口声声地谈论"东亚"，仿佛"东亚"已是一个自明的前提，这是缺乏反省和批判意识的不负责任的表现。不难发现，子安的话外之音是，台湾的东亚儒学研究团队还没有对"东亚"问题做出必要的反省，就在谈论"东亚"，这在子安看来，问题就相当严重。

所以，子安整篇论文的基调是对"东亚"论述进行历史清算，他的工作基本上属于批判性的解构，他要努力解构20世纪初以来作为帝国日本的那套"东亚"论述以及批判现代日本知识界对此论述缺乏反省的冷漠态度。在他看来，这一时期的"东亚"论述有一个非常明显的特征也是非常危险的倾向：这就是"东亚"成了一个"一体性"的、"实体化"的东亚，而"绝不是一个多元的世界"。那么，为什么说这是一个非常危险的倾向呢？因为帝国日本鼓吹的所谓"东亚共荣圈"，便是企图要建立这样一种一体化的、实体化的以日本为盟主的东亚世界。为了不让帝国日本"亡灵一般的言说"死灰复燃，就有必要将这种实体性的"东亚"观念彻底解构。无疑地，子安的这种批判精神十分难得也令人同情。

也正由此，所以我曾指出，一方面，子安担忧当今台湾的东亚儒学研究有可能是要重现"帝国"的亚洲主义论述，虽然有杞人忧天之嫌，"但他批评台湾学者的东亚论述缺乏历史性批判却未必是无的放矢"；另一方面，作为日本学者，他对"东亚"问题的反省批判十分重要，其心情固然可以理解，但是中国学者（包括台湾学者）在探讨东亚儒学问题时，"有关近代日本的东亚论述批判并不应当是东亚儒学这一问题设定的学理前提"（参见上揭拙文）。

值得一提的是，子安除了有非常清醒的历史批判意识以外，他还非常注重方法论问题，这在日本思想史学界并不多见。子安论文除了企图对近代日本的东亚论述进行解构以外，他还有一个重要提议，亦即该文最后一节所设定的标题："从实体的'东亚'转向方法的'东亚'"。所谓"实体的东亚"，已如上述，其意是指无视东亚文化的多元性而将东亚视作同质性的存在体，说白了，也就是说仿佛日本就是中国、中国就是日本，彼此之间已无差异可言；于是，"东亚共同体"[1]所指向的便是作为实体存在的一体性的东亚，以为由此便可从欧美的西方霸权（包括话语霸权以及武力霸权）中解放出来，想当年，帝国日本自诩他们对东南亚的侵略，就是为了从西方殖民主义之下解放亚洲。显然，这种怪论的一个观念基础便是"东亚"的实体化论述，因此必须对此加以彻底的批判。

为了实现这一点，子安极力主张有必要建构"方法的东亚"。但是，"从实体的'东亚'转向方法的'东亚'"一节只有短短两段文字，其中并没有清楚地阐明"方法的东亚"的具体设想，子安反复强调的是，东亚这个概念"应该是方法论上的一个概念"，"所谓方法论上的，乃是指对立于'东亚'的实质性的或实体性的重生而将'东亚'重新组合成作为思想的、方法的概念"，这后面一句看似解释了，实际还是没有解释清楚究竟什么是"方法的东亚"。他的用意在于从根本上推翻"东亚"是一种实体存在的观念论述，这一点不难了解，然而由此推论，"东亚"必然可以作为一种方法论建构起来，这个说法还有深入思考的余地。

所谓"方法的东亚"这个说法，从其观念模式来看，其实与竹内好（1910—1977）的"作为方法的亚洲"以及沟口雄三（1933—2010）的"作为方法的中国"是互相呼应的，子安自己则有"作为方法的江户"之说。[2]可见，"作为方法的……"这一表述原是现代日本思想学界非常喜欢使用的一种套语，当然，竹内、沟口、子安他们三人的研究取向及立场各有不同，这里就不便展开讨论了。表面看来，这一表述方式不太符合中文的表述习惯，其实也并非那么难解，也就是要将研究对象"他者"化、"方法"化，反对将研究对象"中国""亚洲"或"江户""东

---

[1] 子安论文：《昭和日本と"東亜"概念》第3节"'東亜協同体'の理念"及第4节"'東亜'から'大東亜'へ"，载《"亚洲"是如何被言说的》，第92—101页。原载《環》第10卷（2001年夏号），该文是作者于2000年11月为参加韩国首尔成均馆大学"东亚学国际学术会议"而写。
[2] 子安宣邦：《方法としての江戸》，东京：ぺりかん社，2000年。2002年2月22日，子安在台湾大学所做的一场报告中，对于所谓"作为方法的江户"也有简要的叙述，参见《东亚儒学：批判与方法》第4章"作为'事件'的徂徕学——思想史方法的再思考"，第58—59页。

亚"实体化、同质化；同时，这种方法论也是对第二次世界大战之前以及战后仍然流行一时的以西方中心主义的视野来研究亚洲、中国包括日本的一种批判，强调不能以西方或中国的视野作为评判标准来思考，而应当反过来，从"自我"的视野进行内在的思考。因此，在"作为方法的……"的表述中，重要的是要阐明对于历史现象及其相关论述的一种重新审视的立场和观念，因此"方法的东亚"这个观点所指向的是对"实体的东亚"的批判和解构，就此而言，这个说法具有一定的理论意义，不过至于这个"方法"如何建构，却是另一层面的问题。不得不说，这种方法论的探讨留给人们很多想象的空间，然而这种"方法"对于我们审视东亚有何种理论效应，则应当取决于对"东亚"历史的具体研究，不用说，东亚儒学研究也应当是其中之一。

二　黄俊杰：文化多元视域中的东亚儒学

当然，对于 21 世纪台湾的东亚儒学研究，特别是对 2000 年以降台湾大学推动的东亚儒学研究的系列计划，子安宣邦原本是充满期待的，而且他对黄俊杰的东亚研究也曾给予很高评价[1]，另一方面，黄俊杰对子安宣邦的"东亚"研究也非常重视，他曾亲自为子安的《东亚儒学：批判与方法》一书撰写了长篇"跋文"，颇多赞誉肯定之词。[2]同时，上述子安对"东亚"论述的批评也引起了黄俊杰的关注，他也意识到问题的严重性，故有《"东亚儒学"如何可能》[3]（以下简称黄文）之作，试图从学理上来建构"东亚儒学"这一概念，并从方法论上解

---

[1]　参见子安宣邦撰于 2000 年的《昭和日本と"東亜"概念》，载《"亚洲"是如何被言说的》，第 91、105 页注 9 等。这条文献线索是黄俊杰向笔者提供的。根据我的观察，早在 1997 年 4 月，子安宣邦参加台湾成功大学举办的"第一届台湾儒学国际学术研讨会"之际，便对黄俊杰《战后台湾儒学的保守化倾向——以〈孔孟月刊〉为中心》所表明的反对儒教文化一元论的立场赞赏有加，他指出黄文对于《孔孟月刊》坚持的"儒学主义"及"文化一元论"所进行的"严厉批评"，向我们展示了"台湾儒学"的一种"开放的新的言说地平"，参见子安宣邦：《儒教文化の多元性》，收入氏著：《方法としての江户》，第 83—84 页。上引黄俊杰论文，后收入氏著：《台湾意识与台湾文化》，台北：台大出版中心，2009 年，第 235—266 页。

[2]　子安宣邦：《东亚儒学：批判与方法》，陈玮芬等译，第 203—218 页。

[3]　原载台湾"清华大学"《清华学报》新 32 卷第 2 期，2003 年 12 月，收入黄俊杰：《东亚儒学：经典与诠释的辩证》，台北：台大出版中心，2008 年，第 29—56 页。

答"东亚儒学"何以可能的问题。

黄文首先同意子安的观点，认为"东亚儒学"并不是不证自明的概念，黄文进而指出"东亚儒学"受到"东亚"与"儒学"这两个概念的互相规范或限制，所以一方面，"东亚儒学"的研究对象受到中国大陆及台湾地区、韩国、日本、越南这些被称为"东亚"的这一地理概念的限制，另一方面，"东亚"又被"儒学"所界定，亦即"东亚儒学"中的"东亚"是以受到儒学传统所浸润的东亚地域为其范围。前者从研究对象的角度来解答什么是"东亚儒学"，后者从文化传统的角度（儒学传统）来解答什么是"东亚"。这个说法非常平稳，是容易接受的。不过，黄文对"东亚"论述的历史渊源及其日本因素并没有展开正面的讨论，这就使得在他人看来，黄文对"东亚"的理解缺乏批判。

的确，从历史上看，在东亚论述中有两种背景因素：一是在传统中华帝国的"华夷秩序"意义上的所谓"东亚"，一是在近代日本帝国的"东亚共同体"意义上的所谓"东亚"。不妨称之为"两种东亚论"。诚然，对于前一种东亚论，中国学者应当有自觉的反省和批判，而对于后一种东亚论，则是日本学者首先应该努力解构和批判的对象，重要的是，这两种批判应当建立起必要的联系，甚至可以形成互相批判。对于"两种东亚论"，黄文没有从正面探讨，应该说这是黄文的一个不足之处。不过，这并不意味着黄文探讨东亚儒学问题之目的在于重构中华帝国的"话语"。对于黄文的这种批评显然是没有抓住关键。归根结底，将"中国"乃至"东亚"他者化、方法化，这是作为日本学者子安宣邦所秉持的，但能否将此观点上升为普遍之共法，则尚有探讨余地。根据我目前的初步了解，台湾学界之所以自20世纪90年代末重提东亚儒学研究，自有其自身的"东亚意识"以及"台湾意识"的背景，只是这一背景问题所涉台湾社会的政治文化等因素十分复杂，笔者一时尚未理清，容当别论[1]。重要的是，对"东亚"的历史

---

[1] 黄俊杰对"台湾意识"的历史变迁有一较清晰的梳理，他指出"台湾意识"萌发于1895年台湾割让日本之后，在此之前，台湾人只有"漳泉意识"及"客家意识"，割台后，台湾人面对日本的殖民统治，"才共识到'台湾意识'"，这是一种台湾人抗拒日本殖民统治的中国文化意识;（转下页）

论述进行批判固然是东亚儒学研究的一个必要前提,但是反过来,东亚儒学之研究也必将推动我们对"东亚"论述进行深刻的反思,也正由此,东亚儒学研究才具有批判和建构的双重意义。就此而言,21世纪台湾东亚儒学研究具有重要的开创性意义,这是毋庸置疑的事实。

那么,何谓"东亚儒学"呢?关于这一问题,黄俊杰在《东亚儒学:经典与诠释的辩证》"自序"中提出了一个较为明确清晰的定义,大致有三层意思:1. 作为空间概念的"东亚儒学",是指儒学思想及其价值理念在东亚地区的发展及其内涵;2. 作为时间概念的"东亚儒学",是指在东亚各国儒者的思想互动之中应时而变、与时俱进,而不是一个抽离于各国儒学传统之上的一套僵硬不变的意识形态;3. 因此,"东亚儒学"本身就是一个多元性的学术领域,在这个领域里面并不存在前近代式的"一元论"的预设。我觉得黄俊杰有关"东亚儒学"的上述定义大致是不错的。

关于"东亚儒学"之研究立场的问题,黄俊杰也有一个较为明确的观点:"所谓'东亚儒学'在21世纪台湾的提法,正是预设了一个文化多元性的立场,在承认儒学传统在东亚如中国大陆及台湾地区、朝鲜、日本、越南,各自展开其多彩多姿、多元多样的面貌与内涵,

---

(接上页)1945年光复之后,由于国民党统治台湾的专制手法,于是台湾人产生了区分"本省人与外省人"的省籍性台湾意识;及至80年代末以及后解严时代,随着外省人与本省人的统治地位发生变异,于是又出现了一种"新台湾人意识","其目的在于愈合由于权力重组所带来的社会族群关系的紧张,但是现阶段的这种"新台湾人意识"其实是一个"空白主体",缺乏"具体思想内涵","常被不同立场的人注入不同内容"。在上述概念史的梳理基础上,黄俊杰进而指出只有将历史上台湾意识的"抗争论述"转化为"文化论述"——意谓在海峡两岸互动的脉络中,求得"文化认同"与"政治认同"之间的动态平衡——才是未来应有的积极方向。参见黄俊杰:《论台湾意识的发展及其特质》,见《台湾意识与台湾文化》,台北:正中书局,2000年初版;台北:台大出版中心,2007年第2版,第3—38页。这里提到的两种"认同"的动态平衡问题,的确值得深思,不过,笔者倒是觉得潘朝阳对于"台湾意识"的文化本质问题的追问更值得关注,他一针见血地指出:"台湾意识的本质性内容,实则是汉族移民将大陆原乡熟习的生活方式带到台湾建立新天地之后的乡土文化意识",而这种"台湾的乡土文化意识,根本就是汉文化或中国文化中的区域小传统,本质上,是中国文化的台湾意识"。(潘朝阳:《从原乡生活方式到中华文化主体性——台湾的文化原则和方向》,载《台湾研究季刊》总第87期,厦门大学台湾研究院,2005年1月。见氏著:《台湾儒学的传统与现代》,台北:台大出版中心,2008年,第246—247页)

但却又异中有同。"因此质言之,"'东亚儒学'的特质在于'寓一于多',在儒学传统的大框架中展现东亚文化的多元性。"[1] 这是说东亚儒学并不是文化一元论,它具有"文化多元性"之特质,呈现为"异中有同""寓一于多"的特性[2]。也就是说,东亚儒学既有多元性又有同一性。然而,异与同、一与多的结构关系正表明东亚儒学存在着一种内部张力,用黄俊杰的话说,也就是"中国儒学价值理念与东亚地域特性之间的张力"[3],按照我们的理解,也就是东亚文化的普遍性与东亚各地域文化的特殊性之间的张力,关于这一点,上述未刊稿已有较详的讨论,这里也就不再赘述了。要之,黄俊杰主张"东亚儒学"所预设的是一文化多元性的学术立场,这与子安宣邦主张东亚儒学研究不应指向重建中华文化一元论的立场是一致的。

平心而论,子安批判近代以来日本的东亚论述,这一点值得肯定,而黄俊杰则以"多元文化"[4]作为自己的学术立场,强调东亚儒学并不是以中国为绝对的中心,也不预设"中心对边缘"的结构关系[5],这就为解答"东亚儒学"何以可能提供了重要的理论前提,质言之,这是以文化多元论来反对文化一元论。由此出发,21 世

---

[1] 黄俊杰:《东亚儒学:经典与诠释的辩证》,第 43—44 页。
[2] 山室信一则有"多而合一"说,参见山室信一:《"多而合一"的秩序原理与亚洲价值论》,载吴志攀、李玉主编:《东亚的价值》,北京:北京大学出版社,2010 年,第 311—325 页。另可参看山室信一:《思想課題としてのアジア——基軸・連鎖・投企》,东京:岩波书店,2001 年。
[3] 黄俊杰:《东亚儒学:经典与诠释的辩证》,第 49 页。
[4] 关于"多元文化"论,可参 1984 年余英时的论文《从价值系统看中国文化的现代意义》,见《余英时文集》第 3 卷,桂林:广西师范大学出版社,2004 年,第 2 页;韩国学者宋荣培:《东西哲学的交汇与思维方式的差异》,石家庄:河北人民出版社,2006 年,第 239 页。然而在当代"多元文化"论引起学者的普遍关注则在 20 世纪 70 年代以后,其学术背景却是对西方中心论以及"现代性"问题的反思,而当代新儒家之所以对此观点予以重视,其因在于"多元文化"的思考方法正可用来反拨西方中心论。
[5] "中心"是指以中华文化为中心的文化秩序,"边缘"(又称"周边"或"边陲")是指处于中华文化中心的边缘地区,而"中心对边缘"的结构则表明,东亚文化的秩序展现为作为中心的中华文化向其"边缘"地域不断扩展而形成覆盖性之影响的一种形式,这种结构形式与传统中华帝国的"华夷秩序"观非常相似,作为"边缘"的文化主体永远只是被动地接受"中心"的文化影响,从而建构起覆盖东亚地域的中华文化一元论。关于这一点,子安宣邦加以强烈的批判,参见子安宣邦:《东亚儒学:批判与方法》"序",第 6 页;黄俊杰对此也深表赞同,参见黄俊杰:《东亚儒学:经典与诠释的辩证》,第 42 页。

纪台湾学界提倡东亚儒学研究便在文化多元立场上成为可能，具体地说，东亚儒学研究既能"建构深具各地民族特色的地域性儒学传统"，同时又能"在儒学传统的大框架中展现东亚文化的多元性"[1]。毫无疑问，黄俊杰对东亚儒学如何可能之问题所做的上述回答有其自身多年来东亚儒学研究实践作为背景。的确，我们唯有克服前近代的一元论思维模式，从多元文化的立场出发，才能真正建立起东亚儒学的研究领域。

然而对于黄文的观点，子安并没有作正面的回应。值得注意的是，在2008年和2010年，子安多次赴台参与学术会议，话题仍然主要围绕东亚问题而展开[2]。尤当一提的是其中的一场报告：《再论"作为方法的东亚"》（2010年3月26日于成功大学）。子安在报告中回顾了多年来参与台湾东亚研究之过程，特别提到2002年6月的那场"东亚文化圈的形成与发展"国际研讨会，表明当他读到"研讨会缘起与背景"的主旨说明之后，便对"这场研讨会所抱持的态度不禁由期待转为警戒"。为什么呢？因为在子安看来，"这篇文章像在陈述历史事实的同时极具政治意涵。'东亚'这个概念，并不是地图上有的地域概念，而是政治地理概念，是与政治支配、文化支配的欲望共存而成立的概念。"所以在子安的眼里，这场会议的性质是"以实体的中国文化圈作为东亚文化圈，为探究其形成与发展而举行的学术研讨会"。这是子安由其"作为方法的东亚"之立场出发而断然不能接受的。所谓"政治地理概念""政治支配、文化支配"以及"实体"性的中国文化圈之概念，正是子安的东亚论述中所欲竭力解构的对象。至此，我们终于明了子安对于以黄俊杰为代表的台湾大学东亚文化研究计划是否意在建构"实体性"的中华文化秩序始终不能释怀，这是导致子安对台湾东亚儒学

---

[1] 黄俊杰：《东亚儒学：经典与诠释的辩证》，第44页。
[2] 2008年4月，子安宣邦在台湾"交通大学"作了《战后日本论：从冲绳来看》的讲演，同年11月在台湾"清华大学"作了《近代日本与两种伦理学》的讲演。2010年3月，子安又分别在台湾的"交通大学""清华大学"、成功大学作了三场报告，题目依次是：《现今，询问伦理的意涵》《"伦理"语汇的死亡与再生》《再论"作为方法的东亚"》。感谢台湾"清华大学"祝平次教授惠赠以上各篇讲演稿的中文译本。

研究由期待转为不满的主要原因之一。

　　行文至此，不由得使我联想起王汎森的一个看似无奈却又严肃的说法："近代中国与日本的爱恨情结，使得任何有关这个问题（引者按：指戊戌前后中国思想中的日本因素问题）的研究都难以下笔，而且不容易被平情看待，总觉得在字面之后，应该还有潜在的动机。这种情形当然不是全然子虚乌有。"[1]如今，我们仿佛看到台湾的东亚研究正被人怀疑另有"潜在的动机"。其实，据我近几年对台湾学界的观察，台湾的东亚儒学研究是否想把"东亚"纳入"地政学"范围来定义？是否想把实体的中国文化圈来覆盖东亚并进而将"东亚"实体化？纯属子虚乌有。以我之见，严格说来，东亚既是一个地理概念，同时又是一个文化概念，合而言之，东亚是一个文化地理概念，这一点也是不能否认的。我们将在下一节，对此问题稍作详细的探讨。这里惟须指出，批评台湾学者将东亚理解为"地政学"意义上的东亚，显然言出其实。

　　那么，21世纪台湾重提东亚儒学又有何背景因素呢？澳大利亚国立大学梅约翰（John Makeham）教授在上面提到的武大会议以后，特意提供给笔者一篇论文，他指出近年来台湾之所以兴起东亚研究，乃是一部分学者为了应对"去中国化"的新形势而采取的一种"策略"[2]。这个分析虽是外缘性的，但作为第三者的一种审视观点，值得引起重视。因为显而易见的事实是，"中国大陆"与"中国台湾地区"可以同时被置入"东亚"而显得堂堂正正。然须指出，早在20世纪80年代初，台湾东亚儒学的研究已经受到关注。[3]根据李明辉提供的一份资料表明，1992年9月，台湾"清华大学"与日本大阪大学合作举办了"东

---

[1]　王汎森：《戊戌前后思想资源的变化：以日本因素为例》，载香港中文大学《二十一世纪》网络版，2002年9月号总第6期。

[2]　梅约翰：《东亚儒学与中华文化民族主义：一种来自边缘的观点》，载复旦大学文史研究院编：《从周边看中国》，北京：中华书局，2009年，第122页。

[3]　黄俊杰发表的第一篇东亚儒学领域的论文则相当早，见氏作：《东亚近世儒学思潮的新动向：戴东原、伊藤仁斋与丁茶山对孟学的解释》，原载《韩国学报》第1期，1981年4月，后收入氏著：《儒学传统与文化创新》，台北：东大图书，1983年、1986年。

亚儒学与近代国际研讨会"[1]，这或许是以"东亚儒学"命名的国际会议在台湾的滥觞。次年1993年，台湾"中研院"中国文哲所制定了"当代儒学研究主题计划"，由戴琏璋、刘述先主持，黄俊杰亦一同参与，其背景之一在于扭转"中研院"自成立以来对于儒学研究一贯轻视之偏向以及应对80年代末中国大陆推动的"现代新儒家思潮研究课题"，三年后的1996年，为继续推进该项"主题计划"，制订了该项目的第二期计划，揭示了"儒家思想在近代东亚的发展及其现代意义"这一新主题，目的之一在于反思历来在儒学研究中隐然存在的"中国中心论"之偏向，并明确了该项研究的旨趣在于："由于各自不同的历史背景，儒家思想也以极为不同的方式在<u>这些地区</u>（引者按：指东亚）发生作用，而各自形成同中有异的传统。因此，我们不但有必要将东亚视为一个整体，来考察儒家思想的影响，也有必要就<u>这些地区</u>的不同历史、文化背景来探讨儒家思想在其中所呈现的殊异性"[2]，显而易见，这一立场也反映在2000年以后台湾大学推动的各项"东亚儒学"研究计划之中。当然，21世纪台湾东亚儒学研究迅猛发展的社会背景及其学术背景还有待从20世纪80年代末台湾民主化运动直至今日仍在动荡变化的东亚社会大背景中来加以观察，至少可以说，后解严时代的台湾民主化运动对于"东亚儒学"乃至"台湾儒学"的研究是有推动作用的。重要的是，对于学术背景的观察之目的在于探寻东亚研究中学术与社会的积极互动关系，摆脱意识形态操作下的"台湾本土化"口号对学术研究的干扰[3]，进而展望儒学

---

[1] 李明辉：《"中央"研究院"当代儒学主题研究计划"概述》，载《汉学研究通讯》19:4，台北：汉学研究中心，2000年11月，第567页。该会由时任大阪大学教授的子安宣邦提议，会议简讯见《汉学研究通讯》11:4（1992.12），几部主要的会议论文日文版见《季刊日本思想史》41号（东京：ぺりかん社，1993年5月）。须注意的是，该会议的日文表述为"東アジアの儒教と近代"，参见子安宣邦：《儒教文化の多元性》，载《方法としての江户》，第91页注3。可见在日本，"东亚儒学"一词首先在概念使用上就存在十分棘手的难题："东亚"作为"死语"是否可作为学术用语在当今学界复活？子安的立场是断然反对的（参见下页注[1]子安对大沼保昭编著的批评）。所以，今后在中日学术交流中或许仍将不断遭遇"东亚"一词如何"一词双表"的尴尬局面。
[2] 参见上引李明辉《概述》一文，第564—571页，这里的引文则第567页。
[3] 例如后解严时代的"台独运动"所高扬的所谓"台湾意识"或"台湾本土化"成了反中国文化的口号，潘朝阳尖锐指出：这种所谓的台湾本土化，已经"变成了'反台湾本土性'的异化性台湾本土化"(《台湾儒学的传统与现代》，第250页)，故其本质"只是虚构的"(同上书，第252页)。

在东亚社会中的未来走向。

通过上述回顾可以看出，在"东亚儒学"俨然成为当今学界一种新的学术研究领域的过程中，不断出现何谓"东亚儒学"以及何谓"东亚"这类问题。子安宣邦对帝国日本的"东亚"论述的历史批判发人深省，黄俊杰对"东亚儒学"何以可能等学理性问题的深入阐发亦极具启发意义。接下来，我要谈一些有关东亚儒学问题的个人意见。在我看来，所谓"东亚儒学"，指的是儒学在东亚，这是一种历史现象学的描述，其意是说，儒学在历史时间上曾经存在于东亚这个地域空间，也就是说"东亚儒学"所内含的时间与空间的概念，是一个史学概念，是在历史的构架中所存在的。然而问题的复杂性在于：在"东亚儒学"这一概念构架中的所谓"东亚"到底只是一个地理概念，还是一个含有价值内涵的文化概念？抑或是地域与文化两者兼而有之的文化地理概念？能否说由于"东亚"概念创立之初便烙上了帝国日本的意识形态影子，其中已内含有文化地域的含义[1]，因此我们就应该弃若敝屣？我以为东亚首先是一个地理概念，这一点是毋庸置疑的，但是当我们从"儒学"思考"东亚"或者从"东亚"思考"儒学"，那么所谓"东亚"无疑是一复合型概念，而非单纯的地理概念。在这个意义上，我们有理由提出"文化东亚"这一概念。

其意何在呢？其实，从"儒学"所看到的"东亚"，已然不是纬

---

[1] 关于内含文化地域之含义的"东亚"概念形成于20世纪20年代的帝国日本，这一点已如上述。这里顺便介绍子安宣邦特意列举大沼保昭的编著：《東亜の構想——二十一世紀東アジアの規範秩序》（东京：筑摩书房，2000年），指出该书以"东亚"作为书名的做法非常"怪异"，尽管该书的编者预先声明所谓"东亚"，仅指"包含东北亚细亚和东南亚细亚在内的东亚细亚这一地理的概念"（子安宣邦：《昭和日本と"東亜"概念》，载《"亚洲"是如何被言说的》，第86页），然而子安尖锐地指出，在《東亜の構想》一书中的各篇论文的执笔者却都采用"東アジア"而没有人采用"东亚"一词（第104页注4）。不管怎么说，由此可见在当代日本，也有学者欲将"东亚"仅仅作为地理概念来看待而并不认同（或者极力回避）这一概念的文化历史含义。当然，由子安对"东亚"论述的历史批判之立场出发，这种态度断不可取，他严肃地批评道：抽离"东亚"概念的历史含义而将此视作与"东亚细亚"（東アジア）可以"互换"的概念，这一做法正反映出"在当今日本，人们对亚洲问题的暧昧态度，以及日本人对历史上的亚洲问题的暧昧态度"，他强调指出"东亚"是一个"历史的、政治的概念，绝不是单纯的地理概念"（第87—88页），所以有必要对"作为文化史的'东亚'"（第89—92页）这一历史问题进行深刻的反省。我以为子安此说值得倾听。

度和经度都十分清晰的自然地理学的概念,而是一人文地理学意义上的概念,按照人文地理学的基本规定来说,东亚就是含指东亚地域各种社会、政治、经济和文化现象的人文地理。若将历史的因素考虑在内,那么可以说,"东亚儒学"中的"东亚"乃是一历史人文地理之概念。因为事实上,儒学之在"东亚",既不能脱离历史的时间,也不能脱离人文的空间,也就是说,作为中国这一地域文化之产物的儒学在向"东亚"进行传播之时,既有一个历史的过程,同时又有与"东亚"其他地域的文化历史发生冲撞、摩擦、糅合的过程。反过来说,例如作为"东亚"地域之一的日本,他们在接受儒学之际,自身绝不是文化上的一片空白而可以任由儒学一统天下。历史表明,日本自身的文化对于外来儒学的传播有一个吸收、容纳乃至反拨的复杂过程,要之,儒学之在日本有一个"本土化"过程,从而构成了不同于中国理论形态的日本儒学。可见,"东亚"乃是一个具有特定历史内涵的文化地理概念。若从"文化交涉"[1]的角度看,东亚所构成的正是一种多元文化体系。这种多元性不仅是不同地域之间的表现,而且在同一地域的内部也有多元性文化表现,即如台湾本土而言,自有文献记载的明郑时期(1662—1683)以来,历经清朝领台时期(1683—1895)、日据时期(1895—1945)及至光复以后至解严以前(1945—1987),台湾社会所呈现的便是一个多元并存、多元融合的文化融合体。因此,儒学之在台湾,就不得不与"台湾意识"发生关联,表现出其不同于大陆儒学的发展形态,

---

[1] 关于"文化交涉"一词的含义,藤田高夫:《東アジア文化交渉学の構築にむけて》(载关西大学文化交涉学教育研究基地:《東アジア文化交渉学研究》创刊号,大阪:关西大学,2008年,第3—7页)有详细说明,大意说,所谓"交涉"不同于单向的"传播",而是指不同文化之间的动态交往,因此作为"文化交涉学"具体而言是要超越国家和民族等分析单位,设定一个具有一定关联性的文化复合体,并关注其内部的文化形成、传播、接触及变迁的同时,以多维性和综合性的视角来全面剖析文化交涉的各个方面,为此需要双重超越:一是超越以往人文学科各个学术领域的研究框架,一是超越国家民族意义上的研究框架。2008年,余英时在关西大学"东亚文化交涉学中心"的成立仪式上,发表演讲表示赞同文化交涉学这一研究计划之同时,进而指出在把研究视角关注于"各大文明之间的交涉上面"这一意义上,"Toynbee(汤因比)无疑是'文化交涉学'的一位重要的先驱"(余英时:《中日文化交涉学的初步观察》,载关西大学文化交涉学教育研究基地:《東アジア文化交涉学研究》别册1,大阪:关西大学,2008年,第4页)。

例如20世纪50年代以降台湾学院派"当代新儒学"不仅是对大陆传统儒学的一个新发展,在我看来更是构成了当今"台湾儒学"运动的一部分,当然就其本质而言,"当代新儒学"既是"台湾底儒学",更是"中国底儒学",因为它仍然是以"中国儒家道德慧命为根柢"的。[1]

那么,为什么强调"文化东亚"这一点很重要?关于这个问题,我们可以从两个方面来谈。首先,从文化传播的"本土化"这一审视角度看,任何一种文化向其他地域进行传播之际,都有一个与当地文化磨合的过程,这个过程就是"本土化"过程,因为文化传播绝不是出口商品那样,进口国只能被动接受,而是一种文化与另一种文化的对话过程,在这个过程中,文化传播就有了"文化交涉"的性质。在这个意义上,我们说东亚既是一个地理概念,同时又是一个文化概念。如果我们片面地强调东亚只是一个地理概念,那么东亚儒学之概念的提出就含有了这样一种意味:亦即意味着主张由于东亚本身并没有文化的内涵,所以儒学之在东亚只是单向传播而没有与本土文化交涉的过程。这个观点就将导致十分严重的一个后果,儒学成了一个覆盖东亚地域的宰制性概念,因为东亚本身只是白板一块的缺乏文化的地理存在,如此一来,东亚儒学就必然成为一种"中华文化一元论"或"中国中心论"的变相说法,显然在当今世界文化日趋多元的格局中,这是亟应克服的偏见,否则的话,真会被人怀疑是否有"潜在的动机"。

其次,我们强调指出"东亚"是一个文化地理概念的原因还在于,

---

[1] 潘朝阳:《台湾儒学的传统与现代》"自序",第2页。"台湾儒学"一词首见于陈昭瑛1995年在台湾"中央"研究院"当代儒学"计划的第三次研讨会上提交的论文:《当代儒学与台湾本土化运动》(收入《台湾文学与本土化运动》,台北:正中书局,1998年)。旋即便引发了一场极其激烈的"论战",据称受到"独派学者围剿"(陈昭瑛:《台湾儒学:起源、发展与转化》"初版自序",台北:台大出版中心,2008年,第3页)。至于陈昭瑛出于其个人"内心深处的台湾情感和中国情感如何安顿"的问题意识而提出"台湾儒学"这一"新的领域"(第4页)如何建构的问题,台湾学界已有相当的学术累积,足以构成今后东亚儒学之研究的有机部分。据潘朝阳《战后台湾儒家研究的几个侧面:问题及其意义》(见黄俊杰主编:《东亚儒学研究的回顾与展望》,台北:台大出版中心,2005年)一文的统计,与台湾儒学相关的研究专著及会议论文集计有10部。

我们要注意另一种理解，亦即将东亚理解成政治秩序或地理政治的概念，在20世纪20年代，"东亚"概念盛行于日本之际便蒙上了"地政学"的浓厚彩色，比如大家耳熟能详的并有沉痛记忆的"大东亚共荣圈"就是一种地政学概念，其中含有强烈的帝国主义、殖民主义的意味，这一概念随着第二次世界大战终结已经成为"死语"，只要是正直的知识分子是不会希望它复活的。我们强调作为文化地理概念的东亚，就是为了杜绝这种作为地政学概念的"东亚"死灰复燃。将东亚视为一种具有文化内涵的地理存在，既可以使我们注意到东亚本身构成一个意义世界，同时又可突破史学研究中传统民族国家（Nation-State）概念带来的困扰，以更为明确的多元视角来重新审视中国的儒学在东亚区域文化中的历史问题。

三 小结：从四个方面谈东亚儒学何以必要

最后，我们要尝试回答本文所设定的东亚儒学何以必要的问题。在解答这一问题之前，有必要对"东亚儒学"的研究性质和对象及其研究途径等问题提出几点初步看法。质言之，大致有这样几层意思：

其一，东亚儒学乃是东亚文化或东亚思想的一个分支，因此东亚儒学研究在性质上属于跨文化比较研究，由于东亚文化本身具有多元性之根本特征，所以东亚儒学也不可能有什么结构上的"整体性"或历史上的"同一性"，这是跨文化比较研究得以成立的前提；其二，发源于中国的儒学在东亚地域的展开必然呈现出历史时间上及地域空间上的殊异性，而这一展开过程也必然表现为"本土化"的过程，因此中国的儒学以及日本或韩国的儒学在构造形态及义理阐发上就表现为多元多样，正是在这个意义上，可以说东亚儒学是一多元性的学术研究领域[1]；其三，因其多元，故而彼此互为他者而又互为主体，例如对日本而言，中国是一种他者存在，但这并不意味着日本就是绝对性、普遍性在东亚的代表，同时通过对中国的他者化亦可确认日本自身的主体性，这一点对于中国或其他东亚国家来说都是一样的，可以

---

[1] 关于这一点，上引黄俊杰《"东亚儒学"如何可能》一文已经指明，可以参看。

称之为互为他者性或互为主体性,如果仅仅单方面地强调"他者"或"主体",那么这种所谓的"他者"或"主体"就具有排他性,容易陷入"他者／非他者"二元对立的窠臼之中;其四,重要的是,如同在当今全球化的浪潮之下,文化上的不同、差异、他者不是被泯灭或消除,相反在多元文化的认同意识日趋明显的当今社会,各种文化之间的不同、差异、他者是可以彼此沟通、互相认同的,而古老中国的一个智慧"和而不同,同则不继"正可为当今世界不同文明之间的文化认同提供一种观念基础;其五,东亚儒学的研究既然是一种跨文化研究,因此从根本上说,这种研究就是不同文化之间的对话,而这种对话又是构成当今世界"文明对话"的要素之一,从本质上说,对话不是要求征服对方,不是将自己的观点强加给对方,而是为了增进互相了解,其前提当然是对"他者"的尊重。

关于东亚儒学何以必要的问题,大致可以归结为以下四个方面。须说明,笔者所能提出的还只是一种展望性的看法,需要今后有更多的学者来参与有关这一问题的探讨和论证。这四个方面是:

1. 就学术研究而言,东亚儒学作为一种跨文化研究,对于中国自身的儒学传统的再认识、再评价具有积极的意义。举例来说,比如我们通过对日本儒学及朝鲜儒学的研究,就可以更为深入地了解中国儒学所包含的逻辑发展的可能性以及中国儒学多元发展的可能性,相反,如果仅就中国儒学来审视中国儒学而缺乏一种"他者"的眼光,就有可能助长一种"自我中心论"的情绪,而不能了解中国儒学在东亚的区域文化中被挑战的可能性[1]。若从跨文化比较的视域出发,将儒学看作是具有"区域史"(regional history)[2]之特性的"东亚儒学"而

---

[1] 这里所说的中国儒学所面临的发展可能性以及被挑战的可能性等问题,采自陈来:《东亚儒学九论·前言》,北京:三联书店,2008年,第3—4页。陈来指出如果只了解中国的儒学而不了解日韩的儒学,就"难以真正认识中国儒学的特质"(第3页)。对此笔者深表赞同。
[2] 关于"区域史"研究领域,黄俊杰指出:"区域史"研究有两种不同类型:一是"区域史"介于"国别史"与"地方史"之间,一是"区域史"介于"国别史"与"全球史"之间。前者是国家之内不同区域的历史,如江南史;后者则是跨国界的区域的历史,如东亚史(黄俊杰:《作为区域史的东亚文化交流史——问题意识与研究主题》,载《台大历史学报》第43期,2009年6月,第191页)。此说值得参考。所谓作为"区域史"的东亚儒学,大致相当于这里的第二层意思。

非作为"一国史"的儒学,那么可以说如果不了解中国的儒学,同样也不能真正了解日韩儒学之不同于中国儒学的独特性及其作为东亚儒学的发展可能性。所以说,正是为了更好地认识中国的儒学传统,故东亚儒学研究就显得非常必要。

2. 通过东亚儒学的研究,对于我们从历史上客观地了解"文化东亚"的特质、把握"文化东亚"的多元形态具有重要的促进作用,积极地看,这种作用还将产生增进东亚地域不同文化之间的相互了解的效应,以避免"中华文化一元论"意义上的所谓"儒学价值观"对东亚地域文化的宰制性,从而进一步认识到儒学的价值观、普遍性必然落实在东亚文化中则展现为多元性、具体性、地域性,与此同时,也可促使我们对20世纪二三十年代作为帝国日本的东亚论述而出现的以日本为盟主的所谓"大东亚共荣圈""东亚共同体"等言论做出深刻的反省和批判。也就是说,在对帝国主义论述的东亚观(包括中华帝国、日本帝国时期)进行历史清算的意义上,东亚儒学研究也是完全有必要的。

3. 必须指出近现代东亚中日韩三国的历史进程崎岖曲折,至今仍然有诸多令人不快的因素未能消除,有时甚至有一些情绪化的因素渗入或干扰学术研究,故而近来有一种呼声,要求三国学者从学术良知出发,联起手来对近现代三国的历史进行反省和总结,以推进彼此的互相了解,如所周知,目前已经成立了"中日历史共同研究委员会"和"日韩历史共同研究委员会",正在着手开展三国的近现代史的共同研究。但是这些研究在目前还处在对重大历史事件逐步寻找共识的阶段,奇怪的是,一旦涉入思想文化领域则人人不免噤若寒蝉或者欲言又止[1]。我以为,作为一种思想文化之研究的东亚儒学研究领域的深入拓展反过来对于深入了解东亚的近现代史也有重要的意义,至少对

---

[1] 须指出,与这两个带有半官方色彩的组织不同,2008年10月,日本关西大学发起成立的"东亚文化交涉学会"则纯属学术组织,同年,关西大学召开了"关西大学文化交涉学教育研究基地"(ICIS)第一届国际研讨会,今年5月,台湾大学召开了"东亚文化交涉学会第二届年会",这一学会活动的深入开展,可以渐渐整合东亚地区乃至世界其他地区有关东亚研究的学术力量,我相信这不仅有助于推动"东亚儒学"的国际性研究,而且对于加深世界对"文化东亚"之了解必将起到积极的作用。

于我们重新认识近代以来东亚的政治—文化历史、社会—文化历史可以提供重要的补充。

4. 不用说，当今的时代已是"全球化"（globalization）的时代，经济、信息以及人员的往来交流等等方面已日益呈现出全球一体化之趋向，然而"全球化"也必然带来"本土化"的问题，亦即在全球化的趋势之下，如何面对世界上不同民族的文化特性的问题，是否可以说全球化必将取消本土化？答案是否定的。有学者从当今全球"文明对话"的角度指出，全球化不同于以往呈现为向西方看齐的所谓"西化"或"现代化"，它所追求的是一种持久发展的多元文化模式，那种以为现代化会导致消除各种文化差异，从而形成一个统一的现代社会的所谓现代化观点已不再有任何说服力，因为全球化在产生同质化的同时，也产生地方化（localization）和本土化（indigenization），结果必然是各种文化传统仍然是全球化的组成部分[1]。我觉得这个观点对于我们从事东亚儒学研究有重要的启发意义。换言之，正是在当今全球化的趋势之下，研究本土文化、传统价值显得更为重要，所以对我们来说，有必要将传统儒学置于"文明对话"的视野。而要做到这一点，显然有必要对构成文化东亚传统之重要内核的儒学思想展开深入具体的研究，进而为儒学走向世界奠定基础，同时也能使儒学为如何应对全球化问题提供某些有益的思想资源。总之，东亚儒学研究对于在多元文化论的前提下重建"文化东亚"无疑是一项重要且有意义的工作。

---

[1] 杜维明：《相互学习：社会发展的一项议程》，收入杜维明：《儒家传统与文明对话》，彭国翔编译，石家庄：河北人民出版社，2006年，第71—72页。另参杜维明为联合国2001年《文明对话宣言》撰写的《全球化与多样性》一文，见哈佛燕京学社编：《全球化与文明对话》，南京：江苏教育出版社，2004年，第75—105页。黄俊杰在《东亚文化交流中的儒家经典与理念：互动、转化与融合》（台北：台大出版中心，2010年8月）的"导论"中则强调在对外参与同其他文明对话之同时，更应关注"回归并重访"亚洲文化传统（第35页），这也是对东亚儒学何以必要之问题的一种回答。

第二篇

德川日本的儒学重建

第三章　道的"去形上化"
——日本徂徕学建构政治化儒学的一项尝试

引言　"海内第一流人物"

日本德川幕府享保十三年戊申（1728）正月十九日，江户城内，漫天大雪，荻生徂徕（字茂卿，1666—1728）病重垂危，他留下的一番"临终"感言可谓前无古人后无来者：

> 海内第一流人物茂卿将殒命，天为使此世界银。[1]

徂徕以"海内第一流人物"自诩，而且说上天为他的行将离世而感伤得降下大雪，将世界大地披上银装，语气中透露出徂徕的狂放性格。

徂徕曾在回答学问之外有何爱好的提问时，披露自己喜欢"诋毁"人物：

> 余无他嗜玩，惟啮炒豆，而诋毁宇宙间人物而已。[2]

所谓"诋毁宇宙间人物"应当是徂徕的一句大实话，这一点可以从其思想的强烈批判性得到印证，事实上，除了孔子以外，子思、孟子、程朱、陆王乃至日本的仁斋等一大批中日儒学史上的第一流人物均不在他的眼里，都是徂徕批判的对象。可以说，"诋毁宇宙间人物"与"海内第一流人物"这两句话，乃是徂徕思想性格的生动写照。

不仅如此，徂徕还期待中国"圣人"在日本的重现，据其二传弟子汤浅常山（1708—1781）《文会雜記》所载，徂徕平时常念叨一句话：

---

[1] 原念斋著、源了圆、前田勉译注：《先哲叢談》卷六"荻生徂徕"第20条，东京：平凡社，1994年"東洋文庫"本，第290页。

[2] 同上书，第288页。

  徂徕每自言："熊泽之知，伊藤之行，加之以我之学，则东海始出一圣人。"[1]

  "东海"这是古代中国对日本的一个称呼，熊泽即被称作日本阳明学始祖的中江藤树（1608—1648）的弟子熊泽蕃山（1619—1691），他的"经世论"在江户时代很出名，伊藤即古学派代表人物伊藤仁斋（1627—1705），以恢复儒学古义为一生事业。关于熊泽，徂徕所言不多，至于仁斋，则是徂徕中年以后的主要批评对象，但他对此二人都表示了尊重，徂徕曾说熊泽和仁斋是德川之世百年来的两位"儒者巨擘"，余者皆碌碌之辈[2]。可证上引汤浅常山之说当非虚言。

  其实，"圣人"概念在徂徕的心目中分量很重。按照他的历史观来判断，"圣人"产自中国，如尧舜禹汤文武周公，广义上还可包括伏羲、神农和黄帝，孔子因其诏述六经有功而亦可算是圣人。徂徕对圣人有一项严格定义："圣者作者之称也"[3]，所谓"作者"盖谓圣人"制作礼乐"[4]，据此，圣人必须是能为天下制定礼乐制度的拥有君主地位的天子，故圣人又等同于"天子"[5]，不仅如此，圣人制作礼乐须符合"天时"，只有在"革命之秋"才可能付诸实施[6]。因此，中国圣人唯存在于上古"而今无圣人"[7]，至于日本则从未有过圣人，他说："东

---

[1]　《先哲丛谈》卷六"荻生徂徕"，第288页。

[2]　"盖百年来儒者巨擘，人才则熊泽，学问则仁斋。余子碌碌，未足数也。"（《徂徕集》卷二十三《与薮震庵》第4书，《近世儒家文集集成》第3卷，东京：ぺりかん社，1985年，第246页）

[3]　《弁名》"圣"第1则，《日本思想大系》36《荻生徂徕》，东京：岩波书店，1973年，第216页。徂徕蹈袭的是《礼记·乐记》"作者之谓圣"，又见《弁名》"圣"第1则。

[4]　同上。

[5]　荻生徂徕：《太平策》，《日本思想大系》36《荻生徂徕》，第448页。

[6]　如徂徕所云："制作禮樂，革命事，君子諱言之。……而孔顏之時，革命之秋也。……故孔子以制作禮樂告之。"（《論語徵》辛卷，《荻生徂徕全集》第4卷，东京：みすず书房，1978年，第231页）"孔子時當革命之秋，孔子之道大行于天下，必改禮樂。"（《論語徵》壬卷，第303页）《論語徵》甲乙丙丁四卷收入《荻生徂徕全集》第3卷，戊己庚辛壬癸六卷收入《荻生徂徕全集》第4卷，以下仅注卷数及页码。

[7]　《徂徕集》卷二十四《復水神童》第2书，第259页。

海不出圣人，西海不出圣人"[1]。然而，现在我们却得知徂徕心中其实渴望着"东海"有圣人重现于世。只是徂徕纵有冲天之豪气，尚不至于以"圣人"自许。

可是，若从学术立场出发，徂徕却坚信圣人之道在孔子之后的彼邦中国已经踏上日薄西山之一途，及至宋儒以降则已完全失传，甚至宋代大儒朱熹或者德川大儒仁斋都无以承担起重振圣人之道的大任，唯有他才有资格担此大任，这由其亲口所述可以为证：

> 呜呼，孔子没而千有余年，道至今日而始明焉，岂不佞之力哉！天之命之也。不佞藉此而死不朽矣！[2]

若与徂徕自许"海内第一流人物"合观，可以断言上述这句话不啻是说"孔子之后第一人"非他莫属，而且是上天赋予他的使命，他亦可藉此而"永垂不朽"了。

至此，我们不禁会想：徂徕到底是何许人也？徂徕学究竟意味着什么？

一 问题由来：近代性与日本化

在德川日本（1603—1868）思想史上，荻生徂徕可谓是一位尽领时代风骚的人物，没有他的存在，整个德川思想史将会索然无趣、褪色不少。而他的学说及其所开创的"蘐园学派"在享保年间（1716—1735）既已"风靡一世"，引起了"海内翕然，风靡云集，我邦艺文为之一新"的巨大反响[3]。然而与此同时，徂徕学在德川中期直至幕末所引发的争议也从未中断过，甚至有一股"反徂徕学"的思潮出现[4]。原

---

[1]《学则》，《荻生徂徕》，第256页。这是徂徕《学则》开宗明义的第一句话，"西海"非指中国，而是指中国以西，显然徂徕所欲颠覆的是陆象山的普遍主义"圣人观"：东海西海有圣人出焉。但其中的中国中心主义的"西海"地理观念却为徂徕所取。
[2]《与县次公书》第1书，《徂徕集拾遗》上，《近世儒家文集集成》第3卷，第402—404页。
[3] 江村北海（1713—1788）:《日本詩史》卷四，早稻田大学藏明和八年（1771）抄本，无页码。
[4] 小岛康敬《徂徕学と反徂徕学》一书罗列了24名学者的43部反徂徕学的著作（东京：ぺりかん社，1987年，第135—137页）。

因之一或许在于徂徕"诋毁宇宙间人物"过甚，故其引发的反弹也就格外强烈[1]，但更重要的原因显然在于徂徕学的产生在德川思想史上意味着一场"事件"，甚至也是东亚儒学思想史上的一场"事件"[2]，因为徂徕学不仅是仁斋学的"反命题"，更是孟子学、朱子学的"反命题"[3]，所以说徂徕学的"事件性"不仅限于日本，也正由此，故有必要将徂徕学置于东亚儒学的视野中来加以审视和评估。

徂徕学在18世纪初诞生以来，对于德川儒学而言，从来就是一个热议话题，近代以后更是不寂寞。虽然在1790年由幕府推动的以尊崇朱子学为口号的"宽政异学之禁"中一度受到严厉打压，但在明治维新一切向西方看齐的近代化运动中，徂徕学的"近代性"很快被不少进步知识人重新发现，明治早期的启蒙思想家西周（1829—1897）和加藤弘之（1836—1916），还有明治晚期的山路爱山（1865—1917）所著《荻生徂徕》（1893）以及近代的"御用学者"井上哲次郎（1855—1944）所著《日本古学派之研究》（1902），都从徂徕学那里发现了近代西方思想特别是功利主义思想的因素，以此证明日本"近代化"是有本土思想资源的。直至1945年战后日本学界，这种探寻"近代性"思想根源的研究方式依然强势，例如徂徕学之研究大家今中宽司也将徂徕学的特质定位为功利主义，只是他将视角转向中国宋代，以为叶适和陈亮的功利主义可能与徂徕学具有某些亲缘性，构成了东亚形态的功利主义而并不尽同于西方近代的功利主义形态。[4]

---

[1] 江村北海《日本詩史》卷四："徂徕才大气豪，言多過激，故其行也骤，而其弊亦速。"
[2] 参见子安宣邦：《"事件"としての徂徕学》"序论：'事件'としての徂徕学への方法"及第2章"'事件'としての徂徕学"，东京：青土社，1990年。
[3] 丸山真男明确指出："徂徕学是朱子学的反命题。"（《日本政治思想史研究》，东京：东京大学出版会，1952年，第115页）丸山弟子渡边浩则指出徂徕学几乎在所有方面都表现出"反"的倾向，例如他在历史观上反进步、反成长；在经济上反城市化、反市场经济；在社会观上反自由、反平等、反启蒙；在政治上他则是彻头彻尾的反民主主义。这些"反近代的"各种因素，在徂徕学中得到奇妙合一。参见渡边浩：《近世日本社会と宋学》，东京：东京大学出版会，1985年，第197页。须说明的是，在日语的语境中，"近代"一词包含中文"现代"一词的含义，故"近代性"往往意同"现代性"。
[4] 参见今中宽司：《徂徕学の史的研究》第3章第1节"永嘉、永康学と徂徕の功利主义"，京都：思文阁出版，1992年，第253—263页。顺便指出，今中宽司也认为徂徕学存在"近代性"，（转下页）

对于战后的日本思想史研究具有典范意义的丸山真男（1914—1996）《日本政治思想史研究》[1]一书虽然其审视角度不同于近代西方的功利主义，但他认定徂徕为日本近代精神的先驱，是日本由近世（前近代）迈向近代的代表人物，故"近代性"恰恰是其研究的主要问题意识。丸山认为近代性思维的形成有两个主要指标：一是政治与道德由浑沦不分趋向分离的过程；一是由自然的秩序原理向人为的秩序观发生转化的过程（即秩序规范不再是自然之理所规定的而是人为的重建）。这两个分离过程意味着思想的重大转型，在德川思想史上主要就表现为朱子学的瓦解到徂徕学的确立。按照丸山的分析，徂徕学的"近代性"就表现为：朱子学的"规范与自然的连续性被一刀两断"，"治国平天下从修身齐家中独立出来另立门户，这样，朱子学的连续性思维在此已完全解体，一切都走向了独立化。"[2]对于丸山的这套徂徕学解释，子安宣邦不无严厉地指出，徂徕学的历史图像就这样被近代主义者丸山真男"虚构"了出来，直至战后的很长一段时期，人们毫不犹疑地用徂徕学来叙述日本近代思维的产生。[3]

可见，徂徕学几乎成了如何理解日本"近代性"问题的一个关键所在。须指出，徂徕学是否具有日本近代思维的萌芽等问题则有近代日本走过的那段曲折历史的背景因素在内，非本文所能深论。质言之，日本的"近代性"问题之实质其实是以西方为中心的"近代性"（即"现代性"）问题在日本社会的一种折射。就丸山的徂徕学研究而言，甚至"何谓近代"也不是他关注的核心，他所要努力寻求的是，在日本人的意识深处到底什么是"日本性的东西"（"日本的なもの"）成了明治以降近代化道路的阻碍因素，在他看来，日本的近代化甚至从来没有真正

（接上页）他是从徂徕学"气质不可变"这一命题中发现的，参见该书第3章第2节"徂徕の気質不変化説とその近代性"，第266—279页。

[1] 丸山真男该书共由三章组成，其中有关徂徕学的两章完成于1940年至1944年之间，1952年结集出版。

[2] 《日本政治思想史研究》，东京：东京大学出版会，1952年，第115页；王中江译本，北京：三联书店，2000年，第74页。

[3] 子安宣邦：《作为事件的徂徕学：思想史方法的再思考》（朱秋而译），载《台大历史学报》第29期，2002年6月，第181—182页。

实现过。无疑,我们不能否认丸山的问题意识相当重要,他的徂徕学研究仍有一定的典范意义,但问题在于经过他的解读之后,徂徕学已经不再是原来的徂徕学,而是经过他自己的"近代主义"的想象而重构起来的。当然从哲学诠释学的角度看,任何对经典文本的解读必然伴随着诠释者的"前见意识",不可能达到解释结论的纯粹客观,在这个意义上说,丸山的徂徕学研究带有强烈的时代批判意识,因而其诠释结论也就带有其强烈的时代色彩,这一点是无可厚非的。但是就徂徕学研究而言,"近代性"问题的预设是否必要,确有反思的余地。

在当代日本的徂徕学研究领域,无论是赞成者还是批评者,人们都无法绕过丸山的徂徕研究。在众多的批评者当中,尾藤正英的看法具有代表性,他虽然也赞同儒学传入日本之后必然遇到"日本化"的问题,但是他反对由"近代主义"的视角来为徂徕学定位,他认为与其将徂徕思想放入由"封建"向"近代"挺进这一时间序列中加以定位,还不如转换我们审视问题的视角,将徂徕思想置于"由中国思想向日本思想发生变化"的历史进程中加以考察,更能真切地把握徂徕学的特质[1]。另一位日本思想史研究家泽井启一对于上面提到的种种从日本近世当中努力寻找"近代性"的研究进行了批评,他认为丸山的徂徕研究之问题就在于其审视眼光仅仅集中在徂徕身上,而中国儒学(朱子学)则被置于视域之外,于是,"近代"的问题似乎只是日本的问题,而明治以降的近代日本的历史走向才作为"东亚唯一的近代"而被"特权化"[2]。为此,泽井主张应当把徂徕学置于"日本儒学"与"中国儒学"的交错背景中来考察,如此才能发现和理解儒学在日本"土着化"(意同"本土化"或"在地化")过程中徂徕学所具有的意义。[3]

---

[1] 参见中村幸彦等编:《近世の思想——大東急紀念文庫公開講座講演録》,大东急纪念文库,1979 年,第 47—48 页。转引自渡边浩:《近世日本社会と宋学》,第 212—213 页。"封建"乃是尾藤正英使用的重要概念,参见其代表作品:《日本封建思想史研究——幕藩体制の原理と朱子学の思惟》,东京:青木书店,1961 年。
[2] 泽井启一:《"記号"としての儒学》,东京:光芒社,2000 年,第 59 页。
[3] 泽井启一:《"記号"としての儒学》"前言"及第 2 章 "徂徕学は近代的か——日本儒学における'近代性'をめぐって",第 7—14、49—73 页。

本文的立场是，所谓"日本儒学"乃是中国儒学"日本化"的结果，因此凡是日本历史上的儒者所建构的思想学说都属于日本儒学的范围，同时也有理由将此置于"东亚儒学"的领域来加以审视，以便了解日本儒者的思想活动往往置身于与中国儒学的对话（包括吸收容纳乃至批判性重构）之中。而本文所探讨的案例便充分表明，徂徕正是通过对宋儒"道"论的"去形上化"批判，从而建构起所谓日本化儒学的典型形态——"徂徕学"。

二 道的"去形上化"与政治化

在丸山的徂徕学经典研究中有一个重要观点已广为人知，亦即他发现徂徕学的一个重要特质在于：不论是在"道"还是在"术"等层面上的问题都被徂徕做了一番政治化的解释，从而在根本上切断了道德与政治的连续性，在反对政治的道德化之同时，也反对道德的政治化。[1] 的确，徂徕学的这一特质表明，其理论形态既与宋代理学完全不同，也与清儒重考证辨伪的考据学不尽一致，在德川思想史上也不同于日本的朱子学或阳明学，呈现出非常独特的思想风格和强烈的批判精神，他所努力建构的其实是一种日本型的政治化儒学。而徂徕欲达成这项建构，他首先是从重新诠释儒学的"道"开始着手的。

> 孔子之道，先王之道也；先王之道，安天下之道也。[2]

这是享保二年（1717）徂徕在《弁道》一书中对"道"的一项重要定义，可以视为徂徕学的"哲学宣言"。徂徕对自己的这一重要见解有非常清醒的自我意识，享保六年（1721）他在一部政论性文献《太平策》中对自己的思想形成有过一段告白，原文为古日语，译成中文则大意如下："圣人之道即治天下国家之道也"，人们对此圣经之"本意"渐渐淡忘了，而我茂卿观察到世间的这种错误已经发生很久，故用心坚

---

[1] 丸山真男：《日本政治思想史研究》，第110、115页。
[2] 《弁道》第2条，《日本思想大系》36《荻生徂徕》，东京：岩波书店，1973年，第200页。

守"圣经"的一言一句,以使圣经之"本意"不失,并将此验诸行事,如今"圣人之道"犹如在我之"掌心"一般[1]。此处"圣人之道"与"孔子之道""先王之道"同义,其含义为"治天下国家之道",即"安天下之道",又叫作"安民之道"。在徂徕看来,"道"的这层含义便是儒家"圣经"之"本意",重要的是,儒家经典的这一"本意"已经失传很久,要由他来接续承当。

然而仅以这段表述我们很难判断:徂徕是先有"圣人之道即治天下国家之道"的意识进而对儒家"圣经"的一字一句进行重新解读,还是先对儒家"圣经"作了一字一句的解读之后从而重新发现儒家"圣经"之"本意"原来就在于"安天下之道"。就徂徕对儒家经典的诠释结论来看,毋庸置疑,他的经典解释存在主观意识先行的明显特征,他的经典解释往往并不遵循文字训诂学的原则,其解释结论也往往与经典常识发生乖戾现象,以至于他所说的经典"本意"与其自身的观念立场纠缠在一起,带有浓厚的"徂徕学"印记。

我们不妨再来看几段极富"徂徕学"色彩的有关"道"的解释:

> 六经即先王之道也。
>
> 道者统名也,举礼乐刑政凡先王所建者,合而命之也,非离礼乐刑政别有所谓道者也。
>
> 先王之道,先王所造也,非天地自然之道也。盖先王以聪明睿智之德,受天命,王天下,其心一以安天下为务,是以尽其心力,极其知巧,作为是道。使天下后世之人由是而行之,岂天地自然有之哉?
>
> 先王之道多端矣。……然要归于安天下已。
>
> 先王之道,古者谓之道术,礼乐是也。[2]
>
> 道者统名也,以有所由言之也。……辟诸人由道路以行,故谓之道。[3]

---

[1] 《太平策》,《日本思想大系》36《荻生徂徕》,第448页。
[2] 以上均见《弁道》,第200—206页。
[3] 《弁名》"道"第1则,《日本思想大系》36《荻生徂徕》,第210页。

这几段有关"道"的论述都非常著名，大致是论徂徕者都不会错过的。综合起来看，徂徕之意大抵有六层意思：道在六经、道为统名、道为先王所造、道是多端的、道即道术、道犹道路。其中有一个核心义：道即"作为是道"，"作为"即"安天下"（意同"安民"）之意，故道"非天地自然之道"，强调"道"是人为创造的而非天地自然的安排——意谓与天理自然无关。也正由此，所以"道"不是绝对唯一的，而是"多端"的——意谓道有多样性的呈现，犹如"道路"可以有各种不同途径，"道术"也有礼乐刑政等多样表现。

不用说，徂徕的上述观点显然是针对"后儒不察，乃以天理自然为道"[1]而去的，按其惯用说法，此处"后儒"应该包括程朱以及"近岁伊氏"（即伊藤仁斋），他认为宋儒有一个通病，就是"以天理自然为道"或者以为"圣人之道本然"[2]。徂徕的意识很明确，他要通过对道的重新诠释，对"自然""本然"意义上的"道"来一个彻底颠覆，而强调"天理自然之道"或"本然"之道的思想观点正是程朱理学的哲学基础，因此徂徕的目的就在于从根本上动摇宋明时代出现的新儒学之根基。

所谓"自然"或"本然"，意谓"道"不是人力安排的、后天产生的，而是先天存在的、抽象超越的，"道"是秩序的象征，宇宙秩序包括人间秩序都是本然如此的，如同天道或天理是自然而然的而不由人为意识所操纵的一般。但是，徂徕要从根本上抽去"道"的这种先天性、抽象性、超越性，质言之，就是要"去形上化"——抽去"道"的形上性，将它重新放回它原本应该在的位置——礼乐制度之中。经过对"道"的这番意义转化，"道"就成了一种后天的、人为的创造——而且只有先王才有资格创造，故徂徕断定："盖道者，尧舜所立。"[3]这就意味着在尧舜之前，"道"是没有的；在尧舜之后，人们所行之"道"都是"尧舜之道"——即圣人之道、先王之道，它具体存在于六经、礼乐及各种"道术"之中。在徂徕看来，他的这番有关"道"的重新

---

[1]《弁道》第5条，第201页。
[2]《弁道》第1条，第200页。
[3]《弁名》"道"第2则，第211页。

发现是符合儒家"圣经"之"本意"的。

然而通观《弁道》一书，我们竟然没有发现他有任何经典文本上的依据来证成他的解释。我们只能在其《弁名》中，勉强地找到两条原始文献，一是孔安国"解《论语》"的一句话"道谓礼乐也"，一是孔安国"解《孝经》"的一句话"道者扶持万物也"。然而稍有经学史之常识者，立即就会意识到这两句话虽然出自何晏《论语集解》以及孔传《古文孝经》，但是两书所引是否为孔安国语，是十分可疑的，特别是孔传孝经，已有定论认为是后人假托之作。然而徂徕根据其"古文辞学"方法论[1]，以为后世儒者之所以在"道"的问题上犯错，就是由于后世儒者大多"不识古文辞"，所以往往"以今言视古言"，而"圣人之道不明，职是之由"[2]。但问题是，徂徕自己在运用所谓的西汉以上"古文辞"之际，却往往不注意经书辨伪的工作，以上所引孔安国语，若由清代考据学家的眼光来审视，不免落为笑柄。不仅如此，徂徕也根本不在意朱熹及仁斋对《古文尚书》既已表明的怀疑态度，还是照样大量使用《古文尚书》来为其观点作奥援，甚至深信汉代以后的作品《孔子家语》为先秦孔门遗书，其中孔子语是千真万确的。这就让人怀疑他建立所谓的"古文辞学"之用意并不在于通过考据辨伪以重塑经典权威，而在于使之成为阐发自己思想以及批判宋儒的工具。

话再说回来，对徂徕而言，孔安国的"道谓礼乐""道者扶持万物"，与他的"非离礼乐刑政别有所谓道者也"以及道者即"道术"的诠释观点可谓若合符节，至于孔安国语是否为信史，则非徂徕所关心的问题。徂徕坚信"道"的唯一解释就是"安天下之道"，而孔子《论语》中的"道"之概念全部都是"安天下之道"的含义，更不可作其他任何解释。例如孔子有一句著名的话："天下有道，则礼乐征伐自天子出；天下无道，则礼乐征伐自诸侯出"（《论语·季氏》），其中的"道"

---

[1] 所谓"古文辞学"是徂徕经典诠释的重要方法论，关于这一点，参见本书所收《以古言征古义——德川儒者荻生徂徕经典诠释方法论初探》。质言之，徂徕相信西汉以前的先秦文献（包括儒家及诸子、历史文献）最为接近上古圣人时代的"古言"，儒家六经更是古文辞的典型，因此透过古文辞学就可直探六经之堂奥。
[2] 《弁道》第24条，第207页。

若是指"安天下之道",这样一来,孔子的话就变成了这样的意思:如果天下存在"先王之道",那么礼乐征伐就应当由天子来制定,反之,则由诸侯来制定。换言之,若按徂徕对"道"即礼乐刑政的理解,所谓"天下有道,则礼乐征伐自天子出",必须这样解释:即便天下依然存在礼乐征伐,天子还要制定礼乐征伐。对此我们就会有这样的疑惑:既然"天下有道"意味着"先王之道"安然无恙,而"先王之道"也就是"礼乐刑政",那么"天子"又有何必要重新制定"礼乐征伐"?显然,徂徕偏执于以"安民"释"道"而忽视"道"的秩序义,可能难以对《论语》中的"道"作出圆融的解释。

须指出的是,有关上引《论语·季氏》的那段孔子语,徂徕在《论语征》中并没有做出相关的解释,他完全越过了孔子此语,我们现在无从判断徂徕这样做的原因。[1] 针对孔子所言"天下有道,丘不与易"(《论语·微子》),徂徕则有一个正面解释:"天下有道,丘不与易,亦谓若使天下人君皆有道,则丘何必欲辅之变易风俗哉?朱注尽之矣。"并说:"凡诸书'天下有道''邦有道''〔邦〕无道',皆以人君言之,而所谓道,皆先王之道。"[2] 这是说,"天下"专指"人君"之天下,而"道"专指"先王之道"。于是,"天下有道"便是指人君的"先王之道"存而不失的状态,反之,便是丧失状态。这个解释与徂徕的"道"的政治化解释立场是一贯的。

---

[1] 徂徕《論語徵》并非章句注疏体,其对《论语》文句的处理常常出现跳跃的现象。土田健次郎指出:徂徕《論語徵》"与其说是持平中庸的注释书,毋宁说是一本议论之书。"相对而言,仁斋的"《论语古义》则是一本具备作为注释结构的经典注释书"(参见其文:《伊藤东涯之〈论语〉研究》,载张崑将编:《东亚论语学:韩日篇》,台北:台大出版中心,2009年,第381页)。此说值得参考。
[2] 《論語徵》壬卷,《荻生徂徕全集》第4卷,东京:みすず书房,1978年,第319页。《論語徵》甲乙丙丁四卷收入《荻生徂徕全集》第3卷,戊己庚辛壬癸六卷收入《荻生徂徕全集》第4卷,以下仅注卷数及页码。"朱注"系指朱熹对该句的解释:"先王之制,诸侯不得变礼乐,专征伐。"(《论语集注·季氏第十六》)对此,徂徕表示了赞同,他所看重的显然是"先王之制"一语。但是徂徕可能没有注意到朱熹在此并未解释何谓"天下有道",而朱熹思想中的"道"显然具有规范义、秩序义,例如朱熹曾说"天下有道"是"十分太平",而"天下无道"是"十分大乱"(《朱子语类》卷四十四,北京:中华书局,1986年,第1142—1143页)。《论语》中更是屡见"邦有道""邦无道"等说,如《宪问》《卫灵公》《公冶长》《泰伯》等。

要之，在徂徕，"道"是圣人制作的结果，是后天产生的，是政治秩序的表征，除此之外别无他义。然而在我们看来，如果抽去儒家所言"道"的先天性、超越性，仅留下后天义、人为义，那么我们将无法对先王之道得以成立的依据获得善解。

三 道的非道德化

由上可见，"安民之道"或"安天下之道"乃是徂徕有关儒学"道"之解释的根本义，而"安民之道"作为"道术"层面上的定义，显然又具有后天人为义，由此，"道"的超越义、抽象义已被完全抽空。与此同时，徂徕还有一项重要工作是，他必须彻底颠覆宋儒以性释道、以理释性以及仁斋以德释道的观点，从而断绝"道"与"性""德"或"理"在观念上的抽象关联，由此也就杜绝了"道"的道德化解释的可能，从而为"道"的政治化解释奠定基础。他指出：

> 道也，非性亦非德。汉儒宋儒以为性，非也。仁斋先生以为德，亦非也。[1]

徂徕在此强调"性"或"德"不能用来规定"道"，其中涉及他对"性"及"德"的观点立场，这里暂不讨论，以免枝蔓。质言之，在徂徕，"道属先王"，属于政治层面或制度层面的外在问题，而"德属我"，属于私人层面的内在问题[2]，至于"性"则是"生之实"（又称"质"），属于自然生命层面的问题，所以"德"或"性"均与"道"在层次上完全不同。由此反显出徂徕已经将"道"完全外在化、政治化、制度化，在他看来，"先王之道"完全可以用来贯穿所有儒家经典有关"道"的解释，以便杜绝将"道"诠释为人性之内在本质的任何可能。例如针对孔子的一句名言"人能弘道，非道弘人"，徂徕断然指出：

---

[1] 《論語徵》甲卷，第45页。
[2] 参见徂徕所言："夫道属先王，德属我。唯依于仁，而后道与我可得而合言。"（《弁名》"仁"第1则，第214页）当然，所谓外在内在，是我们的一个分析用语，而非徂徕的概念，在徂徕，他对孟子以后儒者喜欢争论仁义内外问题毋宁是十分讨厌的，参见《論語徵》辛卷，第244页等。

> 道者，先王之道也。道不虚行，必存乎人，孔子所以云尔者。……朱注以道体言，以性言，及"人外无道，道外无人"，皆混道德一之，非古义矣。[1]

这充分表明徂徕对"混道德为一"十分警惕，表面理由是"道德"一词不合"古义"，意谓孔子时代无此说法，然而究其实，徂徕所欲反对的是将"道"作道德化解释，如后所述，徂徕最为讨厌的便是宋儒满口"道德仁义，天理人欲"。

其实，当徂徕指出宋儒以道为性，在他的念头中，指的也许是宋儒的"性即理"这一命题，由于"道"在宋儒的语境中，几乎等同于"理""性"或"德"，因此"性即理"也就意味着道与性以及道与德的同一。然而正是在"理"的问题上，徂徕对宋儒的批判锋芒尤为锐利，在他看来，"理"只是一种抽象的说辞，这种抽象的"理"并不客观存在，其实质乃是一种主观的设定，是与人心分不开的，若此，则人的道德行为如为善为恶都可以己心之理作为依据，故而"理"就毫无准则可言。徂徕指出：

> 理者，事物皆自然有之。以我心推度之，而有外见其必当若是与必不可若是，是谓之理。凡人欲为善，亦见其理之可为而为之，欲为恶，亦见其理之可为而为之，皆我心见其可为而为之，故理者无定准者也。[2]

由第一句"理者，事物皆自然有之"来看，徂徕似乎并不至于全盘否定"理"的存在，尽管在他看来，先王孔子之道"言义而不言理"，但又不完全废理，所以"苟能执先王之义以推其理，则所见有定准而理得故也"。问题出在孟子身上，孟子与人好辩，"而欲言先王孔子之所不言者以喻人，故曰'理义之悦我心，犹刍豢之悦我口'，但其以义连

---

[1] 《論語徵》辛卷，第244—245页。"朱注"盖指朱熹《论语集注·卫灵公第十五》："人外无道，道外无人。然人心有觉，而道体无为；故人能大其道，道不能大其人也。"
[2] 《弁名》"理气人欲"第1则，第244页。

言者，孔子之泽未斩耳"，意谓孟子之言理虽有过，然尚与"义"并言，故仍有孔子余味。更为严重者，及至宋儒"以理为第一义者"，而究其本质则在于"不师圣人而自用，是其所以失也"，意谓宋儒不师圣人而"师心自用"，其病根正在于宋儒所说的"理"只是一己之见而已。

本来，从文字学上看，"理从玉从里，亦仓颉制字时，且以此便记忆耳"，别无深意，然而"老庄及宋儒皆主其所见，故喜言理耳"，可见"理"总是与"见"有瓜葛，容易沦为一种主观"意见"而不把圣人放在眼里。归结而言，错误之根源不在于"理"字本身而在于宋儒（包括老庄）往往容易以个人的见解为"理"。故徂徕一方面指出："要之，理岂容废乎？苟遵圣人之教，以礼义为之极，则理岂足以为病乎？"[1] 承认"理"字本身不容废，然而另一方面徂徕又经常表示一听到宋儒讲"理"便生"呕哕"：

> 世儒醉理，而道德仁义、天理人欲，冲口以发，不佞每闻之，便生呕哕。[2]

由上所述，我们并不知徂徕自己对"理"有何具体解释，其实，就在以上所引文献的出处《弁名》"理气人欲"第1则中，徂徕对"理"有过一句仅有两字的定义："夫理者事物皆有之，故理者，纤细者也。"这个解释显然是从"理从玉从里"这一文字定义而来，而在徂徕看来，任何事物都有"玉"有"里"，故"理者事物皆有之"。所以《易传》有"穷理"之说，但是《易传·说卦》"穷理"是专指"圣人之事，而凡人之所不能也"。

至此我们大致已经明白，徂徕在理的问题上的核心观点无非是：理与道属于根本不同层次的存在，"道主行之，理主见之"[3]，道有实

---

[1] 以上均见《弁名》"理气人欲"第1则，第244—245页。
[2] 《徂徕集》卷二十二《与平子杉》第3书，《近世儒家文集集成》第3卷，第235页。"道德仁义"非宋儒所创，源自《礼记·曲礼》："道德仁义，非礼不成。"《礼记》此说不应为徂徕所反对，但若是出自宋儒之口，则徂徕必以为大谬矣。
[3] 以上均见《弁名》"理气人欲"第1则，第244—245页。

践义，而理是事物之中非常纤细的条理或文理而已，所以理是千变万化、多种多样的，其本身并无"定准"之可言，也根本无法"穷尽"[1]，另一方面，徂徕最为反感的是宋儒之"理"过于独断主观，以一己之见来衡断是非，摆出一副高高在上、压制他人的姿态，这是徂徕每生"呕哕"的原因。

总之，在徂徕的思想建构过程中，他对"道"所做的一番"去形上化"的工作很重要，与此同时，他对"理"尤其是宋儒的形上之"理"更要做一番彻底的颠覆，而他的这些工作都是为其建构政治化儒学奠定理论基础，倘若不然，则徂徕学无以立。

四 道的历史性与普遍性

上面提到，徂徕要从根本上抽去"道"的先天性、抽象性、超越性，从而实现"道"的"去形上化"及政治化，质言之，徂徕的意图就是要对孟子以后直至宋儒以天道天理为绝对存在的"形而上学"来一个兜底翻。但这是否意味着徂徕对圣人之道的普遍性持全盘否定的态度，倘若答案为是，则圣人之道何以在后世仍有普遍效应？这就值得思考。就结论言，依徂徕，"道"尽管是圣人后天制作的，因而它不是抽象的超越的，但这种后天制作的"道"所蕴含的规范意义却是普遍的，可以贯通古今，甚至具有超越于儒学一家私有的普遍性，而"圣人之道，万世可行"[2]可谓是徂徕的一个标志性观点，如其曰：

> 夫吾所谓圣人者，古帝王也。圣人之道者，古帝王治天下之道也，孔子所传是也。秦汉已来，用法律治天下，而圣人之道无所用，唯儒者守之。……岂儒者之私有哉？[3]

这是说，圣人之道自孔子以后秦汉以下，由于社会制度以"法律"为

---

[1] 如："然天下之理，岂可穷尽乎哉？"（《弁名》"理气人欲"第1则，第244页）
[2] 《徂徕集》卷二十八《復安澹泊》第3书，第303页。
[3] 《徂徕集》卷十七《对问》，《日本思想大系》36《荻生徂徕》，第499页。

重,从而使得圣人之道变得无用[1],唯有儒家学者能守而勿失,但圣人之道不是"儒者"之私产。既非儒家之私产,那么作为治天下的圣人之道就必然是公共的、普遍的。正是在这个意义上,所以徂徕强调"盖道者尧舜所立,万世因之";然而"尧舜所立"——即"圣人制作"的道必表现为具体的礼乐制度,而制度不能是永恒不变的,所以徂徕又强调"然又有随时变易者,故一代圣人所更定,立以为道",此处"一代圣人",意谓每一代圣人,这是说圣人制作的"万世因之"之"道"是随着时代的变化而变化的,每个时代都有"圣人"所制定的与时相应的"道"。因此,"万世因之"是强调"道"的普遍性,而"随时变易"则是强调"道"的历史性,而两者之间并不排斥。也正由此,所以徂徕接着又强调一点:"亦非必万世因之者为道之至,而随时更易者为次也。"[2]所谓"道之至",意谓道的终极状态。这是说,一方面"万世因之"的道并不意味着终极不变,另一方面"随时变易"的道也不意味着就是等而下之的"道"。

的确,一方面徂徕指出即便是圣人制作的礼乐制度,百年之后也必然"产生弊病","由此弊病必导致乱世",夏商周分别长达六七八百年,而汉唐以来的朝代更替已缩短至不足三百年,此皆"制度不善之故"[3],同时也说明制度不是永恒不变的;另一方面,徂徕又强调"天下国家之治,古今无异"[4],"教无古今,道无古今,圣人之道亦即今日治国平天下之事矣"[5]。乍见之下,以上两种观点似乎互相矛盾,也就是说:随时变易的道不可能亘古不变,而贯通古今的道又不可能忽

---

[1] 徂徕对秦汉以下的中国社会制度有一个基本考察,指出:"秦汉而下,以郡县代封建,以法律代礼乐。……而郡县之治凡百制度不与古同,而先王之道不可用。"(《徂徕集》卷二十四《復水神童》第2书,第258页)他感叹近世中国由于实行郡县、法律、科举这三样制度,所以导致经术与吏治、文士与武士的割裂,"至今不得而合焉"(同上书,第259页),这才是徂徕为中国感到最可悲之事。而与中国形成鲜明对照的则是日本,日本乃是封建之国,而且文武之道结合得十分密切,故更为接近中国古圣人的时代,而圣人之道更有望在日本得以复兴。
[2] 以上见《弁道》"道"第2条,第211页。
[3] 以上见《太平策》,第459页。
[4] 同上书,第448页。
[5] 《徂徕先生答问书》卷下,转引自衣笠安喜:《近世儒学思想史の研究》,东京:法政大学出版部,1976年,第142页。

存忽亡。关于这一问题，日本学界早有探讨[1]。依吾之见，徂徕之意似乎并不难理解。要之，在徂徕，"道"既为圣人制定，就必然具有跨越时空、超越历史的普遍性，然而"道"之具体体现的礼乐制度却不是亘古不变的而是必然随时更易的，我们不能将礼乐制度也看作是"万世因之者"且视之为"道之至"，这样的礼乐制度是不存在的，故徂徕强调不能以"随时更易者为次也"。换言之，由于道是贯通古今的，故"道无古今""圣人之道"也能适用于治理当今之世，然而礼乐制度则必然是随时损益的，只是礼乐所蕴涵的"道"是不变的。也正由此，所以圣人之道是可以期望的，是可以通过我们的努力来实现的，但这并不意味着可以照搬照抄圣人的礼乐制度而一成不变。质言之，徂徕所认同的圣人之道其实是一种具体的普遍性而非抽象的普遍性，因此"道"既是普遍的又是历史的，这才是徂徕"道论"之根本特质。

如果说以上所论大多依据徂徕的"哲学"作品而未免有点抽象，那么，现在我们就将讨论的场景具体设定为当时的中国和日本，来思考一个问题：中国的圣人之道对日本是否具有普遍意义？诚然，当徂徕关注于儒家经典诠释时，这个问题并不突出，但是在他的政治生活中[2]，他却不得不思考并回应这个问题。因此，我们也将相应地选择一篇徂徕的政论性文章——即《太平策》来作为涉入该问题的有效途径[3]。该文撰述于享保六年（1721），是徂徕为向当时的将军吉宗建言而作，是一部在徂徕作品中少见的日语著述。其中所凸显的徂徕的审视

---

[1] 例如丸山真男认为道的普遍性盖指道的制作者圣人的普遍性（参见其著：《日本政治思想史研究》，第84页以下）；前田一良认为道的普遍性盖指礼乐制度的原则具有不变性和普遍性（参见其文：《徂徕学》，载《日本史研究》第4、6号）；衣笠安喜则认为道的普遍性表现为两个方面：一是指圣人具有超历史性的权威性，一是指圣人制作的内容广泛性所规定的普遍性（以上引自上揭衣笠安喜论著，第142—143页）。

[2] 徂徕一生有过两次参与幕府政治的经历，分别为1696年至1709年的14年间以及1716年至1728年的13年间，历时不算短，官至年俸五百万石。

[3] 日本学界一直存在《太平策》伪作说，丸山真男《〈太平策〉考》（《日本思想大系》36《荻生徂徕》）则推翻了这个说法，其弟子平石直昭在丸山考证的基础上，断定《太平策》乃是"徂徕真作"（《荻生徂徕年谱考》，东京：平凡社，1984年，第239页），而且确定该篇的著述以及上呈的年月为享保六年八、九月之交（第236页）。笔者不具备相关的考据学知识，故不能对上述考证赞一词，唯有采取"借用"的策略。

方法是将中国与日本重叠起来，徂徕在文中主要强调了两个观点：一是向吉宗强调学习中国古代"圣人之道"的重要性，主张为政应以"圣人之道为规矩准绳"[1]，一是强调指出作为"道"之体现的礼乐制度具有历史具体性，故必须因地制宜、随时更易。[2]

首先，徂徕意识到当时日本有一种错误观点认为日本有自己的"道"，而中国"圣人之道"很难在日本加以运用，他说：

> 吾国另有吾国之道，武士有武士之道，此是与国土相应之道也。异国圣人之道，因国土风俗之不同，故难以适用于吾国，只可随其用而取之，以为此方之助，未可勉强尽学之也。[3]

这是以"国土""风俗"为由，认为"异国"的圣人之道不能普遍适用于"吾国"日本。这种"国土"论及"风俗"论在德川早期的阳明学派中江藤树及其弟子熊泽蕃山主张的"时处位"论及"水土"论当中已有端倪可见，说明徂徕所述并非空穴来风，这是一种典型的"日本特殊论"，此当别论[4]。问题是，如果以这种"国土"论"风俗"论为是，那么徂徕念兹在兹的所谓"圣人之道"由于只是历史上的存在而且是遥远"异国"之"道"，与"吾国"日本不相关，退一步说，即便就实用的角度加以援用，也只能起外缘性的"助益"作用而已，因此对于"吾国"日本来说，这种圣人之道是不必一一照样学习的。对此，徂徕作了这样的回应：

> 上之人若无学问，不知圣人之道，则世界早衰，及至末也，

---

[1] 《太平策》，第 474 页。
[2] 同上书，第 459 页。
[3] 同上书，第 450—451 页。
[4] 参见中江藤树《翁问答》"仕置の学问"，熊泽蕃山《集义外书》卷十六《水土解》。类似的思想言论在当时的山鹿素行（1622—1685）《中朝事实》以及稍后的西川如见（1648—1724）《水土解弁》中亦屡屡出现。不过须指出，不论是藤树还是蕃山，他们的思想立场仍是儒学普遍主义，并相信日本与中国在文化上有同质性，参见宫崎道生：《熊泽蕃山の研究》，京都：思文阁出版，1989 年，第 162 页。其实在 20 世纪初，就有一种观点认为在德川前期思想史上强调日本思想的特殊性毋宁是少数现象而并非主流观点，参见津田左右吉：《蕃山·益轩》，东京：岩波书店，1938 年，第 213—214 页。

权势下移，犹如以手防大海，上之权威必渐趋薄弱，致乱则速矣。如今此类征兆已现。若止记得建国之初至今的治世之过程，而以为在圣人之道以外，另有与国土相应的武士道，则此毕竟是不文[1]之过，出于习染风俗之心以思之结果，此犹类乡下人之见都市而难以有得于心也。[2]

这段译文虽然大意不差，但总觉得有些别扭。译成现代话来说，徂徕之意在于指出（略作删节）：作为最上层的统治者如果没有学问而又不了解圣人之道的话，那么他所治下的世界恐怕就会迅速衰亡，发生权势下移、威严渐失的现象，以至于乱世将至，今已略见此端倪。在此情形之下，仍然固执于德川建国以来的治国之道，以为在圣人之道之外，另有所谓与"国土"相应的武士道，这就不免是缺乏文化素养而犯的过错，是为习俗所熏染的固执之见，就好比乡下人到了城市也不能了解城市一般。

看得出，徂徕有一种敢于直谏的勇气，这可能也是他敢于"诋毁宇宙间人物"的表现之一，他竟敢对依靠武力建国的德川幕府赖以维系统治的"武士"制度说三道四，不得不令人惊异。[3] 更重要的是，徂徕强调圣人之道是治理天下的关键，"吾国"日本不能因为自己有所谓的"武士道"便以为可以用来拒斥圣人之道，也不能以风土习俗不同为由而将圣人之道挡之门外。显然，徂徕在圣人之道的问题上是一位普遍主义者，他认为圣人之道是可以超越时空而适用于当下日本的。

---

[1] "不文"一词有特别含义，承上文："虽吾国为小国，而且是不文之国，但与异国相比，却是格外易治之国也。"（《太平策》，第453页）可见，"不文"意谓缺乏文化制度。

[2] 《太平策》，第451页。这段文字很重要，为慎重起见，将日语原文揭示如下："上ナル人ニ学問ナク、聖人ノ道ヲシラザレバ、世界早ク老衰シテ、末々ニ至リテハ、権勢下ニ移リ、大海ヲ手ニテ防グ如クニナリテ、上ノ威力次第ニ薄クナリユキ、乱ヲ醸スコト速ナリ。ソノ萌今已ニ見ユ侍ル。シカルヲ国初ヨリ今マデ治リ来リタル筋ヲノミ覚ヘテ、聖人ノ道ノ外ニ、別ニ国土相応ノ武士道アリトイヘバ、畢竟是モ不文ノ過ニテ、今ノ習俗ニ馴染リタル心ヨリ料簡スルユヘ、田舎人ノ都ノコトヲ会得セヌ類ナルベシ。"

[3] 其实，徂徕在该篇文章中对神道教也有所批评，特别是针对关乎神道教之命脉的所谓"三种神器"说（即八尺镜、天丛云剑、八坂琼曲玉，简称镜剑玉），断然指出此乃"出自后世传说之误，上代之世无此说"（《太平策》，第451页）。

如果说以上徂徕所论不免给人以抽象的印象，那么我们不妨再稍微涉入《太平策》的内容深处，来看一下徂徕讨论具体的"制度重建"（日文作"制度ヲ立替ル"）的一个问题："圣人井田之法"。他认为井田之法也是圣人制作的，其妙处在于可以使"万民归土"（日文表述为"土着"——"在着于土"），而这是"王道之本"，但在日本的场合，具体做法是首先对江户城内的"町人"（即城市居民，主要为商业手工业者）作一甄别，十年以前来的町人可以给他们永久居住权，对于近十年新来的町人则通知原住地的藩主，领他们各自返回故乡[1]，为何这么做，徂徕有大段论述，此不细述。[2] 关于徂徕的这个设想，丸山真男指出此设想是将井田制视作"圣人之道"而欲加以普遍化的一种努力[3]，这个分析是不错的。这说明除了礼乐制度以外，徂徕认为井田制等具体的社会经济制度也体现出圣人之道的普遍性，是可以在异域日本活学活用的。尽管事实上，井田制与德川日本的藩主制农业经济传统不相吻合，与当时日本随着城市商品经济的发达，人口从农村流向城市这一元禄享保期（1688—1735）的社会大趋势也不相符，但是徂徕仍以为井田制体现了圣人之道的普遍性，这就值得引起我们的关注。只是没有迹象表明徂徕的政治建言得到了实施，故徂徕徒有满腹经纶，最终也不得不哀叹在"一切武断"的幕府体制下自己只是一介"文儒之职"的"陪臣"而难有用武之地[4]。由此可说，徂徕以颠覆理学化儒学为手段而欲建构

---

[1] 以上见《太平策》，第478—479页。
[2] 享保七年（1722）即完成《太平策》之次年，徂徕又有《政谈》（收入《日本思想大系》36《荻生徂徕》）之作，也是为上书吉宗而作，其中对"诸事制度"如何重建等问题有更具体的讨论，此处不赘。
[3] 《太平策》，第479—480页。
[4] 这是徂徕对德川政治状况的一个判断，在这样的状态下，"文儒之职"的儒臣只是"备顾问"的虚职，故唯有修儒家"三不巧之说""以古为徒"，埋首历史，"于史之外"并无任何用武之地（《徂徕集》卷二十七《与县云洞》第2书，第286—287页；《徂徕集》卷二十三《与薮震庵》第10书，第251—252页）。德川政权以"武威"建国，乃是史学界之常识，有学者认为德川日本的国家性质可以"兵营国家"来概括，值得重视（前田勉：《兵学と朱子学・蘭学・国学——近世日本思想史の構図》，东京：平凡社，2006年，第188页）。据载，日本历史上直接参与幕府朝政的"儒者"唯有四人，而在德川朝则只有两人（大田锦城《梧窗漫笔》，转引自渡边浩：《近世日本社会と宋学》，第186页）。其中之一是徂徕的政治对手新井白石（1657—1725），他是第六代将军家宣推行"正德之治"的策划者之一，然其政策得以施行者仅（转下页）

政治化儒学的尝试在现实政治生活中终究不免处处碰壁。

五　小　结

综上所述，我们可以对徂徕思想做如下几点归纳以及初步的评估：

1. 徂徕通过对儒家圣人之道的重新诠释，揭示了"道即安民之道""道者统名"、道者"多端"等观点，强调"道"的后天性、具体性、历史性，以此推翻"道"的先天义、形上义和抽象义，对宋儒形上学做了彻底的方向性扭转。

2. 在对"道"进行"去形上化"之同时，徂徕通过其独特的经典诠释，对"道"做了一番政治化、非道德化的诠释工作，从而凸显出徂徕学反对政治道德化的思想特色，完成了对政治与道德的连续性的切割。由此可说，徂徕学的旨趣在于建构日本型"政治化儒学"，尽管他的建构是否成功需要另当别论。

3. 对于以"国土有别""风俗有异"的文化特殊论为由来排斥圣人之道的观点，徂徕也表示了反对，他坚持"道"的普遍性，认为中国的"圣人之道"所展现的礼乐制度在成就人之德的意义上具有普遍适用性。

4. 与此同时，他又坚持认为即便是圣人安排的文化制度也应随时变易，这条法则同样适用于当时日本的幕府政治，这就突出了"道"的历史性和多样性，使得徂徕学的"道论"具有了具体普遍性之特征。

5. 正是基于"道"既是普遍的又是历史的这一观念，故徂徕坚持认为一方面圣人是一历史概念，唯产生于上古中国，任何人再怎样通过道德努力也不可能成为圣人，但是另一方面"圣人之道"又可超越经典的范围及地理的局限，成为后人的学习榜样、政治典范，而且同样可以在德川社会加以变通运用。

（接上页）"十分之一"，其成就远远不如参与冈山藩政改革的熊泽蕃山（南川维迁：《閑散余録》卷上"熊沢息遊軒"条，明和七年〔1770〕序刊。www2s.biglobe.ne.jp/~Taiju/1782_kansan_yoroku_2.htm.）。

6.关于徂徕学的思想意义及其历史定位可以这样表述：与其说徂徕学已经具有"近代性"的萌芽，预示着日本由近世向近代迈进的方向，毋宁说徂徕学通过对思想权威朱子学的颠覆性批判，加速推动了中国儒学向日本儒学的转化进程，并预示着日本思想在此后的发展过程中将呈现出各种可能性和多样性，德川后期的"反徂徕学"以及"国学"等思潮的涌现也正表明了这一点。

第四章　以古言征古义
——德川儒者荻生徂徕经典诠释方法论初探

在德川日本思想史上，荻生徂徕提倡以"古文辞"作为经典解释的重要方法，故其学又有"古文辞学"之称，然其思想旨趣在于通过西汉以前文献中的"古言"以发现儒家经典中的"古义"，这与早徂徕一辈的伊藤仁斋（1627—1705）倡言恢复儒学"古义"相似，故又有"古学"之称，被同称为"古学派"。该派人物的思想观点虽不尽一致，但他们都以反理学（尤其是反朱子学）为思想标识，力主回归原典，以重定儒学义理，然其思想归趣却在于儒学"日本化"的建构。只是仁斋学后来竟成了徂徕学的批判对象，因为在徂徕看来，仁斋之批理学并不得力，其骨子仍然是宋儒之"理学"，而徂徕以为只有自己的"古文辞学"所运用的"以古言征古义"的方法，才能从根本上推翻宋儒建构的那套形而上学。

说起仁斋，人们也许会联想起中国的戴震（1724—1777）。20世纪初学界就有一种观点以为戴震的反理学与仁斋之言论何其相似，于是怀疑戴震思想很有可能与仁斋有渊源，不过这段公案在近些年似已尘埃落定，如果说两者思想上有相似性，那也属于一种"闭门造车出门合辙"的偶发现象，因为至今并无资料显示仁斋的著作在当时已传入中国。[1]然而有记录显示徂徕的那部成名著《论语征》（还有《大学解》和《中庸解》）早在1809年便输入中国，很快在中国知识界引起很大反响，被刘宝楠（1791—1855）《论语正义》引用两次，并引起戴望（1837—1873）、俞樾（1821—1906）、李慈铭（1830—1894）等一批学界精

---

[1] 参见余英时：《论戴震与章学诚》（修订本）外篇第2章"戴东原与伊藤仁斋"，北京：三联书店，2000年，第220—233页。

英的关注[1]。那些考据功底颇深的清代经学家们似乎认为东瀛日本的儒者徂徕在学术手法上竟然与他们如出一辙，至少在批判宋学这一点上，似乎与他们志同道合。的确，徂徕的"古文辞学"与清代考据学在表面上有几分相像，然而究其实质而言，作为其古文辞学之结晶的《论语征》与其说是注疏体经学著作，毋宁是徂徕学的一部议论性著作，其风格倒是更接近宋学章句式的传注体，这是作为反宋学之面目出现的徂徕学的吊诡之处。因此若把徂徕学看作是类似于中国的考据学，便有可能低估了徂徕学的思想意义。

事实上，徂徕并不认同字义训诂为经典解释的重要手法，也不按照训诂明义理明的清儒格套来解读儒家经典。他坚定地以为上古圣人之"古言古义"的丰富宝库有赖于"古文辞学"才能重新发现，在他看来，后孔子时代的儒者之所以对圣人之道产生误读误判，原因就在于他们"不识古文辞"。因此，徂徕强调欲了解儒家经典，须先识古文辞；欲了解儒经古义，须先把握圣人时代的古言，此即徂徕"以古言征古义"之主张的真实含义。但是他以所谓的"以古言征古义"之方法欲对儒家经典进行诠释之际，其实已有其思想上的立场预设，故其儒家经典的解释往往是"前见意识"先行；另一方面，当他用"以古言征古义"来反对"以今言视古言"之际，"古言"不免被绝对化，这就有可能走向"以古言视今言"的另一极端，其结果必将造成对古今文化的历史性连续的切割，从而使其经典诠释理论蒙上了非历史性

---

[1] 藤塚邻《物茂卿の〈論語徵〉と清朝の経師》(《支那学研究》第4期，东京：斯文会，1935年2月，第65—129页) 一文以《長崎年表》文化六年（1809）条"唐船和板书籍数种を输出す"所载为据，指出当时出口中国的和刻本经学著作27种当中，就有徂徕的《論語徵正文》《大学解》和《中庸解》。《論語徵》传入中国后，最早予以关注的中国士人是嘉庆年间的吴英，其《竹石轩经句说》一书引用《論語徵》有8条，其中5条是反驳徂徕的，另外狄子奇《论语质疑》则引用了《論語徵》13条，且都是以赞同语气引用的。对《論語徵》最为欣赏者莫过于李慈铭，竟以为徂徕《論語徵》"皆有关系实学""议论颇为正大"（《荀学斋日记》乙集下，引自藤塚邻《物茂卿の〈論語徵〉と清朝の経師》）。参见黄心川：《中国与东方周边国家哲学的双向交流及其影响》，载《中国社会科学院研究生院学报》1999年第4期；林庆彰：《明清时代中日经学研究的互动关系》(原载《中国思潮与外来文化》，台北："中央"研究院中国文哲研究所，2002年，后收入氏著：《中国经学研究的新视野》，台北：万卷楼，2012年) 第6节"获生徂徕论语征的传入"，第141—146页。

的、原教旨主义的色彩。与此相关，徂徕力图将孔子与孟子、先秦儒与宋明儒进行切割以便彻底回归经典的源头，然而徂徕提倡复古却是为了扭转宋代新儒学的发展方向，他以为唯有打破宋儒的天理道德性命等抽象学说，才能使儒学在日本扎下根基。

一　古文辞学的发现

徂徕认为，儒家经典的奥秘在于古言和古义，而古言古义又存在于"古文辞"这套语言系统中，所以掌握古文辞乃是进入儒学之堂奥的关键。徂徕关于"古文辞学"有一特殊的领悟经历，对此他很得意，时常向人提起。据其自述，徂徕约在40岁左右，"藉天之宠灵"[1]，忽然与明代"后七子"的两位代表人物李攀龙（1514—1570）和王世贞（1526—1590）的著作相遇，意外发现他们的文章才是真正的古文，徂徕从中受到极大启发，使他领悟到掌握了古文就能与古人"相揖一堂"、直接对话，更不须假借宋儒的传注训诂，所以徂徕中年以后就发誓不读西汉以下文。他说：

> 不佞从幼守宋儒传注，崇奉有年，积习所锢，亦不自觉其非矣。藉天之宠灵，暨中年得二公（按，指李王）之业（书）以读之，其初亦苦难入焉。盖二公之文，资诸古辞，故不熟古书者，不能以读之，古书之辞，传注不能解者，二公发诸行文之际涣如也，不复须训诂。盖古文辞之学，岂徒读已邪，亦必求出诸其手指焉，能出诸其手指，而古书犹吾之口自出焉，夫然后直与古人相揖一堂上，不用绍介焉。……岂不愉快哉！[2]

那么，何谓"古文辞"呢，"辞"就是六经的一套语言系统、言说

---

[1]《弁道》第1条，《日本思想大系》36《荻生徂徕》，东京：岩波书店，1973年，第200页。据徂徕自述，他根据"古文辞学"阐发为《弁道》就是为报答"天之宠灵"。
[2]《徂徕集》卷二十七《答屈景山》第1书，《近世儒家文集集成》第3卷，东京：ぺりかん社，1985年，第295页。

系统，徂徕对此有一基本定义："凡言之成文，谓之辞"。[1] 可见，辞与"文"有关而不是指字句言语，落实在儒家而言，"文"便是"圣人之道"的体现。故曰："夫圣人之道曰文""故古之能言者文，以其象于道也"[2]，"古者道谓之文，礼乐之谓也""文者道也，礼乐也。"[3] 徂徕还根据《易·系辞下传》"物相杂，故曰文"之说，明确指出："文者'物相杂'之名，岂言语之所能尽哉？""为道之文不可以言语解故也"[4]，"'物相杂曰文'，岂一言所能尽哉？"[5] 可见，"文"是一个内涵非常广泛的概念，包含了"圣人之道"以及礼乐文化制度，这表明在徂徕的理解中，"文"意味着承载"道"的整个"物"世界——即文化世界[6]，正是这样的"文"，可以"象道"——即"道"的具体象征，而其包容性极其"广大"，语言也不能穷尽此"道"。另一方面，"辞"又有动词义，即言说的含义，如孔子"死生有命"一语，徂徕释曰"言其不可辞"[7]，意谓不可言说。

由于"辞"是"言之成文"的一套系统，因此"辞"才是理解经典的关键，这是因为"夫六经，辞也，而法具在焉"的缘故。只是孔子至西汉古文辞虽存，但降至东汉魏晋六朝以后遂致"辞弊而法病"，唐代韩柳虽有古文运动之举，然已背离"文章之道"，宋以后则仅知"议论"，"纵横驰骋，肆心所之，故恶法之束也，况辞乎"[8]。因此，对后人来说，重要的是由古文辞进而掌握六经的"物与名"，"物与名合，

---

[1] 《論語徵》辛卷，《荻生徂徠全集》第 4 卷，东京：みすず书房，1978 年，第 252 页。此外，"辞"又有动词义，指言说，如孔子"死生有命"一语，徂徕释曰"言其不可辞"（《論語徵》己卷，第 136 页），意谓不可言说。《論語徵》甲乙丙丁四卷收入《荻生徂徠全集》第 3 卷，戊己庚辛壬癸六卷收入《荻生徂徠全集》第 4 卷，以下仅注卷数及页码。
[2] 《論語徵》辛卷，第 252 页。
[3] 《弁道》第 17 条，第 205 页。
[4] 《論語徵》辛卷，第 252 页。
[5] 同上。
[6] 如徂徕又言："盖孔子之道，即先王之道也，先王之道，先王为安民立之。故其道有仁焉者，有智焉者，有义焉者，有勇焉者，……有礼焉者，有乐焉者，有兵焉，有刑焉，制度云为，不可以一尽焉，纷杂乎不可得而究焉，故命之曰文。"（《論語徵》乙卷，第 179—180 页）此处"文"是指圣人制作的整套礼乐制度。
[7] 《论语徵》己卷，第 136 页。
[8] 《徂徕集》卷二十七《答屈景山》第 1 书，第 294—295 页。

而后训诂始明，六经可得而言焉"。[1] 以上便是徂徕所谓的"古文辞学"的主要思路。具体而言，古文辞主要指西汉以前的古言及古义所构成的一套成文系统，主要以儒家六经为载体，亦含其他诸子如《荀子》及史书如《史记》等在内，在这套古文辞学当中，存在圣人之道，所以藉由古文辞的方法就可把握圣人之道。

然须注意的是，上引"训诂始明"云云或令我们联想起清代考据学家们津津乐道的"训诂明而义理明"的主张，似乎徂徕与清儒心有灵犀，都在强调"训诂"是通向义理的前提。不过，若将上引徂徕的自述与其所说的"物与名合，训诂始明"比照合观，我们会发现徂徕强调的重点在于"辞"，掌握了古文辞，就连"传注"及"训诂"都不需要，这是徂徕经常透露的一个观点。细按徂徕之意，其实训诂落在了"物与名"之后，把握"物与名"才是与古人直接对话的先决条件。至于"物"，显然又比"名"更为重要，正如徂徕所言"夫六经，物也，道具存焉"[2]，显然，"物"比"名"在内涵外延上更为宽泛，其包容性更广，故他喜欢这样说："故吾退而求诸六经，唯其物"，"故君子必论世，亦唯物"。[3] 甚至"物"构成了儒教教化系统的前提条件，徂徕说："物者，教之条件也。"[4] 这里的"物"，具体是指《周礼》的"乡三物"（六德、六行、六艺）及其"乡射五物"（和、容、主皮、和容、兴舞）。此"物"字实际上也就是人文化的"事"，而绝非是自然界的客观物。由于有其"物"必有其"名"，故而构成各种名物制度，然而各种名物都存在于古文辞中。归结而言，在徂徕的那套古文辞学中，核心概念有三："辞""文""物"，都是"道"得以"具存"的必要条件。相对而言，"传注""训诂"则等而次之，并非是掌握圣人之道的必要条件。因为在他看来，传注训诂不过是后孔子时代的产物。

总之，习古文辞以把握名物，再由名物而把握其中的"道"，在此

---

[1] 《弁道》第1条，第200页。
[2] 《学则》第3条，《日本思想大系》36《荻生徂徕》，第257页。
[3] 分别见《学则》第3条、第4条，第257页。
[4] 《弁名》"物"，《日本思想大系》36《荻生徂徕》，第253页。

过程中，传注、训诂就自然不言而明。可见，徂徕并不像清儒那样将训诂置于义理的另一极，更没有由字通词、由词明道[1]的明确意识，所以有学者指出徂徕学尚未达到考据学的阶段[2]，或有一定道理。的确，徂徕所谓的古文辞学与清儒重文字学、音韵学、训诂学在旨趣上是不同的。这是因为徂徕作为日本儒者，他有自己的问题关怀，例如他想要解决的一个首要问题便是如何将中日语言打通为一，从而建立一种"译学"，进而实现更远大的目标："合古今而一之，是吾古文辞学"[3]。而"古文辞学"只是徂徕诠释中国经典以建构其思想理论的一种手段。

二 以汉语会汉语

不用说，对徂徕而言，中文是一门外语，故阅读中国典籍首先须通过语言关，然而根据他阅读中国古书的一个经验之谈，他的古汉语完全是无师自通的，表明他似乎有非同寻常的语言天赋：

> 记予侍先大夫，七八岁时，先大夫命予录其日间行事，或朝府，或客来，说何事，作何事，及风雨阴晴，家人琐细事，皆录，每夜临卧，必口授笔受，予十一二时，既能自读书，未尝受句读，盖由此故。……少小耳目所熟，故随读便解，不烦讲说耳。[4]

这是说徂徕七八岁时就能写字，十一二岁时，在从未受过"句读"训练的情况下，便能自己"读书"且"随读便解"，无须旁人指点。此处"句

---

[1] 如戴震（1723—1777）："由字以通其词，由词以通其道。"（《戴震全书》第 6 册《东原文集》卷九《与是仲明论学书》，合肥：黄山书社，1995 年，第 370 页）
[2] 参见赖惟勤：《徂徕門弟以後の経学説の性格》，《日本思想大系》37《徂徕学派》，第 574 页。
[3] 《徂徕集》卷十九《訳文筌蹄題言十則》，第 198 页。
[4] 同上书，第 196 页。《译文筌蹄》约草定于徂徕 36 岁元禄五年（1692），是一部用当时俗日语对古汉语进行解释的辞典，重点在于对中日语言的同训异义现象进行解说，共收入 1675 个汉字，全书初编共 6 卷，于正德元年（1711）刊行，后编 3 卷则刊行于宽文八年（1796），卷首所附《题言十则》则是对编纂该书的宗旨进行说明，约草定于徂徕 49 岁正德五年（1715）。

读"特指日本的一种阅读汉籍的训读法,又称"和训"——即依日语名词在前动词在后的语序,将汉语的语序颠倒过来读,徂徕贬称其为"和训廻环之读"[1]。然而徂徕却完全不受此局限便能自由地阅读汉籍,据其自述,这是得益于"少小"时,其父对他的"口授笔受"。对于徂徕这番自述,我们似乎没有理由质疑,因为通过自学而掌握一门外语并非绝对不可能。但是徂徕根据他的经验,归结出直接"以汉语会汉语"的读书法(徂徕称之为"学问之法"),与他在经典解释学上主张"以古言征古义"的方法配套,这就值得关注。

徂徕晚年在《译文筌蹄题言十则》中,就如何做学问总结出一套方法论原则,其中透出他特别厌恶"讲说"——即指听人讲解汉书,以为"讲说"有"十害"而无一利,由此"十害"还将引发"百弊",其病根在于"贵耳贱目,废读务听",为断绝此类弊害,所以徂徕竭力主张直接读书,他引以为自豪的"最上乘"的学习方法是:

> 故予尝为蒙生定学问之法,先为崎阳之学[2],教以俗语,诵以华音,译以此方俚语,绝不作和训廻环之读,始以零细者二字三字为句,后使读成书者,崎阳之学既成,乃始得为中华人,而后稍稍读经子史集四部书,势如破竹,是最上乘也。[3]

这是说从学中文发音开始,而且是中文口语的发音,杜绝使用"和训廻环"的方法,如果掌握了读音,便可成为"中华人",然后读"经史子集"四部书,积少成多,最后就能达到读汉书"势如破竹"的上乘境地。

---

[1] 何谓"和训廻环"呢?举例来说,《论语》"过则勿惮改",和训读法是:"過まてば改むるに憚ること勿れ",徂徕主张应当用中文发音直接读作:"コウ ツエ ホ ダン カイ"。这是用日语读音来标注中文读音。说穿了,好比说若要研究康德就须读康德的德文原著一样,从当代学术角度看,似乎并不足为奇。然而在17世纪德川日本的社会背景中,对于徂徕的主张"人乍闻之,莫不惊骇"(《徂徕集》卷十九《訳文筌蹄题言十则》,第194页)。然而方法只是一种工具理性,最终目标不是真的成为"中华人"而是为了洞穿中国文化的优劣,至少就徂徕而言,他有这样的雄心。

[2] "崎阳之学"是对当时长崎"唐通事"(中文翻译官)的译学的一种称呼,又称"唐话"或"唐音之学","崎阳"即长崎别名。

[3] 《徂徕集》卷十九《訳文筌蹄题言十则》,第195页。

然而由于"中国语又简而文，此方语（按，指日语）又冗而俚"，所以若用日本的"冗而俚"之语言来译解中国的"简而文"之语言终究存在限制，"故译语之力终有所不及者存矣，译以为筌，为是故也"。[1]可见，"译"只是一种"筌"，按照"得鱼忘筌"之说，"筌"最终是要忘却的，因此"译"只是理解中国语言的一种方便法门，重要的是通过直接把握中国的古文辞学才能掌握圣人之道。

除了"最上乘"法之外，徂徕又为身处穷乡僻壤而无缘接触"崎阳之学"者设定了"第二等法"，具体内容，此不繁引。有趣的是，徂徕对此"第二等法"也寄予很高期望，一开始允许诸生借用和训来读四书五经及小学、孝经、文选之类书籍，然后令读《史记》《汉书》"各二三遍"，而后"便禁其一有和训者不得经目，授以温公《资治通鉴》类无和训者，读之一遍，何书不可读，然后始得为中华诸生"，原来，即便按照"第二等法"读书，最终也能成为"中华诸生"。在此过程中，重要的是必须记住"读书欲远离和训，此则真正读书法"[2]。如果说"最上乘"读书法的适应对象是以业儒为志向的年轻学子，那么从研究的角度看，将他们培养成"中华诸生"似乎还可理解，然而对于那些边缘地区的"寒乡"出身的人来说，也以同样的标准来要求，则日本读书人岂非全部成了"中华人"？其实，徂徕之意无非是说，在读书能力上培养成如同"中华诸生"一般的超强技能，由此就能直捣中华典籍的巢穴，以中华人一样的语言能力同中华人进行对话——其实主要是就经典来对话。

表面看来，徂徕提倡的这套以摈除"和训"而主张"直读"汉籍为特色的"学问之法"有点高深莫测，然而在当时特别是在其创立的"蘐园学社"中影响却非常广泛，以至于形成了一种风气：评品文章概以是否有"倭气"为标准，学问素养的高深概以能否"通唐音"为准则。例如徂徕曾批评仁斋"未免倭训读字"[3]，又如徂徕门下有位并不擅长

---

[1] 《徂徕集》卷十九《訳文筌蹄题言十则》，第198页。
[2] 同上书，第196页。
[3] 《論語徵》庚卷，第180页。

中国古文辞的弟子平野金华（1688—1732）的一部汉语著作《金华稿删》便遭人非议，理由是其中"有倭字，有倭句，有倭气，用古每谬，自运多妄"[1]。另据雨森芳洲（1668—1755）《橘窗茶话》的记载，他年轻时听说朱舜水弟子今井弘济（1652—1689）"深通唐音"，心慕不已，便向弘济弟子打听弘济"读书专用唐音耶？"得到的回答是"固用唐音，训读亦不废"，于是，雨森评品道："此乃学唐人中之杰然者也。"[2] 再如徂徕大弟子太宰春台（1680—1747）亦力主直读法而反对用"倭语"读"中夏之书"，他在《倭读要领》一书中重申了徂徕的读书法，指出："且先生（按，指徂徕）能华语，尤恶侏离之读，亦与纯（按，即春台）素心合。盖知倭读之难而为害之大耳。……夫倭语不可以读中夏之书，审矣。"[3] 该书分上下两卷，其中有些专论文章如"日本无文字说""中国文字始行于此方说""颠倒读害文义说"等引人注意，他从文字学等角度进一步强调徂徕学语言方法论的重要性：以汉语读汉书。

但须注意的是，在徂徕看来，以汉语读汉书或以汉语会汉语，其实是初学入门"第一关"，至多成就个"不会文章的华人耳"[4]，所以高级目标是要懂得"古文辞学"。他之所以主张以汉语会汉语，因为在他看来，中文与日文之词往往"意同而语异"，若以和训方法读中文，则只能通其意而不能得其语言韵味，重要的是，"语以代异"——即语言随着时代不同而有变化，而语言本身又有"气格、风调、色泽、神理"，所以如果不懂语言，就无法掌握"古今雅俗"的语言韵味，阅读《诗经》尤其如此，"得意而不得语者之不能尽夫《诗》也"，由于《诗经》表现的是人情，所以不能尽夫《诗》的结果就是"得意而不得语

---

[1] 宇野明霞（1698—1745）：《明公四序評》（1772年刊）附《弹金華稿删》，引自原念斋著、源了圆、前田勉译注：《先哲叢談》卷七"平野精華"第8条，东京：平凡社，1994年"东洋文库"本，第361—362页。
[2] 引自《朱舜水集》附录五《友人弟子传记资料》13《今井弘济》，北京：中华书局，1981年，第835页。
[3] 《倭读要领》上《序》，早稻田大学藏享保十三年（1728）刻本，第2页下—第3页下。
[4] 例如徂徕明确指出他的"读书法"与其他学者的"根本分歧处，在以和语推汉语，与以汉语会汉语也。……此乃受学之基址，故设以为入门蒙生第一关。透彻此关，才得为无学识、不会文章的华人耳。"（《徂徕集》卷二十六《与江若水》第5书，第276页）

者之不能尽夫情也"[1]，即不能真正掌握中国古人的"情"。

徂徕主张以汉语会汉语的另一重要理由是，语言翻译总有局限，他认为中文与日文"体质本殊，由何吻合"，如果运用"和训廻环之读"的方法，虽能了解大意，但实际上却颇为"牵强"，都不免"隔靴搔痒"，"故学者先务唯要其就华人言语，识其本来面目，而其本来面目，华人所不识也，岂非身在庐山中故乎？"[2] 可见，徂徕相当自信，他相信汉语的本来面目就连中国人自己也忘了，因为他们都"身在庐山"的缘故，而日本人倒是有可能更了解汉语的庐山真面目，此说大概是说给当时日本儒者听的。只是徂徕并未对何谓"本来面目"有具体阐述，然而不难推测，其意概指西汉以前的古文辞，这在当今宋代中国已经失传。总之，以汉语读汉书只是一种初级的但又是必要的语言训练，重要的是以古文辞学为标准来把握中国古言，由此才能更上一层楼，实现"以古言征古义"。

三 以古言征古义

徂徕在《论语征》"题言"中这样说明他撰述该著的缘由：

> 余学古文辞十年，稍稍知有古言。古言明而后古义定，先王之道可得而言已。……是以妄不自揣，敬述其所知，其所不知者，盖阙如也。有故有义，有所指摘，皆征诸古言，故合命之曰《论语征》。[3]

此处"古言明而后古义定""征诸古言"等表述，可归结为"以古言征古义"这一徂徕学经典解释的方法论主张。然须指出，"以古言征古义"并非出自徂徕之口，而是德川晚期儒学家龟井昭阳（1772—1836）对徂徕学的一个归纳，尽管其用意在于批判徂徕，我倒以为深得徂徕学经典解释方法的要领。昭阳说："以古言征古义，物氏得之矣。然其

---

[1] 以上见《徂徠集》卷二十五《答崎陽田邊生》，第265页。
[2] 以上见《徂徠集》卷十九《訳文筌蹄題言十則》，第192—193页。
[3] 《論語徵·題言》，第4页。

所征多卤莽，多牵合固滞，多诬，因其才识堂堂而少文理密察也。"[1]
意谓以古言征古义虽可成立，但是徂徕却用错了这一方法，故其经典解读往往出错，其原因在于徂徕"才识"太高但缺乏小心求证的精神。这一批评是否得当，这里不论。唯须指出的是，以古言征古义乃是徂徕中年"悟道"（严格地说，只是对"古文辞"的领悟）以后树立的一种方法论立场，其重要性对徂徕学而言实不可忽视。

如果说，通过对"道"即"安民之道"的重新诠释以实现对"道"的"去形上化"，是徂徕学思想建构的逻辑起点，那么，徂徕提倡"以汉语会汉语""以古言征古义"则是其思想建构的语言方法论，然就徂徕思想之形成过程言，这一方法在其中年以前既已完成，从而为他重新诠释儒经"古义"奠定了基础。但是"以古言征古义"的两项前提设定："古言"和"古义"如何证成，却是徂徕学的一大问题。

一般而言，何谓"古言"及"古义"是有史学判断标准的，这种判断标准是通过大量阅读汉籍的经验获得的，因此是可以验证的，然而我们却发现事情并不这么简单，在许多场合，徂徕判断此为"古言"彼为"古义"之际，往往并不列举文献出处以告诉我们他这样判断的历史依据，于是就令我们怀疑他其实还有另一个判断标准：即理论标准——套用清儒对宋儒的一个批评：亦即以理释经的义理标准。所以尽管徂徕的方法论所指向的是对宋儒义理学的批判，然而其方法论本身已经溶入了另一种义理学。从历史学的角度看，经典中的古言古义经过字义训诂等手段是可以重新发现的，但是从解释学的角度看，解释者对古言古义的重新发现不可避免地会渗入解释者的主观见解及思想立场，特别是儒家学者作为思想家在面对儒家经典文本进行诠释之

---

[1] 《家学小言》，原日文。引自赖惟勤：《薮孤山と亀井昭阳父子》，《日本思想大系》37《徂徕学派》，第567页。有趣的是，徂徕学的批判者片山兼山（1730—1782）却以"以古书征古书"的方法论来"攻古文"——即批判古学派（赤松丰泰《题垂统後编首》，作于1780年，引自张崑将：《片山兼山〈论语一贯〉的解释特色》，载《东亚论语学：韩日篇》，台北：台大出版中心，2009年，第442页）。可见，在德川中晚期已然有一种风气以为以汉语读汉书或以古书征古书在方法上是可行的，但问题一涉及经典义理（即徂徕所言"古义"）便不免引发争议，兼山以为徂徕于义理上根本未能了解圣人之道的"大体"，一味"就一字一义求义，未广读古书故也"（《垂统》前编甲，引自上揭张崑将文，第449页），便是一例。

际，其诠释过程不可避免地伴随义理判断。除非解释者自觉地摈弃所有的观点立场，唯以追求文字原义为终极目标，然而倘若如此，则所谓"解释"适为"释字学"而非"诠释学"。

无疑地，徂徕对宋儒义理学深恶痛绝，然而若以为徂徕的批判武器只是字义学或训诂学，则未免低估了他的思想力。其实，徂徕有一个固执的观点，他认为解释何字为何意只是一种"字诂"工作，对此，他常露出不屑一顾的态度，他甚至坦言"如字学者流，不佞所恶也"，那些文字学者"是皆不识六书本旨者，其陋可丑"[1]，尽显他"诋毁宇宙间人物"的本色，他不惜把文字学家和义理学家通通得罪。有趣的是，当他在诋斥文字学家之时，其理由却是因为他们不懂"本旨"，这表明他更看重经典的"本旨"及"本意"。不过在他看来，六经本旨存于"事"与"辞"，而不在于训诂或义理，例如《诗经》一书盖缘"人情"而作，都是出自"田畯红女之口"，所以"岂须训诂，且无义理可言。故解《诗》者，序其事由而足"[2]。直言训诂和义理都不足以"解《诗》"，只要把《诗经》看作是出自乡间风尘女子之口的"叙事诗"便可。我们不知徂徕何以如此断言，但能使人感到其语气颇有点"海内第一流人物"的自负。那么，经典中的"事由"何以才能发现呢？徂徕认为关键在于先发现"古文辞"，事与辞既是六经之载体，又是把握经文旨意之关键，故徂徕不无自豪地自称："不佞直据经文，以事与辞证之，不复须训注。"[3]

由此可见，在徂徕，"古言"相当于古文辞而不仅仅是字词而已，古言中自有古义，故了解古言就能掌握古义，此即以古言征古义的基本思路，相对而言，文字训诂则显得并不重要，例如他对"仁"的解释是："仁者养之道也，故治国家之道。"[4] 这一解释便已完全脱离了

---

[1]　《徂徕集》卷二十四《復水神童》第 2 书，第 261 页。
[2]　《徂徕集》卷二十四《復水神童》第 1 书，第 257 页。
[3]　《徂徕集》卷二十八《復安澹泊》第 3 书，第 303 页。
[4]　《弁道》第 9 条，第 203 页。"养之道"即"修身之道"，大致有"养其善"与"养其物"两层含义。例如："修身之道，亦养其善而恶自消矣。"（《弁道》第 9 条，第 203 页）"大氐物不得其养，恶也；不得其所，恶也。养而成之，俾得其所，皆善也。"（《学则》第 6 条，第 258 页）但徂徕不言"养性"，因为在他看来，"言性自老庄始"（《弁道》第 13 条，第 204 页）。

文字训诂的原则,乃是徂徕独到的基于所谓古文辞基础之上的义理诠释。故徂徕有时甚至对于文字注解也不屑一顾,以为只要直接读秦汉以前书,掌握了古言古义,圣人之道便在手中,他指出:

> 学者苟能读秦汉以前之书,而有识古言,则《六经》《论语》何假注解也? 古言明,而后古义可得而言焉;古义明,而古圣人之道如示诸掌焉。[1]

不过,徂徕也并未一概排斥"字义",有时他似乎也很看重字义,并常批评宋儒不识"字义"更不"知道",其云:"宋儒昧乎字义而不知道","大氐(抵)宋儒忽略字义,迁就以成其说"。[2] 他甚至指名道姓地指斥"仁斋之不识字","朱子不识古言"[3],又说:"大氐后世儒者,徒识字而不知古言。……不知古言,而欲以字解之,所以失也。"[4] 一方面,他批评宋儒不知字义,另一方面又指责宋儒仅识"字"而不懂"古言",于是陷入"以字解字"的窠臼。可见,仅"识字"并不意味着把握"字义"或了解"古言",更与把握"古文辞"相距甚远。须指出,徂徕对宋儒"不识古文辞"的批评[5],与清代早期考据学家惠栋(1697—1758)批评"宋人不识字"的口吻颇为相近,尽管两人在激烈批宋的立场背后有着各自不同的意识根源,但在18世纪初来自异域的这种思想批判,很值得我们关注。

那么,何以说宋儒"不识字""不识古言"呢? 这里不妨举例说明。例如关于《论语·为政》"温故知新"章,徂徕指出邢疏、朱注以"故"为"旧所学得""旧所闻","是皆据字义解,非也。……然不知古言,

---

[1] 《徂徕集拾遗》上《与県次公书》,《近世儒家文集集成》第3卷,第401页。
[2] 《論語徵》乙卷,第107、104页。
[3] 《論語徵》己卷,第136、123页。在徂徕,"不识字"只是一种低级错误,更严重者则是"不识古文辞",他指斥"朱子不识古文辞"(《論語徵》庚卷,第178页),又说:"后儒昧乎辞,亦不知抑亦字,是字未稳也。"(同上书,第205页)可见,不识古文辞比不识字的错误更严重。若将仁斋与宋儒作比较,则徂徕以为仁斋显然是宋儒之亚流:"是宋儒所不知也,况仁斋乎?"(同上书,第169页)
[4] 《論語徵》乙卷,第130页。这是徂徕对朱熹的批评。
[5] 《論語徵》戊卷,第19页。

而以字解字，推诸他书有不通。"[1] 可见，不知古言比不知字义所犯的错误更严重，宋儒"忽略字义"，仅"以字解之"，却于"古文辞"缺乏根本的了解，也就不可能真正了解"古义"。更严重者，莫过于宋儒"以义理解经"，徂徕痛斥道："后世儒者不知孔子之道即古圣人之道，古圣人之道唯礼尽之，其解《论语》皆以义理，义理无凭，猖狂自恣，岂不谬乎！"[2] 可见在徂徕，如果经典解释须按"义理"先行，那么这种经典解释将导致比忽略字义、不知古言更为严重的错误，因为所谓"义理"是不足据的，都是后人的一己之见而已。

从历史上看，"以字解字"本属文字训诂的领域，是经典解释的必要一环，从这个意义上看，戴震所言由字通词、由词明道以及徂徕所言训诂明而后六经可得而言，其实都应当是经典解释的一道正常程序。然而徂徕显然对"以字解字"深不以为然，以为这是"不知古言"的缘故，人们只要通过"推诸他书"便可立即察觉"以字解字"的谬误。所谓"推诸他书"，其中已蕴含"以经解经"的诠释思路。所谓"以经解经"，其实就是清代考据学家也通常使用的以他经释本经的一种经学诠释方法。徂徕所言"推诸他书"，意指使用儒家的其他经典甚至是其他古书便可解释《论语》中的某些"古言"，而不能局限在《论语》一部经典当中[3]。可见在徂徕的解释学当中，他已经明确意识到儒家经典是一套系统，彼此环环相扣，可以互相印证。他所强调的古文辞学其实已有这样的特色：即"古言"是一套成文系统，而掌握"字义"或"字诂"虽然必要，但不能穷尽"古文辞学"的意蕴，也难以真正

---

[1] 《論語徵》甲卷，第71—72页。
[2] 《論語徵》戊卷，第13—14页。
[3] 徂徕没有明确告诉我们"推诸他书"是一些什么书，我从他的一封书信中发现一张他推荐的书目名单，大概是他经常用来"推"的凭据，他说："古无它书"，只有《尚书》是"史官所录，自古有之"，此外就只有《论语》《易传》《左氏》《戴记》(即《礼记》)《家语》(即《孔子家语》)《孟》《荀》《晏》《墨》诸家所引诗书，与今存者适同，则其为古经，岂容疑乎？"(《復水神童》第2书，《荻生徂徕》，第513页) 依徂徕，这份书单所列都是"古经"，除儒家经典外，诸子作品也在其中。然而，《孔子家语》乃至荀墨诸子亦被视作与儒家典籍并列的"古经"，不免令人生疑。可见，徂徕的经典观与时人迥异。不过，他虽相信《家语》"亦出孔门"，但与《论语》相比，其文字"殊觉其劣"(《徂徕集》卷二十四《復水神童》第1书，第257页)。

把握"古义",重要的是对经典系统须有一整体把握。徂徕之所以敢于判断"凡古所谓道者,谓先王之道也"[1]的原因就在于他能"推诸他书",唯有如此,他才能截然断言:"凡诸书,'天下有道''邦有道''〔邦〕无道',皆以人君言之。"[2]同时,他也敢断言:"以古书读之,宋儒之解无一合者。"所有这些断言都源自徂徕的自信:"然吾所谓古言,推诸古书,一一吻合,例证甚明。"[3]

但是如果我们追问,徂徕所言"例证"出自何典,其所谓"古言"又源自何处,恐怕会有不少疑点。其实,只要略观《论语征》便可知,他所判断的此为"古言"此为"古语"几近独断,他并没有指证具体出典何在,不免令人望洋兴叹。举例来说:"里仁为美,古言,孔子引之。……里仁,非孔子时之言,故知其为古言也。"[4]这是徂徕判断"古言"的一个标准——即"非孔子时之言",然而何以断定"里仁"不是"孔子时之言",徂徕没有具体说明。又如:"观过斯知仁矣,盖古语。"[5]"'为力''为政',古言也。'主皮',亦古言也。"[6]"盖诗书礼乐,皆先王之道恶,故一言片句皆称为道,古言为尔。……道字,学者难其解,亦坐不识古故也。"[7]又如"智者乐水,仁者乐山""克己复礼""三人行必有我师""笃信好学,守死善道""出门如见大宾,使民如承大祭"等等脍炙人口的孔子名言,都是"非孔子时"的"古言"[8]。其中有关"克己复礼",徂徕指出又见《左传》,是"古书之言"[9],此外的几乎所有"古言",徂徕都未出示文献依据。何以至此呢?不免令人困惑。

不过有一条线索,似乎可以为我们提供一个解答方案。我们注意

---

[1] 《論語徵》壬卷,第274页。
[2] 同上书,第319页。
[3] 《徂徠集》卷二十五《復谷大雅》,第272页。
[4] 《論語徵》乙卷,第159页。
[5] 同上书,第170页。
[6] 同上书,第130页。
[7] 《論語徵》戊卷,第36—37页。
[8] 上引文献的具体出处,详见张崑将:《日本德川时代古学派之王道政治论》第2章"古学派思想渊源与背景",台北:台大出版中心,2004年,第80—81页。
[9] 《論語徵》己卷,第130页。

到徂徕在解释《论语·八佾》"林放问礼之本"一章时有一个说法，他说孔子在回答林放的问题时，突然冒出两句"礼，与其奢也宁俭；丧，与其易也宁戚"，徂徕马上判断这两句话"盖古语"，"何以知其为古语"呢？徂徕根据上下文的文脉，指出"答与问不正相值也"[1]，意谓答词越出了所问的范围。至此我们终于明白徂徕对古言古语下判断的一个准则是：在孔子与弟子的问答过程中，突然出现不正面回答问题的现象时，孔子必是在"引述"或"引诵"古先王的古言古语，以使弟子自己"思而得之"，徂徕甚至断言"孔子之教皆尔"[2]。原来，古言是要根据对话场景来判断的，也就是说，语言文字的意义是在生动具体的思想对话中才能透显出来。可见，徂徕的古文辞学并不等同于古文字学。要之，在徂徕看来，若要从孔子以前的书本寻找古言的依据，那是找不到的，因为"孔子而前，何尝有书"！[3] 六经都是经孔子删述而得以保存下来的，然而我们仍然可以根据古文辞学的原则，来判断这些经书中存在着大量的古言。

事实上，徂徕以《孝经》所引孔子语"非先王之法言不敢道"为依据，进而断言"故孔子多诵古言，《论语》所载不皆孔子之言矣"[4]。这也是徂徕判断"古言"的一个方法。徂徕的理由是若非"先王之言"，孔子是"不敢道"的。由此，《论语》所载不尽是孔子语而大多是先王之"法言"——即"古言"，或是孔子据"古言"而作的补充。[5] 然而

---

[1]　《論語徵》乙卷，第103页。
[2]　同上。
[3]　《論語徵》辛卷，第271页。顺便一提，根据学者的统计，《論語徵》中断定某言为"古言"或"古语"的例子共有三十几处。参见中村春作：《荻生徂徕之〈论语征〉及其后之〈论语〉注释》(金培懿译)，张崑将编：《东亚论语学：韩日篇》，台北：台大出版中心，2009年，第296页。不过这个统计数字可能保守了，如果考虑到徂徕批评宋儒及仁斋时所使用的"不识古文辞"或"不识古言"等案例，则统计数字还将大大上升，甚至我们还应考虑到这样一种可能：徂徕在撰述过程中，写到后来已经厌倦批此为古语这类说辞而不再多言。
[4]　《論語徵》乙卷，第186页。
[5]　例如："'父在观其志，父没则观其行。'观人之法也。然'三年无改于父之道，可谓孝矣'，则父虽没，犹有未可观其行者也。此上二句盖古语，下二句孔子补其意。"(《論語徵》甲卷，第40页) 此注为《论语·学而》"父在观其志"章，另在《里仁》"三年无改于父之道"章，徂徕却说："'三年无改于父之道，可谓孝'，亦古言也。"(《論語徵》乙卷，第186页) 显示徂徕的"古言"判断不免有随意性。

有趣的是,《孝经》所载的这句孔子语是否为真,却不为徂徕所关心,他在《论语征》一书中所引孔安国《论语解》或孔传《古文孝经》到了触目皆是的地步,而且大多肯定之词而几乎没有质疑的口吻,原因在于"孔安国鲁人,岂不读《鲁论》乎"[1],意思是说,孔安国的出身地决定了孔安国之于古言必已烂熟于心。至此我们已经无言以对,唯有一个疑问最终不能释怀:徂徕为什么没有觉察可能是后人假托孔安国而作《古文孝经传》?

另一个疑惑是,徂徕在撰述《论语征》过程中也没有一贯坚持其所谓的古文辞学的原则,例如他对后人存疑的韩愈《论语笔解》[2]却深信不疑,他还特别喜欢引用在经学方面颇遭后人非议的明代杨慎(1488—1559)的经学解释[3]。《论语征》译注者小川环树指出杨慎所注《论语》颇重古注而新解迭出,屡破朱注,故徂徕喜之,亦不足怪[4]。此对徂徕之同情了解,诚不可谓非。然而从经学解释学的角度看,不得不说徂徕的经典解释存在过于强烈的"先见意识",这一点恐怕是不能否认的,而他在缺乏辨伪意识之下建构的所谓"古文辞学"也就不免留下种种疑点。

当然,经典解释存在"先见意识"(徂徕喜欢使用的是贬义词"先有此见"),本来无可厚非,诚不可避免。但是徂徕的问题是,在他痛批宋儒及仁斋的经典解释为"先有此见,横在胸中"[5]的同时,却没有意识到他自己也是"先有此见",更严重者,他破坏了自己所立的古文辞学的规矩,这就不得不令人怀疑他所断定的古言古义究竟是否可靠。正如上面已提及的那样,《论语征》与其说是一部注疏体的经学著作,更不如说是一部阐发义理的议论性著作,他竭力批判朱熹及仁斋以理

---

[1]《論語徵》戊卷,第83页。
[2]《四库全书提要》的作者就指出该书可能是宋人伪托。
[3] 杨慎的经学观点,详见《升庵外集》卷三十六《经说》。
[4] 参见小川环树《論語徵·解题》,载小川环树译注《論語徵》卷末,东京:平凡社,1994年东洋文库本,第378页。
[5]《論語徵》戊卷,第61页。其实按照中国儒学的诠释原则,忠实原文而排斥先入为主的观念,早已成为一种传统,对此朱子已有清楚的意识,他一方面承认孟子"以意逆志"作为(转下页)

解经的解释方法，但他自己的经典解释却也有不少以理释经的味道，例如他以"安民"释"道"，又释"仁义"为"仁者，君道也；义者，臣道也"[1]等等，无不显示徂徕的经典解释不按经学注疏的常规、超出字义训诂的格套，却自以为能够圆融己说，建构起颇具独创性的徂徕学。可以说，徂徕学在整个德川思想史上尽领时代风骚，其思想的批判性在当时所造成的冲击力无人可以比拟，后孔子时代的儒学家（尤其是近世中日思想史上）几乎都在他思想批判的射程以内。但是徂徕的经典解释方法论——古文辞学果然具有神奇的批判效力吗？以下小结对此问题略作回应。

四 小 结

最后指出两点，以便我们省思：

第一，若按照徂徕的古文辞学的原则立场，即便他痛骂"朱子不识古文辞""仁斋不识字""邢昺陋儒"[2]，尚情有可原，因为这与徂徕的价值判断有关，后人不宜妄置可否，然而他一再质疑子思、孟子，以为古言自思孟始已逐渐失落[3]，这就违反了他自己设定的古文辞学的判断立场——即先秦孔子至西汉以前之文均属古文辞范围的原则，因为我们根本无法理解何以孟子已忘却"古言"而孔安国却能不失"古言"。此可见，当徂徕对思孟实施批判之际，其实已经松动了他自己设立的"古文辞学"立场，因为其批判显然是依据他自己的义理立场，

（接上页）诠释方法的有效性，另一方面则强调："若便以吾先入之说横于胸次，而驱率圣贤之言以从己意，设使义理可通，已涉私意穿凿，而不免于郢书燕说之消。"（《朱子文集》卷四十六《答胡伯逢》第3书，《朱子全书》第22册，第2149页）
[1] 《論語徵》辛卷，第236页。
[2] 《論語徵》戊卷，第60页。
[3] 如徂徕所云："祇二子（按，指子思、孟子）急于持论，勇于救时，辞气抑扬之间，古义藉以不传焉。可叹哉！……大氐后人信息孟程朱过于先王孔子，何其谬也。"（《弁道》第5条，第202页）不过徂徕措辞还比较谨慎："子思去孔子不远，流风未泯，其言犹有顾忌"，"孟子亦去孔子不甚远，其言犹有斟酌。"（同上书，第201、202页）然而既然"古义"在思孟已"不传"，既然思孟被看作程朱的思想渊源，则徂徕之于思孟之批评态度昭然若揭。其实，揆诸徂徕之言论，其对孟子的批判几乎是全面性的，例如："自孟子有性善之说""孟子则主仁义内外之说"（按，严格说来，应是"仁义皆内"）、"孟子则人皆可以为尧舜"（《論語徵》壬卷，第276页）。（转下页）

这就反过来说明，在徂徕的经典解释学中，一以古言古义为准的所谓"古文辞学"与徂徕自身的思想立场之间必会产生一种理论紧张，当他强力推出自己的观念主张时，其所谓的古文辞学立场便无法贯彻始终。也正是在这个意义上，以"古文辞学"来为徂徕学作历史定位并不妥，表面看来，"合古今而为一，是吾古文辞学"似乎是徂徕自己的立场声明，然而究其实质，徂徕学的用心在于通过古文辞学这一手段来建构他的一套有关儒家经典的解释理论，而在这一过程中，徂徕宣称他绝对忠实于古言古义，但他根本无法真正做到这一点，当他掌握了所谓的古言古义之后，欲对儒家经典进行诠释之际，其中已必然有徂徕自身的立场预设。

第二，"以古言征古义"是徂徕经典解释的重要立场，也是其颠覆宋儒形上学的主要方法，他以此立场和方法为依据对朱子学甚至是仁斋"古义学"展开彻底批判，表面看来，徂徕学贯彻的是历史主义立场，因为他是以回归孔子、回归原典、回归古言为旨趣的，似乎一切皆以历史为准绳，然而事实却表明，他的思想有诸多非历史因素（套用渡边浩的说法，徂徕学本身就是一个"反命题"）[1]，因为就其儒学历史观来看，他显然忽视了思想和语言是发展的，进而导致他几乎无视经典诠释及其思想义理也有一个发展过程。一方面徂徕对儒学的诠释融入了自己的思想义理，另一方面他却不允许朱熹或者仁斋对儒学思想有任何创新发挥。他以为自己的经典解释都完全符合古言古义，然而实质上，这又是非历史主义的态度，因为当他反对"以今言视古言"之际，犹如反对"以今视古"一样虽可理解，但他以此为绝对命题，视"古言"为绝对条件，这就有可能走向"以古言视今言"的另一极端，其结果必将造成对古今文化的历史性连续的切割，也使其思想蒙上了非历史

（接上页）故徂徕对孟子的总体判断是："孟子之学，有时乎失孔子之久"，孟子亦"以理言之"（同上书，第 276、277 页）；孟子学之本质则可归结为四个字："以心治心"（《弁道》第 18 条，第 205 页）。关于徂徕的孟子批判非本文主旨，故不能详论，参见徂徕：《孟子识》，《甘雨亭丛书》本，原为七卷，今仅存一卷，收入《域外汉籍珍本文库》第 1 辑经部第 3 册，重庆：西南师范大学出版社，2008 年。

[1] 渡边浩：《近世日本社会と宋学》，东京：东京大学出版会，1985 年，第 197 页。

性的色彩。他相信自己根据阅读经验及其史学素养所建立的"史学标准"就可彻底摧毁宋儒的那套理学形上学，然而他却没有意识到他的批判另有一套"理论标准"在起着更为关键的作用，若非如此，仅凭"史学标准"是无法与理学进行对话的，以"史学标准"为依据的理学批判也根本无法真正撼动宋儒形上学。

第五章　德川日本徂徕学的礼仪制度重建

对荻生徂徕而言，孔子以后的儒学思想、秦汉以后的社会制度，特别是宋儒的形上哲学，几乎没有一样让他感到满意。根据他的观察，所有这些中国问题的思想根源可能都与思、孟(特别是孟子)的"心学"传统有莫大关联，而孟子的最大问题在于先预设"善恶皆以心言之者也"，所以就需要用一个善的心去对治另一个恶的心，这就导致"以我心治我心"——即"以心治心"，其后果将是"譬如狂者自治其狂焉，安能治之"，这就是"后世治心之说"的总根源。徂徕认为，若要克服这一弊端就须按照《尚书·仲虺之诰》"以礼制心"的方法去做，因为这才是"圣人之道"，相反，"外乎礼而语治心之道，皆私智妄作也"[1]。可见，在徂徕的观念中，"礼"与"心"成为一对相克的概念，而"礼"才是纠正孟子心学乃至后儒所有思想弊端的重要法宝。而且根据他的理解，儒家圣人之道的实质便是礼乐，他说："古者道谓之文，礼乐之谓也"，"先王四术，诗书礼乐"，"道者统名也，举礼乐刑政，凡先王所建者，合而命之也。非离礼乐刑政别有所谓道者也"[2]，都清楚地表明礼乐才是圣人之道的具体所指。

---

[1] 以上见《弁道》第18条，《日本思想大系》36《荻生徂徕》，东京：岩波书店，1973年，第205页。上述徂徕的孟子诠释当然是其基于思想立场之上的一种价值判断，若站在孟子学的立场来审视，孟子是否认同"善恶皆心"不免无疑。不过我们没有必要出于为孟子"护教"的心态，去与徂徕争执他的理解有误而我们的理解才符合孟子"本意"，因为弄不好，这种争执将导致以中国儒学去宰制"日本儒学"（或"韩国儒学"），而忽视了儒学在不同地域文化的交涉过程中可以发展出与中国本土儒学之特色不同的儒学理论形态。这是一个涉及"东亚儒学"何以可能的学术问题，非本文所能详论。参见黄俊杰编：《东亚儒学研究的回顾与展望》，台北：台大出版中心，2005年；参见上揭拙文：《试说"东亚儒学"何以必要》《"东亚儒学"刍议——就普遍性与特殊性的问题为核心》。

[2] 分别见《弁道》第17条，第205页；第22条，第206页；第3条，第201页。

事实上，徂徕的思想工作主要分两部分：一是通过复原圣人之道的原貌来彻底颠覆宋儒形上学，一是通过对儒家经典的重新诠释来为制度重建奠定基础。当然，两者是密切相关的。所谓"制度重建"，用他的话来说，叫作"制度建替え"。按徂徕的理解，所谓"制度"便是"礼乐"，还有"刑政"，合起来叫作"四术"或"四教"，乃是先王的四种"道术"。当然，徂徕所谓的"制度重建"是就德川日本社会而言的制度重建，这一点我们却不能忘了。

本文将主要探讨徂徕有关"礼"学及其礼仪制度如何重建等问题的思考，以便了解徂徕学在用"以礼制心"来推翻"以心治心"的同时，他对"礼"又有何具体设想和论述。

一 "礼"是先王之"准据"

我们知道，徂徕自中年转向"古文辞学"并确立了"以古言征古义"的立场之后，其思想唯以先王之道为是，而道又具体展现为礼乐，由于《乐经》已佚而只有《礼经》存在，故对徂徕而言，"礼"便成了他的主要关怀。那么，对徂徕而言，"礼"究竟意味着什么？

不用说，徂徕一贯反对程朱对"礼"的一项规定："礼者，天理之节文，人事之仪则。"[1] 徂徕的定义则是："礼者，道之名也。先王所制作四教六艺，是居其一。"[2] "四教"即礼乐刑政，"六艺"即礼乐射御书数，而礼乐则贯穿于两者之中，故徂徕强调"唯礼乐乃艺之大者，君子所务也"，于是礼乐实际构成了四教六艺的核心。具体言，礼乐的教化作用最明显。他说：

> 盖圣王知言语之不足以教人也，故作礼乐以教之；知政刑之不足以安民也，故作礼乐以化之。[3]

可见，礼乐其实就是圣人实施社会教化的实质内容，也正由此，圣人

---

[1] 朱熹：《论语集注》卷一《学而》，《四书章句集注》，北京：中华书局，1983年，第51页。
[2] 《弁名》"禮"第1则，《日本思想大系》36《荻生徂徕》，第219页。
[3] 同上。

之道不能抽离于"礼"而言。换言之，也可说"礼者道之名"——"礼"便是"道"的内涵规定。

那么，圣人又是缘何而制礼的呢？徂徕以《孔子家语》"夫仁者，制礼者也"为据，以为这句话真是孔子语，进而断言："先王之所以制礼之意在仁焉，是所谓本也。"[1]这可谓是徂徕对仁礼关系问题的一个基本看法。他另有一个明确的说法："先王作礼乐，以仁而已矣。"[2]显然，"仁"被解释为先王制"礼"的依据，这个观察是敏锐的，也是可以成立的，但问题是徂徕对"仁"的理解与中国传统儒学对"仁"的理解有很大差异。一般而言，"仁"作为一种恻隐之心、不忍人之心，乃是人的内在德性，这是孔孟以来的传统见解，但徂徕的定义却将其外在化、政治化。他说："仁，安民之德也。"而"安民"的主体乃是"上之人"——即在位之君，故"仁者君道也"[3]，"君道"则是"安民之道"，这就抽去了"仁"的内在德性义，而被外化为政治意义上的"君道"，成了君主"安民"的统治术。尽管传统儒学有"仁民爱物"及"仁政"这一政治向度，但从根本上说，"仁"首先是内在于人心（包括君主之人心）中的德性，这是不容置疑的。然而在徂徕，与其对"道"的非道德化解释一致，他对"仁"的道德化解释也是断然不能接受的。

然而，既然仁是"安民之德"，那么何谓"德"呢？在徂徕，"德"绝非抽象的内在于人心中的德性。从字义上讲，"德者得也"，但是这个"得"并非像朱熹理学所理解的那样，是"得"诸天性、禀受于天命而内在于人性的意思，"得"是通过后天的"养"而实现的，这是其一；其二，"德"是随性而有，是人性中的一种品德表现，但是由于"性人人殊"——即人性并不存在一种抽象的本质同一，所以"德亦人人

---

[1] 《論語徵》乙卷，《荻生徂徠全集》第3卷，东京：みすず書房，1978年，第107页。《論語徵》甲乙丙丁四卷收入《荻生徂徠全集》第3卷，戊己庚辛壬癸六卷收入《荻生徂徠全集》第4卷，以下仅注卷数及页码。

[2] 《論語徵》乙卷，第102页。

[3] 《論語徵》辛卷，第236页。

殊"——德的表现也因人而异[1]。故在徂徕，"性"或"德"都不是一种人之本性的概念，所以无所谓善也无所谓恶。由此，徂徕在人性问题上非常坚决地站在告子一边，甚至认为荀子为纠正孟子性善之偏而提出的性恶说也不免导致另一偏向，有一种为与孟子争名而意气用事之倾向。以上便是徂徕有关"性"和"德"之问题的基本思路[2]。

至于"德"与"礼乐"的关系，相对于"诗书者，义之府"而言，"礼乐者，德之则"，意谓礼乐是成"德"之关键，徂徕甚至强调：

> 凡先王之道，礼尽之矣。不知礼则无以立于君子之间，三代之世为尔。故学礼则可以立也。[3]

这个说法有点绝对，意谓在诗书礼乐当中唯有"礼"可以涵盖"先王之道"的所有内容，人之所以能挺立于君子之间的依据就在于"学礼"。不用说，从经典的角度看，"礼"主要指《仪礼》《周礼》和《礼记》"三礼"，这是徂徕特别在意的三部经典，他甚至认为对士人而言，必须精通"三礼"：

> 不佞之求古，必以事与辞，事莫详于三礼，故不佞以为士不

---

[1] 如："德者，得也。谓人各有所得于道也。或得诸性，或得诸学，皆以性殊焉。性人人殊，故德亦人人殊焉。……如《虞书》九德，《周官》六德，及《传》所谓仁智孝弟忠信恭俭让不欲刚勇清直之类，皆是也。"(《弁名》"德"第 1 则，第 212 页）
[2] 如徂徕所言："'性相近，习相远'也，性者性质也，人之性质，初不甚相远，及所习殊，而后贤不肖之相去遂致辽远也。……故诚有善恶，而孔子之意专谓及学而为君子，而后其贤知才能与乡人相远已。未尝以善恶言之也。……自孟子有性善之言，而儒者论性，聚讼万古，遂以为孔子论性之言，而不知为劝学之言也。"(《論語徵》壬卷，第 276 页）在他看来，孔子之言性最为的确，其旨意在"劝学"而非以善恶论性。因为性之善恶取决于"学"，故学善则为善人，学恶则为恶人，至于人为何必然学善或学恶，则不能以抽象的人性善恶论来决定，而应归结为人性之"质"。"质"因人而异，故"性"亦因人而异，性各不同（"性人人殊"），故德亦各不相同（"德亦人人殊"），若欲成就其德，关键在"学"。其云："德以性殊，故有多品，然必学以成之，然后可以为德"（《論語徵》壬卷，第 287 页）。及其成功也，"各成其德，各达其材"（《徂徕集》卷二十四《復水神童》第 2 书，《近世儒家文集集成》第 3 卷，东京：ぺりかん社，1985 年，第 258 页）。由人性"多类"、道为"多端"（《弁道》第 7 条，第 202 页），故社会形态、礼乐文化也是多元多样的。
[3] 《論語徵》辛卷，第 270 页。

通三礼，不足以为好古也。[1]

可见，对徂徕而言，"三礼"之重要不言而喻。只是"三礼"之有书的形式则始于孔门，在此之前，只是口耳相传而已：

> 如孔子以前，则诗存人口，礼乐皆以人传之，所谓"文武之道未坠地而在人"（按，见《论语·子张》）是也。是皆未尝有书者审矣，而礼之有书，自孔门始，其事见《戴记》（按，指《礼记·杂记》"士丧礼于是乎书"）。今观《仪礼》十七篇，直录升降进退器数之详，而未尝言义理，迥异于后儒所见，则所谓礼经者真耳。[2]

这是说，礼乐虽是圣人之道，但礼以书的形成出现，则在孔子时代，笔之于书，乃是孔门弟子。这是徂徕对"礼"经的基本看法。然而尽管礼之成书甚晚，但是礼之所言均为古言，而且是圣人所立，这一点不容置疑。所以他说：

> 道之大端有二：曰礼曰义。礼，圣人所立也；义，亦圣人所立也。[3]

不过有时徂徕又断言"礼"都出自孔子之言："凡周之《礼》《戴记》诸书所载，皆孔子言之，而后门人得书之者耳。"[4]

须指出，在"三礼"当中，徂徕尤为注重《礼记》，目前没有证据表明徂徕对《仪礼》和《周礼》有过专门研究，但他在《论语征》这部代表著当中，引用《礼记》之说的频度相当高，而且他相信其中的孔子语都是真正的孔子语而不用怀疑。要之，徂徕有一个结论性的判断："礼者先王所立以为极也。"[5]关于这一点，他在《辨道》中阐述

---

[1] 《徂徕集》卷二十四《復水神童》第2书，第261页。关于"事与辞"，由该书所载徂徕之言可知其基本立场："不佞謂：詩書，辞也；禮樂，事也。"（同上书，第259页）
[2] 同上书，第259页。
[3] 《徂徕集》卷二十四《復水神童》第1书，第257页。
[4] 《論語徵》辛卷，第271页。
[5] 《論語徵》乙卷，第108页。

得更为明确：

> 先王所以纪纲天下立生民之极者，专存于礼矣。知者思而得焉，愚者不知而由焉，贤者俯而就焉，不肖者企而及焉。其或为一事出一言也，必稽诸礼，而知其合于先王之道与否焉。故礼之为言体也，先王之道之体也。[1]

此处"极"字源自《尚书·洪范》"皇极"一语，徂徕训"极"为"礼"，这是他的一个创见。一般而言，汉儒训"极"为"中"，直至宋代朱熹之前，这个解释一直是主流解释。但徂徕认为"极"虽有"中"之意，但不能以"中"释"极"，严格说来，应以"准据"释"极"，而能成为"准据"者，非礼莫属。他说：

> 极者，谓先王立是，以为民之所准据者也。……《大学》曰："是故君子无所不用其极。"《周礼》曰："以为民极。"《洪范》曰："皇建其有极。"《祭义》曰："因物之精，制为之极。"皆是也。汉儒训极为中，盖先王建之，以使贤者俯就，而不肖者企而及之，故极有中之义，非直训中也。朱子以为"至极"之义，是其意谓人君躬行人伦之极以为万民标准也。先王之道，立人所皆能者为教，岂至极之义哉？祇人所皆能者莫至焉，则亦在所见如何耳。然极字之义，以准据为主意，它皆傍意，如北极，亦人所以为准据也。[2]

徂徕注意到汉儒及朱熹对"极"的不同解释，而他所说的"准据"义则显然有取于朱熹的"标准"义。朱熹的"皇极"解释详见其文《皇极辨》，徂徕显然读过此文，至少他对《朱子语类》所载"皇极"解释是熟悉的，尽管"标准"与"准据"仅一字之差但其意实无差别。

可是，徂徕对朱熹释"极"为"至极之义"并不认同。说穿了，

---

[1] 《辨道》第22条，第207页。
[2] 《弁名》"極"第1则，第248页。

这是因为在"极"字的诠释背后，徂徕与朱熹所欲表明的观念其实存在重大差异。朱熹之意在于要求人主须通过"正心诚意"等一套道学工夫的实践，为天下树立道德楷模[1]，而徂徕之意则在于强调作为圣人之道的"礼"乃是约束万民之行为的"准据"，可见，"极"的字义解释虽相近，然其背后所蕴含的旨趣则相去甚远。

事实上，徂徕之所以对朱熹的解释非常不满，其因在于徂徕反对以抽象的"至极"或道德来理解"标准"，而坚持将"礼"设定为"准据"，故他又有"先王立极，谓礼也"之说。据此，他对仁斋"以孝弟仁义谓为规矩准绳"的观点也非常不满，指出："果若是乎，则人人自以其意为孝弟仁义也。亦何所准哉？可谓无寸之尺，无星之称也。"[2] 可见，徂徕对于宋儒以"事理当然之极"、对于仁斋以"孝弟仁义"来分别解释"先王立极"都示以强烈反对。在徂徕看来，宋儒的形上化解释以及道德化解释，必将导致严重后果：人人自以为先天自然地就已充分具备"孝弟仁义"，故一切行为正确与否的判断"标准"就在自己心中，如此一来，"标准"就成了"无寸之尺，无星之称"，其实也就无所谓"标准"可言。

徂徕认定先王的"礼"才是真正的"规矩准绳"，是一套外在的制度，而非内在的"性"或"德"，故云："如礼者，经所言皆礼乐之礼，程朱以为性，仁斋以为德，岂非强乎？"[3] 依徂徕，内在德性只是一种私人性的个人标准，而"礼"才适以成为社会性的共同标准，如同"道"具有普遍性一样，"礼"也具有相应的普遍性，而"性"只是特殊性的概念。要之，徂徕所言"礼者先王所立以为极也"的"极"正是一个普遍性概念，他将此喻作"北极"，也正表明了这一点。但是礼的普遍性落在具体的社会当中，必然受到社会文化历史的限制，因而就带有具体性——从而表现为礼的现实化问题。

---

[1] 关于朱熹的"皇极"解释，参见拙文：《宋代政治思想史上的"皇极"解释——以朱熹〈皇极辨〉为中心》，《复旦学报》2012年第6期。
[2] 《弁道》第22条，第202页。
[3] 《徂徕集》卷二十八《復安澹泊》第3书，第303页。

二 "礼"的现实化问题

如果说，礼是先王所立的"准据"，是人人得以遵守的行为准则，从而使得"礼"获得了一种普遍性，那么这是否意味中国的"礼"也可同样适用于日本？换言之，"礼"既是普遍的，那么"礼"是否就有通行天下而不受时空限制的魔力？徂徕的回答当然是否定的。因为在他看来，"礼"毕竟是一种制度，而制度总是具体的，故必然是因地制宜、随时变易的。换言之，制度是随着历史的变化而必然发生变化的，所以作为行为之"准据"的礼虽有普遍意义，但这种普遍性又是具体的、历史的，而与"事理当然之极"的抽象普遍性有根本不同。为更进一步了解徂徕的这个观点，有必要考察徂徕对"礼"的现实化问题有哪些主要看法，而作为具体案例，我们将从徂徕对朱熹《家礼》的一些看法说起。

有研究表明《家礼》一书至迟在室町时代（1336—1573）中期即已传入日本。具体地说，应定在室町幕府的足利时代中期即15世纪为宜，然而《家礼》在理论和实践这两个层面上同时引起重视则在德川时代以后[1]。我们的主人翁荻生徂徕不仅熟知《家礼》，而且还曾付诸实践，宝永二年（1705）徂徕为安葬其妻便采用了《文公家礼》[2]。不过，徂徕家族在葬礼问题上的态度似乎并不是以儒教为一元的，据载，其祖母及母亲的葬礼按照的则是佛教仪式，祖母葬于佛教的园顿寺，取戒名为"丽心院"，而其母的戒名则是"朝云院高岩春贞

---

[1] 以上参见吾妻重二著、吴震编：《朱熹〈家礼〉实证研究——附宋版〈家礼〉家校勘本》，上海：华东师范大学出版社，2012年，第192—193页。据吾妻考察，至少有以下这些德川早中期有关《家礼》的论著值得注目：伊藤仁斋《読家禮》、山崎闇斋（1619—1682）《文会筆録》卷一有关《家禮》笔记、三宅尚斋（1662—1741）《朱子家禮筆記》、浅见絅斋（1652—1711）《家禮師説》及《通祭丧葬小記》、若林强斋（1679—1732）《家禮訓蒙疏》、室鸠巢（1658—1734）《文公家禮通考》、新井白石（1657—1725）《家禮儀節考》等，参见上揭吾妻论著，第54—74页。
[2] 参见徂徕《嫔三宅氏墓志》，然该文所述甚略，仅末尾一句："后事请于官，一遵《文公家礼》云。"（《徂徕集拾遗》上，第345页）另据逸名氏抄本《徂徕先生年谱细君墓表神主一卷》（关西大学泊园文库藏）所收《徂徕先生配三宅氏孺人之墓代》载：在"后事一遵《文公家礼》"一句后，尚有一段记录："门生田中省吾题铭其碑。铭曰：生为儒者妻，死获儒者葬。……"（引自今中宽司：《徂徕学の史的研究》，京都：思文阁出版，1992年，第8页）

大姊"。[1] 然而有趣的是，徂徕弟子北溪（1669—1754）逝世后，其家族设计的"木主"是依《家礼》而制的，可见实行的应当是儒葬[2]。徂徕自己也有一些礼制论著，如《答松子锦问神主制度》一文以及《丧礼略》和《祠堂式及通礼微考》两部专著[3]，由此可见徂徕的确认真思考过重建"礼制"的问题，尤其关注的是"神主""丧礼""祠堂"以及《家礼》中的"通礼"问题，而这些问题无一不是朱熹《家礼》中的核心问题。

不待说，与《仪礼》及《周礼》主要涉及上层文化的礼仪问题不同，《家礼》的出现意味着长期以来"礼不下庶人"的局面发生了根本性的改观，制定了士庶两层均可通用的冠昏丧祭之礼仪，而《家礼》的这一性质也是使其得到日本儒者（尤其是朝鲜儒者）之重视的缘由所在。由此也表明朱熹并不只是关注心性理气等形上问题，他对儒学如何在社会生活中加以落实等现实问题也从来不缺乏热心，而朱熹对礼学的理论关怀也在《仪礼经传通解》这部巨著中得到体现[4]。然而徂徕一方面在自己

---

[1] 分别参见上揭《徂徕先生年谱细君墓表神主一卷》所收《徂徕先生年谱》《母儿鹿氏墓碑铭》，引自上揭今中宽司论著，第8、9页。
[2] 参见上揭吾妻重二《朱熹〈家礼〉实证研究》第5章"木主考"附图6"荻生北溪木主"，第175页。
[3] 均见《徂徕集》卷二十八以及《荻生徂徕全集》卷十三，东京：みすず书房，1987年。《丧礼略》以《家礼》"丧礼"为蓝本，参考了明徐一夔《大明集礼》等后世礼书；《祠堂式及通礼微考》涉及祭礼中的祠堂问题以及通礼问题，全文仅三叶，内容简略，主要是对《家礼》"通礼"的敷衍解说，被附于《丧礼略》之后。关于《丧礼略》及《祠堂式及通礼微考》的版本情况，可参见池田末利的《解题》，见《荻生徂徕全集》卷十三，第446—469页。
[4] 朱熹《通解》将《仪礼》17篇分成六大类：家礼、乡礼、邦国礼、王朝礼、丧礼、祭礼。但朱熹只完成了前四类，后两类则由其弟子黄榦与杨复补写完成。参见上山春平：《朱子〈家礼〉と〈仪礼经传通解〉》，原载京都大学人文科学研究所《东方学报》第54号，1982年，中文版见吴震、吾妻重二主编：《思想与文献——日本学者宋明儒学研究》，上海：华东师范大学出版社，2009年。徂徕津津乐道的"礼乐"，根据《仪礼经传通解》，属于第三类即"邦国礼"。然在徂徕，"礼"被提升到圣人之道的高度，理应囊括"三礼"整体，具体可分"曲礼"和"经礼"两个部分，分指礼仪规范以及礼义思想，此说显然源自《礼记》"经礼三百，曲礼三千"之说。但是徂徕批评朱熹"不识礼"，这显然忽视了朱熹《仪礼经传通解》这项工作的重要性。有趣的是，到了徂徕后学这一情况发生了根本改观，以服部南郭（1683—1759）为中心而组织的"三礼"文献"会读"显示出礼学研究被提到了新高度，根据其"会读"心得，他们竟然发现还是朱熹的礼学最可靠，如："朱子学问甚为可靠"（《文会杂记》卷二上），"朱子《经传通解》纠正《注疏》之误甚多"（同上），"朱子学问坚实无比，非后世理学家所能及"（同上书卷二下），"朱子《仪礼通解》亦觉甚佳"（同上），以上《文会杂记》原文引自上揭吾妻重二《朱熹〈家礼〉实证研究》，第62页。

的礼学著作中对《家礼》多有援引,另一方面却断定宋儒"疏于礼""宋儒不问礼,动求诸心,妄也","宋儒不知礼","宋儒不知礼乐"[1]等等。此宋儒当然主要指程朱,故其又云:"至于程朱解礼乐,专以序和为言,是其意以礼乐为粗迹,以其理为精微。"[2] 仿佛程朱只讲理而不讲礼,即便讲"礼"也是被置于"理"之下,结果把"礼"讲粗了。

那么,到底程朱如何把礼的问题讲粗了呢?在徂徕看来,问题就出在宋儒(含仁斋)把"礼"往"理""性""德"等概念上靠,做了一番抽象化的概念转换,而徂徕则坚持认为"礼"就是圣人之道的"礼乐"制度之礼而非抽象的天理或内在的德性。在礼的具体问题上,徂徕对程朱之"礼"的攻击主要集中在两点:"神主制"(祭祀时所用的"牌位""木主",前者为一般士人及庶民所用,后者则为官僚士大夫所用)和"祭四代"(祭祀祖先至高祖为止)。他在与安积澹泊(1556—1738)的6封书信中反复讨论了"礼"的问题[3],其中说道:

> ……又如《家礼》神主制,长尺有二寸,象十二月,凡《礼》用十二,唯天子为然,祭四代,唯诸侯为然,伊川乃用诸庶人,岂非僭邪?大氐孔子时学问,专用力于礼,而宋儒不尔。[4]

此处"《家礼》神主制"的提法不完全正确,《家礼》中并无"神主制"

---

[1] 分别见《徂徕集》卷二十八《復安澹泊》第3书,第303页;《論語徵》戊卷,第69页;同上书戊卷,第86页;同上书庚卷,第161页。同时,徂徕斥责仁斋也有同样的毛病:"仁斋亦不识礼乐也。"(同上书庚卷,第189—190页)

[2] 《弁名》"礼"第1则,第219页。"序和"盖谓程朱过于强调《论语·学而》"礼之用,和为贵"而忽视了该段下文孔子所说的"以礼节之"这一重要层面,在徂徕看来,节制人之行为的"节之"才是礼乐之本质所在。

[3] 安积澹泊《澹泊斋文集》(《續續群書類叢》第13册,东京:国书刊行会,明治四十二年刊本)则有7封与徂徕的书信。两者的书信往来于享保七年(1722)至享保十二年(1727)之间。安积澹泊为朱舜水弟子,水户藩儒,曾在水户藩主德川光圀的领导下主持编修第一部用汉文撰述的纪传体日本国史《大日本史》,于享保五年(1720)完成250卷,上呈幕府。后来又经后人不断续修,整个编纂过程自明历三年(1657)至明治三十九年(1906),历时二百五十年,内容自神武天皇讫至南北朝末期的小松天皇,篇幅扩充至397卷。

[4] 《徂徕集》卷二十八《復安澹泊》第3书,第303页。在《復安澹泊》第5书中,徂徕强调上述对程朱祭礼的两点反对乃是自己的发现:"称祭则四代為僭,称主则尺有二寸為僭,是不佞之说也。"(《徂徕集》卷二十八,第305页)

一篇，仅在卷首附有"木主全式"（又称"神主式"）一图，蹈袭的是程颐《作主式》（《河南程氏文集》卷十），其中确有"高尺有二寸，象十二月"一句。徂徕认为"十二"这个数字不能随便乱用，因为在《礼》经中，凡"十二"之数均为天子专用，故"伊川制"显然有僭越天子之重大嫌疑。至于"祭四代"，涉及祖先祭祀应当祭几代的问题，在宋代，祭三代乃是主流见解，根据北宋不同时期的礼制规定，祭四代须是官一品或正二品以上的官员才有资格，然而程颐和朱熹却力主祭四代，甚至还有祭始祖的主张，显得格外突出[1]。朱熹后来也意识到"古者官师只得祭二代"，所以不仅祭始祖不免僭越，"遂不敢祭"，甚至"祭四代已为僭"[2]，故在《家礼》中改变了想法，从祭祀对象中去除祭始祖，但在实际操作中，朱熹根据"损益"原则，仍然主张可以在墓祭时不妨祭始祖，并在家庙中保留"一堂四龛"制。

然而徂徕却认为"祭四代，唯诸侯为然"，这是有《仪礼·丧服传》等文献根据的，他指责祭四代为"僭越"也并没有夸大其辞。但是程朱制定"家礼"的目的不在恢复"古礼"，毋宁是在参酌"古礼"的基础上，针对自古缺乏士庶阶层通用的祭祀礼仪的现象，从而重新制作一部社会基础更为广泛的礼仪新规范，故不宜一概以《仪礼》这类以天子或王公贵族为对象而制定的礼仪规范来加以苛责。徂徕则坚持他"圣人作者之谓也"的信仰，认定礼乐制度非圣人不可作，故朱熹贸然制定"家礼"的行为本身就已经大大冒犯了"圣人"[3]，这就近乎是一种儒教原教旨主义的态度。其实徂徕此说与伊藤仁斋（1627—1705）批评朱熹擅自制定"家礼"的说法如出一辙[4]。不过正如后述，徂徕将"礼"

---

[1] 关于这一问题，详参吾妻重二《朱熹〈家礼〉实证研究》第4章"宋代的家庙与祖先祭祀"第3节"关于祭祀的范围"，第144—148页。
[2] 《朱子语类》卷九十，第2318页。
[3] 如："不佞曰：以制禮言之，程朱之擬聖人，非也；以伝禮言之，程朱之乱古制，非也。"（《徂徕集》卷二十八《復安澹泊》第6书，第307页）
[4] 仁斋以《中庸》"非天子不議禮，不制度"为依据，痛斥"有宋諸儒多定禮書"，"輒非为道而實賊道之具也。"（《古学先生文集》卷六《読家禮》，古义堂刻本，第15页下—第16页上）并批评朱熹："若使文公以其禮着喪祭之禮，而酌古通今，以为自行之儀，而無意于为後学之規，則不亦善乎。而後之学者又当取以为法也。惜哉，其不知出于此，而還欲自定天下後世之禮，其亦謬矣！"（同上书，第17页上）《古学先生文集》刊于享保二年（1717），徂徕或当寓目。

分成三个层面,在"行礼"层面上,徂徕也主张可以"斟酌己意""求合人情"而不能"责其必合先王之礼"。

值得深思的是,徂徕自己在《祠堂式及通礼微考》这篇短文所设计的"牌位"中,规定"主龛"之上分别自左至右赫然设立"始祖、二代、三代、四代"四龛,俨然是"一堂四龛"制,亦即朱熹《家礼》卷一"通礼·祠堂·为四龛以奉先世之神主"条的翻版。可见,徂徕在经典解释学上对程朱"祭四代"或"祭始祖"之主张批评虽严,然在具体的礼仪层面上,他不但主张祭祖先,且认为可以"祭四代"。当然,徂徕的这项设计要把朱熹的《家礼》借用到日本社会当中,使之成为日本社会丧祭礼仪方面活学活用的典范。

问题是,徂徕何以不参酌日本上古时代的"古礼"而要"隐蔽"地参酌他所"痛恶"的朱熹所作的《家礼》呢?这个问题颇为复杂,简单而言,所谓日本上古之礼,或许只是一种历史想象,徂徕根据他对中日上古史的通盘了解,认为"日本古礼以圣人之礼为本",意谓在文化原型的意义上,上古日本也肯定存在与中国"圣人之礼"一样的礼,但他承认这些古礼早已失传,现在连痕迹都找不到了[1]。这就不免令人怀疑,既然当今已不存在,徂徕又以何为据来判定上古中日两

---

[1] 原文为:"日本ノ古禮モ聖人ノ禮ヲ本トシ玉フ",それが"今ハ迹方モナク成タル也。"(《政谈》,《日本思想大系》36《荻生徂徕》,第413页)不过,如果"礼"包括"礼乐"两个方面的话,那么徂徕认为许多隋以前的"古乐"却在日本得以保留,他甚至认为这些古乐可以"断为三代遗音也"(《徂徕集》卷二十三《復薮震庵》第4书,第245页),具体物证是他从民间访求而得的《猗兰琴谱》,徂徕据此推断:"乃知古楽中華失伝,而我邦有之。"(同上书,第246页)该《琴谱》现存于日本宫内厅(田尻祐一郎:《音楽·神主と徂徕学——薮慎庵·安積澹泊との往復書簡をめぐって》,日本东北大学《日本思想史研究》第14号,1983年,第22页)。其实,类似见解在徂徕之前就已存在,如熊泽蕃山指出,中国人精通音乐者多,故每个朝代不断修改音乐,于是逐渐丧失其本,而日本制乐较难,反而使得古乐得以完整保存(参见《集義外書》卷十五《雅楽解》,《(增訂)熊澤蕃山全集》第2册。持有相同观点者在江户时代不乏其人,如太宰春台的再传弟子山县大弍(1725—1767)亦认为,不仅古乐,而且"古道"也同样"亡于"中国而"存于"日本,只是不在武家而在朝廷(参见其著《琴学発揮》卷上《温故》,转引自大川真:《近世王権論研究の新たな視座——文武論をてかがりとして》,日本东北大学《日本思想史研究》第36号,2004年,第35页)。值得一提的是,朱熹也承认唐以后"古乐"已不复可考:"自唐以前,乐律尚有制度可考,唐以后,都无可考。"(《朱子语类》卷九十二,第2342页)"南北之乱,中华雅乐中绝。"(同上)"今之乐皆胡乐也,虽古之郑卫,亦不可见矣。"(同上书,第2347页)

国存在着同样的"礼",对此问题,其实徂徕已经无法回答。其实,所谓日本古礼,主要指天皇或公家的社会阶层存在的贵族之礼,而在士庶社会中,自古就不存在丧祭之礼,例如宝永七年(1710)由水户藩儒制定并上呈给幕府的《礼仪类典》这部礼书卷帙堪称浩大,共1千卷,其中就有大量平安时代以来朝廷及公家举行重大礼仪的相关记录,但显然与士庶社会的丧祭礼仪无关。对徂徕而言,他不得不承认"吾邦"日本的"先王"没有指定丧祭礼仪,因此在如何制定"神主"或"神版"等问题上就使其颇为费心,他说:

> 吾邦先王不定丧祭礼,今国家复无定制。君子之生于斯邦也,亦行己之志,以俟后圣人,苟非中礼,可以为王者师,如之何,其可也?茂卿谨按,主与版,意谓自别,主者庙之主也,有庙有主,无庙无主,毁庙藏焉瘗焉,所以寓神也。故六孔相通,神集于虚。初丧无主,则设魂帛,师行载毁庙主,无毁庙主则以币及主祭之。奉而出以代之,是岂有题识乎?[1]

所谓"主与版"是指神主与神版。"神主"与家庙有关,"无庙"则无须设"神主",一般说来,在唐代之前士大夫阶层并没有建"家庙"的制度;至于"神版",在历史上最为著名的是〔晋〕荀勖所制的"神版",为一般士人及庶民所使用。开首所云"吾邦先王不定丧祭礼,今国家复无定制",讲得是公认的一项事实[2]。从上引这段文字看,徂徕关心的是如何制定当时日本并无定制的丧礼以及与此有关的"神主"。

关于这一问题,徂徕与澹泊之间的往来书信有反复讨论。这场讨论的背景大致是:澹泊侍奉的水户藩主德川光圀(1628—1700)以及澹泊师朱舜水(1600—1682)都热衷于"儒礼"改革,特别是光圀还按照《家礼》及中国礼仪为其家族在水户城建造了儒式墓地,并亲自撰述《丧葬仪略》,颁发给藩士及家臣,以图在水户藩推广儒家礼仪的实

---

[1] 《徂徕集》卷二十八《答松子锦问神主制度》,第308页。
[2] 例如在丰臣秀吉入侵朝鲜后被虏至日本的朝鲜儒士姜沆(1567—1618)便惊讶地发现"日本素无丧礼"(姜沆:《看羊录》,朴钟鸣译注,东京:平凡社,1984年,第183页)。

践[1]；与此同时，澹泊正在主持"大日本史"的编纂工作，对日本历史上的各种制度问题例如度量问题应当很熟悉，而徂徕若要重新制作神主，必涉及中国古代的尺寸如何转化为日本的尺寸等技术问题[2]。正是在这样的背景下，故徂徕与澹泊之间的礼制讨论最为广泛和深入。值得注意的是，安积澹泊在回复徂徕《复安澹泊》第3书时的一个说法：

> 至于神主，府下士人，家家多所有，其制不合于礼。祭四代为僭，则凡为人子者，必有所不安矣。尝闻司马温公据荀勖《礼》作牌子，伊川杀诸侯之制，作神主，又以仪起始祖之祭。朱子后来觉似僭，不祭始祖，而祭四代。及作主之制，一从伊川之说，则朱子亦不免有疏漏处乎？此非敢轻议古人，亦欲考究切近之事也。今士人家不用木主而用牌子可乎？温公之制可据乎？或别有式乎？倘用木主，则其制如何而可乎？但祭祖祢，不及高曾为得乎？冀暇日命侍史劄记足下祭享之礼，及木主之式见投，则何贶如之，千万恳祈！[3]

他向徂徕介绍道，在水户藩内的士人，几乎家家都有"神主"，只是其制作并不完全合乎礼制，故在书信末尾，澹泊向徂徕请教了一系列有关丧礼的问题，希望得到徂徕的《木主之式》的大著，这大概是由于澹泊听闻徂徕已完成《丧礼略》或《祠堂式》等论著。书信中谈到有关伊川《作主式》以及朱子《家礼》中的相关议论，还有"祭四代"等问题，澹泊对此也表示有所不满，以示对徂徕意见的赞同。在

---

[1] 关于德川光圀与朱舜水的礼制改革，参见吾妻重二：《水户德川家と儒教儀礼——祭礼を中心に》，载《アジア文化交流研究》第3号，大阪：关西大学アジア文化交流センター，2008年，第219—245页；徐兴庆：《朱舜水与德川水户藩的礼制实践》，台湾大学《台大文史学报》第75期，2011年，第161—179页。朱舜水在这场儒礼改革运动中，撰有不少有关礼仪的重要文章，可参《朱舜水集》，北京：中华书局，1981年；《朱氏谈绮》，上海：华东师范大学出版社，1988年。

[2] 参见《徂徕集》卷二十八《復安澹泊》第6书。徂徕著有《度量考》一书（见《荻生徂徕全集》卷十三），其弟荻生北溪著有《衡考》，后合为《度量衡考》三卷，于享保十九年（1734）刊行。

[3] 《澹泊斋文集》卷八《答荻徂来书》第4书，第414—415页。

接下来的《答荻徂来书》第 5 书中，澹泊向徂徕透露自己家族"据《家礼》而修祭祀者""据伊川式制木主以来"已经有"六七十年"的历史，并竭力主张士庶祭祀还是应以《家礼》为准，指出："推之而言，府下之士皆然，岂啻府下，四方之士遵用《家礼》皆当然。"[1] 可见，在徂徕之前，至少在水户藩的儒士阶层，依照《家礼》实行祭祀已经很普遍。

值得注意的是，徂徕在面对"礼"如何现实化的问题之际，提出应将"礼"划分为"制礼""传礼""行礼"三种不同层次来分别思考[2]。事实上，"行礼"一说正是徂徕为应对"礼"的现实化问题所提出的一个重要观点。"制礼"当然属于"三代圣人"之事，"传礼"则是指"仲尼之徒"所作的各种礼书如《礼记》之类，问题是在"行"的层面上人们究竟应当怎么做？徂徕首先指出在"行礼"层面上，存在"古今华夏之分"，他说：

> 至于行礼焉者，乃有古今华夷之分焉。古之时，夏之礼不得行诸殷，殷之礼不得行诸周，周以后皆然。异代之礼，悖时王之制，臣子所不得为也。故繁文末节之至琐屑，或如可不必拘者，虽仲尼之圣，亦皆详问而固守之，凡《戴记》诸书所载，所以钦时王之制也。是古之行礼焉者为尔，后世则殊是。

这是说，"行礼"是随着时代及地域之不同而有不同的，因此应当随时变易，不可执定不变，由夏至殷而至周莫不皆然，讲的似乎是大道理。然而作为随时变易的"行礼"由谁来制定，这却是一个大问题，徂徕指出：

> 故世之行礼者，于其无时王之制者，则不得已。遥取先王之礼，以己意斟酌以行之，如温公、朱子是也。既已斟酌，岂责其

---

[1]《澹泊斋文集》卷八《答荻徂来書》第 5 书，第 422 页。
[2] 关于这个三分法，有学者指出，并不见诸徂徕的名著《弁道》《弁名》以及《論語徵》中，参见田尻祐一郎：《音樂・神主と徂徠学——薮慎庵・安積澹泊との往復書簡をめぐって》，载日本东北大学《日本思想史研究》第 14 号，1983 年，第 26 页。

必合先王之礼乎？

"温公"指司马光的《书仪》，"朱子"则是指朱熹的《家礼》，这两部宋代最著名的礼书乃是"遥取先王之礼，以己意斟酌"而制定的，既然是"斟酌"，那么就不必尽合"先王之礼"，这里突出了"斟酌"的重要性。如何"斟酌"呢？例如日本：

> 况吾邦先王不制丧祭之礼，是以世之人莫有所遵守，则又苦于三代先王之礼难读，乃近取朱子《家礼》，而代殊土殊俗殊，故亦不得一一遵守以行之，则又必以己意斟酌其所宜，而后始得行之。

这是说，日本现在流行使用朱子《家礼》乃是不得已而为之，但是由于中国与日本之间存在"代殊土殊俗殊"的巨大差异，所以不能死搬硬套《家礼》，而应当"以己意斟酌其所宜"，亦即应当考虑日本的特殊性而加以必要的转变。的确，《家礼》所涉及的冠昏丧祭四个方面的礼仪传入日本后，被日本儒者所吸收容纳的其实大多只有"丧祭"部分，因为"冠昏"礼仪显然与日本社会的习俗相距甚远，因此德川儒者对此几乎没有关注。

不过问题的关键还是如何"斟酌"，对此，徂徕根据《礼记》等记载，指出斟酌的依据在于"人情"，他说：

> 夫斟酌者何？求合人情也。传曰："非从天降也，非从地出也，人情而已矣。"（按，语见《礼记·问丧》）则圣人之制礼，本于人情矣。故今行礼而求合人情，可谓弗悖已。……昔者宰我欲短丧，仲尼曰："女安则为之。"（按，语见《论语·阳货》）虽责辞乎？然其所期必在心之安已。今足下以心之安不安为说，可谓知礼之意已。不佞乃谓程朱之礼，使其自行之而已，亦何不可也？

可见，所谓"斟酌"无非就是要求"合人情"，特别是徂徕以孔子答宰我"三年之丧"的问题时所说的"女安则为之"为据，提出了"心之安"这一心理活动才是最终判断如何"行礼"的依据，至于徂徕对孔子的这句话存在严重误读，我们会在后面再谈，有趣的是，徂徕在行礼的层面上竟然认可了程朱之礼，认为亦不妨依此为之。关于这一点，徂徕还有进一步的阐述：

> 不佞曰：以制礼言之，程朱之拟圣人，非也；以传礼言之，程朱之乱古制，非也；若以行礼言之，程朱之礼亦可，世俗之礼亦可，特以己心斟酌先王之礼亦可。夫先王之礼既不可全行于今，则人人以己心所安断之可也。人异性，心如面，其心所安，人人而异，庸何伤乎？祗人安于习，故习于世俗之礼者，不以程朱所定为安，亦犹足下以程朱之制为安也，是亦不可不知如此。[1]

可见在"制礼"和"传礼"的问题上，尽管徂徕对程朱的批判甚严，然而在"行礼"问题上，徂徕表现出一种相当灵活的态度，其实这种态度在日本吸纳和改造中国儒学的过程中毋宁是一种常态。例如早徂徕一代的朱子学者山崎闇斋（1618—1682）就曾强调："朱子既多用俗礼，能考古礼，深酌其意而行诸时宜者，可谓儒者之事也。"他甚至假设朱子若生于日本，那么朱子亦肯定会根据日本情况来制作《家礼》，因此"拘泥于《家礼》，绝非所谓善得朱子之旨而用《家礼》者也。若能得礼之本，据事实之宜而行之，可谓得朱子之本意也"[2]。换言之，善得朱熹之本意者，就应当对其《家礼》活学活用并根据日本之时宜而加以适当修正。其实，这层道理不惟闇斋、徂徕知之，朱熹又何尝不知，如其曰："某尝说，使有圣王复兴，为今日礼，怕必不能悉如古制。今日要得大纲是，若其小处亦难尽用。"[3]

特别值得一提的是"人异性，心如面"这一可谓是徂徕学的独特"心性论"，他强调人性人心是具体的特殊的，人人不同，各各有异，

---

[1] 以上所引《復安澹泊》第6书，均见《徂徕集》卷二十八，第306—307页。
[2] 若林强斋（1679—1732）：《家禮訓蒙疏》卷一《通禮》，引自吾妻重二：《家禮文獻集成·日本篇一》"解説"，第248页。若林强斋为山崎闇斋二传弟子，上面引用的两段话是其祖述闇斋的原话，而他在《家礼训蒙疏》中采用"案语"方式附上自己的独特理解，以说明应如何按照日本风俗来斟酌使用《家礼》（同上）。
[3] 《朱子语类》卷八十四，第2185页。

根本不存在什么同一的人性或人心之本质,据此,"行礼"也就应该是因人而异的。可见,徂徕在现实层面上,他欲通过对中国礼仪的相对化来建构"礼"的多元化,即便中国的先王之礼再如何崇高,一旦落在现实世界,由于中日两国"代殊土殊俗殊"的巨大差异,因此也就必须打破中国礼仪一元化,不论是"程朱之礼"还是"世俗之礼",都可根据自己民族的"心情"来作出选择,而不能以"崇华"情结来对待中华文化,例如徂徕曾经奉劝一位"穆华风之深"的友人道:"且三代而后,虽中华,亦戎狄猾之,非古中华也。故徒慕中华之名者,亦非也。"[1] 可见,徂徕对于"慕华"现象是有清醒意识的,故称徂徕为慕华者,可能不为徂徕认同。须指出的是,他在与安积澹泊探讨的是日本社会究竟应该如何"行礼"的问题,所以徂徕所说的"斟酌"并不是针对中国人而言,乃是针对当时日本人而言的,这一点我们也不能忘记。

三 "行礼"的人情基础

那么,"斟酌"又有何标准可循呢?徂徕以为《礼记》"求合人情也"正可成为"斟酌"的标准。因为圣人制礼是以"人情为本"的,所以行礼者更应"求合人情"。问题是什么叫"人情"?徂徕认为例如《诗经》就集中体现了"人情":

> 夫古之诗,犹今之诗也,其言主人情,岂有义理之可言哉!……盖先王之道,缘人情以设之,苟不知人情,安能通行天下莫有所窒碍乎?学者能知人情,而后书之义神明变化,故以诗为义之府者,必并书言之已。是先王之教所以为妙也。[2]

---

[1] 《徂徕集》卷二十五《復柳川内山生》,第270页。在德川后期特别是近代以来,有一种观点认为徂徕是典型的"慕华"论者,这一观点所涉议题繁复,此处不赘。只是须指出,也有学者持完全相反的观点,如吉川幸次郎便以为徂徕其实是站在普遍主义立场上的民族主义者,且是典型的日本思想家,参其著《仁斋·徂徕·宣長》(东京:岩波书店,1975年)所收两篇重要论文:《民族主義者としての徂徠》《日本の思想家としての徂徠》。
[2] 《弁名》"義"第5则,第222页。

"人情"是《诗》的主题，义理在这当中是不存在的。重要的是，"先王之道"在制定之初，便是以人情为标准的，若不知人情，先王之道无由而生，更谈不上如何实行。足见，"人情"在徂徕思想系统中是一极其重要的观念，具有核心的地位，在他看来，"孔子可谓善识人情"[1]。因此人情就存在于《论语》之中、六经之中，故此人情绝非一己之私情，而具有社会性、历史性的含义，换言之，圣人制作礼仪所依据的乃是社会人情，否则的话，"安能通行天下莫有所窒碍乎"？因此对于后世经典学习者而言，"能知人情"也就变得格外重要。另一方面，徂徕在上引徂徕《复安澹泊》第6书中还以《礼记·檀弓上》"其动也中"为据，指出"人情"乃是发自内心的情感，并以孔子针对宰我"三年之丧"的疑虑所说"女安则为之"为依据，强调基于"人情"的"心安"是把握"礼之意"的关键，换言之，对"礼之意"的把握不能仅仅依据外在规范，更要看是否合乎人情，而此"人情"又有内在心理活动的含义。

　　要之，徂徕强调"行礼"既然是今礼，故须按"己意斟酌"，而"己意"是否"合乎人情"，关键要看行礼者内"心"是否"安"，因此在"行礼"层面上，人心的内在情感的问题显得十分重要。若就日本而言，由于日本古无丧礼，因此也就不存在遵循何种礼仪的问题，在此情形下，行礼者需要参酌日本社会的"人情"以及自己的内在情感才可，此即徂徕为何强调"人人以己心所安断之可也"的缘由，也是徂徕为何特别看重孔子所说"女安则为之"这句话的缘由，按徂徕的理解，孔子此语为我们指明了"行礼"准则。

　　但是徂徕对孔子"女安则为之"的解读是否符合孔子此语在《论语》中的义理脉络呢？对此似乎尚有仔细分疏的必要。为方便下文的讨论，这里先将《论语·阳货》所载孔子与宰我有关"三年之丧"的对话全文揭示如下：

　　　　宰我问："三年之丧，期已久矣。君子三年不为礼，礼必坏；三年不为乐，乐必崩。旧谷既没，新谷既升，钻燧改火，期可已

---

[1]　《論語徵》壬卷，第307页。

矣。"子曰："食夫稻，衣夫锦，于女安乎？"曰："安。""女安则为之！夫君子之居丧，食旨不甘，闻乐不乐，居处不安，故不为也。今女安，则为之！"宰我出。子曰："予之不仁也！子生三年，然后免于父母之怀。夫三年之丧，天下之通丧也。予也有三年之爱于其父母乎？"

我们将孔子"女安则为之"放在整段对话的语境中来看，即可明了孔子此话是上承宰我的回答"安"而发出的，而宰我的"安"则是回答孔子若在居丧期间食稻衣锦[1]于心可安的问题，对于宰我的回答"安"，孔子已然无可奈何，故有"女安则为之"之说。但是对话并没有就此打住，孔子进一步强调指出：若是君子的话，在居丧期间肯定是食不甘味、闻乐不乐、夜不安寐的，所以是不会做出"期年（按，即一年）之丧可已"之行为的，"现在既然汝心可安，那就不妨为之吧！"言外之意至为显然：孔子为"女安则为之"设定了一个前提，亦即如果你愿承认自己不是君子的话。从整段对话的语气及其隐含的旨意看，孔子所谓"女安则为之"绝非赞赏之辞，而是无可奈何之辞。不过一个显而易见的事实是，孔子在这段对话中也的确强调"心安"的重要性，亦即认为"行礼"需要情感的基础，只是孔子坚持认为君子行"三年之丧"也是于心所安的，可见所谓"心安"有一必要的前提条件，亦即行为本身首先须符合礼仪规范，在符合规范的前提下，才能考虑"心安"，不能倒过来，以"心安"为前提条件，在行礼之前，首先依据自己的心理感受来决定行礼的方式。然而按照徂徕的解读，孔子唯以情感为唯一绝对条件，进而积极鼓励宰我的行为。若此，则意味着孔子对于"三年之丧"采取的是无可无不可的无所谓态度。

更重要的是，后面一段记录表明，孔子对宰我表示了深深的失望，直斥之为"不仁"！并强调了孔子自己的立场："夫三年之丧，天

---

[1] 孔子语隐指《仪礼·丧服传》所载："居丧既虞，食蔬食水饮；既练，始食菜果，饭素食。"（刘宝楠：《论语正义》卷二十，北京：中华书局，1990年，第703页）可见，在居丧期间食稻衣锦显然有悖于礼制。

下之通丧也。"也正由此，故孔子最后甚至怀疑宰我是否得到过父母的"三年之爱"。总之，明白了上述这段对话的语境及其脉络，我们可以说，对于宰我"三年之丧"的质疑及其"期年之丧"的主张，孔子是深不以为然的。在这个意义上，朱熹《论语集注》对这里出现的两处"女安则为之"所下的判断应当离孔子本意不远："初言'女安则为之'，绝之之辞"；"而再言'女安则为之'以深责之"。可见孔子的态度是明确的，"安则为之"不能成为改变丧礼的理由。

的确，原则立场不可弃，孔子仍然坚持自己的价值立场，故他指责宰我的行为是"不仁"！而这一批评发生在宰我离去之后，是孔子当着第三者旁人的面发出的，这种情况的发生在整部《论语》中仅此一例，足见孔子几乎已到了忍无可忍的地步。值得一提的是，在传统经学注释史上，有史家为宰我辩白，如孔《疏》引缪协之言，以为"宰我思启愤于夫子，以戒将来，意在屈己明道"，刘宝楠谓"此解极确"[1]，显然此言出于护教心态，是否确凿，已与本文主旨无关。重要的是在这一解释的背后所蕴含的意思却表明，无论是缪协还是刘宝楠，他们也都一致认为宰我为了让孔子道出三年之丧的理由，甘愿扮演反面角色。据此，"女安则为之"就只能是孔子一时的激愤之词，而不能证明孔子真的认同宰我之主张，以为可以缩短丧期至一年。

现在再看徂徕的解释，他的诠释结论与朱熹以及传统注疏大异其趣。他首先对这段对话的时代背景做了一个重要判断：

> 孔子时当革命之秋，孔子之道大行于天下，必改礼乐。宰我之智，盖窥见其意，故有"期可已矣"之问，是非己欲短丧也。言若制作礼乐，则期可已矣耳。不然，三年之丧，先王之制也，当世之人遵奉而不敢违也。况宰我之在圣门，岂无故而有此问乎？[2]

依徂徕所述，孔子正处在"革命"的关键年代，而且"孔子之道"已然"大行于天下"了，值此之际，故孔子必重新制作"礼乐"，在此背景下，

---

[1] 引自刘宝楠：《论语正义》卷二十《阳货》第17，第701页。
[2] 《論語徵》壬卷，第303页。

宰我才故意有"期可已矣"一问，意在激发孔子顺应"革命"重订"礼乐"，而不是为了自己真的想要缩短丧期。显然，徂徕的这一解释与其对"圣人制作"的历史观密切相关——若非"革命之秋"则无必要制作礼乐，反之，若圣人制作礼乐，必已面临"革命之秋"。

"言若制作礼乐"以下一段则又是徂徕的独到解释，在他看来，宰我的用意是，如果孔子要重新制作礼乐，那么"期可已矣"（按，"期"谓一年），意谓孔子只需一年便可完成，这是说，宰我不是主张丧期由三年改为一年，而是说孔子若改制礼乐，则一年时间就足够了。因为徂徕也认定"三年之丧"是"先王之制"，是不可更改的，当时世人都遵而不违，身在孔门的宰我哪有胆识主张缩短丧期。徂徕的这个解释其实是在作心理推测，他在推测宰我的心理不至于以为先王之制也可改变，显然这个推测显得非常突兀。现在史家一般认为，三年之丧在孔子的春秋时代其实久已不行了[1]。因此徂徕对"期可已矣"的重新解读能否成立是十分可疑的。

接着，徂徕开始抨击朱熹和仁斋，指出："宋儒好自高，轻议人，亡论也。仁斋先生怪其孔门高弟而有此问也。"此处"宋儒"显指朱熹，自不待言，仁斋之解为何，这里无须赘言。接下来，徂徕跳过《论语》文本，运用"推诸他书"的诠释方法，以《礼记》来解释《论语》，并亮出了他的价值判断：

> 夫礼者，缘人情而作者也。[2] 故孔子曰安则为之。后儒不知道，故以为深责宰我，可谓谬矣。宰我曰："君子三年不为礼，礼必坏；三年不为乐，乐必崩。"可见孔子之时，礼乐至重耳。故宰我不以它而以礼乐，若后世儒者何有此言乎？……夫三年之丧，

---

[1] 如刘宝楠据《公羊传》等书指出："是三年之丧，当时久不行。"不过也有人认为根据《礼记·檀弓》所载，孔门子夏、闵子骞皆三年丧毕而见孔子，故孔门之徒"皆能行之"（《论语正义》卷二十《阳货》，第701页）。

[2] 徂徕此说源自《礼记·乐记》"礼乐之说，管乎人情矣"。或有可能直接引自《史记》卷二十三《礼书》："观三代损益，乃知缘人情而制礼。"（《二十五史》，上海：上海古籍出版社，1986年，第154页）徂徕对《史记》向来很看重，以为是接近古言的，参见《徂徕集》卷二十三《与薮震庵》第7书，第248页。

以尽子之哀，圣人之心以此为足以报怀抱之恩，则岂不迂乎！然孔子所以云尔者，廼礼之所取于类为尔。曾子曰："慎终追远，民德归厚。"是制礼之意也。[1]

在这段解读中，"礼者缘人情而作者"的"人情"成了徂徕释礼的一个核心观念，他把孔子"女安则为之"之说置于以情释礼的诠释立场上来解释，以为孔子之说恰恰表明礼重在情，而"缘人情"之"缘"字则表明人情乃制礼者之所依。至于朱熹、仁斋以此为"深责"之辞，皆由不知"道"之故。

诚然，人情乃圣人制礼的重要因素，这是儒家的传统观点，如《礼记·坊记》所言"礼者，因人之情而为之节文"，但是另一方面，从性情论的角度看，人情有喜怒哀乐等复杂表现，极易逸出正轨而发生偏向，故须治之以礼，如《礼记·礼运》所言："故圣王修义之柄、礼之序，以治人情。故人情者，圣王之田也，修礼以耕之……"这是主张以礼义等来培养人情。《礼运》又称："故圣人之所以治人七情，修十义，讲信修睦，尚辞让，去争夺，舍礼何以治之？"显然，一方面人情与制礼有关，但同时礼仪的作用正在于治情。然而依徂徕，他却从发生学的意义上，强调圣人"缘情"而制礼，如此则人情便解读成制礼的依据，而人情中的善恶是非等道德问题则不在他的视域之内。

由此可见，徂徕的整段解释之要点其实有二：一是揭起"礼者缘人情而作者"这面大旗，一是据此判断孔子"安则为之"是对宰我的大大赞扬。而徂徕所强调的"安"，是指参酌己意、合乎人情这一意义上的心安，由此"行礼"就被置于"心之所安"这一心理活动的基础之上，由于徂徕所谓的"心"绝非道德义之"本心"，故其所谓"心安"乃是一种情感活动的心理表现，与道德判断无关。至于"三年之丧"这场对话的前后义理脉络，徂徕或者视若无睹或者按需而取，进行了截断式的判读。这种判断显然有徂徕的"前见意识"先行的特征，其对儒家经典的理解可能并非如其所言已经完全把握了"本意"。

---

[1]《論語徵》壬卷，第303—307页。

当然，徂徕的儒家经典诠释也并非一无是处，例如他以社会人情及自我情感作为礼仪实践的基础，就充分显示出徂徕学的思想独特性。重要的是，徂徕由其自身的思想立场出发来重新解读儒家经典，以此解构后孔子时代几乎所有的儒学理论，进而建构起一套有别于中国儒学形态的"日本化"儒学。

四 小 结

人们或许会问，徂徕在批判宋儒"不知礼"之后，他自己又有何建设性的礼仪方案？我们关注到，徂徕关心的礼仪制度重建问题其实范围很狭小，主要是"神主"制度亦即丧礼问题，至于祭礼部分如《祠堂式及通礼征考》虽有涉及，但语焉不详。在神主问题上，徂徕历考许慎《五经异议》以降的各种典籍，并根据《通典》所载荀勖"神版"制"皆正长一尺一寸"，以为"亦不为无据"，故今人不妨参之，以纠程朱"木主"制"高尺有二寸"之误。但问题是，这些中国的经典研究如何落实为日本的现实制度？即日本究竟应采用何种神主制度呢？对此，他的回答令人沮丧：

> 此方（按，指日本）儒者乃劝诸侯大夫用伊川制，何其谬哉！士人虽有采邑而不居，皆馆于城中，屋舍猥陋，百事苟且，穴迫无暇日，斋且不能，况祭荐乎！尚何问主牌异同乎！与其祀而亵渎，孰若且从世俗所为，荐于僧寺之为祖先所安享也，悲哉！[1]

徂徕的看法相当悲观，他以为中国官僚士大夫的神主制度几乎不可能在日本推广，因为日本士人的生态环境与中国有根本差异。的确，在近世日本并无科举制，故士人大多原为武士出身，往往离乡背井而移居城市，且居所狭小，根本无法在家里建立祠堂，所以如何制作神主也就无从谈起。故徂徕提议还是不妨按照日本中世以来的习俗，一切丧祭交由佛教寺庙去办。为此，一声"悲哉"的感叹已经表明徂徕实

---

[1] 《徂徕集》卷二十八《復安澹泊》第5书，第305页。

在非常无奈[1]。

须指出，徂徕由反宋儒的立场出发，因而在礼制问题上对程朱之礼多有不满，对此，吾人应表示同情之了解，他认为中国儒礼有诸多不适应日本风土之处，因为中日两国存在"代殊土殊俗殊"的巨大差异，这个见解更应值得重视。然而，我们却不得不说徂徕对江户早期以来日本儒者的《家礼》研究及其实践运动显得缺乏关心，他似乎不仅对水户藩的儒礼改革运动所知非常有限，而且对于这场改革运动的先驱性著作——林鹅峰的两部《家礼》著作——《泣血余滴》《祭奠私议》也没有表现出任何关注的迹象，而这两部礼学论著可谓是中国礼仪日本化的典范。有研究表明林鹅峰至少在十个方面对《家礼》做了日本化的改造，并对此后江户时代的《家礼》实践产生了示范性作用[2]。所以说，在当时逐渐兴起的中国礼仪日本化的运动中，徂徕学的地位实在不足称道，他甚至流露出在心之所安的前提下，"行礼"即便按世俗之礼或佛教礼仪来安排也无妨，这就表明他在行礼问题上似乎缺乏经典理论的一贯支持。

的确，徂徕在学术上非常自信，他以为孔子之道到了他的手里，必将冲破宋儒的乌云笼罩而得以重见天日，他一方面努力扭转宋儒形上化的方向，将孔子之道收拢在礼乐制度之中，以为一切行为只要按"礼"而行便可接近圣人之道，但在另一方面，他可能过于轻视程朱学在制度安排上所作出的努力，他一味对程朱学口诛笔伐，其中已不免有意气用事之嫌[3]。事实上，已有大量研究表明，朱熹在制度安排上

---

[1] 安积澹泊在回信中对徂徕的感叹"悲哉"却表示同情与理解，以为这是"有激而言"而非出自真心，他指出："今释教盛行于海内，其間稍辨氣理，而知祀祖先于其家之為是者，僅存什一于仟佰，而一概舉之，以托緇徒，則其害有不可勝言者矣。然以'悲哉'二字結之，則知足下有激而言也。"（《澹泊齋文集》卷八《答荻徂來書》，第422页）据此推测，徂徕应当仍未忘却自己的儒者身份。不过其中"僅存什一于仟佰"一语也表明，在当时日本实行丧葬之际，佛教的势头远远盖过儒教。

[2] 参见吾妻重二：《日本における〈家禮〉の受容——林鵝峰〈泣血余滴〉〈祭奠私議〉を中心に》，吾妻重二、朴元在编：《朱子家禮と東アジアの文化交渉》，东京：汲古书院，2012年，第185—187页。

[3] 例如徂徕这样批评宋儒："後世儒者（按，指'宋儒'）徒好標異于世俗以自矜，而其意以為實無鬼神，故率沿伊川制，以為儒者之禮當然，而不知所以尊嚴之道，則先王敬鬼神之意（转下页）

的理论探索及其实际贡献可能并不亚于儒学史上的任何一位儒者,他的《家礼》在近世东亚的广泛影响亦可充分说明这一点,尽管近世日本的情况尚显复杂,还有待梳理。

本来,对儒学而言,作为仁义礼智之一的"礼"是内在于人性中的一种德性存在,同时作为制度之"礼"又有秩序的含义而具有客观性。然而正如朱熹在《家礼序》中所表明的那样,他的《家礼》是通过对《礼》经"少加损益"而成的,意谓"礼"在实际运用中是具体的,故须随时损益。因此,当《家礼》传入日本之后,日本儒者也必会遭遇如何使中国的"礼"与日本风土人情相结合的实际问题,其实这是文化交涉史上必然出现的问题。

但对徂徕而言,这个问题不但棘手,而且他在回应这个问题时,其实已陷入了种种理论上的严重困境:一方面徂徕以复归孔子之道为指向,但是另一方面作为孔子之道的具体内容——礼乐制度已经不可复原,特别是《仪礼》《周礼》的贵族礼仪尤其如此;一方面徂徕以批判宋儒为职责,认定宋儒不知礼,但是另一方面他又不得不参酌朱熹《家礼》以制定《丧礼略》;一方面徂徕试图通过"制礼""传礼""行礼"的三分法,将经典研究与应用研究区分开来,但是另一方面他深感在现实日本若要重建礼仪制度已经基本无望。

最后须指出,事实上,徂徕通过对中国儒家经典的重新解读所建构起来的乃是日本化儒学。也正由此,所以我们说,虽然徂徕是宋儒形上学的颠覆者,但他不可能是孔子之道的重建者,徂徕学的历史意义在于加速推动了中国儒学向日本儒学的转化进程,从而使得德川思想在此后的发展过程中呈现出各种可能性和多样性,而徂徕学的思想意义或许也正在于此。

(接上页)荒矣。"(《徂徕集》卷二十八《復安澹泊》第5书,第305页)本文因论题所限,无法涉及徂徕的鬼神观问题。然而徂徕指责后儒沿用"伊川制"是由于相信"无神"论,显然有点诠释过度了。我们只能说徂徕的理论勇气常常与其意气用事交错在一起,令人分辨不清。关于朱熹鬼神观,参见拙文:《鬼神以祭祀而言——关于朱子鬼神观的若干问题》,载《哲学分析》2012年第3卷第5期,第73—95页;关于徂徕鬼神观,参见子安宣邦:《(新版)鬼神論——神と祭祀のディスケール》"新版序"第8节"徂徠鬼神説と国家神道",东京:白澤社,2002年,第22—25页。

第六章　17世纪德川儒学"反朱子学"的案例考察
——从伊藤仁斋"仁学""道论"思想建构来看

引言　朱子学的日本命运

"朱子学"之名其实来自日本，确切年代暂无考证，至少在19世纪末近代日本已作为学术概念得以确立[1]，其狭义盖谓朱熹本人的哲学思想，其广义则指后朱子时代由其弟子或后世朱子学者继承和阐发的朱子学思想。更宽泛地说，朱子学则应包含13世纪以后传入朝鲜以及日本的朱子学思想，其中含有朝鲜及日本儒者对朱子思想再诠释而形成的朝鲜（韩国）朱子学或日本朱子学，恰与中国朱子学构成鼎足之势。近年来，随着东亚儒学这一研究领域的开拓，在台湾学界甚至出现了"东亚朱子学"之名称[2]。要之，朱子学固然拥有一定的价值关怀、义理构造等一套思想系统，但是这套系统并不是固定不变、自我封闭的，必然经由后人的诠释和阐发，从而得以再生或重组，这显示

---

[1] 一般认为1905年井上哲次郎《日本朱子学派之哲学》一书的出版，标志着"朱子学"获得了"市民权"。依其定义，朱子学只是一种"道德哲学"，是以成就道德人格为旨归的一套学说，与新康德派的"自我实现说"有相近之处，在此意义上，朱子学也有一定的"近代性"，但与德国观念论的"纯粹哲学"不可同日而语。参见泽井启一：《"近代儒教"の生産と丸山真男》，载《现代思想》第42卷第11号，2014年8月临时增刊号，第78页。

[2] 例如杨儒宾《朱子学的开展——东亚篇》"导论"中便提出"东亚朱子学"这一概念（台北：汉学研究中心，2002年，第4页）。又如2006年台湾大学召开主题为"东亚朱子学的同调与异趣"的国际会议，会后出版了同名论文集（台北：台大出版中心，2008年）。与会的日本学者子安宣邦在会后发表的日文论文之标题则是：《朱子学と近代日本の形成——東亞朱子学の同調と異趣》（《台湾东亚文明研究学刊》第3卷第1期，总第5期，2006年6月），但他表示能接受广义的"东亚朱子学"，却对狭义的"东亚朱子学"表示了诸多忧虑，此处不赘。

出朱子学无论是作为一个学派概念还是作为一套思想系统，它本身就处在历史过程当中而得以不断发展。

不过就大陆学界看，数十年前，人们在谈论朱子学之际，尚不免受国别史的意识限制，似乎朱子学仅有本国的地域性意义，较少关注乃至无视朱子学是否具有跨地域跨文化的意义等问题。当今，自20世纪90年代以来，在经济全球化与文化全球化的互动趋势日益增强的背景下，随着东亚儒学研究领域的开拓，人们已意识到儒学既是一种地域性知识，同时也具有跨地域的普遍意义，套用时下全球化理论的说法，儒学恰是一种"全球地方性"（glocalization）的知识价值体系。重要的是，儒学既有国别史的狭义地域性因而有其分殊性特征，但同时又有包含东亚地域各国在内的广义地域性因而又有跨文化的普遍性意义。

无疑地，孔孟原始儒学且不论，12世纪由朱熹（1130—1200）开创的朱子学曾在东亚社会风靡一时，或作为国家意识形态（如李氏朝鲜）或作为一般知识形态（如德川日本）而获得了某种普遍形式，这早已是不争的事实。由此可说，朱子学不仅是中国的而且是东亚的。当然这样说并不意味着以儒家式的文化本质主义来笼罩或宰制其他地域的本土文化，相反，文化多元性恰恰是保证全球地域性知识得以成立的前提，因此朱子学只有与各地域文化展开积极对话，才有可能获得新的生机。然须指出，文化多元论并不意味文化相对主义，也就是说，强调地域性知识的特殊性并不能成为全球化发展趋势的对抗性论述，套用朱熹理学的说法，"分殊"中有"理一"，而"理一"必展现为"分殊"。

那么，当朱子学传入日本，又遭遇了怎么样的命运呢？朱子学的普遍原理在日本文化的语境中又有哪些特殊转化？或者说，当我们将朱子学置于东亚儒学的视域来考察，又能看到朱子学有哪些值得深思的变化及其发展的可能性？本文以德川儒学"古学派"代表人物伊藤仁斋（1627—1705）为例，来考察其通过重新发现儒家经典古义，以颠覆朱子学对儒学核心概念"仁""道"的形上学建构，从而重建仁斋学意义上的"仁学"和"道论",其结果却推动了儒学日本化的历史进程。

如所周知,仁斋学又被称为"古义学",在德川早期"古学派"当中很有代表性[1]。仁斋的两部重要著作《论语古义》和《孟子古义》便以"古义"命名,显示其有复原《语》《孟》古义的思想企图——即欲以"复古"为名义来重构孔孟的思想世界。在他看来,孟子以后,儒典本义尽失,及至宋代,情况已十分严重,无论是朱子学还是阳明学,他们的经典解释及其建构的所谓"理学"或"心学"不但与儒学古义发生严重偏离,而且掺杂了佛老异端之学的诸多因素,使儒学面临迷失方向的危险。为使儒学重返正轨,首先要做的就是恢复孔孟学的原义,而孔孟原义即在《论》《孟》"古义"之中,与此同时,更有必要对朱子学发起挑战,反过来说,批判朱子学是关涉到孔孟儒学之本义能否得以重见天日的大问题。

仁斋的朱子学批判几乎是全方位的,他不仅企图颠覆朱子的形上学,特别是对朱子学的天理观、天道观来一个兜底翻,同时,对朱子学居敬穷理的一套工夫论也予以重新审视,甚至批判改造。但是倘若批判仅止于批判而无任何理论建树,那么批判就只是情绪性的发泄而已。事实显然并非如此,仁斋学有自己的理论追求,他批评"理为死字",是为了重构"生生不已之理"的天道观,他批评"以仁为性""以仁为理",则是为了证成"仁为圣门第一字"、仁即"爱而已矣"的命题,以此来重构"仁学"。然而在当代日本学界,几部颇有代表性的仁

---

[1] 日本德川儒学史上的"古学派",以倡导回归儒学原典、复原儒学古义为口号,以批判宋儒形上学为标识,其代表人物概指山鹿素行(1622—1685)、伊藤仁斋(1627—1705)、荻生徂徕(1666—1728),有古学"三杰"之称。素行思想的民族主义情结最重,仁斋对孔孟儒学的信仰最笃,而徂徕学则对整个中国儒学最具破坏力。饶有兴味的是,三人互不相识亦无交往,却在彼此相近的问题意识之下,对宋儒尤其是朱子学口诛笔伐,由此形成了一股"反朱子学"思潮。相关研究的成果积累在日本学界几乎已经到了浩如烟海的程度,这里仅例举两部参考书:田原嗣郎《德川思想史研究》(东京:未来社,1967年),该书由三章构成,分别是素行学、徂徕学、仁斋学;吉川幸次郎《仁斋·徂徕·宣长》(东京:岩波书店,1975年),该书在仁斋学、徂徕学的研究领域至今仍有典范意义。

斋学论著，却对其仁学思想鲜有正面关注[1]，有点令人费解。那么，"仁"与"道"在仁斋学的思想体系中究竟意味着什么，又有何重要思想意义？他的仁说及道论的思想建构与孔孟儒学及程朱理学又有哪些异同？他的"反朱子学"的理论企图是否获得了相应的理论成功？这些将是本文尝试探讨的课题。

上篇　仁学

一、仁为孔门第一字

"仁"不仅是《论语》的核心概念，更是孔子创建儒学的最大理论贡献，构成了儒家文化的重要精神传统，这是对中国传统文化稍有了解者都不会否认的事实。不过正如众所皆知的那样，孔子《论语》一书言"仁"字尽管出现 105 处，但大多是孔子对"仁"的指点，而不是对"仁"字所下的定义，同时孔子也不轻易以"仁"许人，但毕竟孔子曾许管仲等人以"仁"，故在孔子心目中必有何谓"仁"的标准。而如何将此标准清楚地表述出来，成了后世儒者不断追索探讨的问题。

的确，孔子曾以"爱人"来回应樊迟问仁，《中庸》引"子曰"亦有"修身以道，修道以仁，仁者人也，亲亲为大"之说，《孟子》亦有"仁也者，人也"等等说法，但严格来说，这些都不是对仁是什么的定义，

---

[1] 例如仁斋学专家三宅正彦的《京都町衆伊藤仁斋の思想形成》（京都：思文阁出版，1987 年）以及子安宣邦《伊藤仁斋——人倫の世界の思想》（东京：东京大学出版会，1982 年）均未设专章或专节来讨论仁斋的仁学思想，另一位学界元老田原嗣郎在其名著《德川思想史研究》（东京：未来社，1967 年）仅以一节两页篇幅简单介绍了仁斋有关"仁"的思想，并未展开深入讨论。土田健次郎在近著《"日常"の回復——江戸儒学の"仁"の思想に学ぶ》（东京：早稻田大学出版部，2012 年）这部仅有 98 页的小册子当中用一节的篇幅进行了探讨，指出其思想特质在于建构如何使"自他共存"得以可能的"仁"学，应当说这是一项很有见地的考察。反观中文世界，黄俊杰《伊藤仁斋对〈论语〉的解释：东亚儒学诠释学的一种类型》（《中山人文学报》15，2002 年，第 21—42 页）对仁斋"仁学"有专题讨论；韩东育《"仁"在日本近代史观中的非主流地位》（《历史研究》2005 年第 1 期）一文则以为自江户及至近代日本，以"仁"为核心的儒家道德标准被降格至次要地位而未受到正面的关注和肯认，尽管在日常生活中日本人并非不讲"仁爱"，但在日本近代史观中，"仁"始终位居下风则是事实。此说值得参考。

而是对仁是怎样的描述，以至于后儒如北宋程颐感叹："自古元不曾有人解仁字之义。"[1] 直至朱熹以"心之德，爱之理"六字来为"仁"字定义，仁被诠释为这样一种含义：仁既是内在美德，同时又是普遍之理；此"理"在人情中展开而呈现为"爱"，而此"爱"又根源于当然之则的"理"，故而为性之理的"仁"。至此，"人"或"爱"已不足以训"仁"，必上提至"理"本体之高度，才能使"仁"这一儒家核心概念具有贯穿性理、统合心情的本体义[2]，并使儒家仁学真正实现了"第二次的飞跃"，成就了一套"理学新仁说"[3]。

尽管朱子学早在13世纪初既已传入日本，不过有关朱子学的经典传授、文本解读却长期被"五山禅僧"这一狭隘的学术圈所垄断，而真正在知识界得以普及推广则是在17世纪初进入德川江户时代（1603—1868）以后。仁斋在建构儒家原典《语》《孟》的诠释系统时，为批判回应朱子学的种种理论问题，首先触及的便是"仁"这一核心问题。与此同时，只有通过对仁的反思，才能使其理学批判显示出重构日本化儒学的正面意义。

天和三年（1683），仁斋所撰《语孟字义》其实是《论语古义》和《孟子古义》的精简版，反映了仁斋思想的精义，而该著显然有模仿朱子弟子陈淳《北溪字义》的痕迹，说明仁斋的目的在于从内容及形式两个方面对宋代理学思想来一个兜底翻，欲从根本上推翻朱熹理学。就在《语孟字义》中，仁斋明确揭示儒学宗旨就在于"仁义"二字[4]，但在具体的字义问题上，仁斋依其古义学原则，指出"仁，人也"只

---

[1] 《程氏遗书》卷十五，《二程集》，北京：中华书局，1981年，第154页。
[2] 以理释仁，始于程子，朱熹《答程允夫》第8书（1172）引程子语："理之至实而不可易者，莫如仁。"（《朱子文集》卷三十一，《朱子全书》第22册，上海：上海古籍出版社，合肥：安徽教育出版社，2002年，第1880页）又，《答程允夫》第4书引程子语："仁者，天理也。"（同上书，第1865页）及至朱熹，他更为明确地以"理"来定义"仁"，例如其释孟子"仁也者人也"一句曰："仁者，人之所以为人之理也。然仁，理也；人，物也。"（《孟子·尽心下》，《四书章句集注》，北京：中华书局，1986年，第367页）
[3] 杨儒宾语，其说甚确。参见其作：《理学的仁说：一种新生命哲学的诞生》，《台湾东亚文明研究学刊》第6卷第1期，总第11期，2009年，第30、32页。
[4] 《語孟字義》上，《日本思想大系》第33册《伊藤仁斎・伊藤東涯》，东京：岩波书店，1971年，第130页。以下仅注页码。

是音训而非"正训":

> 仁,人也;义,宜也;天,颠也;地,示也。皆仮音近者,以发其义,本非正训也。[1]

所谓"正训",盖谓对文字"意味"的确切训释,而"意味"的获得须以把握文本"血脉"(即"脉络")为前提,他认为须对文本的"意味"与"血脉"有全盘把握,才能了解文本的确切意义。他说:

> 学问之法,予歧而为二,曰血脉,曰意味。血脉者,谓圣贤学问之条理,若孟子所谓仁义之说,是也。意味者,即圣贤书中意味,是也。盖意味本自血脉中来,故学者当先理会血脉,若不理会血脉,则犹船之无柁,宵之无烛,茫乎不知其所底止焉。不理会血脉而能得意味,未之有也。然论先后,则血脉为先,论难易,则意味为难。[2]

很显然,此处有关血脉意味的论述,涉及经典解释学方法问题。"血脉"是指文本的义理脉络,又称"条理";"意味"是指文本的含义,即经典的精神旨趣。其实,在血脉意味之外,另有"字义"问题,"字义"虽属"小"的学问但很重要,因为"一失其义,则为害不细",然而字义的理解又必须"一一本之于语孟,能合其意思语脉,而后方可"[3],意谓字义与血脉、意味犹如一套三驾马车,构成一整体系统,彼此缺一不可。归结而言,从理解的角度看,先字义、次血脉然后意味;若从诠释的角度看,字义小、血脉轻、意味最重。要之,若要把握文本的确切意味,须对经典文本有一整体的观照才有可能。不过究极而言,这套血脉意味论的解经方法能否保证解经者客观地再现儒学

---

[1] 《語孟字義》上,第127页。
[2] 《古学先生文集》卷五《同志会筆記》,《近世儒家文集集成》第1卷,东京:ぺりかん社,1985年,第107页。据仁斋子东涯"跋"文,《同志会筆記》为仁斋50岁左右之作(同上书,第114页)。
[3] 《語孟字義》上,第115页。

古义或经典本义,其中所涉问题颇为繁复,这里不便深究[1]。

值得重视的是,仁斋对"仁"的理解显示出他对孔子文本中的"仁"已经有了血脉意味的通盘了解,所以他才会明确提出"仁为圣门第一字"的判断,此一判断显然已经超出了"字义"问题。不过,这一判断并未出现在《论孟字义》,而是出现在稍后成书的《童子问》及《仁斋日札》当中,前者成于元禄四年(1691),后者则始撰于元禄五年,前后时期基本相当,均属仁斋最晚年的著作。特别是《童子问》的撰写手法以自问自答为形式,故能摆脱经典注疏的格式限制,以使仁斋能展开其思想观点的论述。其中,仁斋对仁的问题提出了一个基本判断:

> 《论语》为宇宙第一书,而仁为孔门第一字。[2]
>
> 问:仁为圣门第一字者,其旨如何?曰:仁之为德大矣。然一言以蔽之,曰爱而已矣。在君臣谓之义,夫子谓之亲,夫妇谓之别,兄弟谓之叙,朋友谓之信,皆自爱而出。盖爱出于实心,故此五者自爱而出则为实,不自爱而出则伪而已。故君子莫大于慈爱之德,莫惨于残忍刻薄之心,孔门以仁为德之长,盖为此也。此仁之所以为圣门第一字也。[3]

---

[1] 荻生徂徕对仁斋的血脉意味论颇不以为然,以为不过是其一家之言,他曾注意到"仁斋先生《語孟字義》曰'孔孟之意味血脉(自序)'",然后批评道:"孔孟之意味血脉,吾不知何谓,亦其家言。"(《蘐園隨筆》卷五《文戒》"第一戒和字"条,第 2 页上。日本山形县酒田市立光丘文库藏宝永六年(1709)刊本,http://base1.nijl.ac.jp/iview/Frame.)他又引述仁斋《童子问》"血脉自有照应"说,然后轻描淡写地指出:"'血脉自有照应',不知何语,亦其家言。"(同上书,第 3 页下)徂徕的这一批评与其自身拥有经典解释的方法立场有关。然而客观地说,仁斋的血脉意味论的提出,表明他对经典诠释的方法问题已有了某种自觉意识,此亦不容否认。只是若以后人的眼光视之,其中固然存在不少值得探讨的问题。特别是从仁斋对朱子学的诠释实践来看,他的朱子学理解究竟在多大程度上把握了朱子学的血脉意味,却是值得怀疑的,因为事实很显然,仁斋的朱子学批判不是建立在对朱子学的血脉意味的整体把握,毋宁说他对朱子学先做了一番"去脉络化"的工作,然后来颠覆朱子学文本中的"意味",而并没有做到"血脉自有照应"。随着后文讨论的展开,这一点将逐渐呈现出来。

[2] 《童子问》卷中第 1 章,《日本古典文学大系》第 97 册《近世思想家文集》,东京:岩波书店,1966 年,第 220 页(以下简注为《文集》页码)。

[3] 《童子问》卷上第 39 章,《文集》第 215 页。

《仁斋日札》的记述较简洁明了：

> 圣人学问第一字是仁，以义为配，以知为辅，以礼为地，而进修之方，专在忠信。[1]

依上引《童子问》所言，仁斋之所以将"仁"说成是"圣门第一字"，约有两义：一是指儒门宗旨在"仁"之一字，一是指孔门"以仁为德之长"——即以"仁"为四德之首的意思，《日札》分别将义、智（知）、礼看作"仁"之"配""辅""地"，亦同此意。事实上，仁既是仁义礼智四德之首，同时也是孔门论学之宗旨，这是仁斋的一个基本判断。

也正由此，仁斋又将"仁"提升至"天下之大德"或"天下之美德"的高度来加以肯定。他说：

> 仁者天下之美德，岂可以性情分之哉？[2]
> 仁者天下之大德也。[3]

那么，仁斋对"仁"又有怎样的理解呢？在上引《童子问》的一段话当中，其实仁斋已经对"仁"下了一个明确定义："一言以蔽之，曰爱而已矣。"换言之，"爱"便是"仁"的本义。[4] 其中"岂可以性情分之哉"一句显然是批评程颐（1033—1107）的观点：

---

[1] 《仁斋日札》，"甘雨亭丛书"本，第 2 页上。http://base1.nijl.ac.jp/iview/Frame.jsp。山形县酒田市立光丘文库藏。

[2] 《童子问》卷上第 56 章，《文集》第 218 页。

[3] 《論語古義》卷一"学而篇"，《日本名家四書注疏全書》第 3 卷，东京：凤出版，1973 年，第 3 页。《論語古義》的版本学问题非常复杂，刊本（经伊藤东涯整理校勘）与林本（仁斋弟子林景范写本）之间存在一些重大差异。刊本《論語古義》该句作"仁者天下之达道"，林本则作"仁者天下之大德"。关于林本与刊本之间的异同，参见上揭三宅正彦：《京都町衆伊藤仁斋の思想形成》"序章"三"基本的著作の問題"以及第 11 章"仁斎学の展開—『論語古義諸稿本』分析方針"。上引"仁者天下之大德"一段文字见该书第 295—296 页。

[4] 故他有时又强调"仁"者"毕竟止于爱"（《童子问》卷上第 45 章，《文集》第 216 页），意谓"爱"足以涵盖"仁"。

> 爱自是情,仁自是性,岂可专以爱为仁?[1]

在仁斋看来,伊川这是将"仁"与"爱"割裂为二而分别以"性"与"情"属之,人为爱只能说情而不能说仁,这显然是根本错误的。仁斋则认为仁之本义无非就是"爱"之一字而已。事实上,正如后述,仁斋的基本观点是:"仁"即"情"而非"性"[2],故伊川的"以仁为性"之观点同样是错误的。

至于所谓"君子莫大于慈爱之德,莫戚于残忍刻薄之心",则常见诸仁斋对"仁"的定义性描述,散见于仁斋的各种著作当中,以下所引两段,一则出于《字义》,一则见诸《童子问》:

> 慈爱之德,远近内外,充实通彻,无所不至之谓仁。[3]
>
> 慈爱之心,浑沦通彻,由内及外,无所不至,无所不达,无一毫残忍刻薄之心,正谓之仁。[4]

两者意思完全一致,均以"慈爱"作为"仁"的确切含义。只是后者多了"无一毫残忍刻薄之心"一句,而这也是仁斋对"仁"字下定义时特别强调的一个关节点,对此,我们稍后再来讨论。

值得注意的是,《字义》用"慈爱之德",而《童子问》用"慈爱之心",表明仁斋的观点是:仁是表现为"慈爱"的"心之德"。而此"德"既然是"天下之大德",故而为人所必有,具有普天之下的意义;而此"德"根源于"实心",故而又是"实德",其具体表现就是"爱"。如仁斋与其弟子有这样一番问答:

---

[1] 《程氏遗书》卷十八,《二程集》第182页。
[2] 其实若从伊川的角度看,上述"岂可专以爱为仁"并非意谓爱非仁,伊川旨在强调"爱"不能涵盖"仁"的全部含义,但"仁"表现为"爱"却是不能否认的,故他说:"仁者固博爱,然便以博爱为仁,则不可。"(《程氏遗书》卷十八,《二程集》第182页)仁与爱之间的这层分疏,自当体会。只是程门后学大多以伊川此语为据,反对以爱言仁,朱熹对此表示了强烈不满,详见后述。
[3] 《語孟字義》卷上"仁义礼智"第1条,《大系》第128页。
[4] 《童子問》卷上第43章,《文集》第216页。

> 问：仁毕竟止于爱乎？曰：毕竟止于爱。爱，实德也，非爱则无以见其德也。苟有一毫残忍刻薄忮害之心，则不得为仁。故学至于仁，便为实德。种种善行，皆其推也。仁之德，其余波溥哉。[1]

应当说，仁斋的"实心""实德"说与朱熹以"心之德"来定义"仁"的观点是接近的[2]，因为仁斋所说爱之"实德"毕竟是心中之德，其与朱熹的重要区别在于，绝不能说爱等同于理——即不能说"爱之理"。

至于"慈爱"，在仁斋，其含义已经超越了儒家所说"父慈子孝"这一家庭伦理意义上的"慈爱"，而具有了一种"无所不至，无所不达"的普遍性，他有一个简洁明了的说法来表明什么是"无所不达"。他说：

> 存于此而不行于彼，非仁也；施于一人而不及于十人，非仁也；存乎瞬息，通乎梦寐，心不离爱，爱全于心，打成一片，正是仁。故德莫大于爱人。[3]

这是将"仁爱"普遍化了，显然是对孔子"仁者爱人"说的推演和发展。他甚至将"爱"提升至"天下之美德"的高度，而且断定"爱"是天下最真实的心之德——"实德"[4]。

至于"苟有一毫残忍刻薄忮害之心，则不得仁"[5]，则是强调"仁"与"不仁"之间的分水岭就在于"残忍刻薄"。事实上，仁斋此说是针对朱子学而发的，如下所述，他将"残忍刻薄"归结为"以理决断"所导致的一种后果。可问题是，朱熹在有关"仁说"的格式化及规范化的过程中，既承认仁心体现为"慈爱"，也曾提到"残忍刻薄"之心正是恻隐之心的反面——"不仁"。以下我们将透过朱熹的仁说，以反

---

[1]《童子问》卷上第44章，《文集》第216—217页。
[2] 朱熹说详见其著《仁说》，后面我们会对朱熹仁说略作探讨。
[3]《童子问》卷上第43章，《文集》第216页。
[4]《童子问》卷上第39章："实德为心"，《文集》第215页。
[5]《童子问》卷上第45章，《文集》第217页。

观仁斋仁说的新义及其问题所在。

二、朱熹与仁斋的《仁说》

应当说，自孔孟以降，仁学的理论建构完成于朱熹，换言之，朱熹是孔孟以后对儒家仁学作出最重要理论贡献之人。朱熹《仁说》一文是一篇有关"仁"之问题的字义训释及理论阐释的重要文字，对于仁学理论的建构起到了重要作用。该文传入日本后的影响轨迹到底如何，笔者尚未具备充分的实证知识，亦非本文论旨所在，但至少有两事可证实朱熹《仁说》在德川儒学史上之影响是明显的，如仁斋早年在朱子学的影响下，于32岁撰有《仁说》一文，与此同时，略早于仁斋的另一位朱子学者山崎闇斋（1618—1682）则有《仁说问答》之作，他在该文序言中提到朱熹的另一篇重要文字《玉山讲义》，指出该《讲义》所揭示的"孔门说仁"具有无比的重要性，乃是"列圣相传"的儒学宗旨，而仁学问题直至朱熹才"方渐次说亲切处尔"[1]。可见，朱子

---

[1]《日本思想大系》第31册《山崎闇斋学派》，东京：岩波书店，1980年，第244页。闇斋《仁说问答》其实只是抄录了朱熹《仁说》全文以及《朱子语类》中的"仁说图"，其中并没有"问答"的内容，倒是闇斋弟子浅见絅斋（1652—1711）撰《仁说問答師説》一文，对其师《仁説問答》用日语进行了通俗性解释，其释"仁"为"イトヲシム"（同上书，第292页）——即现代日语的动词"愛おしむ"，相应的形容词则是"愛しい"，亦即中文"爱"的意思。他对朱熹的"心之德，爱之理"六字深表赞同。另按，闇斋虽为朱子学者但同时更是一位民族主义者的神道学家，他几乎没有撰写任何有关朱子学的论著，留下的只是有关其创发"垂加神道"的大量著作，以至于当代学者在编撰《日本思想大系》时，竟无法为其专列一册，故只能将其与弟子合编为《山崎闇斋学派》。其实，闇斋另有一项重要工作，即对朱熹言仁进行了一番"类聚"的工作（主要录自朱熹的《文集》及《语类》），这主要体现在名为闇斋弟子保科正之（1611—1672，三代将军德川家光异母弟，会津藩主）而实为山崎闇斋所编纂的《玉山講義附録》（1665年刊）一书中，特别是下卷专讲"仁"字，该书今有台湾"中央"研究院中国文哲研究所筹备处于1994年出版的影印本，使用的是宽文十二年（1672）刊本。顺便指出，《玉山講義附録》为崎门派的基本教科书，其中特别是"智藏"说构成了崎门派思想的一大特色，该说以仁义礼智之智，配以元亨利贞之贞以及春夏秋冬之冬所含"藏"字之义而提出，典故是《周易·系辞上传》"神以知来，知以藏往"等，以为"智藏"乃是人类智慧之奥义所在，显示出闇斋学及其崎门派对朱子学的拓展及转化，由慈爱温厚之"仁"转向对收敛退藏之"智"的重视。参见闇斋弟子三宅尚斋（1662—1741）《智藏说》及冈田武彦《朱子と智藏》一文（载其著：《中国思想における理想と現実》，东京：木耳社，1983年）。据冈田，自朱子揭示"智藏"说以来（参见《朱子文集》卷五十八《答陈器之问玉山讲义》），元明清诸儒及朝鲜、日本朱子学者均未对此加以关注，惟闇斋深契此义（第270页）。

学的仁学思想受到德川儒者的关注，这大概是没有疑问的 [1]。

再说朱熹在为"仁"字定义之际，也注意到"慈爱"与"残忍"的问题，或许正是仁斋强调"残忍刻薄"即不仁的思想来源。朱熹明确指出："四端未见精细时，且见得恻隐便是仁，不恻隐而残忍便是不仁。"[2] 说得更为明确的是："残忍便是那恻隐反底。"[3] 朱熹又说："然四端皆有相反者，如残忍（饶录作'忮害'）之非仁，不耻之非义，不逊之非礼，昏惑之非智，即故之不利者也。"[4] 有时朱熹又称"义"之过度则为"残忍"："羞恶之心，义之端，本是善，才过便至于残忍。"[5] 由以上数例足见，残忍刻薄便是"不仁"，原是朱熹的固有观点。

那么，仁斋以"爱而已矣"来解释"仁"，与朱熹对仁的解释是否有所关联呢？这个问题看似唐突，其实这是有关仁字的名义训释的基本问题，这一问题不挑明，则德川早期儒者何以批朱子以重建仁学的思想考察便缺了一层东亚儒学史的脉络。故有必要对朱熹仁说略作考察。

事实上，由汉至唐，以爱言仁乃儒学史上的主流，韩愈（768—824）"博爱之谓仁"便是典型，而宋初周敦颐（1017—1073）的"德爱曰仁"[6] 仍未脱旧套，然自伊川提出"仁性也，爱情也，岂可便以爱为仁"[7] 以来，"以爱言仁"的问题，自程门后学直至朱熹便一直颇受关注。朱熹

---

[1] 顺便一提，18 世纪另有一位日本儒者、与古学派有渊源关系的丰岛丰州（1737—1814）亦撰有《仁说》（《日本儒林丛书》第 6 册，东京：凤出版，1978 年）一文，只是笔者尚未弄清此人的思想概貌。有关朱熹仁学在德川日本引发的响应，可参看黄俊杰的近作：《朱子〈仁说〉在德川日本的回响》，收入钟彩钧编：《"中央"研究院第四届国际汉学会议论文集：东亚视域中的儒学——传统的诠释》，台北："中央"研究院中国文哲研究所，2013 年 10 月，第 409—429 页。
[2] 《朱子语类》卷五十三，北京：中华书局，1986 年，第 1287 页。
[3] 《朱子语类》卷五十九，第 1381 页。
[4] 《朱子语类》卷五十七，第 1353 页。其中"忮害"一词，是否便是仁斋所言"忮害之心"一词的来源，因无文献确证，难下断言。
[5] 《朱子语类》卷九十七，第 2487 页。
[6] 《通书·诚几德第三》，《周敦颐集》，北京：中华书局，1990 年，第 15 页。该《集》陈克明点校本作："德：爱曰仁，宜曰义，理曰礼，通曰智，守曰信。"故"德爱"两字非连读，"德"指仁义礼智信之五德。然而德川儒者多读作"德爱曰仁"。窃以为，敦颐此说不妨可解读为：仁之德曰爱。若此，则"德爱曰仁"的读法亦未为不可。
[7] 此见朱熹《答张钦夫论仁说》（《朱子文集》卷三十二），与伊川语（《二程集》第 182 页）之文字略异而意则全同。其实伊川亦曾明言"仁主于爱，爱莫大于爱亲"（同上书，第 183 页），而朱熹所言"仁主乎爱"（《朱子语类》卷二十，第 2487 页）当是源自伊川。

在"己丑之悟"（1169）之后的一段时期，围绕仁的问题与湖湘学者有过不断的讨论，可参见朱熹后来所撰《仁说》（1173）以及《语类》卷六廖德明所录有关"先生答湖湘学者书，以'爱'字言仁，如何？"等记录。

要之，程门后学大都反对以爱言仁，出现了以"觉"言仁（谢上蔡）、以"一体"（杨龟山）言仁等观点。针对于此，朱熹指出："仁者固能觉，谓觉为仁，不可"，因为觉只是对仁或不仁的一种分别意思而非"仁"的本来属性，这是其一；其二，"仁者固能与万物为一，谓万物为一为仁，亦不可"，因为"万物为一"只是说"仁之量"而不是说"仁之体"[1]。依朱熹的结论，"仁之体"即"仁体"，其含义唯有用六字来概括："心之德""爱之理"，并释以"仁之为道，乃天地生物之心"[2]。正是经过朱熹对"仁"字的重新界定，孔孟儒学的"仁"不仅具有伦理学意义，而且被赋予了一种宇宙论以及形上学的意义。然而在仁斋看来，正是朱熹的这一诠释思路，开启了后世"以理言仁"的种种弊端，为害无穷。此有待后议。

那么，在"以爱言仁"的问题上，朱熹的态度如何呢？朱熹的立场很坚定，他断言"仁自是爱之体"，意谓仁自然包含"慈爱"之意，他说：

> 或问："仁当何训？"曰："不必须用一字训，但要晓得大意通透。'仁'字说得广处，是全体。恻隐、慈爱底，是说他本相。"〔高〕
>
> 以名义言之，仁自是爱之体，觉自是智之用，本不相同。但仁包四德。苟仁矣，安有不觉者乎！〔道夫〕[3]

可见，仁自有"慈爱"的意思，而慈爱乃是仁的"本相"——意谓"仁"的本来如是的表现，但是"爱"并不表示"仁"的全部意涵。故若从"整体"言，则"仁"不能"用一字训"，而应当把握"仁"字的"全体"义，

---

[1] 《朱子语类》卷六，第118页。
[2] 以上见《朱子文集》卷六十七《仁说》，《朱子全书》第23册，第3279、3280页。"心之德，爱之理"六字连用则分见《论语集注》卷一《学而篇》以及《孟子集注》卷一《梁惠王上》（《四书章句集注》，第48、201页）等。
[3] 以上两条均见《朱子语类》卷六，第118页。

用朱熹在另外场合的说法,此即"人身上全体皆是仁"[1]。

所谓"全体是仁",在朱熹主要含有两层意思:一是指"仁包四德",一是强调仁即爱之理。也正由此,故朱熹指出在究竟意义上,"爱"只不过是"仁之迹"[2]。换句话说,仁是"爱之体",但不可倒过来说爱是"仁之体",爱只是"仁之用"。然须指出,尽管说"慈爱"是仁的"本相",但此所谓"本相"并非"本体"义。正是在这一点上,仁斋的仁说显示出与朱熹的不同之处。因为事实很显然,朱熹虽说慈爱是仁之"本相",但朱熹却不能认同以"爱"字来为"仁"下定义,而坚持以"爱之理"作为仁的确切定义。

须指出的是,尽管朱熹用"爱之理"来规定"仁",但此说并不意味着"爱"非仁的固有属性,更正确地说,如朱熹所言"仁是未发之爱":

> 所谓爱之理者,则正谓仁是未发之爱,爱是已发之仁尔。
> 仁是未发,爱是已发。[3]

此"未发"指性亦指理,而"已发"则指情。故"未发之爱"便是"爱之理"而非爱之本身。后一句"仁是未发",指"仁"在本质上仍属"性"或"理",而并不完全等同于"爱"或"情"。然尽管如此,若直接将"仁"定义为"理",在朱熹看来,此说就不免"太宽"——太过宽泛而有欠严密,故说:"程子曰'仁是理',此说太宽。"[4]依朱熹,性固是理,仁固是性,然直谓仁即是理却不可,因为倘若此说成立,则有可能遮蔽了慈爱这一仁之"本相"。朱熹说:

> 仁是根,爱是苗。……古人言仁,多以慈详恺悌。《易》则曰:"安土敦乎仁,故能爱。"何尝以知觉为仁![5]

---

[1] 《朱子语类》卷九十五,第2454页。
[2] 《朱子语类》卷六,第118页。
[3] 《朱子语类》卷二十,第470、464页。
[4] 《朱子语类》卷二十五,第606页。
[5] 同上。

又说:

> 义礼智,皆心之所有,仁则浑然。分而言之,仁主乎爱;合而言之,包是三者。[1]

朱熹强调古人言仁,常以"慈详恺悌"立说。若"分而言之"——即就仁之本相言,则不得不断之以"仁主乎爱",反之,若"合而言之",则仁包义礼智——即仁包四德。朱熹有时也借用伊川的说法,称前者为"偏言",后者为"专言"[2],他指出:

> "爱之理",是"偏言则一事";"心之德",是"专言则包四者"。故合而言之,则四者皆心之德,而仁为之主;分而言之,则仁是爱之理,义是宜之理,礼是恭敬、辞逊之理,知是分别是非之理也。〔时举〕[3]

至此已很明显,尽管在字义上,朱熹坚持仁须释以"爱之理",既不可单训作"爱",亦不可单训作"理",然而朱熹依然肯定仁有"温和""慈爱"之特质,故有"说仁便有慈爱底意思"[4]之说。他在晚年著名的《玉山讲义》(1194)中也强调"盖仁则是个温和慈爱底道理"。[5]

可见,仁斋所言"慈爱之心"正与朱熹所谓"温和慈爱底道理"若合符契。仁斋所谓"浑沦通彻,由内及外,无所不至,无所不达",亦可从《玉山讲义》中以"通贯周流"来表述仁之特性的观点相通。因为朱熹论仁有一重要特征,就在于他再三强调仁是具有无所不通之特质的"流行"之体,不论是人之一身的"四德"(仁义礼智),还是元亨利贞、春夏秋冬的宇宙造化,其中无不有"仁"的贯穿流行,析而言之,犹如仁流行于义礼智,元流行于亨利贞,春流行于夏秋冬一

---

[1] 《朱子语类》卷二十,第468页。
[2] 《程氏易传》"乾卦·彖辞"释"大哉乾元":"四德之元,犹五常之仁,偏言则一事,专言则包四者。"(《二程集》第697页)
[3] 《朱子语类》卷二十,第466页。
[4] 《朱子语类》卷六,第105页。
[5] 《朱子文集》卷七十四《玉山讲义》,《朱子全书》第24册,第3589页。

般,正是在此意义上,朱熹以"天地生物之心"来解释"仁"(见《仁说》)。当然,朱熹此说其实与其主张"仁"即"生"——即"以生释仁"的观点有密切关联。正因天地生物生生不已,故天地生物之心(即"仁")能贯穿流行于一身之中以及天地之间。

那么,仁斋是否读过朱熹《玉山讲义》,我们现在不得而知,就其所谓"无所不至,无所不达"的说法,确与朱熹所说"若认得熟,看得透,则玲珑穿穴,纵横颠倒,无处不通"[1],在语意上并不存在根本冲突。这是因为在仁斋思想中,其对"生"的强调和重视其实并不亚于朱熹,尽管两者对"生"字表示认同的理由存在差异,唯此处不宜详论,若以一言以蔽之,即在仁斋,其所谓"生"的理论依据必诉诸"元气"论,因而与朱熹从"天地生物"这一宇宙论角度来强调"仁"的贯通义、流行义不免发生歧义。

由上所述,可以看出仁斋对"爱"的强调,其实也正是朱熹仁说的一项重要内容。但是对仁斋而言,他绝不承认自己有关"仁"的观点与朱熹有任何关联,不用说他在晚年撰写的《语孟字义》及《童子问》中如此,即便在其早年32岁所作《仁说》一文中,虽多有模仿朱熹《仁说》的痕迹,但仁斋也绝口不提朱熹《仁说》。例如仁斋《仁说》开首云:

> 盖天地之大德曰生,人之大德曰仁。而所谓仁者,又得夫天地生生之德以具于心者也。[2]

而朱熹《仁说》开首是这样表述的:

> 天地以生物为心者也,而人物之生,又各得夫天地之心以为心者也。[3]

可见,措辞虽不尽相同,但其中的"天地生生""具于心者"等关键词,应当是仁斋有取于朱熹。当然,两者也有差异,即仁斋《仁说》绝不

---

[1] 《朱子文集》卷七十四《玉山讲义》,《朱子全书》集24册,第3590页。
[2] 《古学先生文集》卷三《仁说》,《近世儒家文集集成》第1卷,第60页。
[3] 《朱子文集》卷六十七《仁说》,《朱子全书》第23册,第3279页。

提"心之德"和"爱之理",他在《仁说》中的提法是:"仁者,性情之美德,而人之本心也",并明确揭示"故仁之为德,一言以蔽之,曰爱而已矣"的观点。除去"本心"一词以外,上述有关"仁"的界说与其晚年《童子问》对"仁"的定义基本上是一致的,即都突出了仁的"爱"字义而并不取"理"字义。

总之,仁斋之仁学的重要特色就在于强调"爱"字而排斥"理"字,故其不能接受朱熹"爱之理"说也就不难理解了。重要的是,由此分歧而表现出朱熹重"理"而仁斋重"情"。质言之,在仁斋看来,朱熹以理言仁,而他自己却是以情言仁。其实在某种意义上,我们可以说重情主义或许正是德川儒学的一个重要特征,而与中国儒学对"情"的认知颇有不同,值得关注。

三、人情之至即道

不待说,仁不但涉及性的问题,更涉及情的问题。

我们知道,性情问题当然是儒学理论的题中应有之义。一般而言,情具有情实、人情、情感、情欲等含义,故是一个多义性的概念。《孟子》一书"情"字不多见,凡4处,且基本属于"情实"义,即便"乃若其情,则可以为善"(《告子上》)一语中的"情"亦当作"情实"解,但这并不表明孔孟儒学对情感问题缺乏思考,事实上,相传孔孟之间的儒家文献——郭店楚简《性自命出》便出现大量有关"情"的讨论,且多属人义或情感义,如爱、欲、恶、怒、喜、乐、悲等等,并提出了"情出于性""礼生于情","凡人情为可悦"[1]等重要命题。

根据汉代王充(27—约97)的记述,性情问题在孔门中是有谱系可查的,即世硕直至宓子贱、漆雕开、公孙尼子一系,乃是以"情"为主要关注对象的,不过在王充看来,"自孟子以下,至刘子政(向)",儒学之重要议题的性情问题"竟无定是",他在原则上赞同的是世硕"人性有善有恶"的观点,并指出:"唯世硕(儒)、公孙尼子之徒,颇得

---

[1] 《性自命出》,见《郭店楚墓竹简》,北京:文物出版社,1998年,第179、203页。

其正。"[1] 可见，"情"的问题在孔门中自有传承，特别是儒家经典《礼记》一书对"情"的问题更有重要论述。依《礼记》作者的基本观点，人情若缺乏某种正面力量的引导，任其本能肆意发用，却极易流于荒淫邪恶，故主张以礼乐来加以管制，如《礼记·乐记》"礼乐之说，管乎人情矣"主张的便是以礼制情的观点；然而另一方面，从礼乐之由来的角度看，若无人情，则礼乐无以成立，故《礼记》又说："礼者，因人之情而为之节文"（《坊记》），更以"称情而立文"来解释"三年之丧何也"（《三年问》）[2] 的问题，《史记》则通过对三代礼制的观察，明确指出"观三代损益，乃知缘人情而制礼"（《礼书》），可归纳为"缘情制礼"这一结论 [3] 。这是从礼的起源之角度而论，若从礼的社会功能之角度看，则《礼记》所言"故人情者，圣王之田也，修礼以耕之"（《礼运》），才是对情与礼之关系的重要界定，几乎为历代儒者奉为不刊之论，也就是说，"以礼治情"才是儒学有关情礼关系的最后定见。

然而无论是缘情制礼抑或以礼治情，这种情礼关系毕竟是一种外在关系，若就人之一身而言，与"情"构成内在关系者则应当是"性"，对此，荀子最早总结出了一个定义："性者，天之就也；情者，性之质也；欲者，情之应也。"（《正名篇》）此"质"字即材质义，意谓情乃性之质料，无情则性无由体现亦无法存在，至于"欲"则是情因感而应的表现——即"情之应"。在此，"情"显然不是一个道德的概念，无所谓善恶。从哲学上——即从本末的角度对性情关系作出明确规定的或许是王弼（226—249），他在注《周易》时提出了"性其情"的著名论点，标志着性情被定格为某种本末关系——性为本而情为末。

---

[1] 以上见王充：《论衡·本性篇》，上海：上海人民出版社，1974年，第43、46页。
[2] 此语又见《荀子·礼论》"三年之丧"条，文字全同。
[3] 这个观点亦为宋代道学家们所赞许，例如程明道明确宣称："圣人创法，皆本诸人情，极乎物理。"（《河南程氏文集》卷一《论十事劄子》，《二程集》第452页）此"创法"自应包含制礼而较诸制礼更为宽泛。足见"人情"在道学家那里并不一定是贬义词，制度与人情、物理三者之间如何保持平衡而非偏执一端，才是道学家所关心的一项重要议题。另见朱熹《孟子集注·滕文公上》释"井地（即井田）之法"曰，必"使合于人情，宜于土俗"方可（《四书章句集注》，第257页），亦可见"人情"一词的重要性。

王弼的这一命题得到了后来程伊川的极大赞赏，而伊川显然是从道学的立场出发，即从扬性贬情的立场出发，主张"性其情"的，他在少年之作《颜子所好何学论》中指出：五性"仁义礼智信"与七情"喜怒哀惧爱恶欲"必存在"情炽"而"性凿"的紧张关系，因此"正其心，养其性，故曰'性其情'"，反之，如果"纵其情""牿其性"，必导致"性其情"的反命题——"情其性"[1]。自此以往，以性治情或存理灭欲，便成了程朱道学工夫论的标志性口号，情被置于性或理之下，成为应当克治的对象，而不能逆而反之，主张所谓的人情至上，或任由情凌驾于性之上而成为所谓绝对的普世标准。

　　然而德川古学派在"情"之问题上的观点主张却与宋代道学大相径庭。上面提到，仁斋以"爱而已矣"来规定"仁"而反对"以仁为理"，这是因为仁斋在面对情与理二者必择其一的困逼之下不得不做出舍理取情的缘故，那么"情"对仁斋而言意味着什么呢？就结论言，仁斋的立场可以"情即是道"这句命题来归纳。其曰：

　　　　父子相隐，人情之至也。人情之至即道也。[2]

"父子相隐"见《论语·子路》"叶公语孔子"章，对此章的解释，仁斋与朱熹又出现很大不同，仁斋反对朱熹"父子相隐，天理人情之至"的解释，以为表面看这是将人情与天理"歧而为二"，实即将人情置于天理之下，使两者构成对反之关系，仁斋断然斥朱熹之释"非也"，进而指出：

　　　　夫人情者，天下古今之所同然，五常百行，皆由是而出，岂外人情而别有所谓天理者哉？苟于人情不合，则藉令能为天下之所难为，实豺狼之心，不可行也。但在礼以节之，义以裁之耳。后世儒者，喜言公字，其弊至于贼道，何者？是是而非非，不别亲疏贵贱，谓之公。今夫父为子隐，子为父隐，非直也，不可谓

---

[1]　《河南程氏文集》卷八《伊川先生文》四，《二程集》，第577页。
[2]　《語孟字義》卷七《子路》，《日本名家四書注釈全書》第3卷，第197页。

之公也。然夫子取之者，父子相隐，人之至情，礼之所存，而义之所在也。故圣人说礼而不说理，说义而不说公。若夫外人情、离恩爱而求道者，实异端之所尚，而非天下之达道也。[1]

文中有关圣人"说义而不说公"，涉及能否以公言仁的问题，仁斋的态度显然是否定的，对此本文暂不深究[2]。此处首句意将人情提至"天下古今之所同然"的高度来肯定，继而强调不仅"五常百行"皆出于人情，而且"天理"亦须与人情相合，若此，则人情几乎成了天理的根源所在而不是相反，所以说"岂外人情而别有所谓天理者哉"！

只是人情也须有节制，即须用礼义（但不是天理）节之，才可称之为"道"，故说：

《书》曰"以义制事，以礼制心"，孟子曰"君子以仁存心，以礼存心"，苟有礼义以裁之，则情即是道，欲即是义，何恶之有？[3]

至此已很明显，在仁斋的观念中，虽说"情即是道"不是先天必然命题，情仍须受制于礼义，但是与宋儒道学不同的是，情不再是"灭"

---

[1] 《語孟字義》卷七《子路》，《日本名家四書注釈全書》第3卷，第197页。
[2] 关于公与仁的关系，伊川有句著名判断："仁道难名，惟公近之，非以公便为仁。"（《程氏遗书》卷三，《二程集》第63页）然仁斋直言儒家"不言公"则显与史实不符，若是，则"大道之行也，天下为公"（《礼记·礼运》）便无从说起。其实仁斋此说并非历史陈述而是价值判断，如其所云："至高害仁，故圣人不言高；至公害义，故圣人不言公。"（《古学先生文集》卷五《同志会笔记》，《近世儒家文集集成》第1卷，第109页）显然，在此价值判断的背后必另有思想缘由。在我看来，他坚持儒家"居仁由义"之教义，认为"至公"必导致"残忍刻薄"而悖仁害情，而"义"非公正之谓，乃"为其所当然，而不为其所不当为"者即"谓之义"（同上）；另一方面，仁斋坚持认为道亦不可言公，用以批判宋儒每以"天理之公"裁断人事而陷入"刻薄"，他说："宋儒每以公字为学问之紧要，曰天理之公，曰公而以人体之。是也。然公字屡见老庄书，而于吾圣人之书无之。……然人情之至，道之所存也。故圣人仁以尽其爱。……苟居仁由义，则不待言公，而自无所偏私矣。"（《語孟字義》卷十《尧曰》，第293页）若将仁斋此说与朱熹之论"公"比照合观，颇见两者异趣。朱熹谓："公者，仁之所以为仁之道也。……故为仁者，必先克己，克己则公，公则仁，仁则爱矣。"（《朱子文集》卷四十二《答吴晦叔》第10书，《朱子全书》第22册，第1917页。而此书作于1172年）强调"公"虽非仁字本义，但却是"仁之道"，且是为仁的必然取向。这显然是对伊川不可"以公为仁"说的回应。关于中日思想史上的"公私"观问题，请参见沟口雄三：《中国的公与私·公私》，郑静译、孙歌校，北京：三联书店，2011年。
[3] 《童子問》卷中第10章，《文集》第222—223页。

的对象，也不与"理"构成水火不容之关系，其本身并无"恶"之可言，故其重要性已不言而喻。倘若是"人之至情"（又称"蔼然至情"）的话，那么反而是"礼之所存""义之所在"，也就是说，礼义并不是单方面地压制人情，反之，人情也应当是礼义的正当体现。也正由此，"情即是道""欲即是义"并不是主张情欲主义，恰恰是主张情欲的合道德性。

更重要的是，作为道德的礼义绝非抽象之存在，而就在情欲之中。因此，若按宋儒"存理灭欲"，则必导致"断爱灭欲"，以至于"蔼然至情，一齐绝灭"，这就从根本上悖逆"人之至情"、违反"天下之道"，自非圣人之所为[1]。显而易见，此处所谓"蔼然至情"应当也是仁斋所说的"仁"字之本义。

须注意的是，在仁斋，析而言之，"情"有三义：人情、同情、情欲；合而言之，仁斋唯主"至情"而斥"私情"，故其所谓"情即是道"之"情"字盖指"至情"，而"至情"即"天下之所同然"者，故又有公共性。可见，仁斋之"情"不仅有伦理意义而且还有政治社会意义，不仅有特殊性更有普遍性。他说：

> 道者，天下之公共，非一人之私情。……唯汤武不徇己之私情，而能从天下之所同然，故谓之道。
>
> 夫人情无古今、无华夷，一也，苟从人情则行，违人情则废，苟不从人情，则犹使人当夏而裘，方冬而葛，虽一旦从之，然后必废焉。……而圣人之为政也，本于人伦，切于人情，而无虚无恬澹之行，无功利刑名之杂。[2]

这是强调人情乃是超越时间上的"古今"及空间上的"华夷"而为普遍之存在，故圣人之"为政"就是以通古今、合天下之人情为本的。他又说：

---

[1] 《童子問》卷中第10章，《文集》第223页。
[2] 《語孟字義》卷下"权"第4条，《大系》第149页；《語孟字義》卷下"総論四経"，《大系》第159页。

> 盖情以天下之所同然而言,故曰天下之同情,又曰古今之情。盖父欲其子之贤,子欲其父之寿康,此所谓天下之同情,而古今之所同然也。凡人见当喜怒哀乐爱恶欲者,不能不喜怒哀乐爱恶欲,是天下之同情也。[1]

这是解释何谓"同情"。依仁斋,古今天下之所同然者,便是"同情"。我们知道,所谓"天下之所同然",原是孟子用以强调"理义"之普遍必然性的一个特殊说法,指向的是性善之性或本心之心,即在孟子看来,由人心之见性善何以必然,是由天下之所同然者的"理义"提供保证的,人人都有内在的理义,如同人人都有内在的仁义之性、仁义之心。显然,仁斋借用孟子"心之所同然"的说法,并对此做了另一层义理转化,用以强调人情的普遍必然性。故此所谓"同情",非指怜悯之情,而是意指人同此情、情同此欲("父欲其子之贤"之欲),是人与人之间得以一体共存的纽带,故古今虽不同,华夷或有异,然在人之有情这一点上,却无不"同然"。在这个意义上,我愿意称仁斋为重情主义者,而仁斋之所以强调以爱释仁而反对以理释仁,其因之一就在于此。

细心的读者或许会注意到,仁斋以"天下之所同然"取代孟子"心之所同然",这里出现了一词之改——即以"天下"取代"心",究竟有何用意呢?事实上,仁斋对"天下"一词特别看重,认为是儒家经书中的重要"字眼",用其另一说法,亦即"血脉"。他曾说:

> 读圣人之书,必有字眼。"天下"二字,是圣人书中字眼。凡读孔孟之书,遇有"天下"二字处,必须著眼看,勿草草。[2]

当然,此"天下"并非国家概念,而是泛指普天之下,具有普遍性意涵,而"仁"作为"天下之大德",且道德本身又是"以遍达于天

---

[1] 《仁斋日札》,甘雨亭丛书本,第 15 页下。
[2] 《童子问》卷中第 13 章,《文集》第 224 页。杨儒宾指出此"天下"一词"意指普遍性,普天之下皆为有效之意",参见其著:《异议的意义——近世东亚的反理学思潮》,台北:台大出版中心,2012 年,第 181 页。

下而言"的[1]，故其所谓"天下"正有"公共"之意。据此，仁斋所谓人情乃"天下之人情"，同情乃"天下之同情"，则此"情"字便被赋予"天下公共"之意。然而如所周知，在程朱道学当中，唯有"理"才称得上"天下公共之理"。可见，从朱子学到仁斋学，在有关普遍性公共性的问题上，发生了一次重要的思想翻转，不再是"理"或"性"而是"情"才具有了"天下公共"之超越品格[2]。

饶有兴味的是，不仅仁斋是一位重情主义者，环视德川早期的儒学思想史，重情者大有人在，绝非孤立现象。例如古学派早期代表人物山鹿素行（1622—1685）也是人情肯定论者，他提出了与仁斋极其相似的主张："人情无古今，同于四海。"[3] 当然，素行与仁斋并无交流，不存在谁抄袭谁的问题，两者之言如此高度一致，应当是当时德川社会的某种思想氛围所使然。另一位德川早期阳明学派创始者中江藤树（1608—1648）的著名弟子熊泽蕃山（1619—1691）亦十分看重人情，他认为一位合格的为政者必须做到"识世俗之人情"[4]。

另一位古学派的健将荻生徂徕（1666—1728）与仁斋生当同时而略晚，但两人并无面识，徂徕对仁斋学何以持批判态度，这里不宜细述。引人关注的是，徂徕曾批评仁斋有关"父子相隐"的解释，以为仁斋批朱熹"天理人情"不免是一种"执拗之说"。徂徕指出：

> 天理诚宋儒之家言，然欲富、欲贵、欲安佚、欲声色，皆人情之所同，岂道乎？要之，道自道，人情自人情，岂容混哉？至道固不悖人情，人情岂皆合道哉！[5]

---

[1] 《語孟字義》上"仁義禮智"第 3 条，《大系》第 129 页。
[2] 关于仁斋学之重情及其与"公共"问题的关联，可参看上安祥子：《近世論の近世》第 3 章"私情から至情への交通——古義学の'公共'概念"，东京：青木书店，2005 年，第 57—78 页。
[3] 山鹿素行：《謫居童問》，《山鹿素行全集》第 12 卷，东京：岩波书店，1937 年，第 54 页。
[4] 熊泽蕃山：《集義和書》卷五，《日本思想大系》第 30 册，东京：岩波书店，1971 年，第 92 页。顺便指出，蕃山之"仁"说竟与仁斋酷肖，其定义"仁"亦突出"慈爱"及"生理"这两层含义："仁者，天之元德而生理也。……感而通于天下者慈爱恻隐之心也。天下国家，无此慈爱则一日难立。"（同上书卷六《心法図解》，102—103 页）
[5] 《論語徵》庚卷，《荻生徂徠全集》第 4 卷，第 523 页。

这里的最后一句表明，徂徕甚至不承认人情与"道"有任何关联，其实严格说来，徂徕之意在于强调人情不应与"道"对置而成对立之两极，相反，"夫圣人之道，尽人之情已矣"[1]才是徂徕的坚定信仰。要之，徂徕之所以不满于仁斋，其因在于在徂徕的审视之下，仁斋反对将人情与天理"歧而为二"便隐约有一种欲将两者合一的意图在，故不免仍有理学气。而在徂徕看来，不存在人情与"道"是否相合的问题，而是"道"必须与人情相吻合才是，两者之间的上下关系不能颠倒。由此可以看出，徂徕的重情主义主张较仁斋更为彻底。徂徕认为，在所有儒家经典当中，最能集中体现"人情"的就是《诗经》，而且其中所抒发的"人情"与"义理"毫无交涉，学者只须通人情，就能了解经书的意义。他说：

> 夫古之诗，犹今之诗，言主人情，岂有义理之可言哉！……盖先王之道，缘人情以设之，苟不知人情，安能通行天下莫有窒碍乎？[2]

其中提到"道"与"人情"的关系是："先王之道，缘人情而设"，而不能倒过来说人情须合乎道（或合乎礼义）。他为加强这一观点，进而假设如果"不知人情"，那么"道"势必难以"通行天下"。故在他看来，最识人情者莫如孔子，其云："孔子可谓善识人情"[3]。由此，"人情"成了徂徕学的一个核心概念。须指出，若"道"须置于"人情"之下，那么"人情"反而拥有了"本体"地位，因为先王之道的设立也须以人情为依据（这显然是对儒家"缘情设礼"的夸大解释）。在此意义上，可以说徂徕不但是重情主义者，甚至是"情本论"者，例如根据徂徕弟子太宰春台（1680—1747）的转述，徂徕认定"人情"具有超越时空的普遍性，其曰："我先师徂徕先生云：异国与我国，风俗大异，唯诗与歌之道，词虽有

---

[1] 荻生徂徕：《学则》第6条，《日本思想大系》第36册《荻生徂徕》，第258页。
[2] 《弁名》上"義"第5条，《日本思想大系》第36册，第222页。
[3] 《論語徵》壬卷，《荻生徂徕全集》第4卷，第307页。

异,然其趣则全同。人情之同故也。"[1] 可见在人情问题上,徂徕亦强调其超越性,正是在这一点上,徂徕与仁斋可谓志同道合。故徂徕甚至认为性情问题至宋儒已"不得其解",并且承认"至于仁斋先生而后始明矣"。[2] 尽管徂徕对宋儒的核心概念"本体"避之唯恐不及[3]。

综上所述,可见德川儒者之重"情"几乎成了一种普遍现象,这也从一个侧面说明仁斋之"仁说"何以突出强调一个"爱"字的缘由。徂徕且不论,对仁斋而言,仁学之确立必清除干净理学在诠释"仁"字之际所留下的污染,主要有三点,即"以仁为理为性为知觉"[4],分别指朱熹、程伊川及谢上蔡。正是在批判理学的同时,仁斋才能为自己的仁说主张寻找合法性来源——即在"孔门",而"孔门"以"求仁"为宗,正显示出与宋儒以"穷理"为宗的根本歧义,而仁斋自己却要承担接续孔子仁学传统之重任,他说:

> 自穷理之学兴,而世之学者,重看知而低看仁,尽力于彼者,而用力于此者少。故其气象卑薄狭隘,于充实光大之妙,必不免有歉焉,岂圣门所谓穷理者?舍仁之外,复有所为言哉?[5]

---

[1] 太宰春台:《独語》,《日本随筆大成》第1期17所收,原日语。转引自若水俊:《徂徕とその門人の研究》,东京:三一书房,1993年,第89—90页。"异国"是指中国。

[2] 《弁名》上"義"第5条,《日本思想大系》第36册,第222页。

[3] 徂徕拒斥"本体""本然"等词,而以"实"训"情"(意近中国古训"情实")。在他看来,情既是人之情感或情欲,更是人与物的真实存在,具有"不涉思虑""不匿内实"之特质(《弁名》上"性情才"第5条,第242页),故情即真实,任何约情以理的企图都是错误的,他直言"先儒有约情之语,非也",理由是"情者不涉思虑者也。……无义理之可言,无思虑之可用"(同上)。至于徂徕"人情"论的具体内涵,当另文探讨。须指出,与徂徕相比,仁斋的概念使用缺乏一定的敏感性,他常用"本然""本体"等词,或与宋明道学用语混而不分,他在晚年成名作《語孟字義》中就说:"故圣人以是四者(指仁义礼智)为道德之本体。"(《語孟字義》上"仁義禮智"第1条,《大系》第128页)不过也须看到,此所谓"道德本体"并非形上义的"本体",只是载体义。仁斋言仁为"心之实体"的"实体"亦同此义。尽管如此,仁斋仍常遭徂徕奚落,徂徕甚至断言仁斋学未脱程朱学之臭味,其因之一在此。特别是在徂徕看来,仁斋以《孟》释《语》尤为非也,他说:"近岁伊氏(仁斋)亦豪杰,颇窥其似焉者,然其以《孟子》解《论语》,以今人视古文,犹之程朱学耳。"(《弁道》第1条,《日本思想大系》第36册,第200页)

[4] 《童子問》卷上第39章,《文集》第215页。

[5] 《古学先生文集》卷四《仁人心也章講義》,《近世儒家文集集成》第1卷,第80—82页。该文为宽文二年(1662)仁斋36岁时所作。伊藤东涯《跋》文曰:"排穷理之说,而专以求放心为要,与初年之见大异矣。"(同上书,第82页)

四、小　　结

总之，仁斋以批判理学为手段，以恢复儒学古义为方法，以重建仁学为目标，由其再三强调"仁为孔门第一字""孔孟学问第一字是仁""孔孟之学，仁而已矣"[1]的观点中可以读取其思想宗旨在于重建"仁学"。换言之，为实现这一目标，有两项工作须同时推进：一是恢复儒学古义，其中自然也包括对"仁"字古义的重现；一是有必要清除理学对儒经肆意解释的恶劣影响。

诚然，儒学古义的重现基本属于经典诠释的领域，而其中涉及经典诠释的方法论等问题，非本文之主旨，故不宜具论。[2]要之，仁斋紧扣《语》《孟》两部文本的"血脉"，以为从中便可直接发现儒家仁学的"意味"，即"仁，爱而已矣"，而仁又是"慈爱之德""蔼然至情""以爱为心"[3]，故重建仁学之关键就在于如何确立起对"人情"的尊重和信念，因为人情乃是仁爱之人情、天下之美德，具有跨古今、无华夷、天下之所同然的普遍意义。据此，仁学也理应具有跨文化的普遍性，而不能局限在或"华"或"夷"的一域之内。

很显然，当朱熹重建仁学之际，他也许对于"仁"具有超越古今之普遍性这一点有清醒的认识，但他或许没有意识到作为"他者"的异域日本也理应存在"仁"的种子，同样可以发扬光大"仁"之精神。对比之下，作为日本（夷）的儒学家仁斋，在其思想的背后总是存在着一个巨大的"他者"——中国（华），令其挥之不去、难以磨灭，故其重建仁学的一个重要特质就表现为不但要穿越"古今"而且要打通"华

---

[1] 《古学先生文集》卷五《同志会筆記》，《近世儒家文集集成》第1卷，第111、112页。
[2] 关于德川早期古学派的经典诠释方法论问题，请参拙文：《德川儒者荻生徂徕的经典诠释方法论初探》，《中山大学学报》2014年第3期，第115—125页。已收入本书。
[3] 原文为："蓋仁者以愛為心，造次于是，顛沛于是，自内及外，自迩及遐，应事接物，起居動息，無往而非是心。"（《古学先生文集》卷五《同志会筆記》，《近世儒家文集集成》第1卷，第112页）所谓"是心"，即指仁爱之心。仁斋对"心"字有一基本定义："人之所以为人者，在于心，而心之所以为心者，仁而已矣。"故仁者即"心之实体"（《古学先生文集》卷四《仁人心也章講義》，《近世儒家文集集成》第1卷，第80页）。然须注意的是，仁斋对"心"字有所忌讳，以为"心学"自禅宗来，而"聖人言德而不言心"（《童子問》卷下第71章，《文集》第238页），他只认同孟子"良心"意义上的"心"（同上）。

夷"。在这个意义上可以说,仁斋不仅是重情主义者,而且是普遍主义者,当然更是一位道德主义者。

同时,也正是基于仁即爱、爱即情这一基本立场,故仁斋排斥一切后儒有关"仁"的义理解释,诸如"以仁为性"或"以仁为理"等。在他看来,宋儒穷理之学,必导致重知轻仁,已然有误,而理学"以理求仁"等工夫方法也在为学方向上偏离了正轨,不可信从。因此,对仁斋而言,为重建仁学,有必要颠覆理学特别是朱子学的那套形上学。

下篇 道论

一、"理"的批判与重构

如上所述,在仁斋对"仁"的一项基本规定中,有"苟有一毫残忍刻薄忮害之心,则不得仁"的说法,同时我们也看到朱熹亦以"残忍刻薄"为"不仁"。但是朱熹将"残忍刻薄"归咎为"义"之过,认为"义之端,本是善,才过便至于残忍"。与此不同,仁斋则将"残忍刻薄"归咎为"依理断决",隐然将批判矛头指向理学。他指出:

> 宋儒以为一理字可以尽乎天下之事,殊不知天下虽无理外之物,然而不可以一理字断天下之事也。学者据一理字,以断天下之事理,议论可闻,而求之于实,则不得其悉中矣。……然圣人三赦三宥[1]惟刑之恤者,岂非过为姑息哉?善善而恶恶,亦理之常也,然圣人善善每长,恶恶每短者,亦岂非爱憎失宜耶?然圣人皆不然者,足见不可依理字以断天下之事也。故凡事专依理断决,则残忍刻薄之心胜,而宽裕仁厚之心寡。上德菲薄,而下必伤损,人亦不心服,须有长者气象方可。[2]

---

[1] "三赦三宥"语见《周礼·秋官司寇》,"三赦"一曰"幼弱",二曰"老耄",三曰"惷愚";"三宥"一曰"不识",二曰"过失",三曰"遗忘",见《周礼注疏》卷四十二《秋官司寇第五》,上海:上海古籍出版社,2010年,第1382—1383页。
[2] 《童子問》卷中第65章,《文集》第236页。

这段文字的核心意思便是"依理断决"四字,这无疑是对宋代理学的控诉。仁斋以为"理"虽遍在于物,但宋儒的"理"一旦成为某人"断天下之事"的标准,则此"理"便只是一人之标准,其结果往往"不得其悉中矣",而偏离了事物之"实情"。另一方面,上古社会圣人制定礼法之际,尚有"三赦三宥"的设计,以示宽恤之心,而非一以"善善恶恶"之"常理"来决断人事,然又不失"爱憎"之宜,这表明在圣人时代,"不可依理字以断天下之事也"。然而到了后圣人时代(特指理学横行的宋代),"凡事专依理断决",其结果是"残忍刻薄之心胜,而宽裕仁厚之心寡"。可见,"残忍刻薄"与"宽裕仁厚"正相反,构成一对非此即彼的矛盾。宽裕仁厚之心的丧失,就意味着残忍刻薄之心的上升。导致这一现象的根源就在于"依理断决"。那么,"依理断决"何以必导致"残忍刻薄"呢?这就涉及仁斋对"理"的理解。

仁斋深知"理"字本身出自先秦儒学资源,例如孟子便有"理义之悦我心"之名言,但按他的理解,此"理"字盖谓"条理"而非宋儒理学所谓的"万物本原"或在气之先的形上抽象之理。他说:

> 问:理学之称,信不称圣学之实。然如理字,亦不可轻。
> 曰:然。孟子曰"理义之悦我心,犹刍豢之悦我口",是也。孟子之意,谓物之有条理,与宋儒之意颇异矣。
>
> 问:然则理字未尽善欤?曰:言各有攸当。理字实之于事物则可,用之于天地则不可。孟子所谓"始条理,终条理"及"理义之悦我心"等语,皆以事各得其条理而言。《易》曰"穷理尽性,以至于命",穷理就事物而言,尽性就人而言,至命就天而言。措词之序,自可见矣。若以理为万物之本原焉,则自流入于老佛之学,与圣人之旨实天渊矣,可不谨哉?[1]

由此可知,原来在仁斋,"理"仅指条理、物理或事理,所以说"理字实之于事物则可",但是他不承认有所谓的性理或天理存在于"天地"

---

[1] 以上两条均见《童子问》卷中第66章,《文集》第236页。

之间而构成"万物之本原",所以说"用之于天地则不可"。他认为,孟子所说的"理义"及"条理"是一个意思,都是指"条理"而不能有其他的解释;如果将"理"上溯至"万物之本原"的高度来肯认,便已"流入于老佛之学",而与"圣人之旨"相去不啻有天壤之别。显然,这是仁斋针对宋代理学所下的针砭。

然而仁斋一方面承认物有物之条理,另一方面又坚持认为理不能是物之本原,更不能构成"万化之枢纽",其因还在于仁斋对"理"有一个根本判断,即"理本死字"。他指出:

> 理本死字,在物而不能宰物,在生物有生物之理,死物有死物之理,人则有人之理,物则有物之理,然一元之气为之本,而理则在于气之后,故理不足以为万化之枢纽也。……惟圣人能识天地之一大活物,而不可以理字尽之。故《象》赞之曰"大哉乾元,至哉坤元",至矣尽矣。若知天地真活物,许汝即身即伏羲。[1]

这个"理本死字"之说,是在宣判理学形上之"理"的死刑。所谓"不能宰物",是指物之上并不存在"主宰者",意谓理不能是物之上的存在,所以说"理则在于气之后",显然这又是针对朱熹"理在气先"说而发的。既然理不在气先,那么理就应在气中。在仁斋看来,在理气问题上,理学家的思维逻辑犯了一个方向性的错误,即他们总是习惯往上推,由万物推至五行,由五行推至阴阳,最终"推而至于阴阳之所以然,则不能不归之于理,既归于理,则自不能不陷于虚无"。[2] 而被理学规定为"所以然"的理其实不过是"虚无",此"虚无"乃佛老之学,意味着观念上的"死",而与儒家注重"天地之一大活物"的取向正背道而驰,此即仁斋力斥"理"的思想缘由。

然而若追问下去,必遇一问题:理究为何物?对此,仁斋亦承认"理"字作为"条理"而存在的合理性,如"物则物之理"一般,然此

---

[1] 《童子问》卷中第68章,《文集》第237页。
[2] 同上。

非形上抽象之理,亦非"所以然"之理。同时,仁斋亦承认"凡天地间,皆一理耳",此说容易引起误解,因为既然说"一理",似乎便意味着存在某种同一性的"理",意近宋儒所讲的"理一",然而这却是仁斋绝不能认同的观点。因此,所谓"凡天地间,皆一理耳"只能这样理解:意谓天地间任何事物都有其自身的条理,而此理非抽象之理,亦非可以"宰物"的实体之理,倘若理是实体,便是万物之本原,独立于天地之外,而又能"主宰"万物,在仁斋看来,这种观点只不过是虚幻的想象而已。故仁斋所谓理之在物,非谓理为物之宰("宰物"),也正由此,故依理决断天下事物,必将危害无穷。

然而既然说"理本死字",又说天地是"一大活物",那么理与物就不能构成相应之关系。对此,仁斋从另一个角度,提出了"一乎生故也之理"的命题——可归结为"生生之理"或"生理"——来为"理"字重新定义。他说:

> 问:先生谓天地一大活物,不可以理字尽之,即《字义》所谓有生而无死,有聚而无散,一乎生故也之理?曰:然。凡天地间,皆一理耳。有动而无静,有善而无恶,盖静者动之止,恶者善之变,善者生之类,恶者死之类,非两者相对而并生,皆一乎生故也。[1]

劈头一句"天地一大活物,不可以理字尽之",是接着《童子问》卷中第68章劈头一句"理字""不足为生生化化之原"而来,两句话的意思是相通的,都清楚表明理字不足以涵盖天地造化。

那么何谓"一乎生故也"?依其语义,当是指天地间任何事物都具有"生"的特质,都不得不处在生生化化的过程之中,而"理"并不是在生生化化之外的独立存在,生生化化之过程本身即是理,这应当便是"一乎生故也之理"的确切含义。文中提到的《字义》即《语孟字义》,在《语孟字义》中,仁斋是这样表述的,语意更为清晰:

---

[1] 《童子问》卷中第69章,《文集》第237页。

> 《易》曰"天地之大德曰生",言生生不已即天地之道也。故天地之道有生而无死,有聚而无散,死即生之终,散即聚之尽。天地之道,一于生故也。[1]

原来,仁斋是以《易传》"天地之大德曰生"为依据,得出"生生不已即天地之道"的结论,换言之,"天地之道"即"一于生故也"的意思。区别在于《童子问》所说的是"理",而《语孟字义》说的则是"天道",表明仁斋在概念使用上似乎并不严密,因为如此一来,本是"死字"的"理"变成可与"天道"互换的概念了。事实上,"一乎生故也之理"盖谓生生之理,与"一乎生故也之道"的说法在措词上虽有异,但其重点在于强调一个"生"字则是相通的。

重要的是,与"理本死字"相对,仁斋又有"道本活字"之说,他对此区别得很清楚:

> 理字与道字相近。道以往来言,理以条理言。……道字本活字,所以形容其生生化化之妙也。若理字本死字,从玉里声,谓玉石之文理,可以形容事物之条理,而不足以形容天地生生化化之妙也。
>
> 盖道以所行言,活字也;理以所存言,死字也。[2]

可见,"死字"与"活字"的根本区别在于:前者如"玉石之文理"一般,只可表述"事物之条理"——即"所存"之意;而后者足以"形容天地生生化化之妙",是"一阴一阳生生不已"之本身——即"所行"之意。用我们的话来说,仁斋意在强调:理只是一种抽象概念,而道则是宇宙万物活生生的象征。当然这是仁斋为拒斥天道形上义而提出的一种解释,至于这种解释在理论上是否成功则是另一回事,关于这一点,我们将在小结中再来探讨。

总之,仁斋虽拒斥"死字"之"理"——即抽象形上之理,但并

---

[1] 《語孟字義》上"天道"第4条,《大系》第116页。
[2] 以上两条分别见《語孟字義》上"理"第1条、第3条,《大系》第124页。

不拒斥生生不已之"理",他断言天地之一大活物必有生生不已之理。因此,关键在于对"理"字要有一个诠释上的转换——即须认定理只是事物之条理而非抽象之天理,须即事言理或即气言理,而不能离事说理或离气讲理。可见,仁斋之所谓"理"既是事物之"条理"又是宇宙万物"生生之理",强调"理"的即事物性及具体性,绝非是抽象的作为"万物之本原"的理。即便是说"一理",承认理的普遍性(凡物皆有理),但此普遍性亦须落实在具体性当中才能呈现其意义。如下所述,仁斋有关"理"的基本观点,其实与其"道在事中"的立场是一致的。因为事实上,仁斋从"生"的角度所讲的"理"与其所讲的"道"是相通的,当然作为其思想的核心概念,他更强调"道"的重要性,相比之下,"理"并不占据核心地位。他说:

> 求道于高,求事于远,学者之通病。唯《诗》《书》之为教,近于人情,达于日用,初不远人以为道,亦不远人以为言。[1]

这段话充分表明仁斋之言"道"具有即事物性、即具体性、不离人情而又切于日用之特质,可归结为"道"的人伦日常性、具体普遍性。[2] 关于这一点,我们下面将要展开稍详的讨论。

二、"道"的批判与重构

然而,既然说"天地之道,一于生故也",以天地万物"生生不已"来解释"道",并将"道"直接规定为"生生不已"本身,那么,"道"就不能是超越于"生生不已"之外或之上的另一种实体性存在,"道"即"生生不已"之过程本身,这与"一乎生故也之理"的说法在含义上是一致的。由此"道"变成了一种描述词,而非实体存在,也

---

[1] 《論語古義》,第 104 页。
[2] 关于仁斋思想十分注重"人伦日常性",日本思想史著名学者相良亨(1921—2000)即已指出,参见其作:《人倫日用における超越——伊藤仁斎の場合》,收入《相良亨著作集》第 2 册,东京:ぺりかん社,1996 年,第 220—300 页。若以仁斋语证之,则莫如以下一句:(孔子之道)"人倫日用平常可行之道。"(《童子問》卷下第 50 章,《文集》第 257 页)

就是说,"道"是对"生生不已"之过程的一种描述——即"生生不已即天地之道"之意,由于"生生不已"只是一过程状态,故其本身并非实体。在这个意思上,仁斋对"道"或"理"做了一番"去实体化"的解释,"道"不再是阴阳气化、生生不已之上的根源性实体存在。故对仁斋而言,宋儒的"道体"观也就必然是一有待解构的对象。

另从文献学的角度看,仁斋又断定"道体二字不经见",而是"宋儒发之"的一种观念虚设,最典型的便是程伊川的"以阴阳无端动静无始为道体"以及朱熹的"以无声无臭所以然之理为道体"这两句话。[1]在仁斋看来,伊川语虽较接近《易传》"'一阴一阳之谓道'之旨",但伊川之误在于别立"道体之名",而朱熹语则全是"渊源老庄虚无之说来"[2],在根本上已错,不值得一驳。可见,仁斋只认可"道",但不认同"道体"这一观念设定,原因就在于他不能认同"道"的实体化,而"道"只能是"生生不已"而已。须指出,其实对于"生生不已"的强调,显然与仁斋的气学思想有关,而其"道论"其实是建立在其"气论"之基础上的。

我们知道在宋代道学中,对"气"之问题最有理论贡献的是张载(1020—1078),他曾说过一句名言:"由太虚而有天之名,由气化而有道之名。"即从名义的角度看,"天"或"道"的名称来由与"太虚"或"气化"有关。这个观点受到朱熹及其弟子的强烈关注,如朱熹弟子陈淳便注意到张载的这一论述,指出这是一种"推原来历"的思维方式,

---

[1] 所谓伊川语,应当是指"动静无端,阴阳无始"(见《程氏易传》),而伊川并未将此与"道体"关联起来,显然是仁斋对伊川的解读。至于朱熹之说当见诸《太极图解》以及朱陆之辩"无极太极",特别是以下一段文字或许正是上引仁斋语的出典所在,朱熹曰:"一阴一阳虽属形器,然其所以一阴一阳者,是乃道体之所为也。故语道体之至极则谓之太极,语太极之流行则谓之道,虽有二名,初无二体。周子所以谓之'无极',正以其无方所、无形状,以为在无物之前而未尝不立于有物之后,以为在阴阳之外而未尝不行乎阴阳之中,以为通贯全体,无乎不在,则又初无声臭影响之可言也。"(《朱子文集》卷三十六《答陆子静》第5书,《朱子全书》第21册,第1568页)由此段文字正可归纳出"以无声无臭所以然之理为道体"之结论,当然严密说来,仁斋的归纳与朱熹本意仍有差异,此不待详说。事实上仁斋早就对朱陆之辩显示出浓厚兴趣,撰有《鹅湖異同辨》一文(《古学先生文集》卷三),自然对于朱陆之辩的文字是相当熟悉的。

[2] 以上见《語孟字義》上"道"第4条,《大系》第123页。

亦即将"道"的"来历根原"追溯至"气化"之前,以为一切存在都源自一阴一阳之"气化",而阴阳之所以然者则是"道"。按陈淳(1159—1223)对儒家经典的考察,尽管儒家圣人"说道"大多就人事上而言,但《易传·系辞上传》"一阴一阳之谓道"一句,"乃是赞《易》时,说来历根原"[1],又说:

> 阴阳,气也,形而下者也;道,理也,只是阴阳之理,形而上者也。孔子此处是就造化根原上论。[2]

陈淳的这些表述反映的其实是朱子学的典型观点——"道"即"形而上者",既是事物之理则(所以然之故),又是行为之规范(所当然之则),是超越于阴阳之上的本体存在,这是"推原来历"之运思方式的必然结论。

然而仁斋却绝不认同在阴阳气化之前或之上另有所谓的"道体"作为"来历根原"而存在,故他严厉批评陈淳的"来历根原"论,指出:

> 北溪曰:"《易》说'一阴一阳之谓道',孔子此处是就造化根原上论。大凡圣贤与人说道,多是就人事上说,惟此一句,乃是赞《易》时,说来历根原。"愚谓不然,谓天人一道则可,为道字来历根原则不可。《易》语是说天道,如"率性之谓道"及"志于道""可与适道""道在迩"等类,是说人道。《说卦》明说"立天之道,曰阴与阳;立地之道,曰柔与刚;立人之道,曰仁与义",不可混而一之。其不可以阴阳为人之道,犹不可以仁义为天之道也。倘以此道字为来历根原,则是以阴阳为人之道也。[3]

表面看,仁斋反对的是将天道与人道混而为一的论述方法,实质上,令仁斋耿耿于怀的乃是"来历根原"四字所反映的形上学思维方

---

[1] 《北溪字义》卷下"道"第8条,北京:中华书局,1983年,第41页。
[2] 同上书,第40—41页。
[3] 《語孟字義》上"道"第1条,《大系》第122页。

式。但不得不说仁斋对"来历根原"的拒斥方式有点奇特,他反对"道"具有"来历根原"的意义,视"道"为"一阴一阳"之过程,此说能否成立,端在于持何诠释立场,或可另当别论。然而陈淳之意在于指明"一阴一阳之谓道"之"道"绝非"一阴一阳"本身,而是"一阴一阳"之所以可能的依据,因而是"形而上者",而不能混同于"形而下者"之气,绝没有将天之道与人之道混而为一的意思。然而仁斋却以为陈淳将"道"提升至"来历根原"的角度作抽象的规定,是误将"立阴与阳"的天之道与"立仁与义"的人之道混而不分。仁斋坚持认为"道"只有具体指向的天道或人道,而不存在天道人道之上还有什么形上之道,显然这表明仁斋的企图在于欲从根本上颠覆宋儒形上学。

事实上,仁斋对"道体"观的批判,与其对"理"字的批判,在思路上是完全一致的,亦即他不能认同在现实存在的背后另有所谓的作为"所以然者"的形上实体之存在。不过,与其批评"理为死字",对宋儒意义上的"理"做了基本否定相比,他对"道"的观念是非常注重的,他所竭力反对的是"道体"概念有可能将"道"实体化的诠释理路,坚持主张"道"即阴阳气化"生生不已"之过程本身。至于"一阴一阳往来不已上面"一层之问题——即宇宙之"根源"问题或"形上"问题,仁斋采取的毋宁是"存而不议"的立场,他说:

或以为自天地既辟之后观之,固一元气而已,若自天地未辟之前观之,只是理而已,故曰无极而太极。适圣人未说到一阴一阳往来不已上面焉耳。曰:此想像之见耳矣。夫天地之前,天地之始,谁见而谁传之邪?若世有人生于天地未辟之前,得寿数百亿万岁,目击亲视,传之后人,互相传诵,以到于今,则诚真矣。然而世无生于天地未辟之前之人,又无得寿数百亿万岁之人,则大凡诸言天地开辟之说者,皆不经之甚也。……或谓:既不可谓天地有始终开辟焉,则又不可谓无始终开辟。曰:既不可谓天地有始终开辟,则固不可谓无始终开辟,然于其穷际,则虽圣人不能知之，况学者乎？故存而不议之为妙矣。[1]

仁斋以"往来不已上面"一层的本原问题从未有人"目击亲视"为由，从而将此问题置于存而不议的领域，显然是以经验论来反对形上学，这在理论上是否有效是值得怀疑的。[2] 仁斋的理由在于这样一点："凡圣人所谓道者，皆以人道而言之，至于天道，则夫子所罕言，而子贡之所以不可得而闻也。"[3] 然而另一方面，夫子罕言不等于说天道不在或夫子不知天道，因为"一阴一阳往来不已之谓天道，其义甚明矣"，子贡之所以不得而闻，"盖于一阴一阳往来不已之理，则学者或可得而闻也，至于维天之命於穆不已之理，则非聪明正直仁熟智至者，则不能识之"，唯有圣人识之而已，如孔子以下之言便可作为明证：

> 孔子曰"天生德于予，桓魋其如予何"，又曰"获罪于天，无所祷也"，亦是也。是子贡所谓不可得而闻也者，盖若此。……宋儒谓天，专言则谓之理，又曰天即理也。其说落乎虚无，而非圣人所以论天道之本旨。[4]

至此可见，仁斋对于"往来不已之理"与"於穆不已之理"进行了区分，认为前者"可得而闻"，后者"不可得而闻"而唯有圣人"识之"，在《语孟字义》中，仁斋将这两种"理"称为"天道"的两个方面，指出"一阴一阳往来不已者，以流行言；维天之命於穆不已者，以主宰言"，所谓"流行"，盖指气的造化运动，至于"主宰"则有点玄妙，仁斋用人来比喻，他说：

---

[1] 《語孟字義》上"天道"第5条，《大系》第116—117页。
[2] 倘若不可知论(agnosticism)仅是指对于某种特殊知识领域保持沉默，例如"子不语怪力乱神"所表明的是孔子对"怪力乱神"之领域保持沉默那样，那么这种态度并非不可取。但是，不可知论须建立在承认不同知识有其自身价值这一观点基础上才是健康的，它不能成为排斥其他知识的绝对理由。然而仁斋以不可知论的态度去排斥宋儒有关根源来历之终极问题的思考，则不免陷入排他主义的不可知论，这显然并不可取。
[3] 《語孟字義》上"道"第1条，《大系》第122页。
[4] 《語孟字義》上"天道"第6条，《大系》第117页。

> 一阴一阳往来不已者，以流行言；维天之命於穆不已者，以主宰言。流行犹人之有动作威仪，主宰犹人之有心思智虑，其实一理也。然论天道之所以为天道，则专以主宰而言，《书经》《易象》孔子所谓天道者，是也。故《中庸》引维天之命之诗，而释之曰："盖曰天之所以为天也。"可见虽若有二端，然至论天道之所以为天道，则专在于主宰也。[1]

这是说"天命"犹如人有"心思智虑"一般，乃是一有意志的存在，故主宰者当指天命。这与仁斋对"命"字的理解有密切关系，他认为天命之"命"犹如人在发号施令——即"命令"，相应地，"天"犹如"君主"。仁斋在《语孟字义》"天命"条一上来就明确指出：

> 天犹君主，命犹其命令。天者，命之所由出，命者，天之所出。[2]

的确，自董仲舒（前179—前104）提出"命者天之令也"这一观点以来，直至朱熹才表示了积极的回应，以为"近子思之意"[3]，并在《中庸章句》中，释"天命"谓"命，犹令也"。这些都应当是仁斋所熟知的。但他也许没有注意到朱熹在提出上述解释之后，立即指出此"命令"犹近"禀赋"之意，盖指上天生物，"气以成形，而理亦赋焉"[4]，而此赋予之过程，看似有人在"主宰"一般，故朱熹在回答弟子提出的"以主宰谓之帝，孰为主宰"的追问时，他表示承认：

> 自有主宰。盖天是个至刚至阳之物，自然如此运转不息。所以如此，必有为之主宰者。这样处要人自见，非语言所能尽。[5]

---

[1]《語孟字義》上"天道"第7条，《大系》第118页。
[2]《語孟字義》上"天命"第1条，《大系》第118页。
[3]《朱子文集》卷七十二《杂学辨》，《朱子全书》第24册，第3474页。董仲舒之说见其《策对》，载《汉书》卷五十六《董仲舒传》。另朱熹对董仲舒"命者天之令"的赞赏可参见《朱子语类》卷一三七，第3260—3263页。
[4]《中庸章句》第1章，《四书章句集注》，第17页。
[5]《朱子语类》卷六十八，第1684—1785页。

而且在解释《尚书》《周易》中"天"之概念时，他指出："这便自分明有个人在里主宰相似。"[1]

但是归根结底，在朱熹，由于他坚持"天即理也"的观念立场，故"禀赋"看似是由"主宰"者的"命令"之过程，其实乃是"理"之"禀赋"于"物"的过程，故说"于是人物之生，因各得其所赋之理，以为健顺五常之德"。[2] 同样，对于朱熹的这套解释，仁斋理应有一定的知识了解，尽管他并没有做出相应的义理解释。他以"心思智虑"来形容主宰者，则此主宰者便成了有意志一般的人格存在。基于此，故他主张应将流行义的"天道"与主宰义的"天命"严加区分，指出朱熹将太极说成是"天命之流行"，而程子将天道说成是"一阴一阳往来不已者"，都完全错了：

> 晦庵《太极图解》云"太极之有动静，是天命之流行也"，盖依《周颂·维天之命》之诗而言之，程子亦曰"天道不已，文王纯于天道亦不已"，皆指一阴一阳往来不已者而言，尤非也。所谓命者，乃谓上天监临人之善恶淑慝，而降之吉凶祸福。《诗》曰"维天之命於穆不已"，其意盖谓天命文王，王斯大邦，延及子孙，永笃保之。……可见《诗》意总言保佑命之，自天申之之意，本无阴阳流行之意，太甚分晓。[3]

这是说，"一阴一阳往来不已"是指天道之流行，"维天之命於穆不已"则是指天命之主宰，而主宰乃是"上天监临"之意，能为人类带来"吉凶祸福"，与"阴阳流行"并无任何关联。这一观点显示出仁斋思想的宗教关怀，至于仁斋对天命的这种宗教性理解是否合理，已逸出本文主旨，似不必赘述。

我们再回到生生不已的天道观上来。其实，仁斋的天道观是建立在元气论之上的，所谓生生不已，盖指气而言，他甚至明确指出"盖天地

---

[1] 《朱子语类》卷四，第60页。
[2] 《中庸章句》第1章，《四书章句集注》，第17页。
[3] 《語孟字義》上"天命"第5条，《大系》第119—120页。

之间，一元气而已"。在他看来，阴阳两气盈虚消长、往来感应而未尝止息，"此即是天道之全体、自然之气机，万化从此而出，品彙由此而生"，故他断言："圣人之所以论天者，至此而极，自此以上更无道理，更无去处。"意谓在元气之上或往来不已之前，去追问什么"来历根原"都是徒劳的。因此，他特别反对朱熹以"所以然者"来解释"道"："考亭以谓阴阳非道，所以阴阳者是道，非也"[1]，而他自己的观点则是："阴阳固非道，一阴一阳往来不已者，便是道"[2]，重申阴阳"往来不已者即天道"的思想。也就是说，按仁斋的观念，有关天的言说只能到"气"为止，故一切有关"道"或"天道"的言说亦只能到"气"为止，在气之上或之前，是否有所谓"道"的实体存在，对此我们不能言说。

既然"所以阴阳者"不是道，"往来不已者便是道"，这就意味着"道"失去了形上学意义，显然这是仁斋对"道"所作的"去形上化"批判，与其对"道体"概念所作的"去实体化"批判是一致的。与此同时，仁斋欲将"道"从上往下拉，认为天地之道只"存于人"，故他甚至断言儒学只讲"人道"[3]，并提出"人伦之外无道"的观点，强调"道"的人伦日用性，他说：

> 人伦之外无道，仁义之外无学。人之所当务力者，人伦而已矣；人之所当竭力者，仁义而已矣。[4]

在仁斋看来，"圣人之设教"只是"因人以立教，而不立教以驱人"，故此，所以说"道外无人，人外无道"，道与人"亦何远之有"？只有那些不知"道"者，才会"自以为高为美，为若升天然"，而其结果必是："视道甚远，而人益难入，悯哉！"[5]

---

[1] 这是朱熹对《易传》"一阴一阳之谓道"的著名解释。当然，这个解释原是朱熹继承二程而来。
[2] 以上仁斋语均见《語孟字義》卷上"天道"第1条，《大系》第115页。
[3] 如仁斋断言："凡圣人所谓道者，皆以人道而言之。至于天道，则夫子之所罕言，而子贡之所以为不可得而闻也，其不可也必矣。"（《語孟字義》卷上"天道"第1条，《大系》第122页）
[4] 《語孟字義》末附《論堯舜既没邪説暴行又作》，《大系》第166页。
[5] 以上见《論語古義》，第5、145页。

仁斋进一步强调指出正是由于"道不远人",故"道"就在于"事"中,就在"俗"中,从而提出了"俗即是道"的命题:

> 夫事苟无害于义,则俗即是道。外俗更无所谓道者。故曰:"君子之道,造端于夫妇。"故尧舜授禅,从众心也。汤武放伐,顺众心也。众心之所归,俗之所成也。故惟见其合于义与否,可矣。何必外俗而求道哉?若夫外俗而求道者,实异端之流,而非圣人之道也。[1]

可见,"道"不能脱离世俗、人伦之外,所谓"俗"则是由"众心所归"所构成的,应当就是世俗社会或生活世界。这种存在于"俗"中的"道"也必然存在于"日用常行之间",是"平平荡荡"的,而且"甚至近也"[2]。在此意义上,故说"俗即是道"。应当说,这是仁斋之"道论"的终极之论、出彩之处。

但是,社会世俗性总是具体而特殊的,某一地域的世俗性并不同于其他地域的世俗特性,那么何以保证"俗"中之"道"又具有普遍性?仁斋将道从天上拉至人间之后,再三强调日用伦常性的道同时又具有超越"古今"的普遍性,故"圣人之道"必然是"天地之常经,古今之通谊"[3],他说:

> 盖道无古今之异,故人亦无古今之别。今斯民即三代之时,所以直道而行之民,其性初无以异也。[4]
>
> 道也者,天下之公共,人心之所同然,众心之所归,道之所存也。[5]

总之,在仁斋,"道"不是极高穷远之抽象存在,也不是阴阳之气

---

[1] 《論語古義》,第130页。
[2] 同上书,第135页。
[3] 同上书,第288页。
[4] 同上书,第238页。
[5] 《孟子古義》,《日本名家四書注釋全書》第3卷,东京:凤出版,1973年,第36页。

"已后"的形上存在，它就在人伦日常之中、世俗生活里面，与人"甚至近也"，因而是一种切实的具体存在；但同时"道"又是天下公共之"道"，具有超越古今的品格，是人心之同然、众心之所归，因而"道"又有超越地域的普遍性、公共性。质言之，仁斋之所谓"道"是一种具体普遍性之存在，这应当是仁斋之"道论"的基本特色。

三、小　结

由上可见，仁斋对宋儒的形上之理及形上之道的批判很有力度，其欲彻底颠覆宋儒形上学的理论企图十分明显而又坚决，当然，他的理学批判具有何种理论效应，他由此而重构的"道论"是否成功，则是另一回事。

平心而论，仁斋自以为掌握了儒家经典的古义，并以此为据来判定"理本死字"，认为其与天地之"一大活物"不能相应，但他由此批判宋儒形上学，显然是缺乏理论说服力的，因为仅凭字义训释难以真正撼动形上学。另一方面，他以"一乎生故也之理"与"一乎生故也之道"的命题将理或道规定为"一阴一阳生生不已"之过程本身，断然否定作为"所以然者"的理或道，并且武断地判定孟子之"理"皆是条理而否定其秩序义、规范义，显然也不过是仁斋的一家之言，虽有其自身的价值判断及思想立场，但从根本上说，生生不已只是气化之过程，可以理解为天道运动的一个方面或道体存在的一种呈现方式，却不能由此否定天道存在的超越性。由此可说，仁斋断言儒学只讲人道而不讲天道等说法显然过于独断，而缺乏对儒家天道论之超越义、形上义的根本了解。

不过须看到，仁斋强调道在事中、俗即是道，由此凸显出"道"的人伦日用性、平常可行性，这应当是仁斋之"道论"的出彩之处，也是符合儒学天道与人事相即不离之观点立场的。只是仁斋可能没有意识到，他的这一观点是就道的呈现方式而言的，而不是就道的存在方式着眼的。事实上，就呈现方式言，道的意义必由事显，据此则可言道不离事，换言之，道就存在于人事之中；若就存在方式言，则道既发用流行于现实之中而生生不息，同时道又作为"道体"而必然超越于人事之上，否则道就不成其为"所以然之故"及"所当然之则"。

要之，"道体"既超越于现实之上而又内在于具体之中，故"道体"的普遍性必表现为具体的普遍性，而不是单极主义的绝对抽象性。对于这层义理，孔孟已有涉及，只是所论或有不详，而宋明道学家对此有更深的理论拓展，也就是说，性与天道、形上与形下并非隔绝的而是相即不离的，这理应是宋明道学的一项共识。从这个角度看，我们不得不说仁斋对宋明道学的义理系统缺乏相应的了解，这一点大概是不能否认的。为进一步说明这一点，我们不妨再举一例来略作申述。

仁斋常用"道犹路也"的说法来规定"道"，并且以此批判宋儒的形上之道，他说：

> 道犹路也，人之所以往来通行也。故凡物之所以通行者，皆名之曰道。[1]

又说：

> 道犹路也，人之所以往来也。故阴阳交运谓之天道。[2]

很显然，这是以释字学来代替释义学而得出的结论，其理论效果是颇值得怀疑的。"道犹路"其实是一种拆字解字法，是从字形上说的，此说固然不错，但却不可据此来解释孔子"朝闻道夕死可矣"之"道"、孟子"其为气也，配义与道"以及"仁政""王道"之"道"等"道"字的思想意义。

事实上，宋代道学家亦非不懂这套文字训诂学，朱熹就曾说：

---

[1] 《語孟古義》上"天道"第 1 条，《大系》第 115 页。
[2] 《語孟古義》上"道"第 1 条，《大系》第 121 页。

> 道训路，大概说人所共由之路。[1]

陈淳也说：

> 道是就人所通行上立字。[2]

但是这并不妨碍朱熹对"道"的规定：

> 道，理也，阴阳，气也。……形而上者谓之道，形而下者谓之器。[3]

同样，也并不妨碍陈淳对"道"的义理解释：

> 道之大纲，只是日用间人伦事物所当行之理，众人所共由底。[4]

可见，"道"既不与"日用人伦"相离，但同时它又是"所当行""所共由"的观念存在而非经验物的实体存在。诚然，仁斋也使用了"所以往来"的说法，但其所谓"所以"，绝非"所以然"之意，而只是表明"路"可供"往来通行"之意，故最终未能将实体字的"路"向上提升而抽象出形上义的"道"[5]。

总之，仁斋缺乏观念论思维的偏好或兴趣，故其所理解的原典儒学之"古义"，终不免要打些折扣。更严重的是，仁斋从经验论或实证论的立场出发来试图颠覆宋儒形而上学，就其理论效应来看，是缺乏说服力的。

---

[1] 《朱子语类》卷六，第99页。
[2] 《北溪字义》上"理"第1条，第41页。
[3] 《朱子语类》卷六十七，第1970页。
[4] 《北溪字义》上"道"，第38页。
[5] 朱熹曾与吕祖俭围绕张元德训"道"为"行"的观点有过一场讨论，朱熹之大意在于指出"道之得名，只是事物当然之理"，元德训作"行"固然有误，然只须告之以"当行之路"即可，朱熹的结论是："形而上者谓之道，物之理也；形而下者谓之器，物之物也。"并指出"只以此二句推之"，"亦自通贯而无所遗也。"（《朱子文集》卷四十八《答吕子约》第12书，《朱子全书》第22册，第2226—2227页）这是说，道不仅仅是路，更是"当行之路"，道与器决然为二物，犹言道与行绝不能混为一。若允许假设的话，仁斋就好比是张元德，两人对"道"的曲解（在诠释学上或可允许）竟如此相似。

余论：德川儒者"反朱子学"的几点省察

行文至此，我们遇到两个问题需要思考：（1）仁斋何以由早年信奉朱子学至中年以后便来了一个 180 度的大翻转，转向对朱子学的全面批判？（2）仁斋之猛批朱子学，究竟意欲何为——换言之，他试图实现怎样的理论目标？如果说略早于仁斋而提倡"古学"的山鹿素行（1622—1685）之不满于朱子学，可能与其妄自尊大的民族主义情结——例如他称日本为"中国"而将中国贬为"外朝"（《中朝事实》）——多少有点关联；如果说晚于仁斋约一个世纪的国学家本居宣长（1730—1801）不仅将宋学而且将整个汉学视若仇敌，必欲彻底排除"汉意"及"佛意"而后快，竭力主张回归《古事记》以前的日本传统，才能达到净化日本文化的目的；如果说朱子学在日本遭遇的乖舛命运与上述这些存在于德川早中期的思想现象多少有点关联，那么，仁斋学之对朱子学的批评与拒斥，是否表明其与素行或宣长等人无非是一丘之貉而已？我的结论是，未必尽然。

事实应当是很明显的，仁斋之排击宋儒、批评朱子，并不是为了宣泄日本民族主义情感，也不是由于其对中国传统儒学的鄙视，相反，他视孔子为"最上至极宇宙第一圣人"、视《论语》为"最上至极宇宙第一书"[1]，他甚至相信孔孟之道就是普世真理，他断定中国圣人之原型的尧舜所代表的"尧舜之道"便是"人道之极"，而且是"万世不易"的，由此可证他确是一位普遍主义者。尽管，我们看不出其批朱是为了将儒学拒于日本国门之外，以为只要回归"记纪神话"时代之前的日本文化传统源头便好，也就是说，在仁斋，其信儒与排朱可以同时并存而不悖，但是，在仁斋思想的背后除了有一个巨大的

---

[1] 《童子问》卷下第 50 章，《文集》第 258 页。特别是后一句在仁斋文献中俯拾皆是，如其称《论语》是"万世道学之规矩準則""通万世而不变，準四海而不違，于乎大矣哉！"（《論語古義·綱領》，第 3 页）可见，《论语》对仁斋而言就如圣经一般，是放诸四海而皆准的真理，给人以一种特异之感。林本《論語古義》的各卷卷首原本甚至冠有"最上至极宇宙第一"八字，后被东涯修订的刊本删除。林本为仁斋生前最后稿本，关于林本与刊本之间的异同，参见子安宣邦：《伊藤仁斎研究》，载《大阪大学文学部紀要》第 26 卷，1986 年 7 月，后收入氏著：《伊藤仁斎の世界》，东京：鵜鹄社，2004 年。

"他者"——中国因素以外[1]，毫无疑问，日本文化的思想资源以及日本社会的背景因素应当是其敢于揭起"反朱子学"这面大旗的缘由所在。

或许对仁斋而言，他须分辨清楚朱子何以背离了孔子，但是对我们而言，作为日儒的仁斋以回复儒学古义为口号，究竟意欲何为？换种问法，如果复古只是手段而非目的，那么他为何要复古？如果说仁斋将当时在中国或朝鲜正占据意识形态之要道的朱子学打压下去，可能是为了向日本政权当道者献计献策，这种过于强调某种思想的社会背景因素作用的想法可能会陷于片面，因为思想固然是社会以及生活的反映，但却不是机械式的反映，思想作为一种观念有其自身的逻辑链条。在我们看来，极有可能要对两个方面的因素进行思考：一是仁斋所处的日本背景，使其对中国儒学的理解自有一套独特的思维理路，二是仁斋越是对儒学问题深入思考，便越有可能形成自己的有关儒学知识价值的判断标准。前者表明儒学传入日本必经历一番本土化，才有可能被理解、被诠释，与此同时，理解和诠释的过程本身就是儒学日本化之过程；后者则表明儒学作为一种思想观念，其自身必有一套可以审视其他理论的是非对错的判断标准。当然严格来说，作为社会背景的日本因素之问题属于史学研究的范围，这也是历来仁斋学研究的一个重点，至于仁斋自以为他发现了儒学的终极价值蕴藏于孔孟经典的古义当中，则应当有其自身的思维逻辑，对此就需要我们从哲学的角度来认真对待而不能一味以朱子学为标准来横加非议。

在我看来，仁斋对孔孟原典儒学的理解和诠释显然有其自身的理论标准，他坚持"以爱释仁"，坚持"道即人道""道在事中""俗即是道"等观念立场，反对"以仁为理""以理求仁"，更反对抽象玄谈的形上之道，都表明仁斋对于"仁""道"等关涉儒学核心观念的理解自有独

---

[1] "巨大的'他者'"一说，取于子安宣邦：《"アジア"はどう語られてきたか——近代日本のオリエンタリズム》第6章"大いなる他者——近代日本の中国像"，东京：藤原书店，2003年，第149—170页。

到的理路,而他对儒学的身份认同意识也是非常明确的,他反宋学的目的正在于追求放诸东亚而皆准的所谓原典儒学,因为在其心目中,何止东亚即便环视整个"宇宙",孔子也有资格称得上是"第一人"。很显然,在17世纪的中国,中国本土的儒学家们可能并没有如同仁斋那样的清楚意识:儒学原来就有一种跨地域跨文化的普世性,至少在东亚社会,儒学价值可以得到普遍认同。从这个角度看,仁斋学在东亚思想史上有其独特的历史地位和思想意义,可以促使我们反省儒家文化的优劣长短;只是仁斋学的这种思想意义却是经由反朱子学而得以反显,于是极易引起人们的误会,以为仁斋学之反朱子学,正表明中日两地在思想文化问题上处于水火不容的对立两极。的确,从历史的角度看,中日两国自17世纪后所呈现的"差异"日趋严重,甚至出现了中日"文化差异巨大论"[1],这从当时东亚社会文化的发展趋势看,上述判断是有充分理由的。因为"文化"概念与"文明"概念毕竟有所不同,它总是指向具体的文化而不存在什么抽象的文化,所以一旦涉及中国文化或日本文化,两者之间必存在差异而不能彼此抹消对方,互相之间可互动但却不能吞没对方。

重要的是,儒学作为一种哲学,同时又作为一种文化,随着时空迁移及历史变化,必导致一方面作为哲学形态的儒学有其自身的价值立场而获得某种普遍性,并具有跨地域、跨文化的特质,而另一方面作为文化形态的儒学又在与异文化相遇过程中呈现出分殊性,而这种分殊性不是以消解普遍性为指向,相反,正是普遍性在具体文化形态中的展现。仁斋对孔孟学与朱子学所采取的迥然不同的态度便生动表明,当我们将儒学置于东亚儒学的视域来看,孔孟之道的普遍性可以在异域日本的文化背景中有所展现,然此种展现又须通过某种特殊形态得以可能,而仁斋学之所以反对朱子学的那

---

[1] 参见上揭拙文:《"东亚儒学"刍议——普遍性与特殊性问题为核心》第3节"十七世纪以后东亚文化差异巨大论",《中国学术》总第31辑,第345—405页。此"差异巨大论"的滥觞者似是葛兆光,参其文:《地虽近而心渐远——十七世纪中叶以后的中国、朝鲜和日本》,载《台湾东亚文明研究学刊》第3卷第1期,台北:台大出版中心,2006年。

套抽象理论，也正表明儒学普遍性若抽离于具体的社会文化背景便难以获得认同。

但是，如果换种角度——即从哲学的视域看，仁斋的朱子批判是否得当，是需要充分探讨的，而尽管仁斋所取的理论标准似乎出自他对《语》《孟》古义的复原，但显然他对孔孟经典的义理解读是颇成问题的。举例来说，他只认同"理"字在儒学脉络中仅具"条理"义，而排除任何其他解释的可能，然而《孟子》一书"理"字凡7见，除了用"条理"一词来说明"金声玉振"问题以外，如"心之所同然者何也，谓理也义也"以及"理义之悦我心"中的"理"字便显然难以解释成条理，而应指某种普遍必然的理则或规范。显然，若要指出仁斋的经典诠释存在种种误读是容易的，但令我们关注的是其误读的缘由究竟何在的问题，特别是仁斋何以唯孔孟古义是从而根本容不下朱子学，仿佛儒学只能原地踏步于先秦而无任何发展之必要。[1]

原因可能是多重的，答案不可能只有一种。例如有一种说法认为，历史表明日本儒者缺乏观念论兴趣，对形上学问题向来不喜深究，故德川儒者大多对宋儒的性理学非常反感，而对充满人生智慧的《论语》倒是比较亲近；[2] 也有一种观点以为，儒学价值及其所反映的行为方式根本不符日本传统文化之精神，故从未对日本人的生活、行为、道德乃至审美等方面发生过任何影响，儒学至多只是作为一种知识趣味赢得了部分精英阶层的偏好而已。[3] 这些看法既有合理性也

---

[1] 我曾指出表面上古学派徂徕学颇看重历史性，然究其实质而言，其唯以"古义"为是的立场却是对古今文化的历史性连续的切割，从而使其思想蒙上了"非历史性的色彩"（参拙文：《德川儒者荻生徂徕的经典诠释方法论初探》，《中山大学学报》2014年第1期，第115页），这一判断无疑亦可适用于仁斋学。须补充说明的是，此所谓"非历史性"乃指以复古为口号的"拟似历史主义"，其实质是"历史虚无主义"。

[2] 平石直昭便坦言德川儒者"往往较不关心形而上的实在"问题，见其文：《战中、战后徂徕学批判：以初期丸山、吉川两学说的检讨为中心》（蓝弘岳译），载张宝三、徐兴庆编：《德川时代日本儒学史论集》，台北：台大出版中心，2004年，第112页。

[3] 津田左右吉（1873—1961）最具代表性，他断言："儒教只是作为书本上的知识，作为思想而被学习和讲习的，因为从一开始就没有进入也不会进入到人们的实际生活中。"（《シナ思想と日本》，东京：岩波书店，1938年，第161页）

有片面性。然就仁斋学而言，他通过批判宋儒并进而展示的所谓古义学，可能还是要从日本文化传统以及当时日本政治社会的背景中寻找原因。简要地说，大致有三点值得思考：

第一，从学理上看，宋儒所建构的一套性理学或形上学，虽在某种意义上说是对先秦儒学的推进和发展，但在仁斋眼里，这种发展实际上背离了"道"不离"俗"，即在人伦日用中的儒学古义，既无补于"世道"亦无补于"生民"，那些有关"六合之外"的抽象议论颇有点像"近世讲天学者好说无限道理"，与"孔子之道"相去不啻霄壤之隔[1]，故有必要彻底扭转；

第二，从文化背景看，日本文化对儒学的接受方式从来就有多元性、差异性的特征，也就是说从来就没有将儒学的某家某派学说定于一尊，更没有将儒学视为唯一的绝对的国家意识形态从而加以政治化，除儒家以外，在日本文化史上拥有更广泛社会基础的毋宁是佛教以及神道教，特别是日本神道教在十七八世纪以后的近世日本社会已呈现出理论整合及系统化的发展趋势；

第三，从社会背景看，17世纪中叶以降的日本社会迎来了高速发展，随之出现的日本型"华夷意识"也正逐渐漫延[2]，视日本仍是"武国"或"神国"的民族主义思想逐渐抬头，与此同时，明清更替令不少德川儒者深感惶惑，并渐渐意识到"上国"（藤原惺窝语）的中华文明已一去不返，或许只有东方"神国"的日本有可能在不远将来取代中国而成为新"中华"的象征。

正是在上述种种社会与文化、政治与思想交错运作的背景中，以素行、仁斋、徂徕为代表的古学派德川儒者对宋明儒学敢于大胆质疑，认为只有"返本"至原典儒家，才能杜绝宋儒对日本的精神污染，

---

[1] 《童子问》卷中第65章，《文集》第236页。文中所谓"天学"即指天主教，德川朝对此采取的是极严厉的禁教政策，故任何与"天学"有染者无疑要冒极大的政治风险。仁斋将"今讲理学者"与"近世讲天学者"进行比附，用心不可谓不毒。

[2] 关于日本型"中华意识"在德川时代的萌发及其发展，参看桂岛宣弘：《思想史的十九世纪——"他者"としての德川日本》第7章"'華夷'思想の解体と国学的'自己'像の生成"，东京：ぺりかん社，1999年，第165—192页。

才能使圣人之道重现于东土。但有一点切不可忘记，德川的这股复古思潮绝不是企图重返上古中国，而是假借中国圣人之言，以证明当代日本恰与古圣人的理想社会若合符契，相反，秦汉以后以郡县代封建、以法律代礼乐[1]的中国倒是与古代圣人之道渐行渐远，因此不该是日本应走的道路。

由此我们或可说，自德川早中期始，与"反朱子学"同时并进的是德川儒学已开启了"去中心化"[2]与"再日本化"的进程。尽管仁斋自身对此是否已有清醒意识尚可存疑，但他的复古心态显然与其"现世心态"是重叠的，其"现世心态"不仅表现为不满于德川社会的道德状况，而且体现在更厌恶"后世文人（指日本文人）动以经济藉其口"，追逐于"古今成败、制度沿革、区区史传故事"的书本知识之间，而根本忘记了"经济以道德为本"[3]的儒家教诲，故复兴儒学以便为改造日本社会所用，便成了他的自觉使命；然而，若就其复原儒学古义的理论效应看，无疑地，结果是与孔孟儒学虽形似却神离，与宋明儒学的义理方向更是相去甚远。

总而言之，仁斋学的出现绝非偶然，自有其本土思想的机缘运会为之暗中支持，只是其自身或有所不知而已。但从客观上看，仁斋学对儒学的再诠释无疑对于推动儒学本土化，将孔孟之道的普遍性落实为符合日本风土的具体性起到了鼓动作用。其后出现的徂徕学虽不满于仁斋学，以为其思想不仅未脱宋学臭味，而且其批判朱子也往往不得要领，但在回归原典、重现古义、颠覆形上学这一致思方向上，仁斋与徂徕毋宁是一条战线上的战友，预示日本儒学不再可能重蹈宋明儒的覆辙，而要坚决走日本特色的发展道路。在此意义上，我们

---

[1] 徂徕就曾感叹秦汉以来"以郡县代封建，以法律代礼乐"（《徂徕集》卷二十四《復水神童》第 2 书，第 258 页）的制度安排已然导致经术与吏治、文史与武士的割裂，而与中国形成鲜明对照的是，日本不但仍实行封建，而且文武结合的传统依然不失，故更接近古代中国圣人的时代，而圣人之道更有望在日本得以复兴。

[2] 韩东育称之为"脱中心化"或"脱儒"，参看其著：《从"脱儒"到"脱亚"——日本近世以来"去中心化"之思想过程》，台北：台大出版中心，2009 年。

[3] 《古学先生文集》卷五《同志会筆記》，《近世儒家文集集成》第 1 卷，第 113 页。

有理由说仁斋学乃是德川早期儒学日本化的一个典型案例[1]，而这一案例又充分说明儒学在东亚文化发展过程中确有可能产生新的转化或生机。

---

[1] 从仁斋学的经典诠释及复古取向中读取出"儒学日本化"的意味，这在当今日本学界似已成常识，参看渡边浩：《近世日本社会と宋学》"補論：伊藤仁斋・東涯——宋学批判と古義学"，东京：东京大学出版会，1985 年；土田健次郎：《東アジアにおける朱子学の機能——普遍性と地域性》，载《アジア地域文化学の構築》，京都：雄山阁，2006 年。另有学者认为不宜用"儒学日本化"而应直接采用"日本儒学"一词，如仁斋学与徂徕学经由独特的儒家经典诠释而得以形成"日本性"色彩浓厚的日本儒学（泽井启一：《·"記号"としての儒学》，东京：光芒社，2000 年，第 178 页）。意即仁斋学、徂徕学为代表的江户"古学派"儒学乃是"日本儒学"得以形成的标志之一。

第三篇 日本心学与儒学日本化

第七章　德川日本心学运动中的中国因素
——兼谈"儒学日本化"*

引言　东亚地区的两种心学

对于日本的中国学或日本学的研究者来说,"中国"和"日本"都是他们不可绕过甚至是时常伴随着情感纠结的一种知识对象,相对于此,若就中国的中国学或日本学的研究者而言,"中国"或"日本"则是可以彼此独立、甚至是互不关联的知识对象。也正由此,故在东亚地区长久以来有一个学术界的现象值得深思:中国对日本的了解之少与日本对中国的了解之多往往不成比例。特别是在近代以前,中国对于日本的知识了解非常有限,相反,即便在明治维新以后日本社会加快了一切向西方看齐的步伐,也仍然出现过复兴儒学的运动,以此反思乃至反抗社会上下出现的西化思潮[1]。饶有兴味的是,正因为了解得少,故而常不把对方放在眼里,而了解得越多则越会在意对方。

举例来说,人们大多知道中国历史上有心学思想,然而却可能不知道日本历史上也有心学。重要的是,在大陆学界,可能只知日本有

---

* 本文是 2012 年 9 月 16 日在日本东洋大学国际哲学研究中心主办的"面向全球化之现实的哲学"——东洋大学创立 125 周年纪念国际研讨会上所作的主题报告。

[1] 请参看黑住真的两篇重要论文:《德川儒教と明治におけるその再编》《汉学——その书记・生成・权威》,均载氏著:《近世日本社会と儒教》,东京:ぺりかん社,2003 年,第 165—190 页;第 191—230 页。另可渡边浩的新著:《日本政治思想史——十七~十九世纪》第 20 章"文明开化",其中提到明治初年推崇西洋文明的"明六社"重要成员也是热心的朱子学者阪谷素(1822—1881)就有"欧汉一致"的口号(东京:东京大学出版会,2010 年,第 412 页)。另一位同样是该社成员、首次将 philosophy 译成"哲学"的著名日本哲学家西周(1829—1897)也认为,孔孟之道与西洲(即欧洲)哲学"大同小异",东西之间虽互不因袭然而却"若合符节",所以"四海古今无不同矣"(同上书,第 413 页)。可见,在日本进入所谓"脱亚入欧"的近代之后,不少学者(甚至有留学西洋背景的学者)仍然信奉东海西海心同理同的普遍主义,而儒学(此既可指中国儒学,亦指日本儒学)便是跨越"四海古今"的普遍性之代表。

来自中国的阳明心学，而不甚了解日本思想史上有过影响持久的日本本土心学思潮。若在日本学界，从事日本思想史的研究者则对这两种心学或多或少都有所了解，这是因为一方面宋明的陆王心学（尤其是阳明心学）早在德川（1603—1868）早期就已传入日本，而且与德川日本乃至明治以后的思想状况有过不少藕断丝连的关系；然而另一方面，在18世纪初德川时期，主要由日本市井商人（日文称"町人"）阶层所倡导的心学思想却有诸多不同于中国心学的独特色彩。那么，这种所谓日本的心学虽然与中国的心学（特别是阳明心学）没有直接的渊源关系，然而是否存在中国儒学的因素呢？也就是说，我们应当如何审视作为日本本土的心学思潮究竟与中国儒学有何思想上的纠结？

须指出的是，所谓日本心学，概指德川享保十四年（1729），以石田梅岩（1685—1744）公开举办讲学为标志，从而出现的一种心学理论及其以讲学为主要形式的心学运动，其中包括梅岩心学以及代代相传的梅岩后学。本文采取一个简单的区分：在广义上取石门心学，涵指梅岩及其后学的心学思想及其讲学运动；在狭义上取梅岩心学，意指石田梅岩本人的心学理论体系。至于从知识社会学的角度看，在18世纪初日本社会的思想氛围中，如何思考梅岩心学与外来的阳明心学的思想关联，这是一个尚有争论的学术史问题，日本思想史学界的主流意见对于两者的历史关联是否认的，主要理由是梅岩生前并未引用过阳明著作等史实，也正由此，所以有学者断然指出，关于梅岩心学的思想渊源是否应追溯至阳明学虽有争论，然而若根据梅岩所引书籍来看，可以说这个问题已可盖棺定论了——亦即与王学无关[1]。关于中

---

[1] 例如"战后"日本学界心学研究家柴田实通过对梅岩的重要著作《都鄙问答》所引典籍的详细考察发现，梅岩所采用的明人书籍非常少见，除了明初的《性理大全》以外，仅有《李卓吾集》一书而已，实令人大感意外，就引用次数言，引前者四次，引后者则仅一次，相比之下，梅岩引用宋儒著作较多，仅次于其引用儒家经典四书五经。以如此翔实的史学考察为依据，柴田实下了一个坚实的结论：在梅岩所引的典籍中，"没有一部是陆象山、王阳明等人的著作。"参见柴田实：《〈都鄙问答〉の成立——石田梅岩の心学の诸典据について》，载《史林》39卷6号，1956年11月，后收入氏著：《梅岩とその门流——石门心学史研究》，东京：ミネルヴァ书房，1977年，第13—15、17页。不过，柴田同时也指出，梅岩虽未引用阳明著作，但这并不意味梅岩之于阳明一无所知，根据另一部重要史料《石田先生语录补遗书》（《石田梅岩全集》（转下页）

日两国心学有无历史关联这一问题我们尚无深入讨论的准备,在此不必赘述[1]。

若就笔者的初步观感而论,我倾向于认为两者并无实际的理论关联,仅有某些思想相似性,但这种相似性并非所谓的"概念丛"意义上的"家族相似性",毋宁是不同地域文化中对某种普遍问题的共同关怀所引发的相似趣向。重要的是,这种相似性也并非是决无差异的同一性,而是内含有差异的相同旨趣,用中国古人的话来说,就是"和而不同",这里的"同"就是有差异的"同";若是"同则不继",这里的"同"便是无差异的绝对的"同"。我以为在思考梅岩与阳明这两种心学之关系时,也要运用同异相间的立场视之,庶几可得出接近事实的考察。

要之,本文的主旨并不在于探讨东亚地域的这两种心学之间有无相互"影响"的关系,本文的论述进路是:首先我们将对心学之在中国以及日本的历史作一番概观,以了解我们将要探讨之问题的思想背景;进而将梅岩心学置于日本近世儒学的背景中来提出讨论,考察其心学思想的某些独特性;再次,我还想结合梅岩心学的特质,对近来

(接上页)下卷,石门心学会编;京都:明伦舍,1957年)的记载,梅岩曾就《大学》"亲民"问题,点名批评了阳明的主张而明确表示赞赏"程子朱子"的解释立场,参见上引《梅岩とその門流》,第23页注12。不过我以为仅就一处史料似难断言梅岩对于阳明心学是持反对立场的,较稳妥的解释是,梅岩对于阳明学并无知识兴趣或者了解非常有限而已。

[1] 一般而言,在日本学界,石门心学研究只是被纳入日本近世思想史或庶民教育史的领域之内,而与构成日本儒学史之一的日本阳明学研究划分得很清楚。战前及战后的石门心学思想研究的第一人石川谦(1891—1969)的煌煌巨著:《石門心学史の研究》(东京:岩波书店,1938年)以及上揭柴田实的论著:《梅岩とその門流——石門心学史研究》等主要著作大都认为梅岩心学与阳明心学无关。不仅如此,石川谦甚至认为,梅岩心学未受到任何外来思想(包括阳明学、朱子学、佛教、三教一致论)的单一影响,而是以日本"民族性的'头脑'、国民性的'心胸',率真如实地对当时的国民生活及其国民文化的描述而形成的独特体系"(引自吉田公平:《石門心学と陽明学》,载自井淳、山本真功编:《石門心学の思想》,东京:ぺりかん社,2006年,第385页)。不过,另一位研究中国哲学出身而又致力于日本思想研究的吉田公平则提出了相反意见,他认为从当时的知识氛围看,阳明心学的著作已很常见,在京都一带尤其如此,故不能完全无视梅岩心学与阳明心学在理路上可能有的思想关联,参见上引吉田论文,第382—306页。然而这个观点与柴田实相左,柴田认为在梅岩的时代及其周围,陆王心学类的书籍并不流行而且亦非主流思想(参见上引柴田论著,第21页)。在我看来,导致这类意见相左的原因盖在于学者的专业领域不同之故。我以为,在德川早中期,阳明心学是否流行的问题尚有重考之余地,但重要的是,众多江户儒者对于中国学问的接受态度其实往往是交叉重叠而非单一的,素称日本阳明学之始祖的中江藤树(1608—1648)亦复如此。

日本学界时常提起的"儒学日本化"问题提出一些看法;最后的附录则介绍了19世纪初日本飞骅国心学运动中遗存下来的一篇民间文书,以此考察石门心学家在乡村讲学的种种言论及其中国因素,我们发现这些中国因素并非单纯的儒学知识,更多的却是中国民间流传的具有果报观念因素的各种鬼怪传奇故事,这就表明至少在近世日本乡村民间对于中国知识的态度其实是复杂多样的。

一 心学:从中国到日本

首先有必要从概念史的角度,对"心学"一词在中日两国儒学史上的发生及其内涵说起。

如所周知,在中国先秦时代,"心"的问题便是孔孟早期儒家的关怀之一,历来以为孔子之言心性并不多,但他仍然有"从心所欲不逾矩"的重要观点,当然这里的"心",主要是指心理意识活动,然而到了孟子那里,"心"已成为其核心问题之一,例如"本心""良心""人心""存心""尽心"以及仁义礼智"四端之心"等概念构成了孟子学的重要思想要素,甚至可以说,儒家心性论作为一种思想传统正是由孟子建构起来的。若放眼早期儒家的几部重要经典,我们也可看到有关心的问题议论甚多,如《易传》的"洗心"说,《大学》的"正心"说,无一不是早期儒学的重要思想观念,故在宽泛的意义上说,儒学历来就有"心学"传统。到了宋代新儒学那里,更有一种自觉意识要恢复和接续这一传统。南宋朱熹(号晦庵,1130—1200)《中庸章句序》一上来就以《尚书》经典为依据,拈出"十六字心诀"作为千年以来儒家"道统"得以维系之根本所在,在他看来,儒家道统得以创建乃至延续不断的传统可以追溯至上古时代尧舜以来的"心传",所以他又提出了一个复合词:"心传道统"[1],以此来重新定义"道统"观念。当然从现代学术史的角度看,朱熹思想属于"理学",而陆九渊(号象山,1139—1193)才

---

[1] 语见朱熹:《晦庵先生朱文公文集》卷九十九《又牒》,《朱子全书》第25册,第4582页。时在淳熙六年(1179)朱熹知南康之际,早于淳熙十六年(1189)朱熹《中庸章句序》所提"道统"一词十年。

在"心即理"的意义上明确提倡"心学",然而若扣紧宋明时代的学术史本身来看,陆九渊既从来没有自称"心学",而朱熹亦并非忽视"心传"的重要性。"心学"名称及其内涵发生变化则要等到王守仁(号阳明,1472—1529)的出现,他在《象山文集序》中始有"圣人之学,心学也"这一明确的命题,这意味着阳明在追认象山学为"心学"之同时,也坦言他自己的思想立场便是心学而不同于朱熹理学。

然而值得注意的是,阳明所认同的"心学"只是某种特定意义的名词,更有一种广义上的心学名称,比如明代中叶反王学的健将陈建(1497—1567)所说:"圣贤之学,心学也。禅学、陆学亦皆自谓心学也。殊不知心之名同而所以言心则异也。"[1]这里的第一句话显然与阳明所说完全一致,然而陈建所欲表明的是,虽然"心学"一词在广义上并没有错,儒学未尝不可不称为"心学",但是宋代以来的禅学及陆学所自称的所谓"心学"问题相当严重,与儒家"心学"名同而实异。且不论陈建由其思想立场来批评陆王心学是否有理论上的效应,但他的那部重要著作《学蔀通辨》作为王学批判书却在江户日本曾引起长久的关注[2]。事实上,他的这一说法似与南宋末年的黄震(1212—1280)以及真德秀(1178—1235)的观点有关联。例如黄震曾指出心学有三种,一种是"尧舜禹授受天下"的心传本旨,一种是"近世"(即南宋时代)直谓"心是道"的心学(指象山心学),还有一种便是禅学之类的心学,根据他对心学的正面理解,朱熹之师李侗的思想是可以称为"心学"的[3],准此,则可谓朱熹思想亦是"心学"。朱门后学真德秀在其所著非常著名且在德川日本广泛流传的《心经》的开头就明确指出,儒学史上的"十六字心诀"乃是"万世心学"的根源,同样在德川日本很有名声的明代思想家罗钦顺(1465—1547)也将此"心诀"认定为"心学

---

[1] 陈建:《学蔀通辨》卷十《终编上》,台北:广文书局,1971年,第164页。
[2] 例如江户早期山崎闇斋(1618—1682)的弟子云川弘毅(1666—1709)就很欣赏陈建此书对王学的批评,但他认为其批评的力度还不够,还须强调唯有朱子学才是真正的"心学",参见吉田公平:《石門心学と陽明学》,载今井淳、山本真功编:《石門心学の思想》,东京:ぺりかん社,2006年,第387页。
[3] 以上参见《黄氏日抄》卷五、卷四十二。

之源"。[1] 至此可见，心学原本就有广狭两义之分，在宋明时代，将儒家圣人之学认定为"心学"，这是就广义上而言的，成为众多儒家学者的共识，然而到了明末特别是清初，自黄宗羲《明儒学案》问世以来，从狭义上用心学来指定陆王思想几成定论，而有陆王心学或阳明心学之称。

现在我们再来看近世日本（1603—1868）。据相关研究表明，朱子学在13世纪中叶左右就已传入日本，但主要是在禅宗僧侣及贵族之间流传，及至江户早期，朱子理学几乎与阳明心学一起，在民间学者中开始盛行。不过，从社会体制上看，江户日本延续中世日本的武家传统，实行的是"幕藩制"这一准军事的政治体制，既没有仿照中国式科举制度的模式，甚至也没有政府主导的类似中国"国子监"的全国性统一的"教学体制"[2]，所以至少在早中期的德川日本，各种儒学思想主要是作为一种外来知识在民间流传，而并没有在政府层面作为一种上升为意识形态的政治实践的理论体系。也正由此，儒家经典只是作为一种知识文本而受到关注，并没有作为一种制度化的文本来规约或宰制人们的言论实践[3]。可以说，在德川日本初期，外来的宋明理学或心学并没有引起政治意识形态层面的纠葛，这就反映出江户儒

---

[1] 罗钦顺:《困知记》附录《答黄筠溪亚卿》，北京：中华书局，1990年，第115页。
[2] 关于近世日本的社会体制与儒学的关系问题，详参渡边浩:《近世日本の宋学》，东京：东京大学出版会，1985年；黑住真:《儒学と近世日本社会》，载《近世日本社会と儒教》，东京：ぺりかん社，2003年。当然，在德川时代各藩国仍然有许多"藩校"（又称"藩黉"，后衍生为"乡学"）以及"寺子屋"（主要针对儿童的识字教育机构）等地方性或私塾性的学校建制。参见石川谦:《日本庶民教育史》，东京：玉川大学出版部，1977年"教育的名著10"（此书初版于1929年）。
[3] 不过，到了18世纪末的1790年，在幕府老中松平定信（1758—1829）推动"宽政异学之禁"以后，朱子学作为官方认同的思想学说在幕府以及各藩的学校当中被奉为正统的教学体系。相关史料可参《宽政异学禁関係文書》，《日本思想大系》47《近世後期儒家集》，东京：岩波书店，1972年。有学者指出，自此以往，"近世日本的儒学迈向了制度化"（辻本雅史:《谈日本儒学的"制度化"——以十七至十九世纪为中心》，田世民译，载《台湾东亚文明研究学刊》第3卷第1期，总第5期，台大出版中心，2006年6月，第267页）。顺便指出，这场定朱子学为一尊的运动很快引起了当时石门心学家的紧张，他们担忧心学讲学也在被禁之列，事实上这种情况并未发生，参看柴田实:《宽政異学の禁と心学》，原载《関西大学文学論集》创立九十周年纪念特辑，1971年11月，收入氏著:《梅岩とその門流——石門心学史研究》，第147—160页。

者对中国宋代以来的新儒学能以一种开放的姿态来加以接受，而且可以在知识界展开相对自由的讨论乃至争论[1]。

例如在心学问题上，江户早期著名朱子学者山崎闇斋（1618—1682）在其著《大家商量集》中就将批判的矛头对准了陆王心学[2]，崎门三杰之一的佐藤直方（1650—1719）则在《王学弁集》一书中对阳明心学进行直接批判，而山崎的另一弟子云川弘毅（1666—1709）则将批判矛头转向日本，他在《心学弁》一文中批评江户早期阳明学者中江藤树（1608—1648）及其后学的心学为假心学，认为朱子学才是真心学。另一位德川初期的古学派先驱人物、很注重用通俗的日语而非外来的汉语来著述的贝原益轩（1630—1714）也著有《心学弁》，同样认为朱子学才是"心学"[3]。稍晚的古学派学者荻生徂徕（1666—1728）的观点与此接近，他认为宋儒之学即"心学"，而其门人太宰春台（1680—1747）则与山崎派的立场相近，认为只有朱子学才称得上是"心学"。不过须指出的是，心学思想并不为徂徕学所取，其基本立场是批判心学，这种批判在理论上所达到的深刻程度甚至影响了江户中期以后的思想走向，故须再说几句。

我们知道，荻生徂徕的思想立场是尊孔贱孟而扬荀[4]，他由此立场出发，不仅对明代心学，甚至不惜对孟子展开批评，他认为孟子学之症结在于"以心治心"，他说："治之者心也，所治者心也。以我心治我心，譬如狂者自治其狂焉，安能治之？"[5]这个批评相当尖锐。这是说，孟子所讲的"心"具有双重性格：心既是治病的主体，同时心又是医治的对象，其结果就将导致"以心治心"的悖论，殆如丧心病狂者自以为心理很正常，完全可依赖己心自治。为纠正这一根本错

---

[1] 关于近世日本思想史上的各种思想争论，可以参见今井淳、小泽富夫编：《日本思想論争史》，特别是第3章"近世諸思想の論争"第3节"儒教内部の論争"以及第4节"国学と儒教の論争"，东京：ぺりかん社，1979年，第174—233页。

[2] 参见田尻佑一郎：《山崎闇斋の世界》第1章第5节"陽明学批判"，东京：ぺりかん社，2006年，第77—95页。

[3] 参见荒木见悟：《貝原益軒の思想》，《日本思想大系》34，东京：岩波书店，1970年。

[4] 参见井上哲次郎（1855—1944）：《日本古学派之哲学》，东京：富山房，1903年，第528页。

[5] 《弁道》，《日本思想大系》36《徂徕学派》，第205页。

误，所以他主张"以礼治心""纳身于礼"[1]。他的弟子太宰春台对徂徕学的思想特质有一贴切的说明："人心之灵，何所不至？苟身弗为不善，斯可已矣，更问其心之所想，过矣。圣人以礼治心，心不须治而靡不治。……虽治矣，其治之之扰，不可胜言也。"[2] 可见，徂徕学特别注重"礼"的问题即社会规范的问题，至于"心"的问题，则应纳入礼的规范，是"不须治而靡不治"的。很显然，对于儒学的这种理解，肯定有日本"本土化"的因素在内，此当别论。但有一点是明确的，"心"的问题已不是徂徕学的核心主题。

当代日本思想史研究大家源了圆（1920—　）关于日本心学有独到研究，他提出了"'心学'之实学"这一重要概念，以分析德川前期的思想状况，指出在德川前期存在以"'心学'之实学"为旨趣的思潮，只是自徂徕反对"以心治心"以降，这一"心学"的"内在志向"才被颠覆。故以徂徕为标志，日本近世思想转入了"后半期"，自此以往，"心学"再也未能在社会上成为思想主流。然而尽管如此，徂徕之后"心学命脉"并未完全断绝，而是在"庶民世界"中像"地下水一样生存着"，其典型的案例便是德川中后期的"石门心学"[3]。源了圆的这个说法很重要，他指明日本心学的命脉主要在民间社会得以延续。他还指出在近世初期有各种趣向不同的学说，但就其总体观点而言，这些学说的性质可以规定为"均将自己的思想立足于'心学'之'实学'"，而且这才是近世初期"时代特有的精神风土"。例如，从日本近世儒学的开山祖师藤原惺窝（1561—1619）到阳明学者中江藤树再到藤树弟子熊泽蕃山（1619—1691）都很强调"自立精神"，而在强调"心的直观"这一点上，他们所继承的其实是中世以来的"精神风土"[4]，

---

[1] "以礼治心"，典出《尚书·仲虺之诰》"以礼制心"。至于"纳身于礼"则是荻生徂徕在解释"克己复礼"时提出的一个创见："克己复礼者，纳身于礼也。"（《論語徵》，收入关仪一郎编：《日本名家四書注釈全書》，东京：凤出版，1973年，第236页）当然，这个说法或与荀子"礼者，所以正身也"（《荀子·修身》）有点关联。

[2] 太宰春台：《聖学問答》卷上，载《日本思想大系》37《徂徠学派》，第423页。

[3] 以上参见源了圆：《近世初期実学思想の研究》，东京：创文社，1980年，第521、523页。关于日本近世史的时期划分，源了圆以宽文年间（1661—1672）作为前期与中期的分界线。

[4] 源了圆：《近世初期実学思想の研究》，第518、526—527页。

也就是说，自中世以来，在日本文化中就有重视"心"的传统[1]。那么，所谓"心学之实学"究为何意呢？对此，源了圆有一扼要的说明："近世实学属于追求人间真实的、道德实践的实学之范畴，可以归纳为'心学'。"也可这样说：心学乃是"人类追求真实的实学""道德实践的实学"[2]。意谓实学就是注重人心的道德实践。要之，实学的首要之义在于"实践"，而此"实践"指向人心，故有"心学"之特质而不同于追求客观知识的那种经验主义实学。

源了圆还指出梅岩思想就是提倡"人类追求真实的实学""道德实践的实学"的典型，理由在于梅岩对当时社会的知识趣向有一重要判断："即便博览群书，然于性理不通者，则落为朱子所谓的记诵词章之俗儒而非真儒。"所谓"俗儒"，在梅岩看来，类同"文字艺者"（以文字为艺）或"书物箱"（意谓书呆子）[3]。可见，梅岩对于儒者有一种自我身份认同的强烈意识，按了圆的判断，梅岩所认同的"真儒"应是追求人类之真实、注重道德之实践的"心学之实学"。虽然就概念史的角度看，"实学"一词另有来源，与中国宋代的程朱哲学有关，原是用来指称儒学，以区别于谈空说无的佛老学，后来这一概念在朝鲜及日本被广泛使用。不过，源了圆所欲强调的是，近世日本人们从普遍主义的立场出发来学习儒教，以此追求"普遍的真理"，这种学问才是"实学"[4]。可见，源了圆所谓的作为"实学"之"心学"既与儒学有思想渊源，同时又有日本自身的"精神风土"的因素存在。故其"实学"思想史研究有一个颇具野心的策略，他意图揭示作为"实学"的"心学"

---

[1] 而在日本思想史研究专家泽井启一看来，心学问题很有可能是东亚儒学的普遍问题，他指出自宋代理学以来，"心的修养"问题便已构成"东亚儒学的核心课题之一"，而近世日本儒学的形成亦应放在这一思想背景中来加以考察。参见泽井启一：《近代日本儒学的展开》（廖肇亨译），载李明辉、陈玮芬主编：《现代儒家与东亚文明：地域与发展》，台北："中央"研究院中国文哲研究所，2004年修订版，第338—339页。

[2] 源了圆：《近世初期实学思想の研究》，第524页。另参源了圆：《石田梅岩論》，载古田绍钦、今井淳编：《石田梅岩の思想——"心"と"儉約"の哲学》，东京：ぺりかん社，1979年，第101页。

[3] 石田梅岩：《都鄙問答》，《石田梅岩全集》上，东京：清文堂，1972年，第41—42、137、39页。

[4] 参见源了圆：《近世初期实学思想の研究》"序论"，第4—5页。

是超学派的、甚至是跨越东亚的具有普遍性的思想史概念，进而强调"心学"既在近世东亚文化中具有普遍性，同时又有日本本土地域文化的特色，因为日本心学乃是一种"实学"，而不必同于中国晚明被贬斥为空谈心性的阳明学。于是，值得深思的是：何以心学在中国及在日本，其命运如此不同？在中国，及至入清以降，心学被视为类同魏晋清谈的无用之学而被弃若敝屣，相比之下，由日本"精神风土"孕育而成的心学则作为一种"实学"，其命脉就在"庶民世界"中，犹如"地下水"一样绵延流淌、长存不息。显然，这是值得反省的一大问题。

须指出的是，自 20 世纪 60 年代，在沉寂了相当一段时期以后，学界对于石门心学的关注和研究又有了复兴的迹象。与此同时，在对战前战后日本思想史研究方法进行反思的过程中，出现了另一种动向，亦即将关注的重点由社会精英的儒者转向底层社会的一般民众，进而提出了"民众思想"或"民众儒学"这一研究新视野，为日本思想史研究带来了新气象 [1]。例如日本思想史研究专家安丸良夫就认为应当将梅岩心学放在"民众思想史"这一研究视域来加以重新审视，因为一方面，心学是通过强调绝对的规范与自己的一体化（内在化），从而给予人心以无限可能性的哲学，另一方面，这种哲学与作为民众日常生活规范的"通俗的诸德目的实践"相结合，将心学能量渗透至"广

---

[1]　关于"民众儒学"，相当于我们所说的"民间儒学"。近年来，由此研究视角出发来重新审视日本思想史的研究成果大量涌现，这里试举一例以概其余。比如川村肇就主张以此为视角来探讨近世以来日本地方社会的儒学渗透等各种具体历史问题，他的《民衆儒学へのアプローチ——教育史の窓から》(《接近于民众儒学的一项考察——从教育史的角度看》，载《江戸の時代》第 3 号，东京：ぺりかん社，1996 年，第 108—123 页）一文便是有关"民众儒学研究"以及"在村知识人的儒学知研究"的一项大胆尝试。当然，他的这项研究实践另有一批论文值得关注：《幕末在村"知識人"の儒学知の性格——一八三〇年代信州松尾亨庵の事例》，载《日本の教育史学》第 33 集，1990 年；《渉川における幕末の儒学——"性"と教育、"忠信"と易姓革命》，载《日本教育史研究》第 10 号，1991 年；《幕末における在村の儒学と主体形成——武蔵国秩父、若林嘉陵の事例》，载《教育学研究》第 59 卷第 2 号，1992 年；《江戸時代後期の在存知識人の儒学——甲斐国市川大門、座光寺南屏の事例》，载《鳴門教育大学研究紀要（教育科学編）》第 10 卷，1995 年。后均收入其著：《在村知識人の儒学》，京都：思文阁出版，1996 年。与此研究旨趣相近的论著则可参看田崎哲郎：《地方知识人の形成》，东京：名著出版，1990 年；桂岛宣弘：《幕末民衆思想の研究——幕末国学と民衆宗教》（増補改訂版），京都：文理阁，2005 年（初版于 1992 年）。

大民众的生活意识的内面"，从而改变和塑造了他们的"精神世界"。梅岩心学无疑就是这种哲学的典型[1]。也就是说，梅岩心学就其本质而言，乃是一种"庶民哲学"，这与日本学界通常将梅岩心学定位为"町人哲学"或"商人哲学"的传统说法虽基本一致，但仍有微妙的差别，亦即与先前的研究注重讨论梅岩的心性哲学等问题相比，安丸良夫更关注的是其心学理论中的"通俗伦理""生活实践"层面的问题。

须指出的是，所谓"民众思想史"研究视域的开拓，是战后日本学界在史学领域的一大突破，主要是不满于战后日本学界占据主流地位的日本马克思主义史学以及近代主义框架下的历史研究过度强调上层结构的历史观，从而提倡将目光关注于普通民众的思想，特别是以20世纪60年代的色川大吉《明治精神史》（黄河书房，1964年）[2]及安丸良夫《日本の近代化と民衆思想》（1965年）的出版为标志，民众思想研究逐渐蔚为成风，以至于70年代出版《日本思想大系》之际，专门编有《民衆運動の思想》一册收入其中[3]。值得注意的是，根据色川大吉的方法论构想，他的研究之所以取名为"精神史"而非"思想史"，因为在他看来，"思想"是一种体系化、组织化的思维结果，而"精神"则是未经体系化、组织化的、潜藏在社会底层的生活意识[4]，故精神

---

[1] 参见安丸良夫：《日本の近代化と民衆思想》，东京：青木书店，1974年（初版于1965年）；逆井孝仁：《"通俗道德"の思想構造——"心"の哲学成立の思想史的意義》，载古田绍钦、今井淳编：《石田梅岩の思想——"心"と"倹約"の哲学》，东京：ぺりかん社，1979年。关于安丸良夫的民众思想史的研究贡献及其所存在的问题，参看安丸良夫、矶前顺一编：《安丸思想史への対論——文明化・民衆・両義性》，东京：ぺりかん社，2010年。

[2] 色川此书在当时引起强烈反响，数年后的1968年又出版了《増補明治精神史》（黄河书房），不久又成绝版，于1973年经大幅修订增删，重新出版了《新編明治精神史》（中央公论社），后收入《色川大吉著作集》第1卷（东京：筑摩书房，1995年）。该书的主旨在于探讨"既非精英亦非思想家，而是普通民众的精神动态"，地域限定在三多摩地区（今东京都的部分地区），人物为10人，作者运用从民间挖掘的地方文书对普通民众的精神活动进行了开创性历史建构。由此，他甚至被当时学界主流的精英学者或知识人戏称为仅限于研究三多摩的"地方史家"或"乡土史家"，而他却反唇相讥地表示他宁愿接受这样的称号，也不愿成为主流的所谓"中央史家"，因为他所极力寻找的正是"中央史家所看不到地下水脉在地底下纵横交错的样态"（《色川大吉著作集》第1卷《新編明治精神史》，第524页）。

[3] 《日本思想大系》第58册，东京：岩波书店，1970年。校注者为庄司吉之助、林基、安丸良夫。

[4] 色川大吉：《色川大吉著作集》第1卷《新編明治精神史》，第238—247页。

史研究必以社会大众为主要关怀。其实，石门心学研究自战后中断而至 20 世纪 60 年代以后得以重振，正与这股研究新思潮合拍。只是须加以区别的是，色川或安丸的民众思想研究所关注的是生活在底层的普通人对社会政治、经济生活等现状的思考、不满甚至抵抗等等精神样态，而石门心学研究则将注意力放在重新挖掘"世俗道德说教"的思想活动，这种思想活动在很大程度上与体制之间存在依附性，因而并未被纳入"民众思想"研究领域[1]。

最后需说明的是，"心学"一词其实在日本出现很早，至少可以追溯到庆安三年（1650）出版的《心学五伦书》[2]。而梅岩自己并没有使用过"心学"一词，他常用"性学"来表明自己的教义。及至其门人手岛堵庵（1718—1786）于安永七年（1778），始用"心学"来概括梅岩思想，此后便逐渐流行。至于"石门心学"一词则可能是在 18 世纪 90 年代以后才开始出现，目的在于将石门心学区别于佛教或儒教之心学[3]。

---

[1] 例如《日本思想大系》第 58 册《民眾思想の研究》就没有收录有关石门心学的任何资料。关于民众思想研究的对象、特质等问题，参看安丸良夫：《民眾運動の思想》，《日本思想大系》第 58 册《民眾思想の研究》"解説"，第 391—436 页。顺便一提，另一位致力于"日本民众伦理思想史"研究的学者布川清司则在从事研究 43 年后意外地发现，仍在该领域坚守研究的却只有他一人，而未见任何响应者出现（布川清司：《日本民眾倫理思想史研究》，东京：明石书院，2000 年，第 785—786 页），由此或可窥知所谓"民众伦理思想史"研究的氛围其实一直以来并不景气。布川将自己的研究设定在"倫理的不服従"这一特定视域，可谓别具一格，不过由于其审视角度偏向于社会上下两层的对抗——例如"一揆"（暴动、起义）、"世直し"（社会改造）等问题，故对通俗道德特别是儒家伦理与世俗社会的互动等问题未免关注不够。

[2] 该书作者不明。有学者根据该书的朱子心学论及神儒一致说等主张，推测可能是日本朱子学始祖藤原惺窝门人林罗山（1583—1657）所著，参见今中宽司：《江戸時代の倫理思想》，载日本思想史研究会编：《日本における倫理思想の展開》，东京：吉川弘文馆，1965 年，第 177 页。据《心学五倫書》所载，所谓"心学"，乃指《尚书·大禹谟》"人心惟危，道心惟微，惟精惟一，允执厥中"，而且这"十六字"乃是"尧舜禹治天下之心法也。……为万世圣人心学之传授矣。"（同上书，第 178 页）显然，这是将心学理解为一种政治思想。但是这个说法其实源自江户时代流传甚广的南宋真德秀（1178—1235）《心经》一书。关于《心学五倫書》的文献学研究，可参山本真功：《〈心学五倫書〉の基礎的研究》，东京：学习院大学，1985 年。

[3] 关于"心学"一词在石门心学中的出现及其使用，参看石川谦编：《心学》第 1 卷《心学概说》（石川谦著），东京：雄山阁，1941 年，第 1—5 页。另参 R.N. 贝拉：《德川时代的宗教》，池田昭译，东京：岩波书店，1996 年，第 337 页注 79。该书的日语初译本出版于 1962 年。中译本有《德川宗教：现代日本的文化渊源》，王晓山、戴茸译，北京：三联书店，1998 年。但是该译本将原著的典籍引文页码全部删除，只保留了一些解释性的注释。

二　梅岩心学的思想特质

梅岩心学何以有"町人哲学"之称呢？这与梅岩的出身有关。梅岩出生在京都附近的丹波国桑田郡东悬村（现在的京都府龟冈市），生于农家，但其一生的主要生活则在京都，早年曾两次在京都的商人家里打工，成为"町人"，相当于我们所说的"市井之人"，在士农工商的社会身份中，属于"商"的阶层。当他23岁第二次来京都后，开始努力自学，他的学习方式有点像泰州学派的王艮（1483—1541），王艮在年轻时，常将经书藏于袖中，一边干活一边学习，梅岩的学习生活与此相似。不过，梅岩有一个有利条件，他时常参加当时京都儒者开办的各种讲座，据说他主要学习的是"儒家哲学"[1]。总之，对梅岩来说，从23岁一直到43岁脱离商家而开始独立为止，这个漫长的自学过程是其人生的关键时期。两年后的45岁（1729），他开始了另一种人生——作为思想家、教育家的人生。

从梅岩的思想形成过程来看，他最初所热衷的是日本神道教，然后进入对儒家经典的学习，而佛教对他来说也有吸引力，这在他留下来的讲学记录中可以清楚地看到。所以一般认为，他的思想是杂糅三教而成，然此"三教"乃指"神儒佛"而非中国的儒释道，所以其思想要素绝非只有儒学一家，他自己就曾明确宣称"神儒佛共尊"[2]，而且他非常强调在日常生活中对此加以贯彻实行，他的主张很有趣也很重要：第一，拜"天照皇太神"，第二，拜"文宣王"即我们的孔子，第三，拜"释迦如来"。更重要的，这里的祭拜顺序不可乱，并规定儒佛都应以"太神宫为首位"[3]。据载，他每天都要身体力行这样的祭拜，

---

[1] 石川谦：《石田梅岩と〈都鄙問答〉》，东京：岩波书店，1968年，第7页。
[2] 如其云："神儒佛皆以悟心为一也。"（《都鄙問答》3，《石田梅岩全集》上，第121页）可见，他对"神儒佛"连用是有自觉意识的。并参《石田先生語録》18，《石田梅岩全集》下，第144页。以下所引梅岩语录，均为古日文，由笔者译成中文。
[3] 这里我们不妨摘录一段宽保三年（1743）的对话记录："神儒佛三道ノ中ニテハ何レヲ至極ニ忝シト思ヒ尊ブヤ，信心スル所ニ依テ倚ル所アラバ申ベシト存。……先第一「ニ」天照皇太神宮ト拜スル中ニ八百萬神、天子、将軍モ籠リ玉フ。第二番目ニハ文宣王ヲ拜スル中「ニ」，曾子、子思、孟子、宋儒等マデ籠リ玉フ。第三番ニハ釈迦如來ヲ拜スル中ニ開山方マデ籠リ玉フ。又佛者ナラバ第二番目ニ佛ヲ拜シ申ベシ。コレ禮ナクンバアルベカ（转下页）

奇妙的是，他在每天清晨祭拜"天照皇太神宫"的同时，还要顺便拜一下"灶神""故乡氏神""拜师""拜先祖、父母"，甚至晚上还重复拜一次[1]。可见，梅岩的宗教信仰很重，对他来说，儒学或许只是构成其知识结构的一部分，他的终极关怀或者说价值信仰仍然是以日本神道教为本位的，尽管看上去，他的信仰不是极端一元论的，而更像是一位多神论者，然而就其信仰之实质而言，显然"天照皇太神"信仰是首要的也是第一序的[2]。

他对三教的等级顺序还做了很生动的比喻：太神宫为"金"，儒为"银"，佛为"钱"（相当于铜）。不过若就理论价值的角度言，神儒佛的价值观虽有不同——分别是：正直、诚、慈悲，但彼此并无高下优劣之分，故可并列为"三道"[3]。但须强调的是，梅岩仍是以神道为文化本位主义的，换言之，他的神儒佛三教一致的态度并不是简单的混合杂糅，而是由其神道文化本位主义为预设立场的。或者说，由神道融摄儒佛便是梅岩心学的文化民族主义立场。我们从下一节所述明治以后石门心学家积极参与"大教宣布运动"或热衷宣讲《教育敕语》等言行来看，或与梅岩心学的这种文化民族主义立场有着密切关联。

当然，他之所以被后世奉为"心学家"，是有原因的，因为他非常

（接上页）ラズト云所ナリ。世ニスム者ハ此禮ヲ盡スベキ所ナリ，儒佛共ニ太神宮ハ第一番ナルベシ。"（《石田先生語録》18，《石田梅岩全集》下，第144页）对于这段资料，源了圆有不同的理解，他认为不能据此以为神道构成了梅岩思想的"核心"或"本体"，梅岩只是顺从日本文化的习俗，主张应以礼拜皇太神宫为第一位，梅岩将神道视作"唯一宗源"，固然是一种"感情的表白"，但并没有将此"理论化"，因此梅岩的"儒教中心"构成其思想的基本"素材"，而他的"神道中心"立场则是在"思想态度"层面立言的（参见源了圆：《石田梅岩論》，载古田绍钦、今井淳编：《石田梅岩の思想——"心"と"倹約"の哲学》，第90页）。此说或可参考。然我以为，梅岩对儒佛的接受容纳不会没有立场预设，从其思想的根本立场而言，他显然是以神道作为文化本位主义的。

[1] 《石田先生事跡》，《石田梅岩全集》下，第617—618页。
[2] 关于梅岩的神道信仰究属何系统，有各种说法，参见柴田实：《石田梅岩と神道》，载氏著：《梅岩とその門流——石門心学史研究》，第24—37页。然就梅岩自身的说法来看，其神道信仰显然属于《日本纪》"天照太神"的信仰系统（《都鄙問答》3，《石田梅岩全集》上，第123页），而且他对《日本纪》"神代卷"所展示的上古日本的神灵系统的信仰也很虔诚，坚信日本自古以来就是"神国"（《都鄙問答》4，《石田梅岩全集》上，第180页）。
[3] 以上见《石田先生語録》18，《石田梅岩全集》下，第145—146页。

强调这样一种观点：

> 得此心者，乃为学问之始终。
> 论圣学，必知此心而后可矣。[1]

可见，他几乎是将"心"看作终极的问题而加以重视。而且他还承认其对"心"之重视，与孔孟尤其是与孟子有关，他说：

> 学问之至极在于尽心知性，知性则知天。知天则天即孔孟之心，知孔孟之心则宋儒之心一也。一故注自合。知心时，天理备于其中。[2]

显而易见，他对孟子的"尽心知性知天"做了一番普遍化的诠释。在他看来，在这套由尽心至知天的工夫理论中所贯穿的一个核心观念无疑便是"心"，而且从孔孟一直到宋儒，可谓此心同此理同，更无二致。也正由此，所以他强调："得此心者，乃为学问之始终。"要之，梅岩将"心"看作是一种普遍存在，而且是"立教"之依据，他说：

> 学问之至极在于尽心知性，知性则知天。
> 我因说孟子尽心知性则知天，于我心合而无疑，以此立教。[3]

这就可以看出，梅岩的心学思想或与孟子有点渊源，但是我们却不能误以为梅岩心学就与孟子心学同出一源。如果从梅岩的以下言论来看，我们会觉得这几乎就是朱熹的口吻，他说：

> 心者，兼性情，有动静体用；性者，体而静，心者，动而用。以心之体而言，有似性之处，心之体不移则无心也，性亦无心也。心属气，性属理。[4]

---

[1]《都鄙問答》3,《石田梅岩全集》上，第112、125页。
[2]《都鄙問答》2,《石田梅岩全集》上，第72页。
[3] 同上书，第71页；《都鄙問答》1, 同上书，第11页。
[4]《石田先生語録》,《石田梅岩全集》上，第528页。

这段话的意思很清楚。他用"兼"字来表明心性情的关系,意近朱熹的"心统性情"说,因为"统"者"兼"也,是朱熹所下的训释。所谓"性者,体而静,心者,动而用",意指性者心之体,心者性之用。从体上说,属静;从用上说,属动。此说亦与朱熹相近。至于他说的"性亦无心",我们这里暂不讨论。最后一句"心属气,性属理",则有可能是从朱熹"性犹太极也,心犹阴阳也"[1]的观点转化而来,因为"心犹阴阳",意近"心犹气",再进一步就可推论说"心属气",其实若以朱熹理学的义理系统为据,对朱熹"心论"的这样理解并不完全正确,此当别论[2]。但不管怎么说,梅岩对朱熹的四书章句及其相关理论还是比较熟悉的,而其思路与朱子学有相近之处也是不可否认的。

事实上,梅岩的心学理论很有独特性,或者说有着一定的日本色彩,既与孟子也与朱子有所不同。例如他有一个标志性的观点,日文原文是:"形ニ由ノ心","形ガ直ニ心"[3],译成中文是"由形之心","形直是心"。这两个表述的含义是相通的。按我们的分析,其意是说心不能脱离形,没有形也就没有心,极端地说,形之本身直接就是心。我们知道在中国的心学传统中,从孟子至象山再到阳明,均以道德本心立论,而这种道德本心或良知本体是不学而知、不虑而能的绝对存在,绝不能说心是以形的存在而存在。那么,在梅岩,"形"是什么意思呢?他有一个经典的表述:

> 可知元来有形者,直以形为心。……孑孑在水中不螫人,变为蚊,忽而螫人,此由形之心也。……长为蛙之形而恐蛇,形直是心之所也。[4]

---

[1] 《朱子语类》卷五,北京:中华书局,1986年,第87页。
[2] 当然,以学界目前的实证研究已经充分表明,朱熹从未说过"心属气"或"心即气",参见吴震:《"心是做工夫处"——关于朱子"心论"的几个问题》,上海:华东师范大学出版社,2009年,第112—138页。
[3] 《都鄙問答》3,《石田梅岩全集》上,第113页。
[4] 同上。

这里他以蚊和蛙作为例子，指出蚊子未成形时不知"螫人"，一旦成形就会露出它"螫人"的本性，这就叫作"由形之心"，也就是说，蚊子"螫人"之本性为蚊子之"心"，而这种"心"的形成端赖于蚊子的成形。"蛙"的例子与此相同，当它长大成形之后，自然会形成害怕蛇的本性。

　　可见，所谓"形"，盖指具体的事物形状及其生存环境，心就存在于具体的事物及其环境之中，此即所谓"由形之心""形直是心"的本义。一方面，他坚持认为心具有一定的普遍意义，所以孔孟之心与宋儒之心乃至与今人之心是可以贯通衔接的，但另一方面，他又强调心的存在不能脱离具体的形。这两点看似矛盾，其实在梅岩那里，两者之间却是互为关联的，因为在他有一个观点很重要也很独特，即普遍性的东西须由具体的形才能展现。他的这个观点看似与阳明心学强调的良知存在不离人伦日用（即所谓"不离日用常行内"）的观点相近，然而在阳明，良知在人伦日用中发用流行，并不等于说良知缺乏普遍特性，良知本体仍然具有绝对的超越性（即所谓"直造先天未画前"）。在梅岩，心的构成要素却是直接由形所决定的，心的普遍意义须落在具体的事物上讲。所以他又有取于中国《诗经》"有物有则"之说，提出了他自己的"有形有则"[1]这一独到观点，显然，这也正是"由形之心"的另一种表述方式。

　　诚然，梅岩的心学思想很丰富，例如他对孟子的"形色，天性也，惟圣人然后可以践形"（《孟子·尽心上》）的"践形"说非常欣赏也有独到理解[2]，他将此说与日本的"职分"观结合起来，认为"尽我职分"便是"践形"，而在梅岩，"职分"观念的提出却是为其出身的"町人"身份辩护，因为商人从事买卖也就是商人之"职分"[3]，从中便透露出梅岩心学具有商人性格之特色。然而本文主旨不在于专论梅岩心学，故这里不便于其心学义理系统涉入过深。要而言之，我们当关注

---

[1] 《石田先生語録》9,《石田梅岩全集》上，第473页。
[2] 参见《都鄙問答》3,《石田梅岩全集》上，第114—116页。
[3] 《石田先生語録》9,《石田梅岩全集》上，第473页。

的是,梅岩论心并不从形上超越的角度立论,而是始终扣紧具体的事物及环境来讲——亦即从"形"的角度来讲"心",所以他强调说"万物皆无形外之心"[1],落实到具体的人而言,也就是从"身体"的角度来讲"心"。所以他又强调说:"知心,则慎身;敬身,故合礼,故心安;心安者,是仁矣。"[2]应当说,梅岩心学的这种观念显然具有日本本土的特色,也就是说,这种注重具体、现实以及形下世界的理论特色所反映的乃是日本儒学的一个基本特点[3]。

三 石门心学的讲学运动

梅岩心学的另一重要特色还表现在这样一个方面:亦即自梅岩揭示其心学理论之初,就非常重视将其心学思想向普通民众进行宣讲,换言之,梅岩心学并不是什么书斋式的、学院式的抽象理论,而是可以在社会上付诸实施的实践方式。上面提到享保十四年(1729),以石田梅岩公开举办讲座为标志,日本近世思想史上的著名石门心学运动自此诞生,因此可以说,自石门心学诞生之初起,讲学就构成了石门心学的标志性特征。最初,讲学时听众并不多,但不久便有了起色,甚至被邀请到大阪等地去讲学,听众人数竟达五六十人之多,虽说不

---

[1] 《石田先生語録》14,《石田梅岩全集》下,第55页。
[2] 《都鄙問答》3,《石田梅岩全集》上,第112页。有学者指出,梅岩此说或与江户早期中江藤树弟子熊泽蕃山有点思想关联,蕃山在其《集義和書》中曾明确指出:"冬に至ては夏の帷子をおもふ心なし。夏に至ては冬の衣服を思ふ心なし。此の形あるが故に形の心あり。此身死すれば此の形の心なし。"(引自柴田实:《石田梅岩と神道》,载氏著:《梅岩とその門流——石門心学史研究》,第35页)末句的意思是说:"此身死则无此形之心",这与上述梅岩的立场是相当接近的。然而柴田实指出,与其说梅岩是受蕃山之影响,还不如说梅岩的观点与作为阳明学者的蕃山在思想格局上的相近性所致,而此说是石川谦早在《石門心学史研究》中即已指出的(同上)。可是我总觉得,从"影响史"的角度去寻找某些观点的来源而得出的结论不免是有局限性的,我倒以为,不论是蕃山还是梅岩,对"形"及"身"的问题颇为看重的原因是与早期日本思想注重具体而不喜抽象——抑或倾向于将抽象的问题在具体中落实——的固有思维方式有更为重要的关联。正是在这一点上,或许亦与古学派徂徕学的重礼贬心的思想旨趣并不相悖。
[3] 比如我们可以举另外一个例子来略作说明,上面提到过的日本哲学家西周便对朱子学抽象地将"理"说成是人世间一切的自然法则和人伦规范的那套说法非常不解,主张不可离气言理,指出:"其理有先天,有后天,随势消长,有本有支,非一概可论者。"(西周:《尚白札記》,见《西周全集》卷1,东京:宗高书房,1960年,第170页)

上盛况空前,但也可说颇有人气了[1]。

就梅岩的时代看,他的讲学有这样一些特征,表现出与下层社会的距离很近:一是不要钱,这就意味着他的讲学不是私塾教育性质的,亦即不是为了传授课本知识;二是对象大多为城市平民、商人阶层,且不论男女老幼都可参加,所以有相当的开放性;三是讲学内容除了儒家经典以外,也讲佛教、神道,更多的是涉及日常生活中的人生哲理等问题。及至梅岩晚年,他的讲学活动向周边地区扩展,这一变化到了石门后学的时代更为显著,在全国各地纷纷开办"讲舍"(即讲学机构),成了心学运动的重要标志。例如梅岩之后不久,安永七、八年(1778、1779)左右,由梅岩再传弟子中泽道二(1725—1803)[2]将讲学活动由京都向当时的政治中心——江户(即今天的东京)推进,在江户建立了心学组织"参前舍",并以此为据点,开始将心学向日本关东、东北以及中部一带迅速推广,迎来了石门心学的辉煌时代。有关明治之前石门心学的讲学运动,上面多次提到的石川谦的巨著《石门心学史の研究》已有充分翔实的研究,令后人难以超越,这里也就不宜多说了。

及至19世纪末20世纪初的幕府晚期及明治初期,心学运动发生了一些微妙且重大的变化,主要有两点:一是他们讲学的对象开始由基层向上层转移,得到了当时幕藩政府的支持,其因在于他们的讲学内容大多涉及日常生活中的人生道理,对于稳定乡村秩序是有裨益的,故而受到了上层官员的关注;一是他们讲学的内容也开始发生了一些方向上的微妙转变,与心学运动初期从切合百姓生活的角度出发来宣讲通俗伦理不同,幕府末期以后的心学讲学开始主动迎合上层意识形态,特别是在明治以后出现的"大教宣布运动"中[3],心学家表现出强烈的参与意识,竟使心学家变身为官方的"御

---

[1] 参见石川谦:《石田梅岩と〈都鄙问答〉》;柴田实:《石田梅岩》,东京:吉川弘文馆,1962年。

[2] 关于中泽道二的生平介绍,参见石川谦、小杉岩:《堵庵と道二》,东京:藻岩书店,1941年。

[3] 所谓"大教宣布",正如明治三年(1870)十月天皇下诏所云:"宜しく治教を明らかにし以って惟神の大道を宣扬すべし。"("宜以彰明治教,宣扬惟神之大道。")也就是以(转下页)

用"讲师。例如明治六年,京都明伦舍舍主手岛讷庵(1808—1875)被当时的教部省任命为"权大讲义",修正舍的柴田游翁(鸠翁嗣子,1809—1874)则被任命为"中讲义",而在东京,参前舍第七代舍主高桥好雪(生卒不详)、自谦舍第二代舍主菊地冬斋(1805—1874)也分别被任命为"教导职"[1]。柴田游翁在被任命为"中讲义"后便撰写了一篇短文《三则说教心学道しるべ》(明治六年十月刊)。对此,心学研究家柴田实批评道,这篇文章对"三条教则"的敷衍解释虽仍有心学之特色,但几乎没有任何新意,即便说游翁心学已变成"御用心学"亦不为过。[2]我们不妨来看一下游翁在这篇文章中的一个重要观点:

> 吾人千万要明了"我身"并非是"我"自己之事,如今若要安稳度世,实须了解大君之恩泽,谨守此"三条教则"之旨,且让其他众人亦遵之,为实现大君一新之旨意而努力。[3]

这里的关键词有二:一是"大君",是指当时的明治天皇;一是"一新之旨意",是指当时天皇颁布的"三条教则"。这段话的核心意思就是要求广大民众不仅要向皇上而且还要向国家献身,为实现这一目标,首先就要谨守天皇新颁布的"三条教则"。

(接上页)宣扬天皇统治的根本理念——神道思想为目的的"宣扬"运动,其最终目的是为了对全体国民实行"思想统一"。继明治二年设立"宣教使"之后,明治五年又新设了"教部省",同年公布了"三条教则"(又称"教宪"),内容是:"一、敬神爱国ノ旨ヲ体スベキ事;二、天理人道ヲ明カニスベキ事,三、皇上ヲ奉戴シ朝旨ヲ遵守セシムベキ事。"("一、以体验敬神爱国之旨为事;二、以彰明天理人道为事;三、以奉戴皇上、遵守朝旨为事。"引自柴田实:《心学》,东京:至文堂,1967年,第166页)顺便指出,"三条教则"以统一思想、教化国民为目的,一出台便遭到了各方的反对,不久就被废除。但此后不久文部省仍然将明治十二年(1879)颁布的"教学圣旨"作为传统教育的核心理念,将儒学定位为"皇国思想"的一种教育策略,在学校推广一般儒学典籍的教学,参见国立教育研究所编:《日本近代教育百年史》"序说",东京:教育研究振会,1974年,引自川村肇:《民衆儒学へのアプローチ——教育史の窓から》,载《江戸の時代》第3号,东京:ぺりかん社,1996年,第120页注3。

[1] 柴田实:《石田梅岩》,第167页。关于其经过,另参见《石门三师事跡略》。
[2] 同上书,第169页。
[3] 同上。日语原文为:"くれぐれも我身に我という物のない事をたしかに明らめて、即今加様に安穏にして世をわたるというハ、実に、大君の御恩沢と知て、此三則の旨を謹んで守り、又人人にも守らせて、御一新の御趣意にかなふ様に致し度事に存候なり。"

又如明治二十三年（1890），明治天皇颁布了著名的《教育勅语》，东京的心学组织参前舍的第十代舍主川尻宝岑（1841—1910）采用心学传统的讲学方式——以通俗语言讲授"心学道话"，来讲解《教育勅语》（始于明治四十一年）。三十年后的昭和十五年（1940），这部讲解书得以出版发行[1]，造成了广泛影响。而参前舍第十一代舍主早野柏荫（1854—1935）则坦然宣称此书欲以心学原理来批评和抵制西方文化及新思想，并指出日本"国体"之本义乃是国民应当遵循的"道"，而此"道"便存在于《教育勅语》中，故这部讲解书可与石田梅岩《都鄙问答》、中泽道二《道二翁道话》并列，荣升为"石门心学圣典"之一[2]。至此可见，自18世纪初面向民众特别是城市中的"町人"而进行道德宣讲的心学讲学活动，到了19世纪末20世纪初已发生了方向性的大转变，表现出与当局的政治意识形态密切合作的积极姿态。

那么，石门心学的讲学何以有这样的转变呢？这或许与每位心学家的个人志趣有关，但更主要的显然是与当时的时代风潮有莫大关联，然而若从根本上说，梅岩心学极力推动的以重整乡村社会秩序为主要关怀而实施的道德宣讲活动，与明治政府欲以"国民教育"提升"国民道德""统一人心"为宗旨的所谓"大教"方针，实有着内在的相通性。为什么呢？因为事实很显然，无论对于以前的幕府而言还是对于明治新政府而言，在社会底层町人阶层中有广泛影响的石门心学的道德宣讲活动无疑是极有利于凝聚人心、巩固秩序的。也就是说，在对现实社会的关怀问题上，心学家可以与上层社会联起手来进行合作。不过，对于心学运动的发展与上层走得太近的结果，实却认为，这与其说是心学运动的辉煌，倒不如说是"心学运动的衰落"[3]。他的这一判断应该是符合现代知识分子的理性立场的，柴田正是由此立场

---

[1] 川尻宝岑：《教育に関する勅話謹話》，东京：心学参前舍，1940年。
[2] 山住正己：《"如何如何"と问うべし》，载《日本思想大系・月报10》42《石門心学》，东京：岩波书店，1971年2月，第4页。该文作者山住正己表示他对石门心学的印象很坏，原因在于近代以来，石门心学家竟然参与讲解《勅語》及《詔書》的活动，这完全是犯了"僭越之罪"，而这种讲释让人对石门心学有一种"融通无碍，不可思议"之感。
[3] 柴田实：《心学》第9章"心学の衰微——幕末から明治へ"，第158—181页。

出发，对石门心学的讲学运动与政治的联系过于紧密反而有悖于梅岩心学立足町人阶层这一心学传统进行了反省和批评。

至于昭和元年（1925）以后的心学活动，根据柴田实的简略介绍，他仅提及心学运动在昭和以后的一些事实而回避了价值上的判断。不过他的介绍还是值得注意："昭和五年（1930），正值心学开讲二百周年的纪念，参与心学事业的人们集会于东京召开了纪念会，以此为契机，由穗积重远（1883—1951）、下村寿一（1884—1965）、石川谦（1891—1969）等心学的理解者后援者重新组织了'石门心学振兴会'，以期重振昭和心学。该会在战后被改称为'石门心学会'，直至今天成了全国心学研究学者的中心组织，由于这一中心组织的活动，从而使得历来心学非常兴盛的广岛、福井、金泽以及其他地区又重新开始生长出心学的萌芽了。"[1] 由这里的最后一句可看出作者对于在当代社会如何重振心学仍抱有热切期望。

总的来说，从日本心学运动的开展所涉及的地域之广、时间之久等角度来看，我们不得不说，近世日本的知识人对于地方教育有着一种非常热切的关怀精神，这是16世纪中国晚明以来直至清代晚期所不能比拟的。何以见得呢？入清以后自不待说，知识分子大体上已被打入书斋，他们所热衷的是所谓经史传统的重建，因为清初以降的一些知识分子在心底里一直有一个成见，以为明亡之原因就在于心学讲学，例如被称为清代考据学之始祖的顾炎武（1613—1682）就痛斥晚明讲学，以为王学的那种讲学类同魏晋清谈，故心学简直就是导致明亡的罪魁祸首，他总结出一条历史教训竟然是"只当著书""不当讲学"，并被后世考据学家们奉为"信条"。所以入清以后，讲学几乎成了一种忌讳。然而当时代进入19世纪末，因为革新失败而逃亡至日本的梁启超（1873—1929），

---

[1] 柴田实：《心学》第9章"心学の衰微——幕末から明治へ"，第180—181页。关于心学运动的时期划分问题，石川谦有五期说，下迄1867年明治之前，参石川谦：《石門心学史の研究》，第14—16页。可见，明治以后的心学活动被置诸论外。须指出的是，关于石门心学的思想史研究，在1945年"战后"的日本学界一度非常沉寂，其主要原因是由于明治及至昭和初年石门心学家所推动的讲学运动有趋势附炎、迎合官方意识形态的种种并不光彩的言行，因此目前为止，关于明治至昭和初期的那段石门心学史，日本学界仍然有不少忌讳。

对他心灵产生震撼的一件大事便是日本明治维新的成功竟然有赖于阳明心学，所以他在晚年撰述《清代学术概论》时就反省道，"顾炎武排斥晚明学风"的做法似乎有点过头了，要不然清代以降心学不至于全然偃旗息鼓，或者书本主义的社会风气也不至于那么甚嚣尘上，从而导致晚清社会上下衰疲得如此厉害，在外力面前不堪一击，几至亡国。梁启超的老师康有为（1858—1927）亦对晚清中国积弱多病的原因有过一番追根寻源的考察，他早在戊戌变法前就意识到顾炎武批评晚明讲学，对于整个清朝知识人产生了一种坏影响，导致只知著书而不知讲学，重要的是，"近世著书，猎奇炫博，于人心世道绝无所关"，因此他下了一个结论，可谓对顾炎武的晚明讲学误国论的一个彻底颠覆，他说："故国朝读书之博，风俗之坏，亭林为功之首，亦罪之魁也。"[1] 不过，我们常说历史是无情的，当康梁等知识分子在19世纪末意识到中国的国民教育实在到了不得不痛下猛药之时，却已经为时过晚，因为这个帝国已然病入膏肓，而不得不向外寻找医治的药方了。

那么晚明时代的情况又如何呢？虽然就一般而论，在晚明王学的主导鼓动之下，"讲学"风潮席卷全国，但是并没有具体的民间文书作为研究的支撑。有研究表明这些讲学活动所造成的影响确是很大[2]，但是，这些考察有一个瓶颈难以突破，由于受史料的局限，我们所能利用的大多只是文人的文集或者地方志之类的文献，从中所看到的大多是有关儒学知识、心学观点或者道德戒律的讨论和宣扬，我们根本无法找到当时知识人深入到某地区或某家族真正面向一般民众进行讲学的过程及其内容的详细记录，因此尽管有不少讲学语录存在，但这些语录让人觉得是在讨论抽象的儒家哲学。这就难怪明末清初的儒者对于这类讲学总有一个挥之不去的印象，即"空谈心性"。反观石门心学的讲学活动，梅岩的《都鄙问答》同样是一部讲学记录，但与中

---

[1]　《长兴学记》，楼宇烈整理：《康有为学术著作选》，北京：中华书局，1988年，第6页。
[2]　分别参见吴震：《明代知识界讲学活动系年：1522—1602》，上海：学林出版社，2003年；吕妙芬：《阳明学士人社群——历史、思想与实践》，台北："中央"研究院近代史研究所，2003年；陈时龙：《明代中晚期讲学运动：1522—1626》，上海：复旦大学出版社，2005年。

国明清时代的讲学记录就有很大不同,不仅其讲学对象大多是一般平民,而且他们所讨论的并不是系统的儒学知识问题,而是非常贴近日常生活的世俗伦理问题,更重要的是,心学讲师往往能深入山区乡村,与普通民众之间的互动显得很活泼。这就为我们深入了解当时日本地方社会的思想状况提供了非常有益的参照文献。

所以,我们将在本文的最后增加一节附录,来介绍一部反映日本飞骅地区的心学讲学运动的民间文书,该文书非常具体翔实地记录了心学家讲学的过程及其内容,是一部讲学的手抄实录。这部史料很难得,可以使我们深入了解近世日本的知识人如何将他们的观念努力向社会底层加以贯彻的实际情况,同时,我们从他们的讲学计划当中竟然发现不仅有儒学的经典知识,还有中国民间的一些宗教观念例如果报信仰的案例故事。由此可见,一方面日本心学的讲学内容及其方式与明代心学大有不同,另一方面又可看出,在日本乡村社会的普通百姓的知识兴趣当中存在不少中国通俗文化的因素。不过,在介绍这部民间文书之前,我们还有一个问题需要先来探讨一番,亦即我们应当如何从石门心学讲学运动的中国因素来看"儒学日本化"的问题。

四 石门心学与"儒学日本化"

我们将由第五节所附的19世纪初飞骅地区心学讲学的《讲席日志》中,看到不少有关中国典籍的信息,其中还有大量的日本文化典籍未能涉及。初步看来,大致有这样一些中国典籍受到当时心学讲学者的关注:首先就作者明确列举的书名来看,《太上感应篇》的出现频率最高,另有《孔子家语》《温公家训》《三计图》《现验报应篇》(日本典籍)、《报恩篇》《冥报拾遗》《辍耕录》《昨非庵日纂》《景行录》《心地观地经》《迪吉录》《玉堂闲话》《独异志》等;其次,若就其所引典故案例的中国典籍来看,则数量可能更多,至少有这样一批书是该书作者所熟悉的:《二十四孝》《童蒙训》《明心宝鉴》《阴骘录》《了凡四训》《增广贤文》《太平广记》《居家必用事类》等。

从总体上看,有三点可以归纳:一是我们可以看到,在19世初的日本飞騨国这一地方社会，人们所接受的文化信息其实是非常多元多样的，绝不是只有日本固有的文化典籍而已，而是对外来中国文化也表现出相当浓厚的知识兴趣；二是在他们所接受的那些文化典籍中，令人惊奇也颇有兴味的是，除了有一些正统的中国经史之类的书以外，绝大多数则是属于野史笔记、果报故事以及善书训诫之类的书籍，可谓横跨儒佛道，不拘一格；三是从其所摘录的内容条目来看，一个非常突出的特点就是，几乎所有的讲学内容都涉及世俗伦理问题，其中转述的那些看似荒唐不经、有点恐怖的报应故事，其实是要告诉人们行善积德、相信果报才是最重要的。

要之，由飞騨国这样一个地域文化所传递的信息可以看出，日本心学家在推动世俗伦理教化的过程中，对于外来中国文化的态度绝非是儒家一元主义的，毋宁说他们对于中国近世以来以劝善书为核心的世俗文化表现出更多的关心，他们似乎相信，中国善书所表达的"转祸为福""善恶报应""行善积德"等思想观念具有跨文化、跨地域的独特意义，完全可以为如何治理日本地方社会所借用。也正由此，尽管中日两国历史上的社会结构、文化形态存在着诸多差异，不论是儒家或儒教、也不论是道家或道教，从来没有在近世日本上层社会占有过政治意识形态的正统地位，然而毋庸置疑的是，我们在社会底层、普通百姓的日常生活以及读书识字的过程中，却可看到儒释道各色通俗读物乃至鬼怪故事有着很大的市场，而作为知识人的日本心学家在以神道教为核心信仰的同时，对于其他文化系统中的通俗宗教（或称民间宗教）不但不拒斥，反而积极引进、吸收和容纳。在我看来，这与日本文化本身所具有的善于"借用"他者文化的实用主义精神有关[1]，另一方面，或许与中国儒学本身所具有的开放性也多少有点关联，因为显而易见的是，当中国儒学特别是近

---

[1] "借用"一词原是英国史学家 George Samson 对日本文明的一个观察结论，余英时对此赞赏道："可以肯定地说，'借用'本身正是日本文化精神的一种独特表现。"（余英时：《中日文化交涉史的初步观察》，载日本关西大学文化交涉学教育研究基地编：《東アジア文化交渉研究》别册1，大阪：关西大学，2008年，第6页）

世新儒学传入日本之后,从来不像希伯来宗教文化主张一元论的宗教信仰那样具有宰制性,相反,儒学可以通过世俗的伦理说教来调整不同区域社会的人伦秩序。

行文至此,人们或许会有一个印象,似乎在近世日本的思想舞台上是儒学或儒教在唱主角,换种说法,似乎日本思想已完全在儒学或儒教的笼罩之下。不是吗,就在飞騨国这样一个不起眼的偏僻乡村,儒学的典籍知识(其实更多的是善书文化)竟然如此大行其道。的确,不可否认的是,从中国移植进来的儒学文化对近世日本的思想状态所造成的"影响"是有迹可查、有史为证的。然而我们也须响应一个问题:难道近世日本在吸收容纳儒学之际,只是被动地接受而没有任何主动的改造吗?答案是否定的。其实,这个问题也可这样表述:儒学传入日本之后,有没有经历过"日本化"的现象?答案则是肯定的。

事实上,我们了解到近年在日本学界有一种观点很流行,第一,在"中国／日本"这一认识框架中,日本文化具有不同于中国儒学的特殊性;第二,德川日本以降的中国儒学不断被"本土化""日本化",至少自17世纪中叶就完成了"儒学日本化"的过程[1]。有学者指出,如果将中国儒学放入东亚这一"区域史"的角度来审视,那么我们可以发现儒学思想在东亚的表现形态其实是多元的,例如中国善书思想虽很早就传入日本而且很受欢迎,但很快就融入日本自身的宗教传统,明显存在"日本化"现象,因此结论是:"在东亚社会的不同地域不同时期,儒学的普遍性完全有可能表现为各种不同的特殊性。"[2] 同样,我们就以上所考察的石门心学来看,虽然同称为"心学",而且石

---

[1] 日本学界惯称为"儒教日本化",据平石直昭的介绍,较早从"儒教日本化"的视野来探讨德川思想史的可以尾藤正英(1923—)、田原嗣郎(1924—)、守本顺一郎(1922—1977)等为代表,参见平石直昭:《战中、战后徂徕论批判——以初期丸山、吉川两学说之检讨为中心》(原载《社会科学研究》39卷1号,1987年),蓝弘岳译,载张宝三、徐兴庆编:《德川时代日本儒学史论集》,台北:台大出版中心,2004年,第108—109页。较新的研究则可参看渡边浩:《東アジアの王権と思想》,东京:东京大学出版会,1997年;黑住真:《近世日本社会と儒教》,东京:ぺりかん社,2003年。

[2] 参见吴震:《中国善书思想在东亚的多元形态——从区域史的角度看》,《复旦学报》2011年第5期。现已收入本书。

门心学中也有不少儒学因素,但是从根本上说,石门心学完全是日本庶民文化的典型代表,完全不同于中国的阳明心学,这一点是不可否认的。也就是说,日本的心学与中国的心学或儒学可能有某些形式上的相似性,但就其本质内涵来讲两者却有着很大的差异,并不存在结构上或本质上的同一性。这是由两国不同的历史文化所决定的。也正由此,所以我们在下述《讲席日志》中所看到的核心议题并不是儒家所宣扬的仁义礼智,也不是宋明新儒家所关心的理气心性,而是非常贴近日本世俗社会的伦理问题:亦即如何落实"俭约""正直""勘忍"等道德实践。

本来,所谓儒学"日本化"也就是相对于中国而言的"本土化",犹如佛教传入中国有一个"中国化"过程一样,说起来,这在文化交流史上很常见而不值得大惊小怪。然而在这个观点的背后,却隐藏着另一种含义:"日本特殊论。"正是这种特殊性,使日本文化既不同于西方也不同于中国。诚然,任何民族的文化系统都有其自身的特殊性,这一点是毋庸置疑的,问题在于当这种特殊性被过于强调,进而认为唯有这种特殊性才代表本土文化的优越性,就会导致"特殊性"被翻转成"普遍性"的结果。曾几何时,20世纪初的"帝国日本"便相信唯有日本才是东亚的代表,而且是可以与西方意识形态相抗衡的唯一正确力量。可见,特殊性与普遍性犹如同一手掌之正反面,是可以在某种条件下翻转的。在当今世界文化日趋多元的潮流中,人们往往对西方近代以来的"普遍主义"进行质疑,认为这种西方普遍主义话语仍然带有殖民主义、霸权主义的色彩,因此有必要借助于"文化多元"的观念,以文化特殊性来对抗普遍主义价值观。然而正如我在上面提到的,特殊性与普遍性虽有不同,但两者不能是单纯的"对抗论述",普遍可以展现为特殊,而特殊也可以转化为普遍。所以,仍须追问强调文化的特殊性能否有效对抗西方普遍主义话语,特别是在已步入"全球化"时代的当下社会,我们是否可以建构起一种具有全球性意义的地域性知识,尊重并认同各地各民族的地域文化价值系统,这同样是值得深思的课题。

不过从近代以来学术史的角度看，由于中日文化的"交涉"在历史上曾经十分密切，所以强调"日本特殊论"是否还有另一层意图：即通过揭示日本文化的固有传统，以便摆脱中国中心论，从而使日本文化从中华文化圈一元论的认识构架中解放出来？例如在战后日本学界的泰斗式人物丸山真男（1914—1996）的思想史观表现出"日本特殊论"的浓厚色彩，其弟子黑住真对此有所反省，他指出："将作为东洋思想的朱子学视作反动的、否定性的东西，虽然在其影响之下，但是批判和克服其思想的日本式思想是更值得肯定的、近代性的东西，这一丸山的认识构架明显地具有一种脱亚论的近代主义式的日本特殊论的国家主义之色彩。"[1]这最后一句判定有点拗口，这是采用直译的缘故，其意是说，丸山真男的思想史观有国家主义的表现，而这种国家主义的立场是"近代主义式"的，何谓"近代主义式"的呢？这是指日本自1868年明治维新以后一路走来的"脱亚论"式的近代主义模式，而这种近代主义观念在思想文化领域中的一个典型表现就是"日本特殊论"。

总之，对于上述这种"日本特殊论"，我们应当有一种学术批判的眼光，与此同时，对于"儒学日本化"这一学术史问题，我们则可以从东亚儒学这一跨文化研究的视野出发，通过积累具体的个案研究，并加以切实的推进，以使东亚儒学成为全球性"文明对话"的组成部分。须指出，石门心学固然是日本思想史的专门领域，但同时也可以是东亚儒学的一个研究个案。以往的研究往往强调心学运动的日本社会背景，以为近代日本的资本主义精神可以从石门心学提倡"商人伦理"的思想运动中找到一定的思想根源[2]，所以西方的那种对于现代化起

---

[1] 黑住真：《德川儒教と明治におけるその再編》，载氏著：《近世日本社会と儒教》，第168页。
[2] 最为明显的例子莫过于上世纪50年代，即上面注释中提到的当代美国的日本研究专家R.N.贝拉的专著：《德川时代の宗教》。贝拉坦言，他是运用马克思·韦伯（1864—1920）的社会学方法，试图从近世日本的文化当中寻找日本现代化的根源，石门心学恰能成为这一研究企图的一项解释个案。他的这项研究很快就对第二次世界大战以后陷入萎靡的日本心学研究起到了极大的推动作用。例如石川谦在《石田梅岩と〈都鄙問答〉》一书附录"海内外心学研究现状"中，对贝拉的此项研究评价很高。不过，丸山真男则严肃批评贝拉不仅对日本现代化的解释过于乐观，而且以为其将近世日本的宗教伦理视为与基督教的普遍伦理等同的"替代物"也有过度解释之嫌，因丸山看来，这种普遍性不唯在近世日本，即便在现代日本也未曾出现。（转下页）

到促进作用的宗教伦理、商人精神亦可在近世日本的心学运动中找到某些共相。尽管这种研究努力有其学术的价值，然而在我们看来，将日本心学置于东亚儒学的研究视野同样重要，以此为个案，可以使我们了解到日本文化中有着哪些中国因素，同时这些中国因素又是如何被不断"日本化"的。由此，或可促进我们对于儒学在东亚文化的历史发展中所扮演的角色有更为立体、多元的把握和了解。

五　附录：飞驒国心学讲学的一部实录

长期以来，有关石门心学的研究往往偏向于对其心学理论的构架及其意义的探讨，相对来说，对于心学运动在社会底层的历史展开缺乏更细致入微的整体把握，以至于我们不太了解这场运动的下部构造——民众思想。然而，近年来随着日本各地的各种民间文书不断得到挖掘和整理，使得地方性的民俗文化的实际样态渐渐清晰起来。今井淳《飞驒的心学运动——二木长啸〈讲席日志〉》可谓是这方面的一篇范文，该文介绍了飞驒地区心学运动的一些原始乡土信息，我们可以透过这份史料来窥看当时心学运动在地方社会的一般状况[1]。

首先对《讲席日志》作一简单的解题。《讲席日志》是一份讲学实录，记录者为二木长啸（1755—1814），整理者为大野政雄[2]。飞驒为日本旧国名，相当于现在的岐阜县北部地区，即岐阜县飞驒市。据传，二木长啸为飞驒地方的著名文化人，是该地区心学教化运动的重要推动者。《讲席日志》的记录年份是"从文化九年十一月至文化十年十月"，

（接上页）参见丸山真男的长篇书评：《ベらー〈德川時代の宗教〉について》，载堀一郎、池田昭编：《日本近代化と宗教倫理——日本近世宗教論》附录，东京：未来社，1962年，第319—354页。《德川宗教》的中译本亦收有这篇书评。

[1] 《飛驒の心学運動——二木長嘯の〈講席日誌〉》，原载《專修大学人文学研究月報》第15号，1970年，后收入今井淳、山本真功编：《石門心学の思想》，东京：ぺりかん社，2006年，第269—278页。

[2] 《講席日誌》原载飞驒乡土学会《飛驒春秋》第150号，1970年2月；收入今井淳、山本真功编：《石門心学の思想》，第280—327页。以下若无特别注释，引文均出于此，不另注页码。

即 1812 年 11 月至 1813 年 10 月之间将近一年的讲学记录,不过严格来说,这份记录本身不是讲学语录,其性质接近于讲学计划书,简要记录了讲学的时间地点、当天主要讲授的内容条目以及主要参考书目,从这些条目及书目当中,我们可以大致了解当时心学家所关注的到底有哪些问题。大体而言,其中包括日常生活中的家庭伦理问题、宗教祭祀问题、处世方式问题等。不用说,在这些问题当中蕴含着大量日本本土文化的信息,作者所引用的日本典籍及历史故事的案例占了绝大部分,所设立的讲演题目大多以心学思想的传统德目:"俭约""正直""勘忍"等为主。然而对于我们大陆学者来说,我们既关注当时的心学家在向一般民众进行道德教化之际是如何运用日本本土的传统文献的,同时在此过程中,我们也关心这些心学家是如何运用异域如中国的传统文献的,因为从他们选读中国古典文献的信息中,我们可以了解当时日本地方社会的某些文化氛围以及知识趣向。

根据今井淳的考察,《讲席日志》所引书目有:《真宗法要》《和论语》《莲如上人语》《五人组账》《三社托宣》以及心学家的著作如周防由房、手岛堵庵所撰的《身体柱立》等,这些都是日本方面的,至于中国方面的则有:《中庸》《庄子》《墨子》等等。然而,这个统计非常粗略,只涉及其中的极少一部分,因为今井淳并没有深入考察该文所引中国典故的原文出处。当然若要查实引文的全部出处是一项有相当难度的工作,并不是目前所能解决的问题,我们所做的只能局限在汉籍文献方面,尽量找出它们的原典出处,至于极个别的汉籍文献如《中庸》《墨子》《庄子》之类则忽略不计。我们的目的在于想要了解,19 世纪初德川日本的地方社会在吸收一般儒家典籍以外,他们所关心的还有哪些其他的甚至是非常另类的中国典籍,通过这样一种了解,以便为我们今后从事东亚跨文化研究提供某种有益的借鉴。

翻译整理的几点说明:校对者的标点错误甚多,笔者根据文义径改;引文后所加按语,均为笔者初步查实原文所引的原典出处;明显错字,加括号()标注;个别脱字,校对者加〔〕标注。

二木长啸《讲席日志》（摘译）

文化九年申十一月六日夜，下原，加藤三郎右卫门。

◎阴德之事。按，这条记录的上端分别写明了时间和地点，讲授内容为积阴德之事。讲"阴德"，在整部记录稿中频繁出现，以下省略。

文化十年酉正月廿九日夜，新宫村，喜右卫门宅。

◎王祥卧冰。孟宗。郭巨。按，"王祥卧冰"，见［晋］干宝《搜神记》，是中国史上行孝的经典故事，后被收入［元］郭居敬《二十四孝》；"孟宗""郭巨"亦为中国史上著名孝子，事见《二十四孝》，二木长啸所据当是该书。

同晦日夜，同村，藤十郎宅。

◎甫（浦）江郑氏九代同居。按，这则故事又称浦江郑氏"孝义同居"。郑氏义门位于浙江浦江县郑宅镇。据载，自南宋建炎初年（1127）始倡"孝义同居"至朱明天顺三年（1459）郑氏宗祠遭火被毁，家族世代同居长达三百余年，［明］朱元璋赐为"江南第一家"。不知二木长啸所据何本。

二月四日，下ノ切村，五郎右卫门宅。

◎太公曰：孝于亲，子亦孝之。身既不孝，子何孝焉？孝顺还生孝顺子，忤逆还生忤逆子。不信但看檐头水，点点滴滴不差移。按，这段记录出自［宋］吕本中（1084—1145）《童蒙训·孝行篇》，二木长啸所据之典籍当是此书。

◎与好人交者，如兰熏之馨；一家种之，两家皆香。与恶人交者，如抱子上墙，一人失脚，两人遭殃。按，这段话最早出自［汉］刘向（约前77—前6）《说苑·杂言》："与善人居，如入兰芷之室，久而不闻其香，则与之化矣。与恶人居，如入鲍鱼之肆，久而不闻其臭，亦与之化矣。"［魏］王肃（195—256）《孔子家语·六本》卷四亦载。至元末明初范立本《明心宝鉴·交友篇》遂演变成上述那段话，稿本作者当是录自《明心宝鉴》。《明心宝鉴》在江户初期就已流行，小濑甫庵（1564—1640）便看重此书，其著《明意宝鉴》几乎就是《明心宝鉴》的"抄袭"之作。[1] 宝永八年(1711),日本僧道伴覆刻了[明]王衡(1561—1609)校、陈弼定(生卒不详)训点的《明心宝鉴》,现藏于关西大学图书馆泊园文库。

◎《感应篇》第六册。袁柳庄之友家使童子之事。按,《感应篇》即著名的中国善书《太上感应篇》。《讲席日志》引《感应篇》之次数非常频繁。由于不知二木长啸所用之版本,故不能确定其云"第六册"是什么内容。"袁柳庄"为元末明初人,世称"神相",其事在明代野史笔记中多有所见,如郎瑛(1487—1566)《七修类稿》卷三十六"袁柳庄"、陆粲(1495—1551)《庚巳编》卷一"袁珙"、焦竑(1540—1620)《玉堂丛语》卷七"术解"等都有详略不同的记载。袁柳庄以相术断人以吉凶祸福,这应当是引发二木长啸关注的原因之一。

二月十九日,三日町,长吉。

◎因天之时,就地之利,节用以养父母,此庶人之孝也。按,语见《孝经·庶民章》,文字略异。

二月廿日,三日町村,久五郎。

◎七出三不去。按,这是中国古代有关解除婚姻的一种习惯法(即俗称"休妻"),《唐律》始有明确规定,规定女方有七种行为不端者,男方可以"休妻",但有三种情况不可"休妻",叫作"三不去"。详情从略。

◎太上抄书廿三。鹊百羽养(治劳瘵之药,镇江卫左所军士范某妻——引者按,原为双行注,下同)。按,"太上"即指《太上感应篇》。"鹊百羽养"是指"镇江卫左所军士范某"为治其妻肺病而听从道士之言,欲用"雀"百羽疗之,其妻不忍,将雀放生,已而病愈,不久竟生一男,故有"放雀之报"之称,事见《庚巳编》卷八"雀报"。

---

[1] 参见玉悬博之:《日本近世思想史研究》第 1 章 "松永尺五の思想と小瀬甫庵の思想"第 3 节"甫庵の思想と中国の善书の思想",东京:ぺりかん社,2008 年,第 27—29 页;成海俊:《〈明心宝鉴〉が日本文学に与えた影响——とくに小瀬甫庵の〈明意宝鉴〉との关连をめぐって》,日本东北大学编:《日本思想史研究》27,1996 年。

二月廿一日，新宫村，五郎左卫门。

◎略讲《感应篇》开头之处。袁了凡。应尚书。……袁柳庄友童子。按，"袁柳庄"见上述，此处不赘。这条是说，从《感应篇》开头处讲起，然后讲"袁了凡""应尚书"的故事。袁了凡即袁黄（1533—1606），号了凡，晚明著名善书思想家，其著《了凡四训》及《功过格》在后世影响广泛。日本通行的有袁了凡《阴骘录》，又称《省身录》《立命篇》（均见藏于东京内阁文库），另有和刻本《阴骘录》（元禄十四年，1701年，雒东狮子谷升莲社翻刻明末刻本），可参见石川梅次郎《阴骘录》（东京：明德出版社，1981年再版）。"应尚书"，指明代浙江台州应大猷，事见《了凡四训》，讲的是应大猷修德积善、官至尚书的故事，故有"阴德尚书"之称。[1]

二月廿日，八日町，勘助。

◎《家语》云："啜菽饮水（以菽为粥啜之也），尽其欢心，斯为之孝乎。"按，《家语》指《孔子家语》。这句话在《讲席日志》中频繁出现，下略。

◎罗先生曰："家和贫也好，不义富如何？但有一二孝子，不用子孙多。""大富因天，小富因勤。""遇不遇时也，贤不肖才也。"按，第一段见《明心宝鉴·省心篇》，原文无"罗先生曰"四字，无"二"字。第二段见［南宋］杨万里（1127—1206）《诚斋文节公家训》："大富由命，小富由勤。"这句话后被《明心宝鉴·省心篇》改为"大富由天，小富由勤"。第三段见《孔子家语·在厄》。

二月廿三日，同村，弥右卫门。

◎忍。"忍一时之气，免百日之忧。""得忍且忍，得戒（耐）且戒（耐），不忍不戒（耐），小时（事）成大（灾）。""百战百胜，不如一忍。"按，三段话均见清代童蒙书《增广贤文》。"忍""忍耐""勘忍"乃是心学家强调的重要德目之一，特别是"勘忍"构成了《讲席日志》的核心议题，例如同条之后载："人之慎身之法虽多，当以勘忍为第一。"

---

[1] 关于《了凡四训》，袁啸波编《民间劝善书》（上海：上海古籍出版社，1995年）较为通行。应尚书事，见该书第19—20页。

意谓"勘忍"为修身第一要法。

二月廿八日，新宫村，九郎左卫门。

◎太上抄书四十一。障（漳）浦卫氏妯娌三人，骂亲夫，三人化为牛、羊、犬之事（引者按，原日文）。按，"漳浦卫氏妯娌三人"事，指妯娌三人骂亲夫而分别化为牛羊狗，事见《感应篇》注本，亦见［明］颜茂猷（1578—1637）《迪吉录》等，这是晚明流行的一个果报案例。

◎同四十二。杭人郑和性淫。按，"同"，指"同上"，即抄写《太上感应篇》。"杭人郑和性淫"，见《感应篇》"得新忘故"条注的引用案例。

二月廿九日，八日町，助藏。

◎孙景初《安乐法》曰："粗茶淡饭饱即休，补破遮寒暖（暖）即休。"按，孙景初，北宋人，语见《明心宝鉴·存心篇》。此说旨在强调"俭约"和"知足"，这显然是受到心学家重视的原因。

◎太上抄书廿四。德兴程姓，世业才（弋）猎，六孙之事。按，"德兴程姓"事见《感应篇》"射飞逐走，发蛰惊栖，填穴覆巢，伤胎破卵"条注。［清］江永（1681—1762）《放生杀生现报录》"纸面杀孙程猎户"条所载更详："德兴程姓，世业弋猎。因输租入郡，适有市纸面者，买其六面，分与六孙，六孙甚喜，各戴为戏。家畜猎犬十数头，见之，争前搏噬，击之不退，六孙皆毙。"这是"杀生恶报"的典型案例。

◎同廿五。白龟年，羊有羔将产之事。按，白龟年，唐代诗人白居易孙，相传懂禽兽语，事见［明］郑瑄（生卒不详，崇祯四年进士）《昨非庵日纂》。该书为崇祯十六年（1643）刊本，在江户日本广为流行。[1]另见《感应篇》"射飞逐走，发蛰惊栖，填穴覆巢，伤胎破卵"条注本。

◎同廿六。李冲元，将破一鱼。按，［清］徐谦《物犹如此》"慈爱鉴"第四"鱼为子贷命（《慈心宝鉴》）"条载："李冲元，将破一鱼，

---

[1] 例如，日本关西大学泊园文库藏有五井纯祯（兰洲）、中井诚之（甃庵）、中井积德（履轩）等据己酉（1669）重刊本手抄写本《昨非庵日纂》。《講席日志》至少有二处提到《昨非庵日纂》，见"文化十年八月十九日夜"条、"同八月廿二日昼"条，详下。

先梦皂衣妪曰：'妾腹中有五千子。妾生，五千子亦生。妾死，五千子亦死。敢望哀怜，特贷一命。'元遂放之，立意戒杀，后于水滨得珠。"李冲元与黄庭坚（1045—1105）为同时代人，字符中，宋舒州龙眠（今安徽桐城）人，熙宁三年（1070）进士。

三月朔日，新宫，彦惚。

◎万两黄金未为贵，一家安乐值钱多。按，语见《增广贤文》。

◎太上篇抄五十一。河南妇人养姑不孝。姑两目盲，妇以蚯蚓为羹食之，姑怪之，窃藏一脔示儿。儿见之号泣，将录妇送县。俄雷雨暴起，失妇所在。俄自空中堕地，衣服手足如故，而头变为白狗，言语如恒。自云："不孝于姑，为天神所罚。"夫斥之，后乞食而死。按，事见［唐］唐临（约601—660）《冥报记》卷下，又见［北宋］李昉（925—996）等编《太平广记》卷一六二"感应"二"河南妇人"条，二木长啸当是录自《感应篇》注本。

三月七日，坊方，权三郎。

◎略讲感应篇上。袁柳庄友童子。宗郊道普请阴德之大事。略讲阴德之事。按，袁柳庄，见上述。"宗郊道普请阴德之大事"待考。

三月九日，坊方，权三郎。

◎大富因天，小富因勤。万粒亦一粒之种也，善恶亦然。按，第一句见前述"二月廿日"条，后一句待考。

◎善恶报应迟速。按，[明]颜茂猷《迪吉录》卷首《七辨》探讨了有关报应的七个问题，其中第三个问题是："然则，其报之迟速，何也？"这或许是二木长啸所依据的蓝本之一。[1]如后所述，二木长啸曾多次引用《迪吉录》。

三月十日夜，小木曾村，助左卫门。

◎遽（蘧）伯玉知四十九年之非之事。……略述袁了凡之事。裴晋公还带。葛繁。按，蘧伯玉为春秋末期卫国大夫，孔子有两次提到此人，其中有一句赞辞："君子哉，蘧伯玉！"（《论语·卫灵公》）关

---

[1] 关于颜茂猷对此问题的回答，可参看吴震：《晚明时代儒家理论的宗教化趋向——以颜茂猷〈迪吉录〉为例》，载中国人民大学国学院《国学学刊》创刊号，2009年第1期。

于蘧伯玉"知四十九年之非"一事,见《淮南子·原道训》:"蘧伯玉年五十而知四十九年非。"后被袁了凡写进《了凡四训·改过之法》。晚明以降,蘧伯玉作为"古人改过之学"[1]的典型人物而得以流传。二木长啸所据或是《了凡四训》。[2] 裴晋公,即裴度(765—839),唐朝人,传见《新唐书》,其事被〔元〕关汉卿编成《裴度还带》,说他拾宝不昧、救人性命,因而得中状元。另见《感应篇汇编》"济人之急,救人之危"条注本。葛繁,宋初人,相传是"日行一善"的典型人物,事见〔宋〕志盘《佛祖统纪》卷二十八"净土立教志"第十二之三"葛繁"条,说他平时"普劝道俗同修净业",但没有提到他"日行一善"之事。二木长啸所据当是《感应篇汇编》"积德累功"条注本。

三月十一日夜,小木曾村,助左卫门。

◎战战竞竞,日慎一日,人莫蹟山蹟垤。按,"竞"当作"兢",语见《淮南子·人间训》:"《尧戒》曰:'战战栗栗,日慎一日。人莫蹟于山而蹟于垤。'""垤"当作"垤"。

◎感应抄书四十。文光赞之父自少〔至〕老,无岁无狱,讼事纠缠〔殆〕终其身。以宿因问昙相禅师,曰:"汝父生前本写词状,为人斗合争讼,故今受其报。"光赞恳求救免,师教以纸糊竹篝为桎梏,令自囚三日,然后为之忏悔,又矢心行善。事稍解。按"文光赞"事,二木长啸所据或是〔清〕乾隆间黄正元(1844—1906)辑《阴骘文图说》,文句略异。

◎同十八。永福人僻(薛)敷专工虚捏状词,能饰无理为有理,以此致富。延道士郑法林醮谢。郑伏而起曰:"上帝批,家付火司,人付水司。"已而家产告罄烬,敷渡江而死。子以盗败,女为娼。按,事见《感应篇汇编》"虚诬诈伪,攻讦宗亲"条注本。

◎糟糠之妻不下堂。按,语见《后汉书·宋弘传》:"臣闻贫贱之

---

[1] 以上见袁了凡:《了凡四训·改过之法》,袁啸波编:《民间劝善书》,上海:上海古籍出版社,1995年,第17页。
[2] 按,二木长啸在《日志》中虽多次提到袁了凡,但没有明确说出袁了凡的著作名称。根据日本所藏汉籍的书志记录,在江户时代流行的袁了凡著作,主要是《阴骘录》(又称《立命篇》《省身录》),其内容相当于《了凡四训·立命之学》部分。

交不可忘，糟糠之妻不下堂。"

◎太公曰：远水不救近火，远亲不如近邻。按，二木长啸所据或是《增广贤文》："远水难救近火，远亲不如近邻。"

四月十八日夜，大萱村，弥兵卫。

◎略从《感应篇》开篇讲起。

◎略讲袁了凡之事。

四月十九日夜，大萱村，作助。

◎讲《温公家训》。葛繁。裴度。阴阳（德）之事。按，《温公家训》即［北宋］司马光（1019—1086）所撰《家训》。葛繁、裴度，见上述。

同廿日夜，同人。

◎太公曰：勤为无价之宝，俭是护身之符。按，语见《明心宝鉴·正己篇》，然无"太公曰"三字，"俭"原作"慎"。

◎温公曰：养子不教父之过，训导不严师之惰。按，语出司马光《劝学文》。

◎孟母三徙，曾母烹豕。按，"曾母"当作"曾父"。语出《晋书·皇甫谧传》："昔孟母三徙以成仁，曾父烹豕以存教。"

七月三日夜，新张村，传次。

◎略讲《感应篇》。

◎《三计图》云：一生之计在于勤，一年之计在于春，一日之计在于寅。幼而不学，老无所知；春若不耕，秋无所望；寅若不起，日无所弁。按，语见《明心宝鉴·立教篇》。

七月四日夜，新张村，传次。

◎闵子骞。按，闵子骞（前536—前487），春秋末期鲁国人，孔子高徒。在孔门中，闵子骞以孝子著称，孔子赞曰："孝哉，闵子骞！"（《论语·先进》）他在《二十四孝》中名列第三。二木长啸所据当是《二十四孝》。

七月廿一日夜，荒木，八日町村，喜平次。

◎何龙图曰：人之所异于禽兽者，只是为善之一念，遂有灵蠢之分耳。按，语见《感应篇汇编》"宜悯人之凶，乐人之善"条注本："何龙图曰：凡恶之初作，只缘一念之差，未必不可劝禁。恶之既作，犹有一念之明，未必不可救解。世每拒绝如仇，渠亦趋死如鹜，虽欲自新而不可得，嗟哉！"然两者文句差异颇大，二木长啸或另有所本。

同廿二日夜，同人。

◎程夷伯入冥，见修道桥人，毁破桥路人（一念之善）。

◎善相僧觉海。夷伯三十九时，示曰："今夜当有一吉梦。"夷伯以后修桥路，凡济人事皆行之。后觉海至，汝数年行济人事，甚多阴功，不惟寿算绵绵，子孙亦荣贵矣。后夷伯年九十四，历五世昌盛。《现验报应篇》五册末十二丁。按，以上两段出自《现验报应篇》。该书为日本僧玄光（1630—1698）辑，贞享四年（1687）刊本。这段故事当是源自中国佛教，见昭觉丈雪通醉（1610—1695）辑、绍兴幻庵居士胡升猷（生卒不详，顺治四年进士）订《锦江禅灯》卷第19 "悟诠"条（《卍新纂续藏经》第85册）。《锦江禅灯》何时传入日本，待考。

廿三日夜，同鄉漆垣内村，孫次郎、宿中村ヤ四郎八。

◎略讲袁了凡。

◎为心走使，无有安时。按，语见《无量寿经》。

◎转祸为祸（福）。按，语见《太上感应篇》经文，"转祸为福"乃是《感应篇》劝善思想之宗旨。

◎《报应篇》三十丁。明予（豫）章大祲，新建县民买米与信石，欲与妻一饱而死事（原日文）。[1] 按，"豫章大祲"事见［清］陈宏谋（1696—1771）《在官法戒录》卷三："豫章大祲。新建县一民，乡居窘甚，家止存一水桶，售银三分。计无复之，乃以二分银买米，一分银买信，将与妻孥共一饱食而死。炊方熟，会里长至门，索丁银。里长远来而饥，欲一饭而去，辞以无。入厨见饭，责其欺。民摇手曰：'此非汝所食。'因涕泣告以故。里长急倾其饭而埋之，曰：'若何遽至此！吾家尚有五斗谷，负归以延数日。'民感其义而随之，得谷以归。出之，则有五十金在焉。民骇曰：'此必里长所积偿官者，误置其中。渠

---

[1]《日志》校对者整理如下："明予章大祲、新建县、民米卜信石卜买妻卜一饱シテ死ント欲ル事。"语意难以判明。因笔者未睹稿本之原本，故不知是否为整理标点之误。

救我死，我安忍杀之！'持金还之。里长曰：'吾贫人，安得此银。殆天以赐若者。'其人固让，久之，乃各分其半。两家皆得饶裕。"二木长啸似是录自《现验报应篇》。

廿四日夜，同乡半田邑，市兵卫。

◎勘忍。《景行录》云："忍一时之气，免百日之忧。得忍且忍，得忍（戒）且戒；不忍不戒，小事成大。"又云："人姓（性）如水，水一倾则不可复，性一纵则不可反。制水者必以堤防，制性者必以礼法。"又云："和无仇，忍无辱。"又云："难忍之事，恕不明之人。""百战百胜，不如一忍。""忍之为德，胜于持戒苦行。""张公艺'忍'之字。"按，以上七段出自《景行录》。据《四库全书总目提要》卷一三一"子部"《景行录》条，《景行录》一卷旧题［元］史弼（1233—1318）编，该书所录格言百余条。《提要》指出该书"多剽掇《省心录》之语。"《省心录》为［北宋］林逋（967—1028）著，内多人生格言，亦杂果报故事，属训诲劝诫类文献。

◎（头注）《报恩篇》四册二丁瞋恚事。王会师母。唐京都西市北店有王会师者，其母先终，服制已毕。至显庆二年内，其家乃产一青黄母狗，会师妻为其盗食，乃以杖击之数下。遂作人语曰："我是汝姑，新妇杖我，大错。我为严酷家人过甚，遂得此报，今既被打，羞向汝家。"因即走出。会师闻而涕泣，抱以归家，而复还去，凡经四五。会师见其意止，乃屈请市北大街中，正是己店，北大墙后，作小舍安置，每日送食。市人及行客就观者极众，投饼与者不可胜数。此犬恒不离此舍，过斋时，而不肯食。经一二岁，莫知所之。《冥报拾遗》。按，《报恩篇》，不详。《冥报拾遗》为［唐］郎余令（生卒不详）辑。

◎（头注）同五册一丁不瞋恚。张道人。暨阳南门桥，军人张旺者，人咸称之曰张牌，素凶猥无赖。尝夜盗城西田父菜，被执，濡其首溺池而释之。以故恨入骨髓（髓）。每思有以为报而未能。一夕，宿火瓦罂，往烧其家，道由观沟。时月色微明，画师吴碧山尚未寝，偶闻步履声，穴窗窥之，见张前行而殃鬼百数踵其后。饭顷，又闻步履声，复窥之，则张回而青衣童子二人前导焉。吴甚惊怪，诘旦往叩张,及语之审,因以前事告,且曰:"我实欲毁其室,以快所愤,因念冤冤相报无有了时,遂弃火归,他无见也。"吴乃告以其祥,张大感悟,曰:"一念之顷,可不谨哉!"即舍俗出家,人称之曰"张道人"。后竟得道云。至正五年事也。《辍耕录》。按,《辍耕录》为元末明初陶宗仪(1321—1407)著。

七月廿五日夜,木曽垣内村,九郎兵卫。

◎小善无不为,小恶无为。按,据《三国志·蜀书·先主传》,为刘备《遗诏》语:"勿以恶小而为之,勿以善小而不为。"《明心宝鉴·继善篇》载:"小人以小善为无益而弗为也,以小恶为无伤而弗去也。"

七月廿七日昼,袈裟丸村,净永寺。

◎福建漳浦有卫氏,妯娌三人最不孝,日以恶言唆斗其夫。忽一日雷震,一声化为牛羊犬三畜,惟头面不变。雷神于空中观视良久而后隐。三畜见人,口不能言,惟低头垂泪而已。按,又见文化十年"二月廿八日"条。

七月廿八日夜,来者甚众,净永寺。

◎孝。曾子养曾皙,曾元养曾子。至犬马有养,不敬何以别乎?《家语》:"啜菽饮水,尽其欢心,斯为孝乎。"按,第一句见《孟子·离娄上》:"曾子养曾皙,必有酒肉。将彻,必请所与。问有余,必曰'有'。曾皙死,曾元养曾子,必有酒肉。将彻,不请所与。问有余,曰'亡矣'。将以复进也。此所谓养口体者也。若曾子,则可谓养志也。"第二句出自《论语·为政》:"子游问孝。子曰:'今之孝者,是谓能养。至于犬马,皆能有养;不敬,何以别乎?'"

八月十八日夜,上广濑村,九郎右卫门。

◎俭足用,俭则有余。勤为无价之宝,俭是护身之符。按,后一句参见文化十年"四月十九日夜"条。

◎孔子曰:"中人情,有余则侈,不足则俭。"按,语见[汉]刘向《说苑·杂言》:"孔子曰:'中人之情,有余则侈,不足则俭。'"

◎成都张咏,梦至真君坐处,真君召敬黄承事。承事别无善,只是每年根据时之有无,出钱调置米谷,于秋之末夕未能出米之际,卖给细民（原日文）。按，"召敬"疑倒置。事见［元］无名氏编《居家必用事类》癸集"劝善录·黄承事储谷济人"条："尚书张咏，守成都，尝夜梦诣紫府真君。继请到西门黄承事，真君降级接之，其礼甚恭。揖张尚书坐承事之下，梦觉莫知所谓。明日问左右，西门有黄承事否？左右云有。命召之，戒令具常服来。既至，果如梦中见者，即以所梦告之。问平生有何阴德，真君礼遇如此，又坐吾上？再三叩之，不获已。承事云别无他长，唯每岁收成之时，随意出钱收籴米粮，候至来年新陈未接之际，粜与细民，价例不增升斗如故。尚书叹曰：'此宜居我之上也。'使两吏掖之而拜。世传紫府真君主天下神仙籍，如张尚书、黄承事亦皆在籍中，而黄承事又居其上，其子孙青紫不绝，非赈济阴德之大者，所致然耶？承事，讳兼济。"[1]二木长啸所据或是《居家必用事类》。

　　◎《感应篇》开始之处（不夭折草木，不取物命）。修道桥之事。

　　◎程夷伯，陕州人，年三十五，梦父谓曰："汝今岁当死，可问觉海僧。"夷伯竦然往候之。僧素善相，乃谓曰："君年促可延。"取水一杯，呵气入中，令饮之。曰："今夜当有一吉梦。"夜梦至一官府，左廊下男妇衣冠严整，皆相观悦，右廊下枷锁缧绁、哀号涕泣。旁有人云："左边是修造桥路者，右边是毁坏桥路者，尔宜择取。"夷伯自是于桥路平治，用功不倦，凡侪（济）人事皆行之。后僧觉海复至，曰："汝数年行济人事，甚多阴功。不惟寿算绵绵，子孙亦荣贵矣。"夷伯年九十四，历五世昌盛。《迪吉录》。按，此条内容又见文化十年"七月廿二日夜"条，唯该条录自日本僧玄光辑《现验报应篇》，与此条所录之文句出入颇大。《迪吉录》为颜茂猷著，此为首出，以下尚有数条。《迪吉录》传入日本甚早，江户初期著名阳明学者中江藤树就曾收藏此书，时在宽永十七年（1640）。[2]藤树著有《鉴草》（正保四年，1647

---

[1]　《居家必用事類》，京都：中文出版社据宽文十三年癸丑刊本影印，1984年，第412—413页。
[2]　参见高桥文博：《〈鑑草〉再考》，载《季刊日本思想史》第54号，东京：ぺりかん社，1999年。另参吴震：《以"讲会"兴起"善人"——17世纪东亚文化交涉与福建乡绅的讲学活动》，载日本关西大学文化交涉学教育研究中心《東アジア文化交渉研究》第3号，2010年3月；缩减版《"云起社"与17世纪福建乡绅的劝善活动》，载《云南大学学报》2012年第5期。

年刊本），在全书所录 61 例劝善故事中有 48 条录自《迪吉录》[1]，可谓是《迪吉录》的节抄本。

◎卫仲达。元自实。从善神恶神之事。按，卫仲达，事见《了凡四训·积善之方》："何谓大小？昔卫仲达初为馆职，被摄至冥司。主者命吏呈善恶二录。比至，则恶录盈庭，其善录一轴仅如箸而已。索秤称之，则盈庭则反轻，而如箸者反重。仲达曰：'某年未四十，安得过恶如是多乎？'曰：'一念不正即是，不待犯也。'因问轴中所书何事。曰：'朝廷尝大兴工，修三山石桥，君上疏谏止之，此谏稿也。'仲达曰：'某虽言之，朝廷不从，于事无补，而能有如是之力？'曰：'朝廷虽不从，念之一念，已在万民。向使听从，善力更大矣。'故志在天下国家，则善虽少而大，苟在一身，虽多亦小。"[2] 元自实，事见［明］瞿佑（1341—1427）《剪灯新话》卷一《三山福地志》及［明］凌蒙初（1580—1644）《二刻拍案惊奇》等，［清］史玉涵（生卒不详）《德育古鉴·存心类》载："元自实于缪材有恩，而缪材深负之。自实不能平，夜往欲杀之。道经一庵，庵主轩辕翁，有道士也。见自实前往，有奇形鬼物数十随之，少顷回，则金冠玉佩百十从焉。翁甚异之，天明，往询焉。自实曰：'某恨缪材负心，往将杀之。及到门，思彼虽负我，其妻子何尤？且有老母，杀之何依？遂隐忍而返。'翁为述所见之异，且曰：'子一念之恶，而凶鬼随之；一念之善，而福神随之。子之事，已知于神明，将有厚福矣！'后自实为庐山令，而材废绝。"[3]

八月十九夜，上廣セ村，九郎右衛門。

◎孝。"因天之时，就地之利。谨身节用，以养父母，此庶人之孝也。""孝者德之本，教之所由生。""达德，自天子达庶人。""大业中，河南妇人养姑不孝。故两目俱盲，妇以蚯蚓为羹食之。故怪其味，窃

---

[1] 参见木村光德：《藤樹学の成立に関する研究》，东京：风间书房，1971 年，第 192—202 页。另参加藤盛一的标注本《鑑草》，东京：岩波书店，1939 年。
[2] 引自袁啸波：《民间劝善书》，第 24 页。
[3] 据《德育古鉴》卷首史玉涵《自序》，末署"康熙九年二月宜兴史洁理题于贻谷堂"，康熙九年即 1670 年，然据该书末史玉涵《识》，末署"辛丑夏四月宜兴史洁理玉涵氏识"，辛丑即康熙六十年（1721），则此书约刊于辛丑后。

藏一商示儿。儿见之，号泣。将录妇送县。俄而雷雨暴起，失妇所在。俄自空中堕地，衣服手足如故，而头变为白狗，言语如恒。自言不孝姑，为天神所罚。夫斥去之，后乞食而死。"按，第一及第四段分别见上述，第二段见《孝经·开宗明义章》，第三段"达德""自天子达庶人"分别见《中庸》《大学》。

◎常村一媪老而盲，其妇一日炊未熟，子往呼田所。妇嘱姑毕其炊。媪老无睹，饭成，误扣溺器贮之。妇归，不敢言，先以中洁者食姑，次以饷夫，其亲器臭恶者，乃以自食。良久，天忽昼瞑，觌面不相见，暗中若为人摄去。俄顷开明，乃在近舍林中，怀腋得小布囊，贮米三四升，适足供朝哺。明旦视囊，米复如故，宝之至终身。《昨非庵日纂》。

同廿二日昼，同村，一向寺。

◎历城尹氏家贫，买□为生。客息柳荫，有啖□者。会会大暑，解鞍饮马，脱衣而休。已而驰马去，遗囊。尹氏举之不胜，知其金也，密徙而覆之，瞑不见人。乃以糖缶装金埋之，植柳为记。客故山西大驵也，行贾以万计，乃以稍稍折阅，收其余仅五百金，图返其家，失之。不敢复见父母妻子，遂流丐越数年。柳且拱矣，客复过故处。尹子亦仍买□。客据地恸，尹子询之，客语以故。尹氏询所遗，金数与前数合。谓客曰："无恸。"起柳而探之，得金焉。客复恸，据地请曰："奈何有是？惟公取之，与我余可耳。"尹氏不可。"中分之。"亦不可。曰："我诚贫也，岂其不全掇之而寡取之而中分之乎？"客不能强，乃稽首申谢而去。尹氏夜梦神，谓之曰："汝之阴德厚矣，当贻汝以贵子。"弥月而生子旻，举进士，为吏部侍郎。《昨非庵日纂》。

同廿二日夜。

◎文光赞之父自少至老，无岁无狱，讼事纠缠殆终其身。以宿因问昙相禅师，师曰："汝父生前本写词状，为人斗合争讼，故今受其报。"光赞恳求救免，师教以纸糊竹箄为桎梏，令自囚三日，然后为之忏悔，又矢心行善。事得稍解。按，见文化十年"三月十一日夜"条，此处所录更详。

◎吴二，临川小民也。母老，事之曲尽其欢。一夕，有神来见梦曰："汝明日午刻，当为雷击死。"吴以老母在堂，乞救护。神曰："是天命不可免也。"吴恐惊其母，清晨具馔以进，白云："将暂诣妹家。"母不许。俄黑云四合，雷声填填然。吴益虑惊母，乃闭户自出田野，以待其罚。顷之，云气开廓，吴幸免祸。亟归抚其母，犹危疑未敢以告。夜复梦神曰："汝至孝感天，已宥宿恶，宜加敬事也。"自是孝养终身。《迪吉录》。

◎鄞邑民友宜祖妻喻氏年廿五，其姑黄氏八十，病目无所见，性偏急，喜洁难事。喻少年勤廉恭顺，逢迎无间言。其夫因酒，误触人仆堕两齿，求免刑责，入财自赎，以喻嫁赀偿之，喻无悔。一夕，梦里域追逮责之，曰："汝前世为比邻牟容之妻，年三十，病瘫瘵逾年。汝之姑七十余，煮糜供汝。汝以口苦厌食，嫌其太烦，哭而叱之者数四。及临死之日，对姑呼天曰：'年七十者不死，我方三十而使之死，天乎，天乎，胡不平！'汝家司命闻之于天帝，有旨令焚汝尸，而汝气已绝，事未行之。案牍仍在，凡三十年为一世，今当结绝，汝宿业所应者死于雷斧之下，来日俟之。以汝今生孝德，故先期告汝。"喻惊而寤，中夜号泣。姑曰："汝以吾儿破汝嫁赀，谓终身不得偿耶？"喻曰："无之。"凌晨，沐浴新衣，拜其姑曰："新妇三年，事姑无状。今请假暂归，恐不身死，姑好将息。"姑讶其言不伦。喻归，别父母，所言如初。自注香，立屋南大木之下，仰天祝曰："新妇之死，宿业当尔，有所不辞。但念夫贫姑老，谁为供事，一也。父母自小教训，今被天诛，为父母辱，二也。身有孕，既七月矣，万一得男，友氏有后，三也。今二事皆不可避，独友氏无后尔。乞少延三月，分免而死。"时大暑中，阴云昼晦，风雷交至。适遇梓潼帝君，察知其情，乃奏取里中凶逆者代之。富人帐实妻冯氏淫悍悖逆，事姑无礼，制丈夫如奴隶，即遗里域，同雷火焚之，喻氏获免。《迪吉录》。**按，以上两段所引文字恐有误者，当以《迪吉录》原文为准。**

十月七日昼，孝子弥曾五。

同日夜。

◎略讲《感应篇》"欲求长生者，先须避之"为止。《报应篇》四册卷八，二十六丁。成都守张咏。按，成都守张咏，见上述。

◎西门黄承事。黄曰："初无善事，惟黍麦熟时，以钱三百缗收籴。明年禾黍未熟，小民艰食之时粜之，一样价直（值），一般升斗。在我初无所损，而小民得济危急。"按，此条又见文化十年"八月十九日昼"条，事见《德育古鉴·救济类下》"黄兼济成都人"条。

◎《报应篇》五册三十一丁。鄄邑喻氏（在一向寺，见前页）。按，"鄄邑喻氏"见上述。

同八日晝，瓜ノツル末。

同日夜。

◎小人过必文。过勿惮改。《心地观地经》云："若覆罪者，罪即增长。发露忏悔，罪即消灭。"按，分别摘自《论语·子张》："子夏曰：'小人之过也必文。'"《论语·学而》："子曰：'过，则勿惮改'。"

◎孔子诛少正卯。天下有大恶者五，而盗窃不与。一曰：心逆而险；二：行僻而坚；三：言伪而弁（辩）；四：记丑而博（谓非义）；五：顺非而泽（顺非而又能顺泽）。按，关于"孔子诛少正卯"，史载甚多，如《荀子·宥坐》《尹文子·大道下》等。二木长啸所据当是《孔子家语·始诛》。

◎《报恩篇》四册卷八，十二丁。历城尹氏，柳下埋大驵遗金，还之，生贵子（见一向寺处）。《报应篇》五册十、廿一丁。宣春郡民章乙家，以孝义闻，数世不分，异诸从同爨。所居别墅，有亭屋水竹。诸子弟皆好善积善。往来方士高僧儒生宾客，至者皆延纳之。忽一日晚际，有一妇人，年少端丽，被服靓妆。与一小青衣诣门，求寄宿。章氏诸妇忻然近接，设酒馔，至夜深而罢。有一小子弟，以文自业，年少敏俊，见此妇人有色，遂嘱其乳妪，别洒扫一室，令其宿止。至深夜，章生潜身入室内，不闻声息，遂升□。其妇人身体如冰，生大惊，命烛照之，乃是银人，两头可重千百斤，一家皆喜。然恐其变化，即以炬炭燃之，乃真白金也。其家至今巨富。群从子弟妇女共五百口，每三日就食，声鼓而升堂。江西郡内，富盛无比。《玉堂闲话》。按，《报恩篇》、历城尹氏、《报应篇》，均见上述。"宣春郡民章乙家"录自〔五代〕王仁裕（880—956）《玉堂闲话》。

十月九日夜。

◎杨希仲，蜀川人，未第时，为成都富家。馆宾有一美妾，年少自负才色，潜诣馆，调戏希仲，试以素志。希仲正色拒之而去，其妻在家。一夕，梦神告曰："汝夫独处书馆，坚持清节，暗室不欺神明。知之后当魁多士。"妻觉想念，不知何由。岁终归家。妻告其梦，答以馆中事，妻然之。明年，希仲登第。《迪吉录》。

◎同十五。余干陈某业医。有贫士，病弱症，几危矣。陈为治之，得痊。贫无偿药，陈亦不望其报。陈后偶薄暮过之，贫士不在，母与妻留之宿。夜深，姑谓妇曰："尔夫之命寔由陈先生再造，久欲报之，未能也。今在客途，尔往伴一宵，以报德。"妇唯唯，夜就之。陈拒之，曰："奈尊姑何？"妇曰："此姑意也。"陈曰："奈贤夫何？"妇曰："夫之一身，皆君赐也，何有于妇。"陈曰："不可。"妇强之，陈连曰："不可、不可。"遂坐以待旦，取笔连书"不可"字于卓，最后几不能自持。又连书曰："不可字最难。"讫明去。后陈有子，为庠士应试，考官阅其文，弃之。忽闻呼曰"不可"，四顾无人。复阅其卷，又欲弃之。又闻连呼曰"不可、不可"。最后阅其卷，决意去之。忽闻大声呼曰"不可二字最难"，连声不已。考官云："是必此人有阴德，故神告我。"乃录之。榜出，召问，述其详，乃父不淫之报。后子登进士第。《迪吉录》。

十月十日夜。

◎镇江卫左所军士范某妻，患癞濒死。遇道人与之药，云："用鹊百头，以药米饲之，至三七日，取其脑服。若有死者，取以充数。一鹊莫减也。"范以公差出，妻睹鹊，叹曰："以吾一人，残物命至百，甚不仁也。吾宁死，安忍为此。"乃开笼放之。夫归，怒责其妻，亦不悔。已而病差。初，久不产，有是年，忽有孕，生一男子。两臂上各有黑痣如鹊形，一飞一俯而啄，羽毛分明，不减刻画。按，此条详于文化十年二月廿日"鹊百羽养"条。

◎陈宣帝时，杨（扬）州人严泰，江行逢渔舟，有龟五十头，泰用钱五千赎之放（按，"之放"倒置）。行数十步，渔舟乃覆。其夕，有乌衣五十人，叩泰门，谓其父母曰："贤即附钱五千，可领之。"悁（缙）皆濡湿。父母虽受钱，怪其无由。及泰归问，乃说赎龟之异。因以其居为寺，里人号曰"严法寺"。《独异志》。按，《独异志》为[唐]李亢著，原本已散佚。此条内容又见《太平广记》卷一一八《报应》十七"严泰"条。二木长啸所据或为《太平广记》。

第八章　德川日本心学运动的"草根化"特色
——就民间文书《心学入门手册》而谈

引言　心学研究中的"瓶颈"问题

我们知道，16世纪明代阳明学的士人群体非常热衷于讲学活动，以此作为将儒家伦理落实为社会事业、重整地方秩序的一项运动，并在乡村社会得以渐渐渗透、造成广泛影响，以至于有席卷全国之势[1]。然而五百年以后的今天，欲知其详情的我们却遇到一个难以突破的"瓶颈"，即我们所能掌握的文献资料大多是士人文集或官方文书（如地方官主导的地方志等），这些出自文人学士之手的记录有着浓厚的文人气，以至于我们很难从中真实地了解当时乡村讲学的实际状况及其讲学实录等方面的内容。所以我曾撰文指出：对于晚明王学主导之下的讲学风潮，由于受史料的局限，我们从文集或地方志等文献中所能看到的大多是有关儒学的知识或抽象的心学讨论，却"根本无法找到当时知识人深入到某乡村地区或城市地区向一般民众进行讲学的过程及其内容的详细记录"，而文人文集中留下的讲学语录给人的印象是在讨论抽象的儒家哲学，这就难怪明末清初的儒者斥其为"空谈心性"[2]。其结果使得我们的思想史研究总有点像有关"帝王将相"的正史研究一般，很难深入开拓地方思想史的研究领域，导致我们所获得的了解大多限于精英文化的"大传统"层面，至于庶民文化的"小传统"却

---

[1] 关于明代讲学活动的研究，进入21世纪以后，已有大量研究积累，可参拙著：《明代知识界讲学活动系年：1522—1602》，上海：学林出版社，2003年；张艺曦：《阳明学的乡里实践——以明中晚期江西吉水、安福两县为例》，北京：北京师范大学出版社，2013年（该书原版为2006年台湾繁体字版），等。

[2] 参见拙文：《德川日本心学运动中的中国因素——兼谈"儒学日本化"》，载《中华文史论丛》2013年第2期，第161页。

往往不得其门而入[1]。

相比之下，在异域日本，一直有注重研究地方社会、保存地方文化的传统。近年来有不少民间文书被重新发现。这些被地方社会某家族所保存的民间文书反映的是一乡乃至一家的日常生活情况，其中含有所谓的"小传统"的大量信息。尽管这些民间文书的门类各异、内容芜杂，但是我们却意外发现一部日本心学的讲学实录，似乎可以解决上面所说的"瓶颈"难题。所谓日本心学，具体是指18世纪兴起的石门心学（详下），与中国的阳明心学并无直接的思想关联[2]，只是他们在乡村实施讲学活动之际，所宣扬的大多是与儒学有关的世俗伦理，这就值得引起我们关注。

本文将要探讨的是德川日本（1603—1868）后期在关东地区的某个乡镇——"下馆町"[3]地区出现的一部中村家的民间文书，它是19世纪初日本的石门心学在民间推广心学讲学活动的一份实录，讲学对象不是读书人而是当地的青少年，故其内容涉及的是通俗教化而非什么高深的理论探讨。这部民间文书的记录者将书名定为《心学　こゝろのしらべ》，直译是《心学：心的指南》，而我们在本文中则意译为《心学入门手册》，听上去较易理解[4]。

这是一部长期被埋没的手抄本文书，直至20世纪60年代才被发

---

[1] "大传统"与"小传统"，是美国人类学家雷德菲尔德（Roboert Redfield）在地方社会研究中提出的一对概念，用以分析文明社会中存在两个不同层次的文化传统。当然对于这两种传统也不能完全割裂，精英文化与庶民文化本身既有区别又有互补，而庶民文化更是精英文化的基础而不是相反。参见吴震：《明末清初劝善运动思想研究》，台北：台大出版中心，2009年，第168—170页。另参余英时：《儒家伦理与商人精神》，见《余英时文集》第3卷，桂林：广西师范大学出版社，2004年；赵世瑜：《大历史与小历史——区域社会史的理念、方法与实践》，北京：三联书店，2006年。
[2] 参见上揭拙文：《德川日本心学运动中的中国因素——兼谈"儒学日本化"》。
[3] "下馆町"位于日本关东地区茨城县西部与栃木县相接的地域，旧属"常陆国真壁郡"，现为茨城县下馆市。
[4] 长谷川伸三：《文政期下館町における石門心学の青少年教化の実際——中村兵左衛門家文書〈心学　こゝろのしらべ〉の紹介》（《石门心学在文政期下馆町的青少年教化的实际状况——中村兵左卫门家文书〈心学入门手册〉的介绍》），原载茨城县史编纂委员会：《茨城县史研究》第16号，1970年。收入今井淳、山本真功编：《石門心学の思想》，东京：ぺりかん社，2006年，第328—354页。

现,即便在当今日本学界若非专门从事心学研究者,也不太会关注这部民间文书。那么,对于中国读者来说,其中有哪些内容值得我们注意呢?其实,正如上面所说,我们对于明代中国心学家在乡村社会的讲学活动已无法窥知详情,然而通过这样一部异域的地方文献,却可以使我们生动地了解19世纪初日本心学家是如何在乡村展开讲学活动的,由此或可使我们进一步探悉儒家通俗伦理的宣讲活动在东亚地域社会究竟存在哪些殊异性及共通性。

通过阅读这部《心学入门手册》,一方面可以使我们具体了解近世日本儒者是如何深入到乡村民间,在基层社会推行世俗伦理教育,将儒家伦理化为一场"草根化"运动的,另一方面,也可促使我们反思何以17世纪以降明清中国的乡村教育以及民间讲学已经不再有持续性发展,知识人大多埋首于文史传统的重建,或醉心于文字考据的工作,环视有清一代,扎根于乡村基层的心学活动家几乎消失殆尽。直至20世纪初,被誉为最后一位儒家的梁漱溟(1893—1988)才发现明代泰州王学张狂于乡村基层的讲学精神实在非常宝贵,有可能为解决中国的农村问题进而解决中国的根本问题提供宝贵的经验,促使他在山东邹平县投身于乡村建设运动,尽管由于时局动乱,而其收效甚微。

一 心学活动在下馆藩的展开

与上文所介绍的飞騨国地方文书《讲学日志》的性质一样,《心学入门手册》也与石门心学的讲学活动有关。我们知道,石门心学是京都町人出身的石田梅岩(1685—1744)创建于18世纪初的心学思想,史称"梅岩心学"或"石门心学"。而石门心学从其创立初期开始,就在建构心学理论的同时,更是将注意力转向民间基层。及至第一代弟子手岛堵庵(1718—1786)、中泽道二(1725—1803)的18世纪末,更是将心学讲学推向高潮,以使心学运动转化为一场"草根化"运动,主要表现为在各地开设"讲舍"(相当于中国的民间书院),将心学家培养成讲学家(又称"讲师"),并派遣这些心学讲师去各地"巡讲",而且还设想了一种"讲师"制度,颁发讲师证书（称作"施印"）[1]，逐渐将讲学运动由京都地区向日本全国各地推广发展，历经幕末明治、大正及昭和（第二次世界大战前）等各个历史时期，绵延数百年，虽时有断续，但从来没有完全中断过。

从历史上看，石门心学的讲学活动在心学运动的前后不同时期变化较大，其早期主要以民间为主要活动场所，讲学对象也大多为下层商人以及乡间农民，但是到了明治以后，特别是在明治末年及昭和初年，心学讲学家一改以往立足于民间的讲学风格，而开始与上层官员频繁互动，某些心学家积极参与了政府推动的国民教育活动，例如通过"心学道话"的方式来参与明治天皇发动的"大教宣布运动"[2]，此后又在帝国时期推动的"国民道德教育"运动中担当了不光彩的角色，并用心学理论来敷衍解释明治天皇发布的《教育敕语》，使得心学家变身为官方的"御用"讲师。因此，在战后日本学术界的一段时期，人们对于"石门心学"的这些讲学活动的感观并不好，而对此的有关研究唯恐避之不及，大多采取了不屑一顾的态度。此且不论。不过，有一点则是值得注意的，也就是民间讲学看似走的是下层路线，与上层官方本无牵连，但是一方面这类讲学活动往往得到官方的默认才有可能，另一方面其讲学目的在于维护乡村秩序、重整地方人心，所以也就容易获得官方的认可。也正由此，故民间讲学也就起到了一种意外的效果：仿佛这些心学讲师所担负的恰是地方官员触手不及、无法顾及的区域社会的秩序安排。重要的是，心学讲师对于安顿地方秩序抱有十分自觉的意识，故而到了明治帝国时期，心学家们纷纷参与官方推动的国民道德运动也就不足为异了。

关于德川晚期石门心学在日本关东地区的讲学活动，战前石门心学研究大家石川谦在《石门心学史的研究》这部煌煌巨著中有非常详细的介绍和分析，根据他的研究，我们可以大致了解在18世纪末，心

---

[1] 有关石门心学的"讲舍""讲师""巡讲""施印"等情况，参见柴田实：《心学》第3、4章，东京：至文堂，1967年"日本历史新书"，第46—97页。
[2] 参拙文：《德川日本心学运动中的中国因素——兼谈"儒学日本化"》，《中华文史论丛》2013年第2期，第156—158页。

学运动已从江户（即现在的东京）向其周边地区迅速扩展，例如宽政四年（1792），下馆藩（即《心学入门手册》所出现的下馆町所属的藩国）的藩主石川若狭总弹是一位狂热的心学"粉丝"，他曾经在江户的住宅中，将心学家中泽道二（1725—1803）的弟子北条玄养叫到家中讲学，并下令家老（江户时代帮助各国藩主理政的重要家臣）及佣人等一起参与听讲。第二年，他邀请中泽道二到下馆地方向普通民众进行心学讲学，一共持续了7天。自此以后，几乎每年都邀请北条玄养来下馆讲学。上面提到的民间文书的持有者中村兵左卫门便是当地的一位大商人，也是地方名流，他后来竟成了心学讲学的"都讲"（一种讲学助理），并在宽政五、六年间，于下馆城设立了"有邻舍"——一种地方性的心学讲学机构[1]。

　　从宽政到文政（1818—1829）年间，与藩国权力有密切关系的中村一家为了防止藩政府财政的持续恶化以及农村经济的衰退，意图与心学家联手，通过讲学来推进庶民教化，进而重振地方人心。然而到了天保期（1830年以降），心学运动开始出现了急速衰退的迹象。其因之一在于，当地的人们为了从根本上扭转日益恶化的经济状况，他们发现主张改革乡村农政及町民的经济生活的二宫尊德（1787—1856）提倡的作法（"仕法"）及其所主张的"报德"思想更有吸引力。事实上，自天保八年（1837）以降，在下馆藩主张引进二宫尊德的思想，并积极向藩主劝说的主要人物正是中村兵左卫门[2]。至于尊德思想与石门心学有何异同，这里不便详说。但上述这个现象表明以中村为代表的当地实力人物包括地方政府首领对于思想学说的引进，采取的是随机应变的方法，其对心学的兴趣能否持续，取决于心学的引进能否产生实际的持续效果，一旦他们发现对于地方教化有更为有益的思想学说，他们就会发生转向。这种对于思想文化的"拿来主义"态度，也正是日本在吸取外来文化之际所经常采用的"借用"手法之表现。

---

[1] 以上参见石川谦：《石門心学史の研究》，东京：岩波书店，1938年，第476—478页。
[2] 参见佐佐井信太郎：《二宫尊德伝》第14章"下館の仕法"，东京：日本评论社，1935年，引自上揭长谷川伸三的论文，见《石門心学の思想》，第333页。关于二宫尊德思想的中文研究专著，则有刘金才、草山昭：《报德思想与中国文化》，北京：学苑出版社，2003年。

但是对于我们来说，饶有兴味的是：当这些心学讲师在地方社会展开讲学之际，他们讲的究竟是哪些内容，而作为听众的当地百姓又是怎样参与这种讲学活动的，这是其一；其次就是在他们的讲学过程中，讲师与民众是如何互动的，等等。通过对这些问题的考察，可以加深了解19世纪初日本在江户周边地区的民众思想活动状况，主要有两点：一是要了解近世日本的知识人是如何将伦理说教向一般庶民阶层进行渗透的，一是要了解在当时日本的庶民社会又是如何接受那些心学理论的。

我们在进入分析《心学入门手册》之前，还有两点预备知识需要一提。首先是有关心学的讲学方式，自梅岩开创心学以来，石门心学的讲学就有一个传统，日语叫作"会辅"，源自《论语》"以文会友，以友辅仁"，而在梅岩的构想中，"会"是指切磋学问，"辅"是指提升心学修养，从形式上说，颇类似于今天大学课堂上常见的"seminar"，即所谓的"讨论课"。每次"会辅"，先由老师提出某些特定问题，然后大家一起畅所欲言、进行探讨。在梅岩的时代，出题者当然是梅岩，他留下的一部主要著作《都鄙问答》其实就是"会辅"的记录。及至石门后学，"会辅"作为一种制度一直得以保存，我们将要看到的《心学入门手册》这部文书，其实也就是一种"会辅"记录。首先由心学讲师列举若干问题，然后听众可以自由发表感想或意见，最后由讲师根据心学理论以及历来著名心学家的观点进行解说，在解说之际往往并不完全针对民众发表的意见，显示出那些讲师的说教姿态，然而这些民众的意见却被酌情纳入"会辅"的记录当中，尽管在后人看来，其中有些意见表述显得有点幼稚，因为参加者有许多还是少不更事的少男少女。然而就是这些看似稚嫩的提问，却令我们意外地发现完全不同于中国晚明讲学的另一番场景——19世纪初日本的偏僻乡村居民在日常生活中对人生问题的思考。

其次，还需要了解德川日本心学讲学有一个基本特质：就是当时开始出现了思想"民众化"趋向。多年来一反以往的思想史研究多偏向于知识精英的现象，致力于开拓日本"民众思想史"研究领域并颇有收获的安丸良夫[1]指出，在德川思想史上，"心"的哲学是通过强调普遍化、绝对化的规范——心与自己的一体化（内在化），从而给予人心以无限可能性的哲学。从形态上说，这种哲学具有"极度的唯心论形态"[2]，然而从日本近世的历史上看，这种哲学却与作为民众日常生活规范的"通俗的诸德目的实践"相结合，由此而能将心学的能量渗透到"广泛的人们的生活意识的内面"，从而改变和塑造他们的"精神世界"。这个观点很重要，显然安丸良夫一方面将"心"的哲学规定为"能动性、主体性的哲学"，与此同时又非常强调"通俗道德"（即"世俗伦理"）在日本近世民众的"思想形成、主体形成"方面，具有"历史性的独特形态"[3]。更重要的是，依安丸良夫，所谓"通俗道德"的问题就在于如何把握"心"的哲学与通俗性诸德目之间的关系。通过对这种关系的把握，我们就可了解被"心"的绝对性之主张所包含的"能动性、主体性哲学"是如何在民众日常生活意识中得以渗透的，同时伴随着内在紧张的道德觉醒又是如何在民俗世界中得以唤起的。[4]而安丸所谓的"心"的哲学，其典型便是"石门心学"。应当说，安丸从"民众思想史"的角度对德川心学的重新考察，为我们理解《心学入门手册》这部民间文书提供了一个重要的背景知识乃至审视角度。

二 心学讲学的草根化特色

《心学入门手册》这份"会辅"资料记录的讲学日期是文政10年（1827）10月1日至6日，地点在中村家，共有48叶，现仅存上册，全部是用日语口语体书写的。第一天的参加者全是少女，其中15岁5人，14岁1人，11岁3人，9岁1人；第二天有男子参加，大多是中村家的"奉

---

[1] 关于安丸良夫的民众思想史研究，参看安丸良夫、礒前顺一：《安丸思想史への対論——文明化・民衆・両義性》，东京：ぺりかん社，2010年。
[2] 安丸良夫：《日本近代化と民衆思想》，东京：青木书店，1974年，第9页。参见逆井孝仁：《"通俗道德"の思想構造——"心"の哲学成立の思想史的意義》，载古田紹欽、今井淳编：《石田梅岩の思想——"心"と"倹約"の哲学》，东京：ぺりかん社，1979年，第48页。
[3] 参见上揭逆井孝仁论文，载《石田梅岩の思想——"心"と"倹約"の哲学》，第49页。
[4] 同上书，第51页。

公人",年龄层次不明。

第一天的会辅只列举了一个问题,得到的答案为 11 个,最后由讲师作归纳总结。问题的设定是:"行道之人如何才能做到不与人相撞?"说白了,也就是问,在马路上走路如何避免与人相撞。但其中却隐伏着一个关键词——"道"。现在我们来选几个答案,看看那些少女是如何回答的[1]。

> 答:早上起来,心里想着那个人坏、这个人坏,就会在道上与人相撞。如果自己的心是"正直"的,就不会撞人。(丑 11 岁,中村おた祢。)

最后括弧中的一行小字记录了答者的年龄和姓名,这是一位 11 岁的小女孩的回答。她的回答运用了一个重要概念——"正直",而这正是梅岩心学的一个核心观念。这位年仅 11 岁的少女嘴里脱口说出这个概念,想必在她以往的学习生活中,已经受过梅岩心学的相关教育,或许是从其家中长辈那里听到过"做人要'正直'"之类的教导。事实上,我们对这位少女的答案,还可以做一些哲理性的解释:走在马路上与人相撞这类事态的发生,原因不在对方,而在于自身的心态不正,比如整天想着周围的人都是坏人,这种心态就是不正直的心态,由此表现在行为上,就必然会与人冲突相撞。应当说,从石门心学的角度看,这位少女的回答具有代表性,有趣的是,在她之后几位少女的答案与此大同小异。

例如第二位出场的 14 岁的中村菊女便这样答道:

> 答:道原是正直的,故我心只要保持正直,则不会与人相撞。(戌 14 岁,中村菊女。)

这个答案突出"道原是正直的"这个观念。不用说,这也正是梅

---

[1] 以下引文均见上揭长谷川伸三《〈心学入門手册〉紹介》一文,见《石門心学の思想》,第 335—354 页。以下凡引此文,不再注明页码。

岩心学的传统观念。与刚才那位 11 岁少女的答案相比，这里的回答在思路上显得略为成熟一些，因为其说法已有一定的抽象性。当然就内容而言，上述两位少女都抓住了"正直"这一核心概念，并以"正直"来理解"道"。

还有一位年仅 9 岁的小女孩说得更有趣：

> 亦〔答〕：在道上走的时候，让人走好的马路，我走坏的马路，就不会与人相撞了。（枥木屋礼女，卯 9 岁。）

这个回答显得很稚气，表现出凡事应先礼让的一颗童心。颇有点"孔融让梨"的味道。显然，这与小女孩所受的家庭教育有关。她可能并不了解什么"道""正直"这些抽象概念的含义，只是知道遇事应先讲求"礼让"而不是争利。

另一位 15 岁少女的答案则显得成熟许多，她甚至对于儒家伦理的仁义礼智信的重要德目已有初步了解：

> 亦答：夏天在日光底下走，冬天在树荫底下走，就不会与人相撞。仁义礼智信任何一项，人都不能避免。（井川あい女，酉 15 岁。）

这个回答有两层意思。前半段的意思，大致与上述 9 岁小女孩的回答相同，以为礼让最重要；后半段的意思则显示出这位少女对儒学知识已有初步了解。她想说的是，在夏天和冬天走路之时，应考虑他人的心情，采取适当的方式而能避免与人相撞，这个适当的方式其实就是仁义礼智信中的任何一项。看来，她对儒家伦理的表述是初浅的，但却是基本正确的。

最后，我们来看一下心学讲师对此问题是如何回答的。他从孔子所说的那句著名的道德金律"己所不欲，勿施于人"说起，显示出他们也有引经据典的风格：

> 答：子贡曰："有一言而可以终身行之者乎？"子曰："其恕乎！己所不欲，勿施于人。"古歌云："未有不惜生命者。"以我身度人

之痛，冬天在树荫底下行走，夏天在日光底下行走，则不会与人相撞。日用五伦交替使用，亦当如此。……

一上来就以"子贡曰""子曰"作为开场白，不难推想在他们的讲学过程中，已有关于儒家经典《论语》的知识准备。至于"古歌云"，应当是指日本传统文学中的一些著名诗句。

从这位心学讲师的回答来看，他对刚才那位15岁少女的答案看来是满意的，但他的任务显然在于将这些答案条理化、理论化，故他运用儒家经典来进行总结，将日常生活中的礼让行为提到了"日用五伦"的高度，指出这正是儒家所讲的己所不欲勿施于人的"恕"道。显然，这位心学讲师对于儒学的基本知识相当娴熟，由此可见，日本心学对于儒家经典是很看重的，所以若宽泛地说，石门心学亦应归属于东亚儒学范畴之内。不过，我们仍可发现，日本的心学讲师在运用儒学之际，讲的却是具有日本伦理色彩的、也是构成石门心学之核心概念的"正直"问题，也就是说，儒学思想在石门心学家那里已经发生了一层转化——即将儒学与日本伦理观念加以结合，实质上也就使儒学发生了"日本化"的转向。关于这一点，我们将在本文最后再略作讨论。

第二天的会辅则放在晚上进行，其中出现了两个问题。第一个问题是"关于家业，有怎样的心得"？"家业"这一日语名词，含义特别，既指一家之产业，又指为维持生活而从事的职业，既可以是指个人经营的一种商业活动，又可以是指代代相传的某种特殊的职业，而且"家业"与日本历史上"家"这一特殊概念密切相关。[1] 在梅岩心学的讲学活动，关于"家业"的话题出现频率很高，这与心学家大多是町人出身或有一定关联。针对上述问题，有人答道：

---

[1]　日本社会的"家"，在历史上是一个非常复杂的观念，参见竹田听洲：《日本人の"家"と宗教》，《竹田聰洲著作集》第6卷，东京：国书刊行会，1996年。渡边浩指出日本的"家"完全不同于中国的"家"观念，故他在其论著中特意使用日语片假名"イエ"（汉字"家"的日语读音）来标示，并强调日本的"イエ"并不单指家庭或家族，更主要的是意味着"一种机构或法人。它具有作为机构的社会功能"，从一村一乡到武士组织乃至朝廷内部都是以"イエ"为基本单位的一种"イエ集合体"（渡边浩：《日本政治思想史——十七～十九世纪》，东京：东京大学出版会，2010年，第72页），并将服从这种"イエ集合体"的行为视作"奉公"行为，甚至是天经地义的"家职"或"天职"之行为。

>家业是向天的奉公。（中村内彦兵卫拜。）

这个答案是心学的标准答案，意谓应当将"家业"看作是向上天献身的奉公行为，而不是单纯为了一己之利益而已。应当指出，这里的"奉公"并不是像中国儒学所说的"大道之行，天下为公"（《礼记·礼运》）这种抽象说法，而是反映了近世日本社会的一个重要观念，即把从事"家业"视作最大的"奉公"，换言之，"公"即含有"家"的含义[1]，因此"奉公"也就等于献身于"家业"，而这种行为被视为是符合道德的[2]。有趣的是，根据那位听众的回答，他甚至将服从"家业"的"奉公"精神提到"天"的高度来加以强调。对此，心学讲师做了进一步的肯定：

>先师答：家业乃是事天之职务。

第二个问题则十分有趣，"猫不捉老鼠，那么猫的职能何在？"这个问题很能吸引听众，大家对此问题的回答相当踊跃，许多回答都集中在一点："猫不捉老鼠，那么猫就没有任何用处（中村内留吉）。"最后，那位讲师做了一句简短的答复：

>先师答：猫不捉老鼠是比喻对社会无用的那些人。

显然，这个比喻的正面意思是，我们每一个人都必须在社会上发挥应有的作用。换言之，如同不会捉老鼠的猫不成其为猫一样，人如果不能在社会上发挥作用，也就不成其为人。

---

[1] 关于日语的"公"字，从字源学的角度看，"公"在日语中读作"オオヤケ"，"オオ"为"大""ヤケ"即为标记汉字"家""宅"，原意是指日本古代以农业为核心的社会共同体所拥有的共同设施，归属于共同体的首领，又具有共同体的公共性功能。可见，日语的"公"与汉字的"公"在含义上区别甚大，不可等同视之。详参田原嗣郎：《日本的"公·私"》，收入沟口雄三：《中国の公と私》，东京：研文出版，1995年，第91—130页，特别是第94—95页。

[2] 因此在德川中期甚至出现了"家业道德"一词，例如元文五年（1740）刊行的一部书，就叫《家业道德论》（作者河田正矩）。渡边浩指出，这种注重"家业"的道德观，与德川社会体制相吻合，所以在德川史学领域，有学者甚至提出"家职国家"这一概念来概括德川社会的基本特征（参见上揭氏著：《日本政治思想史——十七～十九世纪》，第78—83页）。"家职国家"概念则出自石井紫郎：《日本人の国家生活》，东京：东京大学出版会，1986年，第220页，转引自上揭渡边浩书，第72、86页。

关于第三至第六天的会辅，为避繁冗，这里就不细述了，仅将其问题列举出来，由此以窥当时讲学风景之一斑。这些问题大致如下：

> 发生争吵的原因什么，应如何避免？
> 身为人妻的修养应当是怎样的？
> 此身若死，而此心应如何成就？
> 一生中有没有不可言说之事？
> 人为养身，一天三食，然养心当以什么食物养之？
> 如何才能做到"堪忍"？[1]
> 最为宝贵的东西是什么？
> 天地之间，何为己物？
> 充实此心，当如何做？
> 如何向隔海越山、远居他国的父母双亲行孝？
> 天地之间，至高无上的尊贵之物是什么？
> 奢侈的根本原因是什么？
> 最后一个问题是："如何才能使此心快乐？"

总体来看，这些问题大体上有三点重要特征可作归纳：第一，首先这些问题大致属于世俗伦理问题，是与日常生活密切关联的道德问题；第二，大多集中在"心"的问题上，这说明心学讲师的主要关怀就在于向人们宣扬心学思想；第三，从问题设定来看，都很具体现实，与日常生活行为密切相关，但其中又蕴含一定的哲理内涵。

饶有兴味的是，这样一种民间社会的对话场景非常生动活泼，讲学家及其讲学对象之间的互动也非常自由、轻松乃至开放。令人深思的是，何以在16世纪以来明清中国的讲学传统从来就看不到这种讲学风格。原因或许并不是文字记录的流失，而是因为明清中国的传统社会根本就没有这类讲学风气和习惯。若就明代中叶心学讲学所存资

---

[1] "勘忍"原为佛语，意指隐忍、忍耐或忍辱负重。后成为石门心学的重要概念，被视为一种美德。

料来看，从那些出自士人笔端的讲学语录，我们所能看到的往往是士人们居高临下的道德说教，或是围绕儒学经典的知识议论，几乎看不到上述石门心学讲师所推行的这种紧扣日常生活的问答式"会辅"讲学形式。由此可见，与以往的儒者风格不同，明代心学家虽然亦十分关注民间社会的伦理问题以及乡村秩序如何重整的问题，因此他们中也有人会热衷于乡村讲学[1]，但是就中国心学与日本心学所推动的讲学方式及其内容来看，两者之间存在的差异是明显的甚至是巨大的，最重要的一点差异就在于：对于德川知识人而言，儒学毕竟是外来文化，他们在获取儒学知识的同时，很快就意识到有必要将它们化为符合德川社会的生活常识乃至行为常识，故他们的讲学过程中，就有意识地将儒家伦理与日本传统道德观念相结合，因而在客观上说，他们的一系列思想活动其实便是一种"儒学日本化"的再创造。

例如我们看到儒家伦理之重要德目"仁义礼智信"竟然被一位15岁的日本乡村少女随口道出，这就充分说明在日本偏远的村落社会已然具备一定的儒学知识，由此或可推断，在他们的日常教育中肯定对儒家经典已有一定的接触，但是同样必须看到，他们并非被动地接受这些知识而已，而是积极地将其与日本独特的心学理论相结合，并化为他们自己的生活常识。

三 余论："津田观点"再思

以上所述，引发了我们重新思考津田左右吉（1873—1961）对中日思想之关系所提出的一个代表性观点，姑且称之为"津田观点"[2]。质言之，"津田观点"认为儒学思想从来没有化为日本人的"生活伦理"，

---

[1] 参见拙著：《泰州学派研究》第 5 章"何心隐：乡村改良运动的实践家"，北京：中国人民大学出版社，2009 年，第 290—312 页；拙文《以"讲会"兴起"善人"——17 世纪东亚文化交涉与福建乡绅的讲学活动》，载日本关西大学文化交涉学教育研究中心《東アジア文化交渉研究》第 3 号，2010 年 3 月（缩减版《"云起社"与 17 世纪福建乡绅的劝善活动》，载《云南大学学报》2012 年第 5 期）。

[2] 关于津田思想的研究，可参见家永三郎：《津田左右吉の思想史的研究》，东京：岩波书店，1972 年。

于是，儒学似乎与日本乡村社会处在完全绝缘的状态，然而这类观点显然并不符合日本心学民间文书所反映的"草根化"运动的实情。

津田是 20 世纪初日本学界非常著名的东洋学者，他的专业领域是日本思想史，但又经常横跨中日两国的思想领域，他的学术立场非常鲜明，他是站在日本本位主义的立场来审视日本文化与中国思想的关系，坚持认为日本的历史与文化是独自形成并发展起来的，与中国思想的所谓"影响"无关，中国思想特别是儒学虽然很早就传入日本，但是儒学只是作为一种文献上的知识，引发了日本知识人的兴趣，儒学思想根本未能涉入日本人的日常生活，更没有成为日本人的生活指导原则，至于日本社会的日常生活则有自身的国民道德原则始终贯穿其间。因此，他不但坚决否认中国道教与日本神道教有任何实质性的关联，而且中国儒教也"只是作为书本上的知识、作为思想，而被学习和讲习的，因为从一开始就没有进入、也不会进入到人们的实际生活中"[1]。那么，他如此判断的依据何在呢？他指出例如大家都知道儒教中对人们的生活给予具体规范的是礼，"但是日本人决不学习儒教的礼，也不把礼运用到生活中去，这就是最好的证明"[2]。

关于他的这些论点应当如何评价，这需要作出全盘的考察，不是我在这里可以遽然断言的。但至少有一点是明确的，如果抛开津田的日本主义立场，并将其蔑视中国的情感剔除在学术研究之外[3]，那么

---

[1] 津田左右吉：《シナ思想と日本》"前言"，东京：岩波书店，1938 年"岩波新书"，第 2—4 页、第 53 页以下。
[2] 《シナ思想と日本》，第 161 页。针对津田的"日本人绝不学习儒教的礼"这一观点，近年来吾妻重二通过运用江户儒教礼仪实践的大量史料进行了一系列开创性研究，对津田观点提出了质疑，参见吾妻重二：《朱熹〈家礼〉实证研究——附宋版〈家礼〉校勘本》（吴震编）第 2 章 "江户时代儒教礼仪研究"，上海：华东师范大学出版社，2012 年。
[3] 其对中国的批判往往近乎武断的指责，这在《シナ思想と日本》一书中屡屡可见，葛兆光在《国家与历史之间——从日本关于中国道教、日本神道教与天皇制度关系的争论说起》一文中历数了 5 条（见氏著：《宅兹中国》第 6 章，北京：中华书局，2011 年，第 202 页）。我愿在这里略作补充，例如他说："中国思想的主旨不在于建构为学说的理论，其特色在于直接指导现实的政治或道德，因此非常缺乏普遍性。"（《シナ思想と日本》，第 7 页）这是说，中国思想缺乏对普遍问题的探讨，故缺乏理论性，唯有对实际问题的关注，也就没有普遍性可言，这个结论就值得商榷，显然这是津田对儒学乃至中国文化的基本误解。此一"误解"固然源自其近代理性的学术立场，但是在其观点背后的潜台词显然是，因为中国思想不具有普遍性，（转下页）

我们可以说，强调日本文化的主体性本来是无可厚非的，但是若说中国儒学（或称儒教）只是作为一种知识趣味，而根本没有进入到日本社会的实际生活，这个结论可能有点武断。导致这一结论的原因可能在于津田本身只是从典籍书本上来了解日本文化中的中国思想，而没有机缘接触到《心学入门手册》之类的民间文书。[1] 换言之，津田对中国乃至日本的儒学了解，或许仅限于典籍知识。如果对于民间文书有更深入全面了解的话，那么我们对津田所下的结论就会有完全不同的观感，因为事实已非常明显，在这些源自日常生活的思想记录，与德川晚期日本社会的民众生活是最为贴近的，也最能反映当时日本的生活世界，从中我们可以看到不少来自儒学的知识及观念，只是这些儒学知识正在不断发生"日本化"的转型，与日本心学宣扬的伦理观念如"正直""勘忍"等发生交错。

当然，重要的并不在于从资料的数量上来证明日本文化中有多少中国因素，由此推断中国文化对日本有着决定性的"影响"，而在于通过资料的仔细梳理和全盘掌握，以求了解中国思想例如儒学在传入日本社会之际，日本人是在主动地吸收（日语称作"受容"）而非被动地接受，也就是说，在儒学融入日本社会的过程中，必然发生"日本化"现象，对此我们不能熟视无睹。在这个意义上，恐怕也不得不承认津田的以下观点并非全无道理：他认为中国思想进入日本之后，被日本本土的文化所改造，出现了"日本化"现象，已经不再是原来的"中国制"了[2]。这个观点无疑是成立的。但问题仍然是，在"儒学日本化"这

（接上页）所以也就根本不可能在中国域外例如日本产生过任何影响。故他甚至指出，构成"儒教道德之根本的'孝'思想"，毕竟只是为了"保身保生"，因而在本质上乃是"利己主义"的（同上书，第13—14页）。这就从根本上否定了儒家的孝道思想。进而言之，由于"孝"被认为是儒教道德之根本，所以儒教道德也就很成问题。

[1] 参见上文所介绍的另一部民间文书《講席日誌》，今井淳、山本真功编：《石門心学の思想》，第280—327页。
[2] 津田左右吉：《日本の神道》第2章《奈良朝までの思想について》，《津田左右吉全集》第9卷，东京：岩波书店，1973年，第20页（中译本见邓红译，北京：商务印书馆，2011年）。这是津田就中国道教与日本神道教的关系问题所提出的一个观点，当然同样也适用于他对中国文化与日本文化之关系问题的判断。针对津田的观点，道教研究专家福永光司（1918—2001）在（转下页）

一历史论述的背后,是否潜存着与同情了解背道而驰的自明治维新成功以来就逐渐高涨的"蔑视中国"的感情因素,则是须格外留意的。

按照沟口雄三(1932—2010)的分析,以津田为代表的"近代主义中国观",对当时处于国弱民穷的现实中国所采取的是批判和蔑视的态度,而在此态度之背后,其实有一个观念在作祟:就是"近代日本自认为比亚洲非洲先进的观念"[1]。本来,"儒学日本化"作为一个学术观点或审视角度,自有其合理性,如同当初佛教传入中国之后,也经历过"中国化"一样,这在文化交涉史上是屡见不鲜的事实,然而在近代日本复杂的学术史、思想史语境中,"儒学日本化"这一术语却多了几层非学术性的复杂因素,这是我们今后审视日本中国学之际应当审慎对待并加以省察的课题。

(接上页)《道教と日本文化》(京都:人文书院,1982年)一书及其此后所撰的《津田左右吉博士と道教》(《东方宗教》第61号,1983年)一文中展开了严肃批评,对福永的批评进行反批评的则有福井文雅(1934—),见其著:《漢字文化圈の思想と宗教——儒教、佛教、道教》所收《上代日本と道教との関係》,东京:五曜书房,1998年,第271—515页(中译本见徐水生译,武汉:武汉大学出版社,2010年,第221—256页)。关于福永与福井围绕津田所发生的这场学术争论,葛兆光有简单的讨论,参见上揭氏著《宅兹中国》第6章《国家与历史之间》,第198—207页。

[1] 沟口雄三:《方法としての中国》,东京:东京大学出版社,1989年,第6页。

第九章　中国善书在近世日本的流衍及其影响
——以中江藤树的宗教观为中心

如所周知，自20世纪末以来，"全球化"时代的发展趋势已愈演愈烈，不仅人与人或国与国之间的经济来往或信息交流变得日益频繁，而且这种频繁的交流来往正促使不同地域文化之间展开对话，在此过程中，"全球化"必然与"本土化"发生碰撞，也就是说，在适应"全球化"发展趋势的背景之下，又有必要使各地域的"本土"文化得以保存，因为事实很显然，"全球化"时代的到来绝不意味着不同地域文化最终趋于"同一化"或"同质化"，正是为了避免这种以绝对"同一"来抹杀"差异"的错误发生，就更需要不同文化之间展开真正的彼此对话和互相学习，这是我们目前身处的这个时代赋予我们的一项重大课题，不得不令人时时省察。

本文意在揭示17世纪初中日文化交流史上的一个值得关注的思想现象：亦即明清中国大量涌现的旨在劝人为善的善书思想是如何在日本引起反响的。其中，我们主要以被称为"日本阳明学之始祖"的中江藤树为例来展开探讨，目的在于检视中日文化交流过程中的一个重要现象：日本儒者对于来自中国的外来文化（包括儒学思想）的接受态度其实是非常开放的，他们对于中国儒学的门户意识并不强烈，所以不论是朱子学还是阳明学，甚至有一些与儒学思想并不完全吻合的民间宗教思想（例如明清中国的善书文化及其所突显的因果报应观念），都非常容易在日本流传。我以为这与日本文化所具有的善于借用"他者"文化的特征有关，具体表现为日本文化易于接受、重读乃至改造外来文化，近代日本如此，近代以前的近世日本（1603—1868）亦复如此。

一 藤树与茂猷的思想交涉

宋明时期的两大主流思想——朱子学和阳明学在近世日本受到学者的强烈关注,特别是朱子学在近世日本虽然从未上升为政治意识形态,但却曾经一度成为主流思潮,这里不必赘述。我们所要探讨的是,17世纪以降在明清中国出现的一股善书思想运动对近世日本有何影响的问题。提到明末开始兴起的善书思想运动,学界一般认为主要有两个代表人物,一是袁了凡(1533—1606),他在日本的影响痕迹非常明显,他的那部重要善书《阴骘录》在日本不断被翻刻,甚至被译成日文而广泛流传,直至近代仍未完全中断[1];另一个是颜茂猷(1578—1637),他在日本的影响范围虽然比不上袁了凡,不过有趣的是,颜茂猷的著作却要早于袁了凡而在日本流传。目前,就笔者管见所及,在当今中外学术界,最早关注颜茂猷的是日本学者,迄今已有四篇论文发表[2],而在几年前的中国大陆及其他地区的中文学界却没有一篇专论,直至近年,笔者先后有三篇论文及在一部论著中对茂猷思想展开了一些专题性探讨[3]。

我们先简单地介绍一下颜茂猷的情况。颜茂猷为福建漳州府平和县人,天启四年(1624)举人,崇祯七年(1634)进士,由于有关茂猷的行状或墓铭等传记资料现已不存,故其生卒年代一直不详,经过我的考证,现在可以确知他生于1578年,卒于1637年,而中江藤树则生于1608年,卒于1648年,略晚于茂猷一代。奇特的是,就在茂猷在

---

[1] 现存日本最早的《阴骘录》翻刻本为元禄十四年(1701)雏东狮子谷升莲社翻刻明末刻本。和刻本《阴骘录》的最早版本,尚有待确考,据笔者目前所知,荻生徂徕(1666—1728)曾为其妻所译袁了凡《阴骘录》"功过格"部分一书作序,见《徂徕集》卷二十九《悦峰和尚宛書函》,据平石直昭的考证,该书信作于宝永五年(1708),则《阴骘录》和刻本的出现当在是年之前,见氏著:《荻生徂徕年譜考》,东京:平凡社,1984年,第66页。徂徕此序在江户时代善书刊刻史上具有典型意义,被江户中晚期流行的善书所引用,例如宽政十二年(1800)《和字功过自知录》便全文引用了"徂徕先生《译文功过格序》"(参见八木意知男:《和解本善書の資料と研究》,京都:同朋舍,2007年,第397—398页)。

[2] 为避繁琐,这里仅举一例,荒木见悟:《顏茂猷小論》,载氏著:《陽明学の開展と佛教》,东京:研文出版,1984年,第197—218页。

[3] 这里仅列拙著:《明末清初劝善运动思想研究》,台北:台大出版中心,2009年。

世时，他的著作就已传入日本，据日本"全国汉籍数据库"，他的《新镌举子六经纂要》一书于江户时代宽永十二年（1635）传入日本，日本的蓬左文库藏有该书［明］潭阳魏斌臣刻本，并注明为宽永十二年买本。这部《举子六经纂要》似是为科举而作的通俗教科书[1]，由于日本没有科举制度，故此书在当时日本有何影响，似难断言。然而相对于此书而言，更令人称奇的是，中江藤树大约在茂猷死后三年，就已经读到茂猷的一部重要善书《迪吉录》[2]，时间约在宽永十七年（1640）。引起藤树在思想上发生共鸣的是其中的阴骘果报以及福善祸淫等因果报应观念，这一点可通过藤树的另一部重要著作《翁问答》得见一斑。[3]

如所周知，藤树中年（33岁至37岁）读到过阳明大弟子王畿（1498—1583）的《王龙溪语录》及王阳明（1472—1529）的《阳明全集》，但他并没有留下专著来讨论阳明心学。然而，几乎在同时藤树读到了《迪吉录》，便很快加以模仿而撰成了一部奇书《鉴草》，该书撰于宽永十七年（1640），刊行于正保四年（1647），书中一共采录了61例劝诫故事（全部采自中国《古列女传》《迪吉录》和朝鲜《三纲行实》)，其中录自《迪吉录》者竟有48条之多[4]，故可说《鉴草》几乎就是《迪吉录》的一部节抄本，只是藤树对此作了日本"本土化"的处理，因为他心中很

---

[1] 此书又题《新镌六经纂要》不分卷，经查其书内容，知非经学论著，内分三门："君臣门""人伦门""修治门"，各门之下分列条目，如"官箴""臣鉴""天人""感应"等，体例类近茂猷撰述的一部善书《迪吉录》，内容粗杂。四库馆臣评曰：是书"割剥字句，无所发明，盖即其揣摩之本也。"（《四库全书存目丛书》子部第222册，济南：齐鲁书社，1997年，第110页）

[2] 现存有明崇祯四年（1631）林釪序刊本，见藏于日本内阁文库，另有中国人民大学图书馆所藏明末刊本，未详刊年。据林釪序，《迪吉录》初稿成于天启二年（1622）。

[3] 参见高桥文博：《〈鑑草〉再考》，载《季刊日本思想史》第54号，东京：ぺりかん社，1999年，后收入氏著《近世の死生観——徳川前期儒教と仏教》，东京：ぺりかん社，2006年，第216—218页。并参安冈正笃为西泽嘉朗《陰騭録の研究》所写的《序》，东京：八木书店，1946年，第8页。

[4] 参见木村光德：《藤樹学の成立に関する研究》，东京：风间书房，1971年，第192—202页；高桥文博：《近世の死生観——徳川前期儒教と仏教》，第207—251页。关于《鉴草》的体例及内容等情况，可参见加藤盛一为校注本《鑑草》所作的《解说》（东京：岩波书店，1939年）。这部校注本附有藤树另外二篇具有善书性质的文章《春風》（十则）和《陰騭》（四条），可一并参考。据加藤《春風·題識》的介绍，该文从《迪吉录》中引用了三例劝惩故事（《鑑草》，第296页）。

清楚，他所设定的读者对象是日本下层民众特别是家庭妇女。当然，藤树有他自己的择取标准，他对《迪吉录》的核心部分"官鉴门"和"公鉴门"等涉及公共领域的道德劝惩故事并没有表现出太大的兴趣，而只是选取了"公鉴门"中的附录部分"女鉴"的一些内容，这表明他的问题意识与茂猷显然有所不同，或许在他看来，中国社会中的"官"及"公"的公共问题并不完全契合日本的社会现实，倒是"女鉴"中所凸显的家庭伦理问题，对于日本的社会家庭来说是有现实意义的。我现在还没有充分的证据可以确定《鉴草》以及藤树的另外两部与此性质相同的善书《阴骘》《春风》是否可以称得上是近世日本最早的善书，因为还需要考虑《功过格》《感应篇》等善书传入日本的确切时间，但或许可以推断，《鉴草》作为宣扬阴骘信仰、报应思想的日本善书，在近世日本思想史上极有可能是最早的一部善书。

为明确这一点，有必要了解一下中国善书在日本的刊刻流传情况。例如，早于袁了凡的明代僧人袾宏（1535—1615）的善书《自知录》在日本也很有影响，该书的和刻本《和字功过自知录》刊行于安永五年（1776），次年，袁了凡《阴骘录》的和刻本《和語陰騭錄》出版，有学者认为这是中国善书《功过格》和袁了凡《阴骘录》在日本翻译出版的较早记录[1]。另一部更早的中国善书《文昌帝君阴骘文》在日本的最早刊刻则在宝永五年（1708）[2]。总之，上述这些善书在日本的刊刻，都要比藤树《鉴草》的出现晚得多。所以说，无论是中国善书在日本的流传还是日本学者撰述的善书，都要上溯至17世纪初而非18世纪。

---

[1] 参见八木意知男：《和解本善書の資料と研究》，京都：同朋舍，2007年，第508页。不过，根据上文注1所示，至少《阴骘录》中的《功过格》已为徂徕之妻译成日语，并在1708年左右刊刻。关于《阴骘录》在江户日本的流衍及在当代的解读，可参川合清丸：《訳陰騭錄》（东京：日本国教大道社，1896年）；西泽嘉朗：《東洋庶民道徳——了凡四訓の研究》，东京：明德出版社，1956年（该书是作者对1941年出版的《陰騭錄の研究》的全面修订）；奥崎裕司：《中国郷紳地主の研究》第3章第7节"日本における袁了凡の影響"，东京：汲古书院，1978年；石川梅次郎整理：《陰騭錄》，东京：明德出版社，1981年再版。

[2] 参见上揭八木意知男论著，第379页。据日本《国書総目録》所载，现存最早的和刻本《陰騭文》为享保六年（1721）本。

那么,《鉴草》一书主要反映了中江藤树的哪些思想观念呢? 有研究表明,藤树尽管是一位儒学家,而且其中年便开始转向阳明心学,但他却对那些充满离奇色彩的因果报应之中国故事兴趣盎然。从表面上看,宋代以来的儒家学者一般对于"怪力乱神"等宗教学说是持反对立场的,这一点对某些日本儒者也有一定程度的影响,例如江户时代后期的怀德堂朱子学者就有"无神论"思想的色彩[1],但是从江户儒者这一思想群体的总体性格来看,他们的宗教意识远较中国儒者更为开放,这或许与自古以来日本的神道思想、近世以前的佛教思想以及"怪谈"文学等文化传统有着根深蒂固的历史关联。若就藤树而言,他的儒学思想显然具有某种浓厚的宗教性趣向,他对善恶报应观念的积极汲取便可说明这一点。例如他在《鉴草》中就明确表明:善恶报应"此诚天地感应之妙理也"[2]。这个观念显然是有中国背景的,或许就出自藤树所熟悉的阳明文献,如阳明《山东乡试录》中有一段话:"内感而外必应,上感而下必应。夫君之于民,犹心之于身,虽其内外上下之不同,而感应之理何尝有异乎?"[3]显然,根据这里的"感应之理"之说,藤树是可以合理地推出"天地感应之妙理"这一结论的。当然,我们不能否认藤树的宗教观也有日本传统宗教思想的渊源,此当别论。

尽管,就中国思想史而言,感应或报应的观念源远流长,早在先秦的儒家典籍中就已存在。我们所关心的是,藤树的感应观念或许与中国善书有更深的关联。例如12世纪出现的道教善书《太上感应篇》的善恶报应观念或许对藤树思想就有直接的影响。有事实表明,藤树很看重《感应篇》,他甚至还每天诵读此书,藤树大弟子京都学派

---

[1] 例如山片蟠桃(1746—1821)就是"无鬼论"者,他注重对主体心灵的调节和修养,而否定鬼神的实在性,参见其著《夢の代》卷十《無鬼上》。有学者指出,从近世日本思想的总体趣向来看,大多数思想家对于朱子学式的自我自律的认识很薄弱,故倾向于向外在神灵的祈求,期待着"神灵的冥加"("冥加"意谓于冥冥之中获得神灵的保佑),参见前田勉:《近世神道と国学》第9章"宣長における'心だに'の論理の否定——垂加神道と宣長との関係",东京: ぺりかん社,2002年,第332页注22。此说值得重视。
[2] 参见高桥文博:《中江藤樹における死後と生》,载氏著《近世の死生観——徳川前期儒教と仏教》,第197、199页。
[3] 《王阳明全集》卷二十二《山东乡试录》,上海:上海古籍出版社,1992年,第853页。

的渊冈山（？—1686）曾经回忆道"昔藤树先师每日诵读《孝经》《感应篇》……"[1]根据日本阳明学研究专家木村光德的考证，藤树每天早晨诵读《孝经》，这是由大量史料可以提供确证的，很显然，在他的思想要素中含有《感应篇》信仰，这是可以确定的。[2]另外，根据木村德光的叙述，他在调查喜多市的有关藤树学派文献时意外发现该派所使用的《孝经》文本一卷，竟然前半是《孝经》而后半附有《太上感应篇》一卷[3]，由此可以说明，藤树学派已然形成一种《太上感应篇》的信仰传统，这一点也是毋容置疑的[4]。重要的是，木村光德的上述发现还印证了藤树大弟子熊泽蕃山（1619—1691）的一个观察，他曾目睹藤树门下经常集体诵读《太上感应篇》和《孝经》，根据其在《集义和书》卷十的记录，他们在诵读《孝经》时，还要举行"诵经威仪"（意即诵经时的一种仪礼行为），这显然是将《孝经》视作一种宗教性的崇拜对象，这样做的目的在于：可以使得一般意义上符合家庭伦理的行孝行为提升至宗教信仰的高度，以便获得"孝行感天"的效应，从而为自己的现实人生带来实际利益。例如有记载表明，他们相信"捻纸结一日之过而从善"，这是服从"天道福善祸淫"这一报应规律的正确行为[5]。

二 藤树宗教观的主要特色

由于篇幅的关系，我在这里并不打算深入分析《鉴草》一书的具体内容，以下仅对藤树的宗教思想略作分析，以便看到藤树的宗教思想中既有深厚的儒学资源，同时，藤树宗教观也有明显的日本本土色彩。

---

[1] 小山国三、吉田公平编：《中江藤樹心学派全集》上卷《岡山先生書簡下》，东京：研文出版，2007年，第381页。
[2] 木村光德：《日本陽明学派の研究——藤樹学派の思想とその資料》，东京：明德出版社，1986年，第42页。
[3] 木村光德：《日本陽明学派の研究——藤樹学派の思想とその資料》，第30页。
[4] 据藤树弟子渊冈山的记载，在藤树门下有一种晨起诵读《孝经》和《感应篇》的习惯，参见上揭《中江藤樹心学派全集》上卷《岡山先生示教録卷之四》，第136页；同上书上卷《岡山先生示教録卷之五》，第179页等。另有资料显示，藤树弟子中川谦叔（1624—1658）对《迪吉录》亦有浓厚兴趣，参见加藤盛一：《鑑草・解説》，第21页。
[5] 熊澤蕃山：《集義外書》卷十四。引自玉悬博之：《日本近世思想史研究》第7章"近世前期における神观念"，东京：ぺりかん社，2008年，第217页。

1. 首先我们来看他在一部看上去很有儒学味道的《持敬图说》一文中所表述的观点：

> 明明上帝常照临而须臾不离，试以其敬怠，用五福六极以响威之。其聪明昭昭而不可欺，况可罔耶。可畏之甚者也。[1]

所谓"五福六极"，出自《尚书·洪范》，盖指世俗的五种幸福及六种罪恶，质言之，也就是指世俗的祸福问题，中国第一部善书《太上感应篇》所揭示的"转祸为福之道"之命题的思想根源或可追溯至此，而在明清善书文化中，祸福问题更是一大主题。与祸福问题有关的是，人间社会的祸福存在之依据问题，亦即祸福的主宰者为谁的问题。这里所说的"上帝"，其实便是人类祸福的主宰者。而"上帝照临"一语则源自《诗·小雅·小明》"明明上天，照临下土"，亦与《诗·周颂·敬之》上帝"日鉴在兹"的宗教观念有关，意谓人类社会无时无刻不受到上帝或上天的监视。这个说法表明，在藤树的观念中，"上帝"是超越的人格神并拥有善恶报应的决定权，所以是非常可畏的存在。对此，我们唯有以"敬畏"的态度来对待。可见，除《诗经》以外，《尚书·汤诰》"天道福善祸淫"以及《尚书·汤誓》"予畏上帝"等说构成了藤树宗教观的重要资源，从中可以看出藤树的善恶报应等宗教观念显然有诸多中国因素。有趣的是，他在汲取儒学思想之际，显然经过了他的重读，例如本来属于宋儒的重要学说——道德实践意义上的"持敬"，经过藤树的重读，变成了敬畏上帝的一种宗教性的工夫主张。

2. 藤树思想有普遍主义的特征，他对中国儒学的思想认同是很明显的，在他的观念中，上帝不仅仅是属于中国的，而且还是超越一切文化形态的具有普遍意义的存在，他甚至肯定地指出：不论儒佛也不论圣贤，不论我也不论他人，世界上的一切有形之存在都可以说是"皇

---

[1] 原文为："明々たる上帝は常に照臨して須臾も離れず。以てその敬怠を試みて、五福六極を用いて以て此れを嚮威す。その聰明は昭々として欺く可からず。況や罔ふ可けんや。畏る可きの甚しき者なり。"《藤樹先生全集》一，东京：岩波书店，1940 年，第 696 页。引自山本命：《中江藤樹の儒学——その形成史的研究》，东京：风间书房，1977 年，第 543 页。

上帝、天神地祇之子孙"[1]。所谓"皇上帝",典出《尚书·召诰》"皇天上帝",而在藤树的思想术语中,其含义与其喜欢使用的"太乙神"一词基本同义[2]。须指出,"太乙神"这一概念其实有着道教的浓厚色彩,尽管按藤树自己的说法,他是直接采自明代唐枢(1497—1574)《礼元剩语》一书[3]。可以看出,在藤树思想中,将儒佛道三教杂糅在一起的特色是很显著的,例如藤树在《鉴草》序言中就拈出了"明德佛性"这一由他独创的概念,将儒学的"明德"与佛教的"佛性"奇妙地糅合在一起,并强调指出:若能真正实行"明德佛性之修行",则肯定能获得"生来的福分"。[4]可见,他是将道德实践与世俗幸福联系起来进行思考的。不过,这里所说的"杂糅"一词并不是贬义的价值判断,毋宁是指藤树在接受异域文化之际的一种兼容态度,这在近世日本,除了极个别的案例以外,可能大多数江户儒学家对儒佛道都持这种开放态度[5]。

3. 但是,藤树的宗教观念并不全部来自中国,日本近世以前的战国时代流行的"天道"观念对其思想也显然有过一定的影响,例如他在《钦崇天道》一文中曾说:

> 远而天地之外,近而一身之中、隐微幽独之中、细微之事,

---

[1]《翁问答》下卷之末,第81条,引自《日本思想大系》第29册《中江藤樹》,东京:岩波书店,1982年,第124页。
[2] 参见《太乙神经序》,《藤樹全集》一,第137页。
[3] 藤树所见《礼元剩语》为晚明钟人杰编《性理会通》卷三十一所收。其中,有"太一"之语,而藤树将其附会解释成"太乙神",并称:"太乙神者,《书》所谓皇上帝也。此皇上帝即太乙之神灵、天地万物之君亲,即便在六合之微尘、千古之瞬间,无不照临也。"《藤樹全集》一,第137页。原日文。引自上揭山本命书,第577页)山本命指出,其实"太一神"在中国明代作为民间信仰已经非常流行(上揭氏著,第576页)。"太乙神"之名最早或许出自马融注《尚书·舜典》"上帝"语,其云:"上帝乃大一神,在紫微,天之最尊者。"
[4] 加藤盛一校注本《鑑草》,第53页。
[5] 不过在近世日本思想史上,我们也可看到将儒教与日本的神道合称为"神儒佛"的思想现象,从而形成"神儒佛"三教合一的思潮,例如19世纪末曾撰有《訳陰驚録》的国学家川合清丸(1848—1917)就在《日本国教大道社設立大意》(明治二十一年,1888年)一文中直接宣称:"我国(指日本)之精神即神儒佛之三道也,三道合而谓大道。"引自八木意知男:《和解本善書の資料と研究》,第510页。

无不有天道。天道造我形、与我性、与我衣食者也。乃民之父母也、君也。以事君亲之道事之，则此谓之钦崇。钦崇之道无他，止至善而已矣。钦崇则与五福，不钦崇则降六极。惟如影响，可畏可畏。[1]

须指出的是，他所说的"天道"与宋明儒学的天道观有很大不同，天道不仅是宇宙万物的存在论依据，更是人们崇拜（"钦崇"）的对象，通过崇拜这一行为实践，其结果就可导致善有善报、恶有恶报。换言之，天道对人间社会具有决定性的影响力，不得不说，这种天道观更具宗教性特征[2]。显然，这是日本近世以前流行的天道观，正是这一天道观构成了藤树宗教观的重要基础。

4. 重要的是，在藤树的宗教观念中，表现出对日本神道教的信仰态度非常坚定，他有一首《太神宫》诗，其云：

光华孝德续无穷，正与羲皇业相同。默祷圣人神道教，照临六合太神宫。[3]

"孝德"具体是指《孝经》，"羲皇"是指中国伏羲，"神道"可能

---

[1] 原文为："遠くして而して天地の外、近うして而して一身の中、隠微幽独の中、細微の事にも、天道有らざるは無し。天道は我が形を造り、我に性を与へ、我に衣食を与ふる者なり。民の父母なり、君なり。君親に事ふるの道を以て之に事ふれば、則ち此れを之れ欽崇と謂う。欽崇の道他し。至善に止むのみ。欽崇すれば則ち五福を与へ、欽崇せざれば則ち六極を降す。惟れ影響のごとし。畏る可し、畏る可し。"（《藤樹全集》一，第37页）

[2] 平石直昭指出：日本由战国至近世，存在着一股"天道"思想的潮流，其对武士阶层及一般民众非常强调劝善惩恶，并以《尚书·汤诰》"天道福善祸淫"的思想作为依据，而这股天道思想所强调的人格神的"天"，与宋学的"天理""天道"观未必一致，相反有着明代中国善书类的浓厚影响。参见氏作：《德川思想史における天と鬼神——前半期儒学を中心に》，载沟口雄三、滨下武志、平石直昭、宫嶋博史主编：《アジアから考える》第7卷"世界像の形成"，东京：东京大学出版会，1994年，第244页。又如有学者指出，"天道"概念乃是日本南北朝时代至近世初期的"流行语"，参见石毛忠：《战国·安土桃山时代の倫理思想——天道思想の展開》，载日本思想史研究会编：《日本における倫理思想の展開》，东京：吉川弘文馆，1965年，第143页。另参玉悬博之：《近世中期における神观念》，载《神觀念の比較文化論的研究》，东京：講談社，1981年，后收入氏著：《日本近世思想史研究》第7章。

[3] 《翁問答》，引自柳町达也：《中江藤樹·解説》，载《陽明学大系》第8册《日本の陽明学》上，东京：明德出版社，1973年，第46页。

是指《易经》"神道设教"——即儒教意义上的神道，而非特指日本的神道教，但此"神道"乃是"圣人"的创造，故具有普遍意义，最后一句的"太神宫"一词则明确是指祭祀日本天照大神的神宫。关于这一点，可由他对"太神宫"的一个解释得以明确：

> 太神宫，本朝之大祖，至德神明也，生此国，有不蒙神恩哉？不可不拜者矣。[1]

所谓"太神宫"，具体是指伊势神宫，其中所供奉的是日本"大祖"，亦即日本天皇的祖先神——"天照大神"；重要的是，"天照大神"不仅是"天皇"一族的祖先神，更是日本"国"得以产生的神灵，所以凡是生于此长于此的日本人"不可不拜者矣"。可见，日本本土的神道信仰在藤树的宗教观念中是非常明确的。而且，藤树的神道信仰不仅仅停留在观念表述的层面上，他还将此落实在行动上，例如根据会津本《年谱》34岁条的记录，藤树曾亲自参拜伊势神宫，这便是明证。值得一提的是，《鉴草》一书的撰述也就在他33岁或34岁左右。

最后须指出，根据藤树门人所撰《藤树先生行状》（约作于藤树逝世后80年的享保十三年）的记载，藤树死后，其弟子及其家族按照朱熹《文公家礼》为其举行"丧事"[2]，这说明他不仅在生前而且在死后，都有一种向往儒学生活方式的信念。不过，他的儒学信念与其宗教关怀并不构成冲突，通观其一生，显示他对古代中国的阴骘以及报应等宗教观念怀有很深的信仰，不仅如此，他甚至身体力行，为地方行善事以便积阴德，故在当时流传一种说法，在人们的眼里，藤树似乎像一位乡下"老妪"，这里我们可以来看一段《行状》的记载：

---

[1] 《藤樹全集》五，会津本《年谱》34岁条，第46页。转引自张崑将：《德川日本儒学思想的特质：神道、徂徕学与阳明学》，台北：台大出版中心，2007年，第216页。

[2] 柳町达也：《中江藤樹·解説》，《日本の陽明学》上，第56页。顺便指出，藤树弟子熊泽蕃山对朱熹《家礼》也很看重，意在反对佛教的葬礼，他死后，其葬礼也是按"儒礼"实行的，参见宫崎道生：《熊沢蕃山の研究》第5章附论"蕃山葬祭論"，京都：思文阁出版，1989年，第258页。

自身为阴骘等事。或与诸生及乡民之富者，哀见严寒之际步涉，故共谋于沟渠架桥。其全信善恶报应，自庸人见之，如老妪之愚也。因曰："为吾学之功，自慎独始。"是可见其自得之熟处。[1]

这里涉及"阴骘""报应"等宗教观念，当与中国《尚书》或《感应篇》有些渊源关系。饶有兴味的是，根据这里的记述，藤树在此观念的驱动下，竟与乡人共同参与修建桥梁以为村民谋福，这简直就是明清中国善书中经常出现的颇具典型意味的一种善行方式，而且在彼地日本亦曾流行。不过在当地的"庸人"看来，此种行善方式所表现出来的却是乡下"老妪"的形象。然而在我们看来，从藤树身上依稀可见的却与明清中国乡村社会的乡绅身影有些相像。由此或可说，由善书思想所形塑的人格形象，在东亚近世史上存在某些相似的面相。

三　中国善书在日本的流传

事实上，颜茂猷《迪吉录》受到日本儒者中江藤树的关注，在近世日本并不是孤立的个案，略晚于藤树的江户前期佛教僧侣、"仮名草子"的著名作家浅井了意（1612—1691）亦是对茂猷善书思想有所关注的一个代表人物，他在其"仮名草子"的一系列作品中大力宣扬因果报应思想，在其著《堪忍记》所列 170 余条劝诫故事中约有 50 例便直接采自《迪吉录》，有研究表明，其中与《鉴草》重叠者有 13 例[2]，而其余的 37 例应当是浅井了意独自选取的，目前尚不清楚浅井了意是否

---

[1] "身自ら陰騭をなす。或は諸生及郷民の富める者と共に計て厳寒の比步涉をあはれみて溝渠に橋をかくる等の事あり。都て善悪の応報を信ずること庸人より是を見れば老嫗の愚なるが如し。因て曰く、吾学をなすの功慎独より始むと。是れ其自得熟する所を見つべし。"（《藤樹全集》五，第 59 页。引自加藤盛一：《鑑草・解説》，第 28 页）
[2] 参见小川武彦：《〈堪忍記〉の出典・上の一——中国種の説話を中心に》，载《近世文芸：研究と評論》第 10 号，早稲田大学文学部晖峻研究室，1976 年；小川武彦：《〈堪忍記〉の出典・上の二——中国種の説話を中心に》，载《近世文芸：研究と評論》第 12 号，早稲田大学文学部晖峻研究室，1977 年；花田富二夫：《浅井了意の文事——〈堪忍記〉を中心に》，载长谷川强编：《近世文学の俯瞰》，东京：汲古书院，1997 年；转引自上揭高桥文博：《近世の死生観》，第 220 页。关于浅井了意，可参柏原佑泉：《浅井了意の教化思想》，笠原一男博士还历记念会编：《日本宗教史論集》卷下，东京：吉川弘文馆，1976 年。

参照过藤树《鉴草》，总之可以说，在江户时代早期的文化知识界迎来了重振日本通俗文化的关键时期，同样是反映中国通俗文化的《迪吉录》等一类善书却在日本遇到"知音"，这是令我们感到特别有趣而又值得深思的文化现象[1]。

又如，略晚于浅井了意的朱子学者藤井懒斋（1628—1709）不仅对中国善书很有兴趣，而且将此译成日文进行普及，并对日本历史上的善行故事进行收集整理，他所著的《大和为善录》一书就有痕迹表明其对《迪吉录》有过关注，该书为元禄二年（1689）刊本，由三卷构成，卷上为〔明〕成祖朱棣所撰的《为善阴骘》一书的日文摘译本，卷中则是从中国类书《太平御览》《事文类聚》以及善书《迪吉录》等书摘录数条而成，卷下则记录了日本淳和皇后以下及江户时代 13 人的善行故事，在各条传记中还附有藤井懒斋的若干评语[2]。懒斋还著有《和漢陰隲傳》，现存天保十一年（1840）序刊本，这是将历史上中国和日本的善人善事合二为一的一部编著，收录了中国及日本的 57 人的善行故事，其中还有大量插图，以吸引读者，图画作者为江户晚期著名画师葛饰北斋。[3] 此外，懒斋的另一部著作《訓導必携修身傳》似乎亦与善书有关，据筑波大学附属图书馆藏书目录题识，该书的编者之一竟然是声名显赫的中国善书作者袁了凡，是了凡与懒斋的共著，现存有 1874 年耕养堂刊本[4]。要之可以说，除了上述的通俗文学作家浅井

---

[1] 参见拙文：《兴起"善人"以平治天下——"云起社"与十七世纪福建乡绅的劝善活动》，原题为《以"讲会"兴起"善人"——17 世纪东亚文化交涉与福建乡绅的讲学活动》，载日本关西大学文化交涉学教育研究中心编：《東アジア文化交涉研究》第 3 号，大阪：关西大学，2010 年 3 月，第 49—80 页。

[2] 参见原念斋：《先哲叢談》卷四《藤井懒斋》第 4 条，东京：平凡社，1994 年刊东洋文库本，源了圆、前田勉译注，第 182 页注 5。译注误将"淳和"作"享和"。《大和为善录》电子版见东京大学附属图书馆网站：http://kateibunko.dl.itc.u-tokyo.ac.jp/。

[3] 见网站 http://www.dh-jac.net/db1/books/。

[4] 藤井懒斋，又名真边仲庵，筑后人，曾入山崎闇斋门下，后又脱离崎门，据传："与中惕斋为漆胶之交，遂背师说，别自为一家。"（参见原念斋：《先哲叢談》卷四"藤井懒斋"第 4 条，东京：平凡社，1994 年刊东洋文库本，源了圆、前田勉译注，第 180 页）另据《日本道学渊源统谱》（1934 年刊）卷一所载，其思想于阳明学有共鸣之处（第 617 页）。另可参见前田勉：《近世神道と国学》第 2 章"仮名草子における儒仏論争"，东京：ぺりかん社，2002 年，第 81—82 页注 11。

了意以外，作为儒学家的藤井懒斋很有可能称得上是将中国善书日本化的重要人物之一，他的善书著作的题材取自中日两国，对近世日本民间社会的影响可能要大于藤树《鉴草》。举例来说，比如他的那部《和漢陰隲傳》就对18世纪的神道学家伏原宣条（1720—1791）产生过直接影响，后者也曾从事善书撰述，在其善书《和漢善行録》（天明八年，1788年序）中卷"唐土之部"中，就完全采录了懒斋《和漢陰隲傳》中的25名中国善人故事[1]。由此可见，中国善书对于近世日本的文学家、儒学家乃至神道学家的影响程度是比较广泛的。

不过相比之下，颜茂猷《迪吉录》在日本的影响远不如袁了凡的《阴骘录》，其中原因或许在于《迪吉录》共达八卷，篇幅过长，不宜阅读普及，而《阴骘录》不仅篇幅短小，而且其中有袁了凡结合自身体验叙述的报应故事更为引人入胜。重要的是，中国善书传到日本以后，引发了日本学者将此类书籍翻译成通俗日语（汉字与仮名混用的一种文体）的热潮，以为有益于推动日本社会的道德教化，于是演变出一种独特的日本化善书——"和解善书"（即用日语翻译和注解的中国善书，其中包括一些日本历史上的善行故事），而且这类"和解善书"在江户至明治期间被大量翻刻、流行颇广[2]，足见中国善书思想在东亚文化交涉史上留有深刻的印迹。我们不妨再以中江藤树为例来补充说明，他除了撰述《鉴草》这部善书以外，还为了解答读者对《鉴草》的疑问，进而撰述了《阴骘》一文，其中汲取了另一部晚明的重要善书《劝戒全书》的部分条文[3]，共由"辨惑立志""阴骘解""种子方""亲亲仁民爱物"四篇组成。有趣的是，尽管现有研究表明，藤树生前似乎并没有读到过袁了凡的《阴骘录》，但在藤树思想中却已有了"阴骘"这一来自《尚书》的观念，

---

[1] 《和漢善行録》版心题"倭漢善行録"，金泽市立图书馆稼堂文库藏。见日本大学共同利用机关法人"人间文化研究机构"网站：http://kyoyusvr.rekihaku.ac.jp。
[2] 八木意知男：《和解本善書の資料と研究》"序章：和解本善書の諸相概観"所附"和解本善書刊年譜"，第22—26页。
[3] 笔者所据为加藤盛一校注本《鑑草》附录。据其中《辨惑立志》及《種子方》，出现"陳成鄉《勸戒全書》"，加藤指出"鄉"为"卿"字之误，然加藤注谓"陈成卿《勸戒全書》，未详"（《陰騭》校注本，第310页）。其实，陈成卿即陈智锡，其著《劝戒全书》今存崇祯十四年（1641）序刊本，日本内阁文库所藏，然藤树所见是否即是该本，待考。

并在其晚年思想中留下了浓重的印迹。

不用说，在日本宗教思想的发展演变过程中，中国善书中的某些鬼怪奇谈可能也扮演着一定的角色，至于中国善书在近世日本的流传及其影响等问题，学界已有一些先行研究[1]，不用我在此赘述，这里我要指出的是，在一般知识领域，儒学思想对日本文化产生过重要影响，这已是众所周知的事实，然而在宗教文化领域，讲求善恶报应的善书类宗教文献一旦传入日本，很快就被日本自身的宗教传统所吞没，形成了非常复杂的文化交涉现象，有时我们甚至分不清楚在日本"怪谈"故事中有多少中国因素，因为汉魏以来的中国志怪小说以及佛教的因果报应故事与早期日本的怪谈文学就经常糅合在一起，而在江户时代又有日本自身的"说话"文学传统，例如弘仁年间（810—824）药师寺僧人景戒所编而盛行于江户时代的《日本灵异记（片仮名本）》（正式名为《日本国善恶现报灵异记》）便是采取"变体汉文"书写的日本"怪谈"文学的代表作品，虽名曰"日本"，然其故事原型却有取于唐朝唐临《冥报记》（7世纪中叶）以及唐朝孟献忠《金刚般若经集验记》（718）等大量佛教灵验故事，是日本现存最古的佛教说话集。上面提到的浅井了意另有一部成书于宽永元年（1661）的俗文学作品《浮世物语》，在其众多的日本故事中杂糅了明代善书《明心宝鉴》的部分内容[2]。这类事

---

[1] 参见酒井忠夫：《江户前期日本における中国善书の流通》，《東方宗教》26号，1965年；酒井忠夫：《近世日本文化に及ぼせる中国善书の影響并びに流通》，多贺称五郎编：《近世アジア教育史研究》，文理书院，1966年，后经增补，收入氏著：《酒井忠夫著作集》2《（增补）中国善书の研究》下，东京：国书刊行会，2000年，特别参看该文"附録一"："琉球版善书について"以及"附録二"："朝鮮及び東南アジア"。另参下出积与：《江户时代における農民と善書——〈太上感应编灵验〉について》，《日本宗教史论集》卷下，笠原一男博士还历记念会编，吉川弘文馆，1976年。

[2] 《明心宝鉴》相传为元末明初的范立本辑录。国家图书馆藏有1368年刊印的《校正删补明心宝鉴》，另有和刻本《新锲京板正伪音释提头大字明心宝鉴正文二卷》，明王衡校，宝永八年（1711），日本僧道伴覆明王衡校，陈弼定刊本训点，刊本1册，日本关西大学图书馆泊园文库藏，该和刻本又见藏于北京大学图书馆。朝鲜时代亦有多部抄本传世，如日本东洋文库藏有一部朝鲜戊辰年武桥刊行的《明心宝鉴抄》一卷。台湾大学图书馆则藏有1957年由越南孔学会编的《明心宝鉴》。值得一提的是，反观《四库全书总目》《续修四库全书总目提要》（稿本）、《中国古籍善本书目》却均未著录此书，参见《美国哈佛大学哈佛燕京图书馆藏中文善本汇刊》（北京：商务印书馆，桂林：广西师范大学出版社，2003年）第27册（转下页）

例在江户思想史上可谓屡见不鲜,这里就不细述了。

四 小 结

在东亚文化交流史上,日本的江户时代与中国明清时代的思想文化的交流来往,无论从哪个方面看,都已达到空前的规模,是唐宋时期的中日文化交流所不能比拟的。这是东亚历史上的一个非常显赫的时期,殆无可疑。从思想层面上看,自17世纪初以降,随着中国各种典籍蜂拥而至,深刻影响了日本学者对于中国文化的接受方式,然而在此过程中,中国儒学又发生了什么变化——例如日本本土化,换言之,儒学对于江户思想有何影响,其影响的程度又究竟应当如何评判等等问题,这在今天中日两国学界却是仍然有待从各个方面进行深入探讨的课题。

例如一方面学界大致承认儒学对近世日本有过一定的影响,同时也有一个"日本化"的过程,衍生出不同于中国儒学的日本化儒学,另一方面,也有一种观点认为儒学在江户日本的影响也许不能过分夸大,其影响的层面其实是很有限的,特别是对日本社会的一般生活方式,儒学的渗透力并不那么明显,日本社会仍有自身独特伦理观念,而人们的言行举止也依然遵循着自己的风土习俗,儒家的那套道德规范特别是作为行为规范的礼仪并没有在日本社会真正扎根。持这一观点的代表人物是著名的东洋史学家津田左右吉(1873—1961),他强调指出"礼"作为实践意义上的一种规范,"只是作为知识为日本人所知",意谓"日本人"对儒教礼学只有知识兴趣,而从来没有将此落实在行动上;另一位日本思想史学家尾藤正英(1923—)也指出,不仅中江藤树如此,而且一般而言,"在近世日本,儒学的接受不在礼法上,而只在精神方面上",意谓日本所接受的只是抽象层面的儒学精神而不是

(接上页)《御制重辑明心宝鉴》一书《提要》。可见,《明心宝鉴》产地在中国而其名声却在域外。又,江户初期儒者小濑甫庵(1564—1640)亦颇重视此书,他编撰的《明意宝鉴》几乎就是《明心宝鉴》的"抄袭"之作,参见上揭玉悬博之:《日本近世思想史研究》第1章"松永尺五の思想と小懒甫庵の思想"第3节"甫庵の思想と中国の善書の思想",第27—29页。

具体层面的礼仪规范。[1] 所以要谈到近世以来中日两国的思想交往就要格外谨慎。

不过，吾妻重二则通过对朱熹《家礼》在日本流传情况的实证性研究，对上述观点有所保留，他提出了"去掉礼法而只学习其精神"对日本儒教而言是否可能的质疑[2]，这是值得重视的。然而也须看到，撇开《家礼》不论，就儒学在日本流传的一般状况而言，近世以来不少日本儒者对于如何将儒学本土化的问题可谓煞费苦心，上述尾藤正英之所以以中江藤树为例，就是因为他敏锐地观察到藤树的"时所位"（《翁问答》"仕置の学问"）之说便是在强调儒家之"道"必须符合日本的时势、国土以及日本人的地位身份，由此才能转化出有实际意义的日本儒教。重要的是，藤树的"时所位"之说对其弟子熊泽蕃山的"时处位"及"水土论"[3]的观点产生了直接影响，而且与蕃山同时的儒学家、兵学家山鹿素行（1622—1685）以及稍后的儒学家兼地理学家西川如见（1648—1724）也有类似的立场，前者见其《中朝事实》（"中朝"指日本而非中国），后者则见其《日本水土考》以及针对蕃山《水土解》而作的《水土解弁》[4]。尽管津田左右吉坚持认为熊泽蕃山的"水土论"在德川早期的思想界仍属于非常少见的观点[5]，然而若将审视的眼光放宽，不局限于"水土"一词，则我们不得不承认日本儒者将儒学日本化的努力自德川早期直至晚期就一直没有中断过。

我对江户思想史并没有专门的研究，以上的考察也只能浅尝辄止。但我在阅读了一些有关江户儒者的原著以及今人的研究专著之后获得一个初步的感受，亦即即便就通俗文化或民间宗教的领域来看，中国善书以及儒家的宗教观念对江户日本的思想文化确有一定的影

---

[1] 分别参见津田左右吉：《シナ思想と日本》，东京：岩波书店，1938年岩波文库本，第41页；尾藤正英：《日本文化の歴史》，东京：岩波书店，2000年岩波新书，第169页。引自吾妻重二著、吴震编：《朱熹〈家礼〉实证研究》，上海：华东师范大学出版社，2012年，第59—61页。吾妻先生通过对朱熹《家礼》在日本流传情况的实证研究，对上述观点有所保留。
[2] 参见上揭吾妻重二：《朱熹〈家礼〉实证研究》，第61页。
[3] 参见熊泽蕃山：《水土解》，《集义外书》卷十六。
[4] 以上参见宫崎道生：《熊沢蕃山の研究》，京都：思文閣出版，1989年，第162—166页。
[5] 津田左右吉：《蕃山・益軒》，东京：岩波书店，1938年，第213—214页。

响，这一点不可否认，也应当引起我们的重视，然而我们不得不指出其思想影响的程度却不能过高估计，如果我们将整个江户时代的思想文化置于审视问题的视野当中，或许我们就得承认，中江藤树对阳明心学的接受方式很奇特，透过他的《全集》，我们甚至未能看到他对有关阳明学的核心命题"心即理"的深入解说。从历史上看，他的心学思想在当时江户早期的反响也很有限，而他对中国善书以及报应观念的宣扬，在当时显得有点异类，除其后学中的某些人物例如渊冈山、中川谦叔（1624—1658）等人对此有所继承以外，基本上并没有在当时引发太大的反响[1]，甚至他的著名弟子熊泽蕃山对藤树重视的因果报应的宗教观亦曾公然表示质疑。[2] 上述对善书思想颇具同情的浅井了意、藤井懒斋或者荻生徂徕，均与中江藤树毫无思想上的关联，不仅如此，他们四人的学术渊源、思想立场亦不尽相同。

不过通过我们的考察，有一点是可以确认的，中日两国虽然语言不同、文化背景各异，但是在历史上，近世日本却能在积极汲取中国外来文化的同时，又能对此进行批判性的重新解读，正是在这一重读过程中，必然会发生儒学"日本化"或"本土化"等现象[3]，江户思想史上许多有代表性的儒者思想（可以古学派荻生徂徕、朱子学派山崎闇斋、国学派本居宣长为代表）可以为此提供证明，这是毋容置疑的事实。总之，我们须注意的是，文化交流从来不是线性的、单向的，也就是说，从来不可能是某种文化单方面地对其他文化产生压制性的绝对影响，而

---

[1] 渊冈山、中川谦叔的现存著述现已被收入上揭《中江藤樹心学派全集》，根据整理者之一小山国三的《解说》，藤树心学派的相关论著在江户时代仅以传抄本的形式存世而并未刊刻流行，直至明治后期昭和初期，才由东敬治（1860—1935）收集整理，其中一部分被刊载在东敬治主持的阳明学会机关刊物《陽明学》上，此后又经过柴田甚五郎、木村光德的进一步收集整理（参见《中江藤樹心学派全集·解说》，第3—5页）。由此可见，藤树心学在江户时代的流传虽未绝迹，但其影响是相当有限的。
[2]《集義外書》卷七《脱論四》，引自《陽明学大系》第8册《日本の陽明学》上，第458页。不过，这并不表明蕃山的宗教意识淡薄，相反他有强烈的神道观和鬼神观，他只是不认同佛教的轮廻说、因果观，故其立场反对儒佛一致论而倾向于神儒一致论，参见宫崎道生：《熊沢蕃山の研究》，京都：思文阁出版，1989年，第209—210页。
[3] 参看拙文：《德川日本心学运动中的中国因素——兼谈"儒学日本化"》(《中华文史论丛》2013年第2期)。已收入本书。

毋宁是本土文化对"他者"文化积极汲取的同时，也会对此作出必要的回应甚至批判性的改造重铸。

中江藤树对颜茂猷《迪吉录》"女鉴"部分的汲取，表面看来，他所摘录的源自《迪吉录》的那些故事案例是原文照抄，但事实上，他所采取的完全是"为我所用"（"借用"——并不等于照搬，其中含有对"他者"文化的重读）的态度，他欲利用善恶报应观念来重新改造日本社会的家庭伦理，正是为了实现这一目的，故他对中国善书的理解必有一重读的过程，以便为日本的普通民众所接受，他在《鉴草》中揭示了"明德佛性"这一非常独特的核心概念，欲以此作为劝人为善的理念依据，这种儒佛杂糅的思想特征就足以表明其对阳明心学乃至中国思想有自身的独到理解。由此我们可以说，在近世中日文化交涉史上，日本学者对作为"他者"的中国外来文化进行重读乃至重构其实是必然伴随的一个过程，其中自然会出现日本"本土化"现象，藤树对中国善书的汲取和借用便是一个很好的案例。

最后须说明的是，本文并不是对藤树学的全面探讨，而只是通过观察藤树对中国善书的容纳态度，借以说明作为儒学家的藤树对中国思想的接受方法其实是多元开放的，但是这项考察并不意味着藤树仅对中国民间宗教颇感兴趣，而对儒学尤其是阳明学缺乏正面了解，只是藤树对阳明学的义理系统是否有深层的了解则不免存疑，有关藤树学的全面思想考察将有待来日。

第十章　中国善书思想在东亚的多元形态
　　——从区域史的观点看[*]

　　历来在思想史研究领域，最常思考的问题之一是：我们所研究的对象——思想家的思想是否具有典型性、普遍性？例如人们会择取朱熹或王阳明作为典型案例，来思考他们的思想系统有何普遍意义？诚然，就中国思想史（或哲学史）这一史学领域而言，这样的研究取向本属正常、无可厚非。然而，我们在这里要提出"区域史"[1]这一研究取向其实亦可作为我们审视中国思想的一个方法来加以适当的运用。因为，所谓思想家并不能离开具体的区域社会。所以，若从区域社会的角度看，尽管思想家所建构的思想义理具有一定的普遍性，然而这种普遍性必然在具体的地域社会中表现出某种特殊性的面相。

　　如果把审视问题的眼光再放远一点，从东亚地域（包括中国大陆及台湾地区、朝鲜半岛、日本、越南等）来看中国思想，那么或许会有别样的发现，我们会看到中国思想中的某些普遍性议题在异域他乡却显得并不普遍，相反可能会变得相当特殊。因此，从"区域史"的角度出发，可以使我们看到以往局限在中国"一国史"的审视领域中所看不到的东亚文化多元性，亦可使我们了解对于东亚而言，中国文化并非是稳

---

[*] 本文曾于2010年9月8日在台湾"中研院"近代史所的小型座谈会，以及2010年12月7日复旦大学文史研究院与新加坡国立大学中文系主办的"中国思想文化史研究的新视野"国际学术研讨会上宣读。
[1] 关于"区域史"研究，黄俊杰指出"区域史"研究有两种不同类型：一是"区域史"介于"国别史"与"地方史"之间，一是"区域史"介于"国别史"与"全球史"之间。前者是国家之内不同区域的历史，如江南史；后者则是跨国界的区域的历史，如东亚史（参见黄俊杰：《作为区域史的东亚文化交流史——问题意识与研究主题》，载《台大历史学报》第43期，2009年6月，第190—191页）。此说值得参考。我在后两节要考察的东亚问题，大致属于这里的第二层意思的区域文化问题。须指出，自20世纪末以来，大陆有关区域史研究的论文已然充斥坊间，然而大多将区域史视作有别于国别史而类近地方史之含义，缺乏跨国界这一区域史视野。

居"中心"的一元性存在，至少自近世东亚以来，那种以为中国文化对于东亚而言呈现为"中华文化一元论"，可能只是一种观念想象而非历史实情。

本文首先从自己的一些研究经验出发，对于"区域史"研究方法的意义及其问题提出若干看法，继而从东亚地域的角度出发，把中国亦看作一个特殊的地域，由此来窥探中国善书思想在东亚地域所呈现的多元样态，最后指出从区域史的角度出发来考察传统儒学在东亚的历史，必将由此建构东亚儒学是一多元文化形态之观念，庶可避免以往的"一国史"研究容易陷入的"中国中心论"。须说明的是，本文在广义上使用"善书思想"一词，并不把"善书"局限在《功过格》《阴骘文》之类的宗教文献范围之内，而是将晚明以来含有劝善惩恶、彰善纠过等思想内涵的文献——例如"六谕""乡约"等等亦置于我们的审视范围，因为从中我们亦可看到不少善书类劝善思想的因素。

一　将中国亦视为一种"区域"

大致说来，在中国的传统学术领域，历来就有注重区域文化的研究传统，如近世以来渐成专门知识的方志学及与此相近的地方文献学或名人传、宗族志（如《两浙名贤录》《新安文献志》）等等便是显例。不过在现代学术的意义上，区域史作为一史学领域渐渐流行，则主要源自史家对20世纪史学界之主流"国别史"（national history）研究的反省，而20世纪80年代以后的美国及日本等地的史学界，"区域史"（regional history）研究尤其盛行，引发了人们对中国学研究的反省，亦即以往的中国研究将"中国"这一地域概念看作是同构型的实体存在，似乎在中国历史上内部地域之间的文化差异可以忽略不计，而这种传统研究方法的观念基础是，自古以来中国历来是传统明确的"民族—国家"。

所以，"区域史"研究的一个明显特征就在于超越20世纪史学主流的由"民族国家"观念主导的"国别史"研究框架，更为关注区域社会的历史与文化的多样性、差异性。例如在20世纪80年代以降的美国的中国史学界，有关中国区域社会史的研究论著犹如雨后春笋般不断涌现[1]，而日本中国学则向来就有注重区域研究的传统，他们似乎信奉细节决定一切的信条，喜欢关注那些细小入微的区域文化、地方经济、民间信仰乃至乡绅活动等各领域的具体问题。80年代后，日本中国学的这种研究趋向开始影响到传统的中国思想研究领域，他们对中国思想的考察也要力图打破"一国史"的视野局限。例如有学者指出，在东京，这种研究视野的变化就很明显，小岛毅的《以地域为视角的思想史》[2]就非常敏锐地批评以往日本学者研究明清思想存在三点根本问题，第一是以欧洲史的展开过程来构想中国思想史；第二是以阳明学为中心讨论整体思想世界；第三就是以扬子江下游出身的士人为主，把他们的思想看成是整体中华帝国的思潮。这最后一点，就是在思想史研究中运用"区域"的观察视角，将原来笼统地以为是"中国"的思想与文化现象清晰地定位在某个区域，使我们了解到这些精英的思想活动，其实只是一个区域而非弥漫整个帝国的潮流或现象[3]。我觉得这里的第三点小结对于我们如何从区域史的角度来审视中国历史上的思想很有参考意义，依此或可避免将中国思想史整齐划一为同质的"整体"，因为事实很显然，即便在中国，不同地域不同时期人们的思想与行为会有不少差异，不能根据一时一地的思想历史状态便轻易将此想象为中华帝国的整体历史图像[4]。

不过，指出这一点虽重要，但同时我也在想，同样是从区域文化史

---

[1] 参见葛兆光：《重建中国的"历史"论述》，《二十一世纪》2005年8月号，第90期。这篇论文的完整版本，见最近出版的氏著：《宅兹中国——重建有关"中国"的历史论述》"绪说"《重建关于"中国"的历史论述——从民族国家中拯救历史，还是在历史中理解民族国家？》，北京：中华书局，2011年。

[2] 小岛毅：《地域からの思想史》，载沟口雄三等编：《交錯するアジア》，"アジアから考える"1，东京：东京大学出版会，1993年。

[3] 参见上引葛兆光：《重建中国的"历史"论述》。

[4] 此类解构"整体史"、抵制"同一性"论述的史学理念，无疑与后现代史学理论倡导者福柯（Michel Foucault，1926—1984）的立场相近。依福柯之见，他所批评的第二代法国年鉴学派的结构史学便有这种企图建构"整体史"的非分之想。参见黄进兴：《后现代主义与史学研究》第二章"反人文主义的史学：傅柯史观的省察"，台北：三民书局，2006年，第19—20页。至于黄进兴对福柯的后现代史学所存之盲点的种种针砭，则可参见同章第5节"拦截后现代"，第38—44页。

的角度出发，设若将不同地域的思想现象联系起来考察，而且这种考察可以将时空关系的历时性及共时性兼收并取、纳入视野的话，那么是否可以说，某一地域的思想活动所体现出来的问题意识正是某一时代思潮的反映呢？比如在我的研究经验中发现，同样倡导功过格思想实践的16世纪末浙江袁了凡（1533—1606）与17世纪初福建颜茂猷（1578—1637），两人几乎相差整整一代，而两人生活的地域间隔也很大，更无史料证明两人有过直接交往，然而茂猷对了凡的著作却相当熟悉，他首先在其一部重要善书——《迪吉录》中全文收录了袁了凡的《当官功过格》，且略有增补，其次又在了凡《功过格》的基础上，创造了一部被后世誉为"迪吉录格"的《功过格》(有"十一格"之称)，显而易见，两人的所想所为非常相近，他们都试图通过兴起"善人"以实现天下治平的理想，因此如何将积善实践由自己向他人、由一乡向他乡乃至全国逐步推广，便成了他们的共同关怀。若仅从地域的视角看，袁、颜两人的主要活动一在浙、一在闽，似乎毫不相干，然而两人的思想行为却又如此相似，这就值得我们深思。所以我想，除了从地域的角度来观察文化的差异性及独特性等问题以外，我们还可从跨地域的角度来探究同一时代的问题意识，由此或可使区域史研究既能充分注意区域文化的差异性，同时又能从中发现不同地域文化现象的普遍性。我以为这一审视方法可以为我们省思区域史问题提供某些启发。

又如，此前我曾在探讨明清之际地方儒者的宗教关怀这一问题时，特意不取江南士人而选择了当时并不"发达"的中国边缘地区的四位士绅(王启元、文翔凤、谢文洊、魏裔介)作为考察对象，他们分别出生于陕西、广西、江西和河北，不仅彼此之间地域差距很大，而且他们的生活年代横跨了大约150年，不用说，互相之间并不认识，思想风格也不尽相同，但在他们的身上却可看出某些相近的问题意识，亦即他们都非常关注如何通过劝善、宣扬报应、从事"敬天"，从而整顿秩序、收拾人心、改善民风等问题。我的这项研究是从某一地域及某类问题着手，来展开具体的个案探讨，故亦可称为地域思想史的一种研究。当然我有一个较为集中的问题关怀，亦即从思想文化的角度出发，来探察这些不同地域的士绅在思想与行为上的某些共同性。因此，我并不认为区域史研究只是一味解构"整体史"，力图复原孤立的历史图像，并以寻找局部地区历史文化的特殊性为终极目标。我以为地域文化史研究亦应尽可能做到贯通地域性的思想变化，进而将不同地域的思想问题聚焦起来，便可从中发现某些区域文化的共同问题意识或思想潮流[1]。

当然，我从上面的四位士绅的身上所发现的思想趋向也并非完全一致，而是有同有异。比如，他们竟然对外来西学——天主教都颇为关注，这是他们在人文关怀上相同的一面——亦即如何回应"西教"对中土文化的冲击，成为他们共同的时代思想课题，然而在具体的回应方式上，由于他们对外来宗教的看法有异，所以有的"排外"，力图利用中国本土的宗教资源来抵制西学入侵，有的则是"友教"者，以为普天之下、心同理同，故外来宗教与本土"儒教"（此是魏裔介明确使用的语汇）是可以化敌为友的。这就启发我们思考：由相近的问题意识何以会出现异样的思想取向？对此，就需要我们从整体的角度而不能仅从地域的角度来理解行为者的思想内涵。若仅一味强调区域性或差异性，那么我们就很难解释区域社会中思想文化的共同趣向，更遑论史学研究所希冀的对历史尽可能作整体性的把握。

更重要的，促使我们思考的是，思想的产生及其发展固不能脱离生活及历史，然而思想如须落在观念形态上得以展现，这种观念形态在抽象的意义上就有自身的发展逻辑，从而构成思想史上的"观念链"。例如晚明时代再现的上帝观念、敬天思想固有晚明社会为其提供土壤，但这种观念既然构成人们的文化意识，其自身就具有传统渊源，远者可追溯至先秦两汉的宗教传统，近者可上探至两宋儒学中的宗教资源，而不能根据一地一时的地域性来片面强调这种文化意识的地方性或相对性。也就是说，我们既要认识到文化传统的地域特殊性，也要看到文化传统作为一种观念形态，其自身又有跨越地域社会

---

[1] 参见拙文：《"事天"与"尊天"：明末清初地方儒者的宗教关怀》，台湾《清华学报》2009年第1期，后收入拙著：《明末清初劝善运动思想研究》第9章，台北：台大出版中心，2009年，第449—505页。

的普遍性。例如宋代道学的"天道"问题、"性理"问题,或可在时空上横跨几百年或数千里,于中国明代心学或近世朝鲜性理学乃至德川日本儒学的时代亦受相当程度的普遍关注,令人觉得仿佛是王阳明(1472—1529)、李退溪(1501—1570)或藤原惺窝(1561—1619)在与朱熹(1130—1200)进行跨越时空的思想对话。这些均是众所周知的思想史事实,这里就无须赘言了。

总之,区域史与思想史应可携手共建合理的互动。同样,我们也没有理由将"国别史"的研究传统一概拒斥、弃若敝屣,以为传统气数已尽,唯跟上新潮就好。只是当我们适宜地放宽视域,将中国亦以一种"区域"(至少是东亚地域之一)视之,则我们或许更能多方位地看清自身传统文化的历史图景。的确,东亚地域的文化交涉在前近代历史上何等兴盛(尽管历史记忆中也有辛酸),更何况时至当今,伴随着"全球化"浪潮而又增强了重新审视东亚问题的迫切感和必要性。

二 《乡约》《六谕》在东亚的不同遭遇

接下来我们不妨将视线从中国延伸到东亚,从东亚地域出发来窥探思想史中的普遍性与特殊性的冲突、融合等环绕交错之复杂现象。上面谈到的从区域史的视角来审视中国文化传统,主要是就中国这一"地域"范围而言的,事实上,我们亦可从区域史的角度来审视"东亚",进而重新审视中国文化传统与东亚其他地域的文化传统之间的紧张关系。不过这样一来,中国本身也将成为一个特殊的区域史概念,并由此建构起"中国/日本""中国/韩国"或者"中国/越南"的观念框架,这一观念框架的本质表现为"他者/自己"的关系构图。问题是,当我们从"他者/自己"的关系构图中来审视中国传统文化之际,就必然遇到中国文化的普遍性与东亚地域特殊文化之间的张力问题。近年来,在"东亚儒学"这一新兴研究领域中,就不断出现这一问题[1],对此问题,我们需要深入考察。这里仅就中国的善书思想在

---

[1] 参见黄俊杰:《东亚儒学:经典与诠释的辩证》"自序",台北:台大出版中心,2008年,第49页。另参拙文:《"东亚儒学"刍议——就普遍性与特殊性的问题为核心》。

东亚地域的流传情况略作探讨，以期了解对于东亚而言中国传统文化并不是绝对的一元论存在，而是在与东亚不同地域的文化交涉过程中呈现出"本土化"，换言之，中国文化中的某些普遍性特征落在东亚其他地域文化中却有可能表现为某种特殊性。

我们先从王汎森《从东亚交涉史料看中国》一文中的一个观点说起，他指出：源自近世中国的公开省过的传统自宋代"乡约"运动以来就一直有"相当稳定的成分"——意谓"乡约"的省过传统在近世中国具有一定的普遍性，然而在不同地区不同时代的思潮中，各式各样乡约条规的内容及其流变又不尽相同，这就需要从思想社会史的角度来加以观察，他特意向我们介绍了朝鲜[1]时代的一部记录在"乡约"中的《大同禊行罚录》，这部资料是一种"记过籍"，详细而具体地记录了朝鲜后期是如何在"乡约"组织中实施"记过"行为的，王汎森强调由这样一个异域的案例，就可反衬出宋代以降中国乡约传统中"记过"的大致情况，以突破我们历来在研究中国乡约问题上始终无法正确了解当时的人们是如何具体实施彰善纠过的这一"瓶颈"[2]。不过虽说如此，但是这并不意味着朝鲜乡约在内容上与中国乡约完全一致，简单地用中国"影响"朝鲜这一传统解释思路，并不能恰当地理解中国乡约在朝鲜发生"本土化"的历史事实。

举例来说，16世纪初开辟了道学政治时代的朝鲜中宗朝（1506—1544在位）的士林领袖赵光祖（号静庵，1482—1519）就有"化民成俗，莫善于乡约"的认识，这一想法大致来自中国宋代士人，不过他认为11世纪中国宋代《吕氏乡约》的条目规模未免狭窄，而且由于该书作者吕大钧（1031—1082）的身份不过是"布衣"，所以他的这部《乡约》在推行力度上便很有限，赵光祖说："吕氏以匹夫，不得推行天下，而但

---

[1] 本文所说的"朝鲜"，均在李氏朝鲜的史学意义上使用，韩国在近代以前的历史上自然也包含在这一概念的含义之中。

[2] 王汎森：《从东亚交涉史料看中国》，载日本关西大学文化交涉学研究基地编：《東アジア文化交涉研究》别册1，大阪：关西大学，2008年，第93—96页。文中所引《大同禊行罚录》，则见金镐逸、朴京夏、朴煌、朴钟彩编：《朝鲜后期乡约文献集成——灵岩、海南、罗州》Ⅰ. 灵岩，韩国：国史编纂委员会，1997年。

施之一乡。"因此,他要根据《周礼》来重新制作《乡约》,而且要"大立规模",他的这一提议很快得到了中宗的认可[1]。由此可以看出两点:第一,在近世朝鲜,"乡约"实践并不仅仅是乡绅在地方基层社会呼吁推动,更是士人"得君行道"的一种方式,在当时得到了官方认可,这一情形就与中国(特别是明代以降)有很大不同。在中国,制定"乡约"基本上属于地方乡绅的行为,是上层权力无暇顾及的领域,至多在明代中叶以后实施"乡约"与县府一级的公共权力机构发生某种宽松的连带关系。第二,我们还可看到,赵光祖认为中国的乡约太过简略,只能适用于一乡而不能推行于天下,这显示出朝鲜时代的乡约运动有着自身的特殊关怀而不尽同于中国。

关于这一点,还有其他史料可以佐证,如朝鲜著名的朱子学者李珥(号栗谷,1536—1584)就曾仿照朱熹《增损吕氏乡约》制定过二部乡约——《西原乡约》和《海州乡约》,他也认为朱熹所定的乡约条目过于简化,因此他制定的乡约就增加了许多细节,以适应朝鲜的社会情况,用他的话来说,就是"大概仿《吕氏乡约》,而节目多不同"[2]。显然,李栗谷的问题意识很明确,他欲将中国乡约"本土化"。尽管如此,我们还是应该看到,中国乡约文化得以在朝鲜时代流行,显示出乡约传统对于近世朝鲜(1392—1910)具有一定的普遍意义,对此我们也不能熟视无睹[3],否则的话,我们就无法理解"乡约"这一关键词竟然在收录500余种文献的《韩国文集丛刊》中出现过955次之多[4]。当然唯有对笼统的数字统计施以绵密细致的具体分析,才可看出"乡约"在当时朝鲜具有何种特殊的社会意义及历史状况。然而饶有兴味

---

[1] 赵光祖:《静庵先生续集附录》卷三《补遗》。引自网站http://db.itkc.or.kr(下引韩人文集,均同)。另外,他还积极推动《朱子家礼》《三纲行实图》《小学》等出版,致力于社会的礼仪制度及道德秩序的重建。
[2] 《栗谷先生全书》卷十六《海州乡约》。
[3] 关于宋代乡约在近世朝鲜大行其道等情况,可参常建华:《东亚社会比较与中国社会史研究》(载《天津社会科学》2004年第3期),该文以大量史料为据,断言中国乡约"在'近世'东亚带有普遍性",甚至"改变了东亚社会结构",这一结论可能下得过急,若从下文所列江户日本的情况来看,则此结论或难以成立。
[4] 此据韩国古典综合数据库。网页为:http://db.itkc.or.kr。

的是，在近世日本（1603—1868）则几乎看不到这种"乡约"传统。这是怎么回事呢？

我们大多知道日本历来就有编译翻刻中国汉籍的传统，而且数量之庞大是十分惊人的，到了17世纪以后，这种翻刻的速度变得更快，"和刻本"的现存书目约达五千余种[1]，重要的是，这一翻刻行为不仅透露出中日文化交涉十分活跃，更可从中发现日本对中国的兴趣点是如何逐渐高涨而又慢慢转移等文化问题。对于中国的儒家经典及史籍的大量翻刻自不待说，然而意外地，我们发现"乡约"类的汉籍和刻本却相当罕见，经查"日本所藏中文古籍数据库"，日本全国各地的主要大学及公私藏书机构共收藏与《乡约》有关的中国古籍122种，数量本身不可谓少，然而仔细一看，却发现其中没有一部是在日本翻刻的和刻本，另查"日本古典籍综合目录"，亦无和刻本《乡约》显示。仅有朱熹《增损吕氏乡约》曾由今人铃本虎雄（1878—1963）标点出版于1930年，这个现象说明在整个江户时代，日本知识人以及对文化市场非常敏感的书商根本没有编译翻刻中国乡约的意愿[2]。由此我们大胆推断，中国乡约传统对于日本近世社会来说并无什么普遍意义可言，很显然，这与近世日本的幕藩制度、武家政权这一社会体制有莫大关联[3]。要之，由上可见，中国文化在东亚三地（主要指中日韩）既有其普遍性又有其特殊性，而文化的普遍意义又必然在具体的社会形态中呈现出特殊性。

近年来，我们经常听到日本学者有一种论调，他们特别强调在"中国—日本"的认识框架中，日本文化的特殊性（特别是近世以降），

---

[1] 此据长泽规矩也《和刻本漢籍分類目錄》的统计，转引自王宝平主编：《中国馆藏和刻本汉籍书目》，杭州：杭州大学出版社，1995年，第7页。

[2] 顺便指出，在收录有三千余种中国所藏的和刻本中，未见一部有关"乡约"的和刻本，参见王宝平主编：《中国馆藏和刻本汉籍书目》。在这三千余种和刻本中，有20%是长泽规矩也《和刻本汉籍分类目录》所统计的五千余种和刻本中所没有的（同上书，第7页）。另查"日文旧籍台湾联合目录"，亦未见与乡约有关的和刻本存世。

[3] 关于武家政权成为德川日本社会构造之重要特色等问题，参看渡边浩：《日本政治思想史——十七~十九世纪》第3章"'御威光'の構造——德川政治体制"，东京：东京大学出版会，2010年，第51—69页。

即便在德川时代，也早在17世纪中叶就发生了"儒学日本化"的现象[1]。上述中国"乡约"在日本江户遭到的冷遇似乎亦能充分说明日本文化的特殊性。这里我想再举一例来补充说明。例如，我们知道在晚明清初有一种宣讲"六谕"的传统，本来，这一宣讲传统自明代中期出现以来，不久就有了与讲"乡约"相结合的趋向，其中也含有劝善的思想因素，特别是有关"六谕"的各种《衍义》《直解》尤其如此[2]。质言之，在明代，主要是讲朱元璋的"圣谕六言"，在清代，继康熙于1670年公布《圣谕十六条》之后，雍正二年（1724）颁发的《圣谕广训》则成了主要的宣讲课本。那么，作为中国皇上钦定的、面向全国推行道德教育的这部政治文献在异域日本又是被如何审视的呢[3]？

有研究表明，德川时代第八代将军吉宗曾于享保六年（1721）下令编刻《六谕衍义》，但事情并非我们所想象的，以为吉宗是要模仿清朝中国以宣讲"圣谕"作为考察地方官吏之政绩的一种手段，从而达到治天下的目的，吉宗下令编刻此书的目的则主要在于庶民教育，尤其是将重点放在针对儿童的识字教育，这就有点不同于中国的特殊性。吉宗首先令侍讲室鸠巢（1658—1734）翻译《六谕》，然而由于室鸠巢不懂《六谕》中的俗语，于是又令当时已名倾天下的儒臣、古学派大师荻生徂徕（1666—1728）先对《六谕衍义》施加训点，以便理顺清朝俗话

---

[1] 日本学界又惯称为"儒教日本化"，据平石直昭的介绍，较早从这一视野来研究德川思想史者，可以尾藤正英、田原嗣郎、守本顺一郎等为代表，参见平石直昭的长篇论文：《战中、战后徂徕论批判——以初期丸山、吉川两学说之检讨为中心》（原载《社会科学研究》39卷1号，1987年），蓝弘岳译，载张宝三、徐兴庆编：《德川时代日本儒学史论集》，台北：台大出版中心，2004年，第108—109页。较新的研究则可参看渡边浩：《東アジアの王権と思想》，东京：东京大学出版会，1997年；黑住真：《近世日本社会と儒教》，东京：ぺりかん社，2003年。

[2] 参见周振鹤：《圣谕广训：集解与研究》（上海：上海书店出版社，2006年），特别是其中的一篇解读：《〈圣谕〉、〈圣谕广训〉及其相关的文化现象》以及所收的王尔敏论文：《清廷〈圣谕广训〉之颁行及民间之宣讲拾遗》（原载《"中研院"近代史研究所集刊》22下，1993年6月）。

[3] 战后日本关于《圣谕广训》的研究可参看大村兴道：《清朝教育思想史における〈聖諭広訓〉の地位について》，收入林友春编：《近世中国教育史研究》，东京：国土社，1958年。陶德民则对该书的和刻本有所研究，参见氏作：《和刻本〈聖諭広訓〉に関する再考》，载《懷德》第57号，东京：汲古书院，1988年；同氏：《懷德堂朱子学の研究》第3章第2节"教化政策の提倡——和刻本《聖諭広訓》をめぐって"，大阪：大阪大学出版部，1994年。

的语法及含义，然后再由室鸠巢根据训点，采用通俗的日语进行翻译和解释，并分别于享保六年及次年刊刻了《官刻六谕衍义》（徂徕训点）及《官刻六谕衍义大意》（鸠巢译解）[1]，行动可谓迅速。他们依据的底本是约生于明末的浙江会稽人范鋐（生卒不详）的著作《六谕衍义》，据范鋐《跋》，他指出讲《六谕》如同讲《乡约》，所以重在宣讲，而宣讲的目的在于"劝善化恶"[2]，故他在书中添加了不少报应故事，可见这部《衍义》具有糅合"六谕""乡约"及"善书"的特征。范鋐此书最早是由琉球国久米村出身的程顺则（号雷堂，1663—1734）在福建捐资刊刻，然后带到日本，并于享保四年（1719）经萨摩藩主岛津吉贵之手而上呈给吉宗的[3]。

事实上，此书被翻译出版的过程并不平坦，徂徕就曾委婉地表示反对。例如根据平石直昭《荻生徂徕年谱考》享保六年条的考证，当徂徕受命施加训点之时，他就很担心刊刻此书有损"日本的体面"，因为这部书是琉球人为了向清朝显示即便当今琉球也仍然遵守着康熙帝的敕告，若是琉球，由于其与清朝有朝贡关系，故其刊行此书尚可理解，若在"我国"（引者按，指日本），由上层下令刊刻此书，宜乎？显然，在徂徕提问的背后，其意见是明确的，即表示反对。说白了，徂徕所担忧的是，如果翻刻此书，恐怕会让清朝人误会我们日本是清朝的"属国"，这就不免会引发种种"外交问题"[4]。当然，最终还是在幕府的推动下，《六谕衍义大意》很快得以出版发行。不过从中我们也可看出，作为当时日本知识人的顶尖人物荻生徂徕等人在接受来自中国等异域

---

[1] 参见今中宽司：《徂徕学の史的研究》末附"徂徕关系年表"享保六年条，京都：思文阁出版，1992年，第395页。并参冲绳历史学家东恩纳宽惇（1882—1963）：《六諭衍義伝》七 "六諭衍義の和訓及び和解"，见《東恩納寬惇全集》第8卷，东京：第一书房，1980年，第19—20页。关于琉球程本《六諭衍義》以及该书在日本全国的刊流流传等历史问题的专题研究，莫详于东恩纳宽惇《六諭衍義伝》，其中有"《六諭衍義》年表"及"刊本目录"，值得参考。
[2] 《沖縄県図書館文献叢書》第1卷《程氏本六諭衍義》卷末范鋐《跋》，那霸市：琉球文化社，1980年，第149—150页。
[3] 同上书，《程氏本六諭衍義·例言》，第2页。
[4] 平石直昭：《荻生徂徕年谱考》，东京：平凡社，1984年，第133—134页。据平石直昭的提示，关于该书最终得以刊行的复杂过程，可参中村忠行的论文：《儒者の姿势》，载《天理大学学报》第78辑，1972年（按，笔者未见）。

知识方面可以表现得很坦然，然而一旦遇到具有官方性质的文书，则他们也会表现出应当维护"国家体面"的态度和立场。这就说明对于异域文化知识的接受和容纳，恐怕并非我们历来所想象的那样，似乎不存在任何前提和条件，事实上当时的日本知识人恐怕也很注意引进的书籍性质是否符合国情而可以毫无顾忌地照搬使用。

那么，吉宗看上此书的原因何在呢？其实，他是为了在各地政府设立的面向儿童实施基础教育的设施——"寺子屋"（一种儿童教育机构）推广识字教育，这一点很值得注意，其实吉宗颁布此书之际，就明确此书的适用对象是寺子屋的教师以及儿童，目的在于进行识字启蒙教育（主要是指汉语及其发音），而不是以地方官员为主导、通过基层社会的层层宣讲以达到安邦治国的目的[1]。有趣的是，那位"古学派"大师徂徕对自己的训点工作颇感厌倦，他不但不以此为荣，而且据说每天为此而有"气息厌厌"之感，因为在徂徕看来，作为儒者须以关心国家政治大纲为务而不应为这样一部外国皇帝制作的启蒙教科书劳心费神，但在吉宗看来，儒臣的本职工作只不过是教书而已[2]。同样令人颇感兴味的是，这两部和刻本《六谕衍义》，现被收在小泉吉永编《近世育儿书集成》第4卷中[3]。而另一位对江户政治史尤其是吉宗朝的所谓"享保改革"有专深研究的日本学者辻达也将这两部《六谕衍义》

---

[1] 例如根据《兼山丽泽秘策》享保六年晦日的记载，《六谕衍义大意》是经室鸠巢的推荐，由一位善于书法的浪人石川勘助书写，由书商雕版发行后，旋即分发给江户府内"八百人余"的"寺子屋"的教师，转引自石川谦：《寺子屋》，东京：至文堂，1960年"日本历史新书"，第78页。顺便指出，石川谦认为吉宗推动的享保改革表现在教育政策方面，此书的出版具具有开创性意义（同上书，第83页）。这个说法值得注意。

[2] 以上参见衣笠安喜：《思想史と文化史の間——東アジア・日本・京都》，东京：ぺりかん社，2004年，第262、276页。如果我们从政治文化史的角度看，围绕吉宗推动的《六谕衍义》的编刻过程，可以发现作为实际的统治者——将军与其幕僚之间的角力关系其实非常复杂，例如室鸠巢编定的《衍義大意》原有三大册，但吉宗考虑到不便通行，故令其大幅删改，缩减成一册，对此，室鸠巢竟然表示了极大的不满，他在一封给友人的书信中坦言道："自古以来，明主必好以其所教为臣下之事而不好被臣下所教之事。如此看来，大有之望，无矣。"（《兼山秘策》享保六年九月十八日，与青地丽泽信。引自东恩纳宽惇：《六谕衍义传》，《東恩納寬惇全集》第8卷，第20页。原日文）"大有为"显然是针对当时的将军吉宗而言，可见，室鸠巢内心中已对吉宗有些许失望。

[3] 《近世育児書集成》，东京：クレス出版，2006年。

定位为日本"最早的国定初等教科书"[1]。可见，至今仍有学者认为这两部书是属于"育儿"一类的初级教科书，理应放在近世日本教育史的领域中来界定其重要地位。然而若在中国，大概会将此列入"史部·政书"一类。

由上可见，原本是政治文献的汉籍传到日本以后，味道就变了，这说明日本的确很善于"借用"他人文化[2]，它会从实际的角度出发来自主选择如何利用中国典籍，而不是囫囵吞枣地被动接受。要之，在明清中国，"六谕"对于治理地方社会已呈现出相当的普遍性，但对德川日本来讲，它或许只有特殊的推广识字教育的用途而已。当然也须看到，自享保年直至明治年间的二百余年，此书不断翻刻出版，除了作为汉语教育之用以外，也常作为道德教科书来使用，尤其到了德川后期，故其在日本近世思想史上的意义自然不可轻忽。[3] 不过有一点是明确的，不像在明清中国，"六谕"构成了由上至下的一套宣讲传统，而在江户日本非但没有这种宣讲传统，而且"六谕"从来没有获得政令性的文献地位。及至幕末时期，民间儒者在推动讲学过程中，是否曾将《六谕衍义》作为课本教材使用，这个问题就不宜在这里详述了。其实正如上述，显然自吉宗时代起，在当时的"寺子屋"等教育机构推广《六谕》的活动就几乎不曾中断。

最后不妨再举几例以说明这一点。例如笔者最近在阅读有关近世日本石门心学的史料时发现，石门心学的创始者、民间儒者石田梅岩（1685—1744）在其推广教学的过程中所使用的教材就有《六谕衍义》。[4]

---

[1] 辻达也：《江户时代を考える》，东京：中公新书，1988年，转引自陶德民：《周振鹤の新著〈聖諭広訓〉：集解与研究について》，关西大学亚洲文化交流中心：《還流》第3号，大阪：关西大学，2006年，第7页。

[2] "借用"一词原是英国史学家George Samson对日本文明的一个观察结论，参见上揭余英时文：《中日文化交涉史的初步观察》，载日本关西大学文化交涉学教育研究基地：《東アジア文化交涉研究》别册1，大阪：关西大学，2008年，第6页。

[3] 据《沖縄県図書館文献叢書》（那霸市：琉球文化社，1980年）第1卷《程氏本六谕衍义》卷末附录"沖縄県図書館東纳文库所藏《六谕衍义》諸本目録"，《六谕衍义》及《六谕衍义大意》共有26种刻本或抄本存世（第161—163页）。足见，此书在当时有广泛影响。

[4] 据《石田先生事跡》草稿本，引自柴田实：《石門心学について》，载《日本思想大系》42《石門心学》，东京：岩波书店，1971年，第464—465页。

又如，距享保七年（1722）一百余年后的天保四年（1833），京都的一位大儒（按，并非心学家）皆川淇园（1734—1807）的门人北小路大学亮（生卒不详）就在官府开设的"教谕所"内每月定期讲学期间，规定"每十五日夜，《六谕衍义》，讲师：北小路大学亮"。[1] 这是说，每月十五日的晚上，由北小路讲师讲解《六谕衍义》。另有一份资料则显示，天保八年（1837）在金泽藩，官方公布的一项教育计划中明确写道：必须在寺子屋"讲解《六谕衍义》类，以为教示"[2]。此已足见，《六谕衍义大意》一书在近世日本庶民教育史上，的确留下了广泛而深远的影响。

三　中国善书在东亚的多元展开

笔者曾撰文简要介绍了晚明福建乡绅、劝善运动的重要人物颜茂猷的著作及其思想在日本的流传情况，指出日本阳明学派的开山祖师中江藤树（1608—1648）也有一种善书关怀，他撰有一部善书《鉴草》几乎就是茂猷此书的节抄本，因为在他采用的全部61条劝戒案例中，竟有48条来自《迪吉录》。略晚于藤树的江户前期著名通俗文学家浅井了意（1612—1691）则在其《堪忍记》（1659年刊行）一书中，采录了《迪吉录》50例的劝惩故事案例（全部案例约有170余件）[3]，这说明中国善书在近世日本是很受欢迎的。不仅如此，中国善书传到日本以后，演变出一种独特的日本化善书——"和解善书"（即用日语翻译和注解的中国善书），而且这类"和解善书"在江户至明治期间被大量翻刻[4]，足见中国善书思

---

[1] 引自柴田实：《心学》，东京：至文堂，1967年"日本历史新书"本，第162页。顺便提一下，同一所"教谕所"还规定"每月二十一日二十二日二十三日夜，儒书心学道话，手岛靫负、萨埵与左卫门、柴田鸠翁。"（同上）所谓"心学道话"，乃是石门心学讲学运动中兴起的一种讲学方式，其中提到的柴田鸠翁便是石门后学中非常著名的心学家。

[2] 引自上揭石川谦：《寺子屋》，第84页。

[3] 参见拙文：《兴起"善人"以平治天下——"云起社"与十七世纪福建乡绅的劝善活动》，原题为《以"讲会"兴起"善人"——17世纪东亚文化交涉与福建乡绅的讲学活动》，载日本关西大学文化交涉学教育研究基地编：《東アジア文化交渉研究》第3号，大阪：关西大学，2010年3月，第49—80页。关于浅井了意，可参柏原佑泉：《浅井了意的教化思想》，《日本宗教史论集》，笠原一男博士还历记念会编，吉川弘文馆，1976年。

[4] 参见八木意知男：《和解本善書の資料と研究》"序章：和解本善書の諸相概観"所附"和解本善書刊年譜"（京都：同朋舍，2007年，第22—26页）。

想在东亚文化交涉史上留有深刻的印迹。我们不妨再以中江藤树为例来补充说明，他除了撰述《鉴草》这部善书以外，还撰有《阴骘》一书[1]，专门对晚明流行一时的善书"阴骘文"做了日文解释，内分"辨惑立志""阴骘解""种子方""亲亲仁民爱物"四篇。另据木村德光的研究，他在日本东北地区的一个地方城市——喜多市调查有关藤树学派文献时发现了一部该学派传承下来的《孝经》，竟然前半部分是《孝经》而后半部分则是《太上感应篇》一卷[2]，这个做法也显然有中国"孝感"文化的浓厚背景。重要的是，这个发现印证了藤树大弟子熊泽蕃山（1619—1691）有关藤树门下经常集体诵读《太上感应篇》和《孝经》的一个记述，根据蕃山在其著《集义和书》卷十的记录，他们在诵读《孝经》时，还要行"诵经威仪"（意即诵经时的一种仪礼行为），非常严肃地将《孝经》视作一种宗教性的崇拜对象，以使孝行的依据诉诸信仰，同时他们相信"捻纸结一日之过而从善"，才是服从天道福善祸淫之果报规律的正确行为[3]。

现在，我要补充说明的是，江户日本汲取和容纳中国善书思想的一个重要文化背景，其实是江户以前日本自身的"天道信仰"的宗教传统以及佛教传统，另一重要的社会背景是，儒学在近世日本盛传以后，从来没有正式成为德川政府的意识形态，也正由此，所以当中国善书传入日本以后，并不发生与儒学争正统地位的问题，而是很容易就与日本的通俗文化（例如各种"怪谈"故事）杂糅在一起；另一方面，自江户以来，日本知识界在努力开创自身的通俗文化之同时，也在力图重振自身的宗教传统，主要表现为两点：一是将儒学与神道合一，例如17世纪伊势神道家渡会延佳（1615—1690）《陽復记》（1651年刊行）

---

[1] 见《藤樹先生全集》第2册，东京：岩波书店，1940年。笔者参考的则是加藤盛一校注本《鑑草》附录，东京：岩波书店，1939年。

[2] 木村德光：《日本阳明学派の研究——藤樹学派の思想とその資料》，东京：明德出版社，1986年，转引自张崑将：《德川日本儒学思想的特质：神道、徂徕学与阳明学》，台北：台大出版中心，2007年，第220页。

[3] 另见蕃山的一部重要著作《集義外書》卷十四。引自玉悬博之：《日本近世思想史研究》第七章"近世前期における神観念"，东京：ぺりかん社，2008年，第217页。

曾说"神道儒道，其旨一也"，"孔子之道即我国神道之道"[1]，这一神儒合一的观点看似平稳，但也可以被解读为儒家有的东西，在古代日本早已有之，从而转化出一种"日本型华夷思想"，因为中国只是一种相对存在；[2] 一是排斥儒学以恢复日本的"神国"信仰，例如18世纪国学派创始人本居宣长（1730—1801）便明确断言否认灵异存在只不过是"腐儒"之见而已，"所谓不语怪力乱神，乃孔子一家之私言也"[3]，他坚信日本的"神灵"是实在的，因此日本乃是地地道道的"神国"[4]，其实，由他推动的那场"国学"运动，旨在恢复日本固有的神道精神，以重建宗教国家体制，故其思想在政治上表现出强烈的"保守主义"特色[5]，重要的是，不仅在"国学"运动中，借助日本自身思想传统中的宗教因素这一策略在本居宣长那里被运用得十分自如，而且他还以此作为打击儒家思想的重要工具。

不用说，在日本宗教思想的发展演变过程中，中国善书中的某些鬼怪奇谈可能也扮演着一定的角色，至于中国善书在近世日本的流传及其影响等问题，学界已有大量的先行研究[6]，不用我在此赘述，这

---

[1] 《神道思想集》，东京：筑摩书房，1970年刊《日本の思想》，第190、195页。引自黑住真：《複数性の日本思想》，东京：ぺりかん社，2006年，第317页。

[2] 根据桂岛宣弘的研究，这种"日本型华夷思想"大致形成于17世纪中叶，其思想基础仍然是前江户时代的"礼·文中华主义"，只是在形态上表现为对"明代中华主义"的反拨，强调"日本内部"的文化优越性，然而到了18世纪中叶以后，又出现了"日本型中华主义"，中国与日本的地位完全颠倒了过来，中国被视作"夷狄"而将日本看成是"中华"了，参见桂岛宣弘：《思想史の十九世纪——"他者"としての德川日本》第7章"'華夷'思想の解体と国学の'自己'像の生成"及第8章"アジア主義の生成と転回——德川思想史からの照射の試み"，东京：ぺりかん社，1999年，特别是第167—172、195—209页。关于17世纪中叶以降，在朝鲜及日本出现的"中华意识"，另可参见孙承喆：《朝鲜中华主义と日本型华夷意识の対立》，收入孙承喆：《近世の朝鲜と日本——交隣关系の虚と实》，山里澄江、梅村雅英译，东京：明石书店，1998年。

[3] 本居宣长：《排芦小舟》（约1757年成书），《本居宣长全集》第2卷，东京：筑摩书房，1968年，第25页。引自黑住真：《複数性の日本思想》，第324页。

[4] 这一"神国"观念来源甚久，见诸日本最早的正史、约成书于8世纪的《日本书纪》，而且是借助于当时朝鲜新罗王之口："吾闻东有神国，谓日本。"转引自罗丽馨：《十九世纪以前日本人的朝鲜观》，载《台大历史学报》第38期，2006年12月，第175页。

[5] 参见黑住真：《複数性の日本思想》，第327页。

[6] 酒井忠夫：《江户前期日本における中国善书の流通》，《東方宗教》26号，1965年；酒井忠夫：《近世日本文化に及ぼせる中国善书の影响并びに流通》，多贺称五郎编：《近世アジア教育史研究》，文理书院，1966年，后经补，收入氏著：《酒井忠夫著作集》2（转下页）

里我要指出的是，在一般知识领域，儒学思想对日本文化产生过重要影响，这一点已是众所周知的事实，然而在宗教文化领域，讲求善恶相报的善书类中国宗教文献一旦传入日本，很快就被日本自身的宗教传统所吞没，形成了非常复杂的文化交涉现象，有时我们甚至分不清楚在日本"怪谈"故事中有多少中国因素，因为汉魏以来的中国志怪小说以及佛教的因果报应故事与早期日本的怪谈文学就经常糅合在一起，而在江户时代又有日本自身的"说话"文学传统，例如相传原创于8世纪而流行于江户时代的《日本靈異記》便是"说话"文学或"怪谈"文学的代表作品[1]，虽取名为"日本"，然其灵应故事的原型却大多来自佛教。这类事例很多，这里就不细述了。

我们知道，自18世纪江户中期"国学"运动开始以来，日本近世思想中的国家主义、民族主义的倾向便已开始抬头，到了19世纪初幕末时期，这种倾向便变得愈发强烈，值得注意的是，这一时期"国学"运动的宗教化意味很浓厚，例如国学家兼神道家平田笃胤（1776—1843）的思想特质就在于通过《靈能真柱》《仙境異聞》等宗教论著，欲将日本"国学"神学化[2]，这两部宗教书之怪僻难解，常令日本学者亦不得不束手兴叹。这里我想以19世纪初被称为折衷学派的民间思想家广濑淡窗（1782—1856）的思想为例，以观察弥漫于幕末思想界的一种宗教气息。此人之所以引起我的兴趣，是因为在其思想中有两个特点：一是"敬天"思想，一是《万善簿》实践。这里我要顺便提一下拙著

（接上页）《（增補）中国善書の研究》下，东京：国书刊行会，2000年，特别是"附録一"："琉球版善書について"以及"附録二"："朝鮮及び東南アジア"。另参下出积与：《江户时代における農民と善書——〈太上感応编霊驗〉について》，《日本宗教史論集》，笠原一男博士还历记念会编，吉川弘文馆，1976年。

[1] 正式名称是《日本国善惡現報霊異記》。参见中田祝夫：《日本霊異記・解説》，东京：诚勉社，1979年。并参白土わか：《日本霊異記にあらわれた因果応報思想》，载佛教思想研究会编：《佛教思想》第3册，京都：平乐寺书店，1978年。

[2] 子安宣邦：《平田篤胤の世界》第Ⅲ部第3篇"国学の神学の再構成——平田篤胤と天主教理"，东京：ぺりかん社，2001年初版，2009年新版，第270—291页。关于日本幕末的国学及其宗教趋向，另参桂島宣弘：《幕末民衆思想の研究——幕末国学と民衆宗教》，京都：文理阁，2005年，特别是"補論三"："民衆宗教の宗教化・神道化過程——国家神道と民衆宗教"，第299—336页。

《明末清初劝善运动思想研究》对晚明清初太仓地区"太仓四君子"的道德劝善活动的一个观察，我发现主张"敬天"的陆世仪（1611—1672）将"天"视作信仰对象以及将程朱理学的"敬"字工夫引入宗教领域，而他的一个观念基础是：他认为宋代以来的"天即理"这种"以理释天"的理性诠释很有问题，因为"天"作为崇拜对象，必然是实在的人格存在，"以理释天"就不免将"天"与"人"打成两截，所以陆世仪非常感叹"今人多不识'天'字"，而他的主要思想工作就在于努力恢复"天"的权威。

现在我意外地发现，淡窗的"敬天"思想却与晚明的这股"敬天"思潮有着异曲同工之处，他也很不满以理释天的思路，强调指出："'天即理也'云云，毕竟以私智测天之所，未免落于不敬。"[1] 在他看来，"理可穷，而天不可测"[2]，在理的背后，更有天（帝、神、造化）这一不可知的存在领域，而"天"是"最尊独贵""神明不思议"[3] 的超越存在，所以凡是天地间的存在物都"必敬天"。尽管天是不可知、不可思议的超越存在，但天又是不断呈现的，因为天与人的关系就好比是宇宙间的"生"与超越者的关系一样，这一关系的具体表现就是"报应"。所以他说："天常知、常听而常视"，天是"无所不及，无所不在"[4] 的，又说："天道有知"，故"敬天之方无他，唯信'天道有知'四字而已"。[5]

正是由这一"敬天"立场出发，淡窗才积极主张"事天"[6]，并付诸行动。他在 18 岁时（1799）曾得到一部袁了凡的《阴骘录》，便立志行万善，然而未能坚持，至 54 岁时（1835），因丧孙女而深感悲痛，于是下定决心开始实行《万善簿》。具体而言，就是以记录黑白（喻指善恶）

---

[1] 广濑淡窗：《约言或问》，东京：岩波书店，1940 年"岩波文库本"，第 82 页，引自上引黑住真：《複数性の日本思想》所收《広瀬淡窓の倫理思想》，第 354 页。

[2] 广濑淡窗：《（増補）淡窓全集》所收《義府》注，京都：思文阁，1971 年（据日田郡教育会大正十四年至昭和二年刊本复制），第 4 页，引自同上书，第 354 页。

[3] 《约言或问》，第 69、82 页，引自同上书，第 363 页。

[4] 《约言》，载《日本思想大系》47 册所收《近世後期儒家集》，东京：岩波书店，1972 年，第 230 页，引自同上书，第 364 页。

[5] 《约言或问》，第 74、75 页。引自同上书，第 364 页。

[6] 《约言》，第 226 页等，引自同上书，第 370 页。

的方式，将自己的道德行为通过计算转化为《万善簿》，以便检点日常行为的善恶之多寡[1]。对于晚明以来功过格实践略有所知的话，大概都会联想到他的这一行为其实就是一种功过格实践。我对淡窗思想并没有全盘的研究，故尚不清楚这部《万善簿》具体是如何记录的，也不清楚他的思想背景是否有清朝人如陆世仪的因素，不过有一点则是清楚的，此次淡窗的万善簿实践终于在经历了 12 年有余之后，于嘉永元年（1848）戊申正月二十九日即 67 岁之际，顺利实现了行善一万的誓愿，此后直至去世前两年的 73 岁，仍坚持不懈地记录善恶[2]。由此可见，中国善书思想在淡窗的观念世界中留有浓厚的痕迹[3]。同时我们亦可说，中国善书中突出的迁善改过、善恶相报的传统在东亚其他地域亦有其一定的普遍性。

那么，李氏朝鲜的情况又如何呢？我们初步了解到中国善书在朝鲜时代亦被不断传抄翻刻，不过主要是与《感应篇》相关的善书，至于《功过格》，查找的结果令人稍感吃惊，在大型丛书《韩国文集丛刊》中仅见一例，即南秉哲《圭斋遗稿》卷五《重刊陶水部增损功过格跋》，

---

[1] 《万善簿》见《（增補）淡窓全集》下卷。相关研究则可参看大久保勇市：《広瀬淡窓・万善簿の原点》，京都：启文社，1971 年；古川哲史：《〈万善簿〉と〈陰騭録〉》，《季刊日本思想史》第 19 号"広瀬淡窓の思想"特集，东京：ぺりかん社，1983 年，第 101—110 页。古川一文特别介绍了他自身收藏的自安永五年（1776）至明治二十六年（1893）在日本刊行的 19 种和刻本《陰騭録》（含《功過自知録》），亦可参其氏：《広瀬淡窓》附章"《和字功過自知録》の解説と本文"，京都：思文阁，1972 年，第 268—296 页。

[2] 参见《（增補）淡窓全集》下卷《万善簿》及其上卷《懷旧楼筆記》《自新録》《再新録》等。顺便一提，2011 年 1 月 23 日，我有机会访问了日本九州大分县日田市的"（财团法人）広瀬文献馆"，由于不能摄影，只能透过橱窗凝望《万善簿》的手写原本，在此我要感谢福冈教育大学的鹤成久章教授为我安排此行的好意。

[3] 当然，淡窗"敬天"自有日本的思想资源，例如德川早期"古学"派代表人物荻生徂徕就有"敬天"乃"圣门第一义"之说（荻生徂徕：《弁名》下"天命帝鬼神"第一则，引自子安宣邦：《徂徕学講義——〈弁名〉を読む》，东京：岩波书店，2008 年，第 150 页）。据吉川幸次郎的考察，徂徕对"敬"及"天"的理解与宋儒迥异，其宗教意识与日本自古相传的神道却是相近的，参见氏著：《徂徕学案》，《日本思想大系》第 36 册《荻生徂徕》，东京：岩波书店，1973 年，第 730、734—735 页。不过，正如淡窗所说："敬天之义，以福善祸淫为本"（《約言或問》，第 71 页），故其"敬天"思想是"以祸福立论"（同上，引自上引黑住真论著，第 364、366 页）的，这就表明其思想有一定的中国善书因素，此亦不容否认。因为"福善祸淫"显然出自中国典籍《尚书》等书，并成为 12 世纪《太上感应篇》"转祸为福"之思想的重要来源。顺便一提，上引黑住真的淡窗研究并未深究淡窗的思想与中国善书有何渊源。

文甚短，全文如下：

> 过有知与不知之二，知居三之一，不知常十之七。而知者不可谏，不知者觉斯改焉。今之当官者异于是，过果有不知者欤。夫以人心之仁，岂其无也。是卷武人崔君星玉所重刊也。凡当官者览之，彼觉斯改者固无论，而虽不可谏者，其将动心乎否耶？余以为得其位，泽利民生者，其功若算百，则不得其位而刊是书者，当算五十，然使陶水部、吕叔简算之，其或不五十于彼而百于此，亦未可知也已。

该跋文作于哲宗四年（1853）。南秉哲（1817—1863）为朝鲜后期著名的儒学家、数学家。文中提到的刊刻者崔星玉即崔瑆焕（字星玉，号于是斋，1813—1891），被称为朝鲜后期的实学思想家，他的著述非常丰富，其中令人注目的还有他所编译的《太上感应篇图说》附谚解五卷[1]。题名中的"陶水部"（按，"水部"乃明清时为工部司官的俗称），即陶珽（字紫阆，号仲璞，生卒不详）[2]，云南姚安人，天启元年举人。据钱谦益《初学集》卷三十一《遯园集序》所云，可知陶珽曾为官南京工部，当即"陶水部"之称的由来。不过，书名既曰"增损"，则《当官功过格》另有作者而非陶珽原作。其实，《当官功过格》似即袁了凡的同名著作，该书亦被颜茂猷《迪吉录》卷四"官鉴"收录，是一部在明末有相当知名度的善书[3]。至于吕叔简，即著名的吕坤（字叔简，号新吾，1536—1618），他的

---

[1] 韩国今存多部《太上感应篇图说》附谚解五卷，崔瑆焕编，高宗十七年（1880）刊本，卷末刊记：光绪六年庚辰季春刊印。卷首有《重刊感应篇图说序》，题署"旧刻戊申岁后四年壬子（1852）藁城崔瑆焕星玉甫谨书"。

[2] 日本东洋文库藏朝鲜本《陶水部先生增损当官功过格》一卷附《吕叔简先生居官刊戒》八章一卷，题署"陶珽撰，居官刊戒明吕坤说"，"朝鲜（咸丰三年）南秉哲重刊本"一册。关于陶珽，见陈垣：《明季滇黔佛教考》卷三《士大夫之禅悦及出家第十》，石家庄：河北教育出版社，2000年，第336—339页。顺便一提，陶珽与颜茂猷于崇祯四年（1631）十二月十二日在北京城西鹫峰寺曾有一面之缘，只是不知两人有何交谈，见祁彪佳：《祁彪佳文稿》第2册《涉北程言·辛未秋冬》，北京：书目文献出版社，1991年，第936页。

[3] 至清代，"当官功过格"成为诸多功过格的一种门类，如日本国会图书馆所藏康熙七年（1668）刊刻劳大与《闻钟集》五卷本，附有《儒门功过格》和《当官功过格》，而《四库全书存目丛刊》所收康熙十年（1671）刻本为四卷本，未见这两部附录。

《刑戒》在晚明非常有名，曾得到东林党人邹元标（1551—1624）的赏识，还被颜茂猷收录在《迪吉录》"官鉴"中，此不赘述。

现在我们再来考察一下南秉哲在《跋文》中的观点。他对功过格的计算法似乎存有疑问，他认为通常来说，知"过"者只有"三之一"而不知"过"者往往是"十之七"，言外之意是说，记录善恶的功过格行为是有局限性的，重要的是，对于不知者而言如何才能知过改过呢？他认为，只有通过自己的"觉"才能真正做到知过改过，而"觉"的依据在于"人心之仁"，可以看出，他的思路是正统的儒学思路。他还认为当官即位者因其"泽利民生"而应"算百（功）"，刊刻善书者则可"算五十（功）"，尽管若"使陶水部、吕叔简算之"，其结果也许正相反。在这里南秉哲表明他所看重的仍是为官者能否真正做到"泽利民生"，可见他的儒学立场非常鲜明。其实此亦不足为怪，这与近世朝鲜一贯推行的奉朱子学为官方意识形态的思想氛围有关，我们从近世朝鲜派往中国的"燕行使"以及派往日本的"通信使"在与中国及日本的知识人对谈中常常流露出来的对朱子学近乎"原教旨主义"的信仰态度便可窥见一斑，在他们眼里，16世纪末及至17世纪中叶以后的中国及日本，早已背离朱子原理而陷入了严重的信仰危机，唯有朝鲜还保持着朱子学的传统[1]。所以我推测当南秉哲接触到中国善书之际，由儒学立场出发，对其中宣扬的因果报应思想是有保留的。以下我再介绍一段史料，或可证明我的这一推测并非过度。

与南秉哲大致同时并有"气学家"之称的崔汉绮（1803—1877）[2]在

---

[1] 关于这一点，可以参看夫马进的系列论文：《朝鮮燕行使申在植の〈筆譚〉に見える漢学・宋学論議その周辺》，载岩井茂树编：《中国近世社会秩序の形成》，京都：京都大学人文科学研究所，2004年3月；《朝鮮通信使による日本古学の認識——朝鮮燕行使による清朝漢学の把握を視野に入れ》，载《思想》981号，东京：岩波书店，2006年1月；《一七六四年朝鲜通信使と日本の徂徠学》，载《史林》89卷5号，京都大学文学部，2006年9月；《一七六五年洪大容の燕行と一七六四年朝鲜通信使——両者が体認した中国・日本の"情"を中心に》，载《東洋史研究》第67卷第3号，东洋史研究会，2008年12月。这里我要特别感谢夫马进教授惠赠上述系列论文的抽印本。

[2] 参见权五荣：《崔汉绮的生涯与气学》（邢东风译），载杨国荣主编：《思想与文化》第9辑，上海：华东师范大学出版社，2009年，第111—127页。

其著《人政》卷十二"教人门"五"改过学"一条中,虽对儒家的迁善改过之学有所赞赏,但对晚明以降流行的功过格思想则有严厉批评,不妨将这段全文抄录如下:

> 功过之学,从近炽行,以福善祸淫,劝惩愚迷,虽若有补,其实有害。愚迷之人,歆慕富贵,畏避罪恶,自有王政之赏罚。运化之顺逆,举此教导,祸福昭著,善恶有准。舍此光明大道,强引外道之冥报,方术之晦昧,以证功过之意,是乃引虚无而劝实行,说妄诞而惩日用。其所本源,已陷虚无妄诞,竟使日用实行,归于虚无妄诞,功过之义安在?功过格之名,出自吏部考功,而积累职业行事之善不善,计分而黜陟,比较而升降,以实事功过,行实事劝惩,岂以虚无功过,望虚无祸福哉!

从该文末段可以看出,他对"改过学"之用于"吏部考功",是持赞同态度的,以为根据"实事功过"行"实事劝惩"并非不可,然而他在文章的一开始却表明了一个基本立场,他以为近来"炽行"一时的讲求"福善祸淫,劝惩愚迷"的"功过之学"(实即功过格实践)看似"有补"而实则非常"有害",因为其中已经不免夹杂了佛道的"冥报"观念,甚至还有"方术"的因素渗入其间,其结果显然是要坠人于"虚无妄诞"的荒唐之中。不待说,他是从正统儒家的立场出发赞同儒家"改过"之学而反对佛道的"功过格"之类的做法。

须指出的是,崔汉绮(亦包含南秉哲)由儒家立场来批判功利主义,在朝鲜儒学史上是有深厚传统的,例如14世纪的一位著名大儒权近(1352—1409)便说:

> 道之不明,异端害之也。吾儒尚赖先哲之训,以知异端之蔽,而往往有不能固守其道者,亦怵于功利之私而已。……此道之所以常不明不行,而异端之徒亦指以为卑近而斥之也。且其善恶报应之效,亦多参差不齐,故善者以怠,恶者以肆,而举世之人,贸贸然沦胥于利害之中,而不知义理为何物。……夫辟异端,

然后可以明吾道;去功利,然后可以行吾道。[1]

当然,在权近的时代,功过格尚未流行,但是佛教的因果报应学说在权近的眼里,已经泛滥得相当厉害,佛教不仅是"异端",更严重的是,佛教宣扬的"善恶报应"极有可能陷人于"功利"而令人不能自拔,所以作为儒者的首要任务就应致力于两项基本工作:"辟异端"和"去功利"。我相信,权近这一儒家立场是近世朝鲜儒学的主流,直至朝鲜末期这一主流传统仍有极深远的影响。崔汉绮批评功过格的一个核心观点,就是指斥功过格讲求的那套善恶点数的计算已落入功利主义的窠臼之中,显然这与上述权近表明的儒学立场是一脉相承的。

四 小 结

最后,说几句简短的结语。

思想史特别是哲学史研究常易偏向"大叙事",偏重于探讨一些重大的、一贯的本质问题,欲以揭示不同时期不同地域的思想发展过程中所存在的不同本质现象;同样,以往的"国别史"研究也极易导致一种结果:似乎一个"民族国家"的历史从来就是一致、没有差异的。20世纪后期兴起的"区域史"研究则另辟蹊径,它非常关注社会底层的各种细节,并注意不同时空的文化差异,所以观察问题往往显得别具只眼、深入具体。这种研究相比于注重普遍问题的国别史研究有一定的优势。当然不同学术领域虽可互相沟通,但也不可随意跨越。须指出,注重特殊、差异、具体之历史现象的区域史研究不仅不应取代思想史或国别史研究,而且其自身也要有一定的对普遍问题的关怀。

我们将中国善书放入东亚地域进行考察,旨在揭示一些有趣的历史现象以供思考:中国善书注重的报应传统在东亚地域流传过程中却呈现出某些特殊面相,它在近世朝鲜信奉儒家性理学的背景之下,并没有受到多大的欢迎,而在近世日本却很快融入了日本自身的宗教传统;另一方面,注重彰善纠过的"乡约"传统在东亚的朝鲜和日本所

---

[1] 权近:《阳村先生文集》卷十六《心气理三篇后附集序》,首尔大学校奎章阁藏1674年重刊本。

受遭遇却大异其趣,近世朝鲜在朱子学一统天下的背景下,接受中国乡约显得毫无障碍,当然也并非全盘照抄,而是根据朝鲜本土的特殊情况而有不少改易,然而由于近世日本在幕藩体制之下,地方秩序完全依靠武士阶层,没有采用乡约方式来重组地方社会的迫切需要,所以中国乡约对于近世日本而言就缺乏普遍意义。这一观察结论似可说明,儒家传统的价值观或儒学思想的普遍性,若放在"同一"的东亚地域来看,其表现形态却是异样纷呈、多彩多姿的。也就是说,在东亚社会的不同地域、不同时期,儒学的普遍性完全有可能表现为各种不同的特殊性。

总之,从区域史的角度出发来考察儒学在东亚的历史,足以使我们了解近世(特别是17世纪中叶)以来所谓的"中华文化圈",其实已落入一种观念想象,不必信以为真[1]。可是,关注区域文化的特殊性也并不意味可借此否认区域文化中的共同面相,因为正是在区域文化的特殊性当中,隐含着某种文化的普遍意义,也就是说,儒学的普遍性必落在具体的区域文化中才能呈现。诚然,若从区域的角度看,儒学之在中国——具体地说,儒学之在先秦两汉、宋元明清或是长江流域,它的思想形态的表现方式不可能一模一样,但是若从另一区域——例如朝鲜、韩国或者日本——的角度来看,中国儒学的模样形态却又是大致一贯的,例如由近世朝鲜朱子学者的眼光看,中国儒学就是程朱传统贯穿始终,由近世日本的儒者眼光来看,中国儒学就是先王之道一脉相传;同样,也是从区域的角度看,儒学之在东亚——具体地说,儒学之在日本、朝鲜、韩国、越南等等,它的思想形态及其价值观念的表现方式更是有着巨大的差异,但是若从东亚以外的另一区域——例如美国、德国、法国等等——的角度看,东亚儒学的观念形态却又大致相仿或相近的,例如20世纪80年代一度甚嚣尘上的所谓"儒家资本主义"(近来不太听到这种声音了)便是来自异域的观察结果,其背后的潜台词显然是,东亚经济之所以不同于西方而能鼎立于

---

[1] 参见葛兆光:《地虽近而心渐远——17世纪中叶以后的中国、朝鲜和日本》,载《台湾东亚文明研究学刊》第3卷第1期,2006年。

世，应该有着同一的、本质的价值观作为支撑。事实上，上述两种观察的角度，都体现了"他者对自己""他者对非他者"或"东方对西方"这种二元对立的观念框架，此"他者"便有一种强烈的非此即彼式的排他性，因为"他者"总是存在于外部的异己者而与自我对立，从而形成一种长期以来的"对抗论述"[1]。为克服这一点，有必要建立一种"多元他者"[2]或"互为他者"的审视方法，从而建构起作为区域文化史的东亚儒学是一多元文化形态这一观念，庶可避免以往的"一国史"研究容易陷入的"中国中心论"。关于这一点已超出了本文的主旨范围，有兴趣者可参看我另撰的两篇拙文[3]。

---

[1] "对抗论述"一说，参见辻本雅史：《谈日本儒学的"制度化"——以十七至十九世纪为中心》（田世民译），载《台湾东亚文明研究学刊》第3卷第1期，2006年，第259页。
[2] 沈清松最近指出，在当今跨文化研究领域中普遍使用的"他者"概念内含与"自己"相对之义，为避免犯下此错，他建议使用"多元他者"这一概念作为审视不同文化之异同问题的一个视角。见沈清松：Centralities in Diaspora——A Philosophical Reflection，2010年6月国际中国哲学会(ISCP)、武汉大学哲学院"近三十年来中国哲学的发展：回顾与展望"国际学术研讨会论文。
[3] 参见上揭拙文：《"事天"与"尊天"：明末清初地方儒者的宗教关怀》，台湾《清华学报》2009年第1期；《试说"东亚儒学"何以必要》，《台湾东亚文明研究学刊》第8卷第1期（总第15期），2011年。均已收入本书。

附录

附录一

丸山真男有关"日本性"问题的思考

20世纪30年代,正当"国民道德论""近代超克论"在日本社会大肆喧嚣之际,丸山真男(1914—1996)正在思考他自己的问题,并着手创作系列论文,即构成后世誉为具有"里程碑"意义的名著《日本政治思想史研究》中的三篇论文(书中以三章形式出现)[1],其中第一篇论文在1940年发表时,丸山还只是一位26岁的青年。此后,丸山在日本思想史领域不断深入开拓,取得了极其丰富的具有原创性的研究成果,因此对于想要涉足日本思想史研究的学者而言,丸山几乎就是一座无法绕过的"高峰"。

那么,丸山的"日本研究"是在怎样一种思想状态下进行的?其研究又有哪些成果可以供今人借鉴或省察?以下我们将丸山"日本研究"放入当时的时代背景以及丸山思想的变化过程中来进行考察。但须说明的是,由于丸山思想及其日本研究的内容规模过于庞大,本文不可能对此展开全盘探讨。我们所关心的核心问题主要有两点:一、通过了解"近代"问题在丸山思想的内部所留下的轨迹,以便探讨丸山"日本研究"的特色及其问题所在;二、晚期丸山为探索日本文化传统中所存在的"日本性"(日语"日本的なもの")[2]问题而提出了"原型"论或"古层"论(亦可并称"原型—古层"论),关于这一理论的特色及其所存在的问题,

---

[1] 丸山真男:《日本政治思想史研究》,东京:东京大学出版会,1952年初版,1983年新装版。其中三章分别发表于1940年至1944年。特别是构成其主体内容的前两章,发表于1940年和1941年。另可参看王中江的中译本,北京:三联书店,2000年。

[2] "日本的なもの"可直译为"日本的东西",但在丸山"日本研究"的语境中,意指日本传统文化中某种"日本式的东西"或"日本性的东西",本文一概意译为"日本性"。

将是我们的考察重点。

一 "近代"是丸山的一种宿命

据丸山晚年的回忆，1940年代他对日本政治思想史研究之所以倾注了极大的热诚，其实有一个隐藏在内心深处的原因，就是为了响应当时席卷知识界的"近代超克论"，而对于当时的"国民道德论"及其相关的"日本精神论"则有一种"近乎生理上的厌恶感"[1]。从学术的角度看，丸山的"心结"其实就是"近代"的问题，这不仅因为该词在日本有"特殊的意味"，与来自"盎克鲁撒克逊世界的学者之间存在理解上的差异"，而且"近代"问题又是当时难以回避的时代问题，例如围绕"近代超克论"而发生的一系列争论。那么，历来被视作"近代主义者"的丸山在这股"近代超克论"的漩涡中，又持有何种立场和观点？

的确，"近代"对丸山而言，就是一种宿命，在其一生的思想研究生涯中，落下了无法抹去的印迹。他坦言在"近代超克论"的那个年代，在世界范围内，以英美法等"先进国"为代表的"近代"及其"世界规模的优越性"正在土崩瓦解，人们处在新文化"取而代之的转折点上"，这就是"超克论"者的共同展望，"而他们的有些见解在当时我的眼里，含有我所认同的观点"。然而，1940年代以降的时代风气已变得十分险恶，打倒自由主义、日德意联起手来建设"世界新秩序"乃是知识人的使命等等口号变成了一种集体"合唱"，主张日本国内意识形态的"齐一化"的要求也不绝于耳，而这种"全体主义思潮"成为背后支撑"近代超克论"的一股力量。不待说，对于上述这类现象，丸山内心毋宁是十分厌恶的[2]。

然而回到学术上看，根据丸山的观察，在历史学领域（包含思想史），"近代超克"这场知识对决是围绕着两个彼此相关的问题而发生

---

[1] 丸山真男：《英語版への著者の序文》，《日本政治思想史研究》，东京：东京大学出版会，1983年新装版，第391页。
[2] 同上书，第396—397页。

的,第一,超克论者的预设是:"明治以后的日本已经充分近代化,由于过度吸收西欧近代的文化及其制度,由此形成的毒素随之喷发而出,这才是现代日本最大的症结";第二,另有一种保守派观点则认为:"在被'近代'污染以前的日本,将古代信仰与包括儒教在内的来自亚洲大陆的'东洋精神'浑然融合而形成了美好的传统,这一传统在文化、社会、政治等各个领域虽历经风霜,但仍然得以保存至今。因此,现在我们就必须从'近代'那里清洗干净我们祖先的优良传统,这才是日本对于建设'世界新秩序'的贡献。"[1] 质言之,前者属于激进主义,后者属于保守主义(丸山称为"传统主义");前者的立场是,近代化已经全面暴露出问题,所以应当全面超克;后者的立场是,文化传统仍在,我们所需做的工作只是回归传统。不过,两者显然有共同目标:即主张对近代的"超克"。

在激进与保守之外,丸山企图找到"第三条道路",以回应"近代超克论",而他坦陈道这种"响应"其实已经超出"纯粹的学院研究"。根据他的看法,首先,在"现代日本"并不像"近代超克论者"所担忧的那样,已经完成了"近代化",事实上,当时日本所处的现实状态是:一方面已经具备制造世界上最大型的战舰的科学技术,另一方面,这类技术又在为帝国政治、"国家神话"所服务,所以远远没有实现真正的"近代化";其次,丸山反对马克思主义的社会发展阶段论,以为自古至今的历史阶段例如封建到近代之间未必就可以划分得截然两清,两者之间应当亦有某种"非连续性的连续",例如即便在维新以前的近世,也不存在像"传统主义者"所美化的那样,持续存在着与"近代"绝缘的、可以从历史变化中摆脱出来的所谓"东洋精神",反过来看,如果我们关注德川时代的思想"底流",那么或许会发现其中存在着走向近代的"可能性"[2]。

归结而言,丸山的史学思想之雏形已经形成,主要有两点:一是

---

[1] 丸山真男:《英語版への著者の序文》,《日本政治思想史研究》,东京:东京大学出版会,1983年新装版,第397页。
[2] 同上书,第398页。

认为"现代日本"的近代化并没有真正实现,一是认为近代以前的近世日本已有"近代思维"的因素存在。因此,他的《日本政治思想史研究》的主要理论企图便在于揭示并论证上述两个观点[1]。

二 早期丸山的"日本研究"

但是,丸山的这项"日本研究"也存在一些值得重新探讨的地方。归纳起来主要有两点:一是对江户儒学史的基本预设有误,例如丸山首先预设17世纪初以来朱子学已成为德川幕府体制意识形态,然后以17世纪末18世纪初徂徕学的出现为标志,朱子学思维模式开始发生崩塌,意味着"近代思维"的萌芽,这一趋势又因18世纪本居宣长(1730—1801)国学的出现而得以推进,其结论是日本近代思维方式可以从江户儒学(特别是徂徕学)那里找到其源头。换言之,丸山为我们提供了江户儒学史的一个样本(又称"丸山模式"):朱子学体制的确立——经古学、国学的批判解构——最终走上了近代化道路。而在此"模式"背后的理论企图是:近代的产生必然是对作为德川意识形态之儒教的"超克"。于是,儒教与近代被置于水火不容的对立两极。一是与上述一点密切相关的是,在丸山的历史判断的背后显然存在一种理论标准——即"近代性"的理论模式。具体而言,即以西方近代主义为标准,以为由"自然"向"作为"的展开乃是走向近代的模式,丸山以此来解释江户思想史的发展过程,以为中国儒学经过"日本化"的一番激荡,朱子学的"自然"向徂徕学的"作为"发生倾斜,并导致儒学"日本化",标志着"近代思维"的产生。

所谓"自然",这是指在朱子学的天理自然观的笼罩之下,一切制度规范都是由某种超越性的"实在"来安排的,与此相反,"作为"则

---

[1] 不过由于战争的原因,第三章只写到幕末时期,而原本计划讨论近代以降"国民主义理论的形成"的部份却最终未能完成,故留下了些许遗憾。这一遗憾得以"补偿",则可以战后的三篇论文为标志:《近代日本思想史における国家理性の問題》(一)(《近代日本思想史上的国家理性的问题》),原载杂志《展望》1949年1月号;《開国》,原载《講座現代倫理》第11卷"転換期の倫理思想"(日本),1959年;《忠誠と反逆》,原载《近代日本思想史講座》第6卷"自我と環境",1960年。上述三篇论文后收入氏著:《忠誠と反逆》,东京:筑摩书房,1992年。

是指一切社会文化制度都是后天人为的理性结果，这就意味着人的主体性自觉意识的发生，因而具有超越中世而走向近代的"近代性"。与此同时，丸山还从徂徕学那里发现了公与私、政治与道德的分离现象，而这类现象也正随着主体性"作为"意识的凸现而变得日益明显，并最终导致"近代思维"的产生。归结而言，自然与作为、政治与道德的两重分离，便是"近代思维"得以产生的两项重要指标。于是，经过丸山的解读，日本的"近代化"言说就这样被建构了起来。

须指出的是，正如丸山晚年经常提到的那样，他对"近代性"问题的思考受到了当时西欧思想的影响，特别是受到德国社会学家卡尔·曼海姆（Karl Mannheim，1893—1947）、马克斯·韦伯（Max Weber，1864—1920）以及弗兰茨·波克瑙（Franz Borkenau，1900—1957）的知识社会学及社会思想史的方法论影响[1]。具体而言，1929年曼海姆的《意识形态与乌托邦》(《イデオロギーとユートピア》) 以及1934年波克瑙的《从封建世界到市民世界》(《封建的世界像から市民の世界像へ》) 描绘了这样一幅欧洲近代思维的发生模式：从西欧封建社会转向市民社会之际所发生的"自然性秩序"向"主体性作为"的转型以及道德政治分离为标志的个人主体性的确立。重要的是，欧洲近代化这一模式也适用于其他地域社会，因而具有普遍性。

丸山正是在此影响之下，力图从近世日本的"思维方式"演变过程中寻找日本的"近代性"因素，以揭示"日本的近代思维的成熟过程"，关于这一点，丸山真男在战后撰写的第一篇文章《近代的思维》(1945年12月) 中明确表示，他的这一问题意识由来已久，并没有随着当时因日本战败而发生的社会巨变而有任何变化，而且首次大胆断言："在我国，不要说近代思维的'超克'，就连近代思维仍没有真正地获得。"[2] 丸山这样断言的内在思路是：在曼海姆等人所构想的近代

---

[1] 参见丸山真男：《日本政治思想史研究》"后记"，东京：东京大学出版会，1983年，第370—371页。
[2] 以上参见《近代的思维》，载丸山真男：《戦中と戦後の間：1936—1957》，东京：みすず书房，1976年，第188—190页。另据丸山晚年回忆，他从曼海姆那里所受到的影响主要有两点："思维方式"（Denkstil）和"视域构造"（Aspektstruktur）。他认为根据"视域构造"的转换，（转下页）

思维成长的模式中，"主体"不是指制作制度的"君主"，而是指在社会契约论基础上的"众人"，而徂徕学所设想的制作制度的"圣人"则是相当于"德川将军"的特定人物，及至明治维新以后，人们将"作为"者重新寄托在天皇制下的"明治国家"身上，因此在日本，"近代性"不但没有发展，反而遭到了严重挫折，这便是"近代性"在日本"不得不经历的命运"[1]。无疑地，丸山对日本"近代性"问题的探索及其反省是深刻的也是重要的，至今仍然值得重视。

当然要指出上述丸山早期"日本研究"的缺点是容易的，而且学界对此的讨论和批评已有很多，这里不必赘述。笔者所关心的是丸山史学思想中的两大视角"近代化"与"日本化"如何与其对"日本性"问题的探讨发生理论关联等问题，换言之，日本传统文化中的"日本性"问题在丸山那里究竟被如何表述的？

事实上，丸山的批评者多数停留在历史判断层面以及西方近代主义等问题上，以为江户儒学（如朱子学）是否构成体制性意识形态很值得怀疑，而西方近代性之本身更应是讨论之对象而非审视德川儒学的一项前提预设[2]。诚然这些批评并非一味苛求。然而在我看来，尽管

（接上页）进而可以把握思维方式以及思想范畴的意义转换，而这正是"把握精神史特有的发展形态之关键"（参见丸山真男：《思想史の方法を摸索して——一つの回想》，载《丸山真男集》第10卷，东京：岩波书店，1997年，第325、333页）。由此，思想史研究就可摆脱上层建筑与下层建筑之间的"反映论"这一框架，从而使思想史与经济史、政治史等领域得以区别开来而构筑自己的"对象世界"，并通过研究者的"视域构造"来重组"问题"，使得思想史研究成为一种"问题史"研究（见《日本政治思想史研究》"後書き"，第368页）。从中可以看出，丸山对当时流行的马克思的经济决定论模式下的社会研究颇觉不满，而意图建构适用于分析德川思想史的研究方法论。对此，我们自应表示同情理解，而他的"问题史"研究方法亦很值得重视。另参安丸良夫：《丸山思想史学と思惟樣式論》，载大隅和雄、平石直昭编：《思想史家丸山真男論》，东京：ぺりかん社，2002年，第191—204页。

[1] 参见《近代的思维》，载《戦中と戦後の間：1936—1957》，第190页。另参泽井启一：《丸山真男と近世／日本／思想史研究》，载大隅和雄、平石直昭编：《思想史家丸山真男論》，第148—156页。泽井敏锐地指出：丸山"日本研究"所要解决的两大课题其实就是"近代化"和"日本化"，一方面，他将"近代化"问题追溯至徂徕学，另一方面，他又将"日本化"问题追溯至闇斋学。只是在泽井看来，丸山的研究缺乏"东亚"视域，其结果就必然导致把德川儒学视作"闭止域"（意谓"封闭的独自领域"）。

[2] 请参看以下这些论著：尾藤正英：《日本封建思想史研究》，东京：青木书店，1961年；渡边浩：《近世日本社会と宋学》，东京：东京大学出版会，1985年初版，2010年增补版，（转下页）

以西方"近代性"理论来审视日本近世儒学或有顾此失彼、偏离事实之忧,可是既然欧洲与中国一样同属外来文化而对外来文化大胆接纳小心改造早已构成日本传统,那么,对丸山而言,以西方理论作为一种参照系,来解释近世日本儒学岂不顺理成章。丸山自己亦曾坦言,1952 年整理出版该著时,仍然相信自己并没有在方法论上或者具体分析方面存在"本质性的谬误",尽管当时的思考方向及问题意识与 40 年代相比已存在巨大差异,但这并不意味着自己的根本观点的"突然变异",对于学者来说,如果研究立场经常变来变去,丸山直言这是他所瞧不起的[1]。

即便就丸山晚年的研究论著看,60 年代丸山在东京大学讲授"日本政治思想史"课程时,仍然表露出他坚持早期的一些重要观点而不放弃,例如他说:在江户时代,儒教在各个方面为人们提供了"世界像的认知范畴",在这个意义上,"即便说近世儒教是一种体制意识形态,亦未必有误。"又说:"随着幕府体制的崩坏,虽然作为各种德目,儒教思想在明治时代仍有延续,但是作为整体性的世界像,儒教不曾再次复活。这一事态反过来表明,旧体制的社会系统与儒教的思想系统之间存在着内在的对应关系。"[2] 问题在于,如果视德川朝的朱子学为中国朱子学而非日本朱子学,那么其所认定的德川幕府教学体制意识形态又是朱子学,且其商标仍是中国,那么,受其教化者岂不个个成了"中华人"? 显然这是不可接受的推论。究其原因,这与丸山过于强调"近代化"视角而缺乏"日本化"视角或有密切关联。

(续上页)《日本政治思想史:17—19 世纪》,东京:东京大学出版会,2010 年;子安宣邦:《事件としての徂徠学》,东京:青土社,1991 年;黑住真:《近世日本社会と儒教》,东京:ぺりかん社,2003 年,《複数性の日本儒教》,东京:ぺりかん社,2006 年。相关论文参看平石直昭:《戰中、戰後徂徠論批判——初期丸山、吉川両学説の檢討を中心に》,《社會科學研究》39 卷 1 号,1987 年。

[1] 《日本政治思想史研究》"後書き",第 367 页。

[2] 《丸山真男講義録》第 7 册《日本政治思想史 1967》,东京:东京大学出版会,1998 年,第 183、184 页。不过从今天的立场看,上述两个观点都是很有问题的。当然正如后述,丸山对自己的日本文化"特殊论"有深刻反省。《丸山真男講義録》全 7 册,东京:东京大学出版会,1998 年,其中除第 3 册《政治学》以外,其余 6 册均题《日本政治思想史》,时间跨度为 1948 年至 1967 年。

其实，当1952年上述"日本研究"编辑成书出版之际，丸山对此仍无自觉，故该书《后记》并无一言提及于此，而在1974年他为英文版撰《序》时，始坦陈："本书的致命缺陷在于这样一点：几乎完全没有将日本朱子学的、真正的日本之特性纳入思考的范围，尤其是认定江户时代前期的朱子学乃是'最为纯粹的（来自中国的）、直接进口的朱子学'。"[1] 进而丸山反省道：山崎闇斋（1619—1682）及其崎门派朱子学尽管以"直系正统"自任，但不管他们的主观意图如何，吊诡的是，"这个学派以典型的形态表现出日本朱子学与中国朱子学之间所存在的乖离现象"[2]。不过，他辩护说这涉及"日中儒学比较"问题，而此问题原非"本书论旨"所在。

的确，对于"最为纯粹的""直接进口的"等措辞进行纠错并声明撤下是容易做到的，丸山反省其对"日中儒学比较"没有下工夫也是坦诚的。然而问题依然存在。设若承认崎门派朱子学不是原产的中国朱子学，是已经具备"日本之特性"的日本朱子学，那么，这一变化得以可能的依据是什么？换言之，促使这一变化实现的"主体"又是谁？从结果论的角度看，无疑地，这一变化的结果便是"日本化"，但是山崎闇斋及其门流们又是以何种高明的手段使其可能？答案只能是一个：亦即日本传统思想文化的资源利用才是崎门学改造朱子学得以成功的关键。据此，儒学"日本化"就不仅仅是"日中儒学比较问题"，而更是关涉到如何重新发现日本文化传统的问题。因为儒学"日本化"这一命题，必须解答一个前提式的提问：即日本化之"主体"是谁？毫无疑问，答案必然是日本文化传统。那么，日本文化之"传统"究竟何在呢？

三 晚期丸山的"原型—古层"论

熟悉丸山思想者，大多知道丸山"日本研究"有早晚期之分，不过也没有一个明确的年代界定，至多只是一种方便的设定。若从研

---

[1] 丸山真男：《英語版への著者の序文》，《日本政治思想史研究》，第402页。丸山提到的"最为纯粹的"那句表述，则见该书第31页注5。
[2] 同上。

究领域看，丸山的思想史研究主要涉足的是日本政治和日本文化这两大领域。前者可以1952年《日本政治思想史研究》和1957年《现代政治的思想与行动》的成果为代表[1]，两者成书虽然各在战前战后，但其问题意识有一定连贯性，属于近代化论谱系，其中含有对日本近代性问题、近代日本国家主义问题以及战后民主主义问题的批判性思考，奠定了丸山作为近代主义者和战后民主主义者的代表性地位；后者的代表性著作则始于1961年《日本的思想》，开始着手探讨日本文化的结构类型等问题，属于日本文化论谱系，当然上述两大论域或两种谱系是互为关联的[2]。只是丸山下定决心挖地三尺也要找到日本文化"传统"的标志性论文则是已经从大学退休后的1972年发表的《历史意识的"古层"》[3]。

"古层"者，原是地质学的一个术语，这里喻指日本文化的最深层部分，换言之，即存在于最深层的日本思想文化之本质——例如思维方式、价值意识等，而在"古层"之上则堆积着佛教、儒教或者基督教、自由民主主义等各种"外来思想"，只是其"底部"所在的"古层"则绵延不绝、生生不息。丸山常用的"底层"或"底流"亦同此意。只是由于"古层"论一出，人们纷纷议论丸山晚年发生了思想变节，试图"转回"至战前"国民性论"或"日本精神论"的老路，据说甚至引发"恶评"[4]。因此，丸山又在1981年撰述《原型・古层・执

---

[1] 《現代政治の思想と行動》，东京：未来社，1957年初版，1964年增补版（笔者手头所有的是1976年的增补版第76次印刷本）。该书第一篇文章《超国家主義の倫理と心理》（原载《世界》第5号，1946年），开始全面展开对"日本的天皇制国家构造的批判"（见该书末附《追記及補注》，第495页）。

[2] 关于上述两种谱系的划分，参见葛西弘隆：《丸山真男の"日本"》，载酒井直树等编：《ナショナリティの脱構築》（《民族主义的解构》），东京：柏书房，1996年，第205页。

[3] 《歷史意識の"古層"》，载《日本の思想》第6卷《歴史思想集》别册，东京：筑摩书房，1972年。笔者所用的版本是上揭《忠誠と反逆》。丸山原计划由三部分构成：历史意识、政治意识、伦理意识。但最终只完成了前两部分，即《歷史意識の"古層"》和《政治意識の執拗低音》（原为英文讲演稿，日译本见《丸山真男集》第12卷，东京：岩波书店，1997年）。

[4] 根据丸山的回忆，"转回"等这类批评主要来自70年代"大学纷争"时期的新左翼派及传统马派。学术性的批判，则可参看《现代思想》第22卷第1号"特集：丸山真男"所收相关论文，1994年。黑住真为此打抱不平，他认为"原型"或"古层"说绝非意味着"转回"，而是丸山"日本研究"一直潜存的问题意识之延伸而已，即在西洋／近代的思维构架中，探索（转下页）

拗低音——有关日本思想史方法论的我的足迹》[1]不得不对此作出回应而将"古层"改成音乐术语"执拗低音",以加深对"古层—原型"论问题的讨论而非取而代之。

其实在1972年的《古层》论文中丸山已经提到"basso ostinato"这一术语,意即"执拗低音",只是未对此展开讨论。据此可说,"古层""原型""执拗低音"三种说法用词虽异,然其本意则同(不过对中国学者而言,较有语言亲近感的是"原型"说)。它们的提出虽在70年代,但其实却是丸山"日本研究"的一贯问题意识——即探寻某种日本思想文化的"形式",只是与早期丸山在近代主义背景下注重探讨近代思维方式有所不同,五六十年代以后,丸山的工作重心转向了探索日本文化底层的"原型"。至少自1963年起,丸山在东京大学讲授日本政治思想史时,就开始讨论"日本思想的原型(prototype)",只是由于他当时没有接触荣格(1875—1961)的著作,故其不知"原型"其实与荣格分析心理学常用的德语Archetyp概念很接近,该概念主要用以分析集体无意识的力动作用。尽管这是一种巧合,但丸山表示他的问题意识来源于明治维新"开国"以降"文化接触"过程中对外来文化进行改造接受的方式问题,故而不得不在讲课时一上来就讨论"原型"[2]。

在这项探索"原型"的长期工作中,丸山对早期的"日本研究"进行"修正"之同时,提出了一系列重要观点。特别是他反省在《日

(接上页)"日本"的谜底——"日本性"问题,参见黑住真:《日本思想とその研究——中国認識をめぐって》(《日本思想及其研究——就中国认识而谈》),载上揭氏著:《複数性の日本思想》,第42页。

[1] 丸山真男:《原型・古層・執拗低音——日本思想史方法論についての私の歩み》,该文原为参加1981年6月日本国际基督教大学召开的"日本文化原型(Archetypus)探讨"会议而作,后收入该会议论文集《日本文化のかくれた形》(《日本文化的隐形》),东京:岩波书店,1984年"岩波现代文库"。笔者所用的版本是2004年新装本。"古层"通常与"原型"被捆绑在一起,作"原型—古层"论,对此展开分析和批评的论文可参见水林彪:《原型(古層)論と古代政治思想論》;安丸良夫:《丸山思想史学と思惟樣式論》,收入大隅和雄、平石直昭编:《思想史家丸山真男論》,东京:ぺりかん社,2002年,等。

[2] 丸山真男:《原型・古層・執拗低音》,第139页。另可参见丸山真男撰于1978年的文章《思想史の方法を摸索して——一つの回想》,其中提到他自1959年起,就开始在每年的授课讲义的序论当中谈及"原型"问题,而明确使用"原型"概念,则是在1963年(《丸山真男集》第10卷,东京:岩波书店,1997年,第342—343页)。

本政治思想史研究》中使用的"特殊性"概念突出了与"他者"的殊异性，含有文化上独一无二的意味，容易导致"日本特殊论"这一误解，并表示对此应"负有责任"。因而晚年他主张改用"个别性"，因为任何文化形态都有"个性"。他认为日本文化的"个别性"是就文化的整体构造着眼的，因此"个别性"不但不排斥"整体性"，两者之间在根本上就是"矛盾统一"的。他打了一个比方，在这个世界上"丸山真男"只有一人，这是就丸山的整体性而言，若就身体部位看，那么与丸山的鼻子、体格乃至气质相似的大有人在，但作为完整人格的"丸山"在这世上只此一家别无分店。由此，这种"个别性"与"整体性"的相即性构成了"悖论式命题"——"个别即整体"。要之，个别是整体之个别，整体是具体之整体。意谓个别在整体中，整体不能脱离个别而存在，重要的是，"个别只有在全体构造中才能被说出来"，若忽视文化结构而只讲个别，那么许多文化形态中的"个别"要素或许在世界其他文化形态中也能被发现。在这个意义上，丸山是结构论者，倾向于主张文化是由各种要素组成的结构形式。丸山强调如果把日本文化看作一整体构造，那么就可看到在日本文化中有"两种矛盾要素的统一"，"亦即外来文化的压倒性影响及其与所谓日本性东西的执拗残存——这一矛盾的统一"[1]。但是这一"统一"的基础乃是"执拗残存"的原型要素，由此可见在其观念中不免有本质要素论的因素，而这种本质要素是可以通过"减去法"（详下）而获得的，这就容易偏向文化本质论。总之，丸山有关个别与整体之关系的观点论述打破了以往"普遍对特殊"这一对立二元的思维方式，成为其史学方法论的重要内涵。

上面提到的所谓"外来文化的压倒性影响"，其影响源实际是指"大陆文化"，丸山断言从"记纪神话"[2] "万叶文学"、《风土记》及

---

[1] 丸山真男：《原型·古層·執拗低音》，第125—129页。
[2] 系指成书于公元8世纪的《故事记》《日本书纪》，为日本最古老的历史文献，其中主要由三种要素构成：1.天地开辟，2.日本国土的规模，3.天皇祖先神的确定。由此三者构成了日本神话的系统结构。如果仅从"说话与传承"的角度看，那么既有来自中国道教"蓬莱国"的影子，同时也与东南亚以及南太平洋各岛国的神话传说具有共通性，并没有显示出日本的殊异性，然而若放在日本神话系统中看，上述三种要素所构成的"日本神话的构造"便体现了日本文化（转下页）

《古语拾遗》等一批日本古代文献中可找到许多印证,当中"侵润"着大量儒佛及其他大陆文化的语言概念,这是无法否认的。可是另一方面,其中又有"日本性东西的执拗残存"——即指"原型",重要的是,原型不是作为一种 doctrine(教义)而存在的,即原型本身并不构成教义系统,若要抽取出这一原型,方法只能是"减去法"。即儒教、佛教(或者近代以降的民主主义或基督教也一样)等外来教义及其世界观所内含的概念范畴经过一番过滤程序,由此才能反显出"原型",除此之外,别无他法。例如神道史便是一个典型案例。最初,神道与佛教"习合"而产生"两部神道",后又与儒教"习合"而产生吉田神道和吉川神道,因此神道若不借助其他文化的观念便无法形成"教义"体系,这是神道的"思想史宿命",只是作为神道史的"原型"主要由日本神话的要素构成[1]。如果说作为日本文化之典型的神道教义有赖于其他文化,那么神道本身就不是日本文化原型。然而终极意义上的日本文化"原型"就存在于神道思想要素的"神话"当中。问题是,这种"神话"要素(具体指"记纪神话")是否具有消化、融解或改铸其他"外来文化"的魔力?于是,"日本化"的问题就出现了。

当然在丸山,"日本化"只是一个概念分析工具,并不具有像"原型"概念那样的方法论意义。在早期丸山的"日本研究"中未出现,但至迟在50年代就已使用[2],随着70年代"原型"概念的提出,丸山提高了"日本化"一词的使用概率,用来解释原型与外来文化的关系。他指出:

> 原型自身绝不能构成教义。教义体系化必要借助外来的世界观。可是其片断式的想法(引者按,意指经"减去法"而获得的

(接上页)的"个别性"。参见丸山真男:《原型·古层·执拗低音》,第125—128页。关于"记纪神话"所涉及的天皇神话、国家神话等问题,神野志隆光《古事記と日本書紀——"天皇神話"の歴史》(东京:讲谈社,1999年"讲谈社现代新书")有精到的解说。

[1] 丸山真男:《原型·古层·执拗低音》,第141页。
[2] 参见丸山真男:《福沢·岡倉·内村》,载氏著:《忠誠と反逆——転形期日本の精神史学の位相》,东京:筑摩书房,1998年"ちくま学芸文庫",第333页。60年代丸山的"日本政治思想史讲义"也不时使用"日本化",参见《丸山真男講義録》第7册《日本政治思想史1967》,东京:东京大学出版会,1998年,第224、257页等。

执拗残存的"原型")令人惊讶地保持着执拗的持续力,从而将体系性的外来思想进行改造接受,此即所谓"日本化"的契机。[1]

要之,所谓"日本化"实即"改造接受"之过程,是日本文化"原型"与其他文化不断发生"杂糅""修正"之过程。换言之,日本化之主体是"原型",在日本文化之原型的基础上,才有"日本化"之可能。若此,则日本化是否便意味着向日本文化的"同化"? 所以丸山一再提醒我们注意"'日本化'并不意味'日本主义化'"[2]。他也注意到江户中期18世纪初上演的国学运动这出"悲喜剧",意将外来思想从日本文化中"剥离"出去,便有可能导致"泛日本主义",若将这种论调推至极致,便可推出世界文化都源自日本的荒唐结论。丸山举例说明这种荒唐剧的确在历史上出现过:例如战争时期在军人当中信奉者颇多的所谓"天津教"(平田神道的一支)便宣称,基督出生在日本,释迦牟尼也是在日本土生土长的,甚至神代文字也是独立于汉字而产生的[3]。

由上可见,"日本化"是一种"文化接触"的过程,其前提是"古层—原型","日本化"必是在"原型"的基础上,对外来文化实施改造、修正和接受的结果。而"儒教'日本化'过程中的实际状态"也正是日本文化"原型"与儒教思想以及日本体制思想"互相作用"的结果而已[4]。但是,"儒教日本化"显然在丸山那里是一个隐而不显的论题,他的着眼点仍然在于探寻日本文化传统的"原型"问题上。换种说法,在丸山,所谓"儒教日本化"只能放在他的"原型"论框架中才能成立。

要之,丸山坚信正是日本文化中"原型"的执拗残存、不断发力,所以能对一切外来文化进行"修正主义"的手术之后使其与"日本性"相结合。他承认"日本思想史的主旋律是外来思想",但它是否能变

---

[1] 丸山真男:《原型·古層·執拗低音》,第143页。这段日语原文中有"変容"一词,这里意译成"改造接受","変容"原意是指对某种事物经改变之后容纳接受,很难用中文的一个词语来确切地翻译。
[2] 丸山真男:《丸山真男講義録》第7册《日本政治思想史1967》,第257页。
[3] 丸山真男:《原型·古層·執拗低音》,第137—138页。
[4] 丸山真男:《丸山真男講義録》第7册《日本政治思想史1967》,第257页。

为"日本性的东西",将取决于日本文化对其所进行的"改造接受之方法",而这个"方法"所呈现的便是"日本性的东西",他强调指出:

> (正是在)日本化的过程中,存在着共同的类型,有着惊人的相似性。这就是"古层"的问题。因此"古层"不是主旋律,使主旋律得以改变的契机才是"古层"。[1]

这段话是丸山后来为自己的"原型"说所作的辩护性说明,从中可见丸山的主要思路是:外来思想是"主旋律"而非"原型",而"原型"是使外来思想的主旋律发生"变容"的前提,此"变容"就是"日本化"过程,因此"日本性"即存在于"日本化过程中"或"变容的类型中"。丸山的上述说明很重要,表明"执拗低音"本身不是"主旋律",但也不是音乐术语"执拗低音"的原意所指的那样,是对"主旋律"的烘托,而是指能使"主旋律"得以"修正"的某种"契机",可见丸山所说的"日本性"与战前"近代超克论"者主张的实体化的"日本精神"毕竟不同。

归结而言,原型论一方面需要通过史实的建立以发现传统的"根"在哪儿,另一方面若要对传统的"根源性"做一番赋予意义的工作,这就需要对日本历史文化(包括本土及外来文化)的多元性资源有一整体的了解,由此才可避免原型"本质化",并使其成为开放性的资源。因为原型"本质化"必导致一个错误观点,认为原型可以是一种在历史展开过程中持续不变的"实体"存在,这就与丸山所持的一贯反对"日本精神论"或"国民道德论"不免趋于"本质化""实体化"之倾向的立场毋宁是背道而驰的。然而丸山虽然在主观上意识到这一点,但是就其原型论的理路来推,恐怕问题依然存在。我们将在下面的"小结"中来谈一谈丸山原型论有哪些值得反思的问题,而他的日本性问题的探索又有何思想史的意义。

---

[1] 语见川原彰编:《日本思想史における"古層"の問題——丸山真男先生をお招きして》(《日本思想史の"古層"問題——訪談丸山真男先生》),东京:庆应义塾大学内山秀夫研究会,1979年,第27页。转引自上揭葛西弘隆:《丸山真男の"日本"》,载酒井直树等编:《ナショナリティの脱構築》,第218页。

四　小结：对丸山"日本性"探索的一些思考

这里主要提四点，以便我们省察：

第一，依丸山，"原型"唯有通过"减去法"才能找到，这是否意味着通过历史主义"还原法"便可从各种历史现象中"还原"出它的本质？若此，则其所谓"原型论"便意味着通过对外来主流文化的过滤筛选就可得到某种本质性的东西，这就可能导致文化本质论。尽管从丸山的主观愿望看，他晚年以"执拗低音"取代"原型"，意在避免原型论有转向"本质论"之可能的质疑，然而就"执拗低音"之实质言，仍然是对原型论的坚持乃至论证，只不过转换成另一种说辞，在实质性的意义上，"古层""原型"与"执拗低音"三者之间并无二致。更重要的是，丸山似乎相信只要超越 8 世纪在律令制背景下成书的"记纪神话"而重返 7 世纪大化革新之前古代日本固有的"神话"源头，并"祛除"其中"大陆文化"的因素，便可找到存在于古代日本乃至弥生时代农耕共同体文化中的持续不断的那个"原型"或"低音"，而且这种"原型"在此后的日本社会中得以"持续发力""不断隆起"。显然，这一思路本身便充分表明他坚信在外来文化的现象背后（"源头"）存在着更为本质的日本文化的"原型"。然而，不仅抛开成书最早也是唯一的两部史书《古事记》和《日本书纪》而欲上溯至大化革新之前的历史中去寻找所谓"原型"，这在史学建构上是否可能很值得怀疑，而且在这种问题意识的背后，显然存在某种源自近代史学理论的想法：亦即认为存在一种最为原初或核心的作为思想文化的历史源头，并将此看作具有普遍性的"实体化"的确实存在[1]。

第二，关于"日本性"与"日本化"的关系问题。其实"日本化"一词本身就预设了一个前提，即在日本化之前必存在一种"日本性"

---

[1] 参见《丸山真男講義録》第 4 至第 7 册。对此丸山自身虽有自觉意识也曾再三声辩，但仍然遭致特别是来自"日本史"领域的不少日本学者的严肃批评，例如網野善彦：《"日本"とは何か》（《何谓"日本"》），东京：讲谈社，2000 年，第 84 页；小路田泰直：《"邪馬台国"と日本人》，东京：平凡社，2001 年"平凡新書"，第 59、81 页；石田雄：《丸山真男と市民社会》，（转下页）

的东西，以此为基础才能对外来文化做一番日本化的改铸熔造，而丸山提出"古层—原型"论就是想为日本文化做一番寻根探源的工作，找回这种"日本性"，就此而言，本来无可厚非，问题在于怎么找。如果通过"减去法"，从整体中寻找"个别性"便能得到"原型"，然后再以此"个别性"为据来解释体系化的"整体性"，这就必然导致"一种循环论观点"（丸山原话）[1]，可见，建立在"减去法"之基础上的原型论作为一种史学方法在试图论证日本化之问题（实即本土与外来的文化关系问题[2]）时，难以摆脱这样一种两难境地：一方面，不将那些整体性的东西过滤掉，就无法筛选出个别性的东西；另一方面，个别性本身不构成意义体系，欲对个别性做一番"意义赋予"的解释，必藉助具有意义体系的整体性。打个比方，"减去法"犹如剥洋葱一般，在一片一片地剥离之后，最终虽能找到其核心，但是这个核心本身一旦脱离了外围葱片的包裹，就势必枯萎凋落，也就意味着洋葱的整体意义的丧失，同样，即便通过"减去法"找到了日本文化的"根"（称之为"原型"也好"本质"也罢），但如果看不到文化大树上开花结果，那么这个所谓的"根"就根本无法展现其意义。

第三，与上述一点有关，我想借用19世纪德国史学家德罗伊森（1808—1884）的一个说法，来帮助我们思考丸山原型论的局限性之所在。德罗伊森指出史学研究中有一种错误观点认为可以在历史事件中寻找到

（接上页）载国民文化会议编：《丸山真男と市民社会》，东京：世织书房，1997年；以上转引自水林彪：《原型（古層）論と古代政治思想論》，载大隅和雄、平石直昭编：《思想史家丸山真男論》，东京：ぺりかん社，2002年，第61页。而在个别学者看来，丸山虽然称不上"民族主义者"，但是"我们不得不说在他的议论中，却隐藏着民族性的东西"（酒井直树：《丸山真男と忠誠》，载《现代思想》第22卷第1号"特集：丸山真男"，东京：青土社，1994年，第184页）。
[1] 丸山已经意识到这个问题，但他无奈地表示"这是没有办法的"。参见丸山真男：《原型・古層・執拗低音》，第143页。
[2] "本土与外来"，丸山表述为"外来对内发"的认识论构架，由此出发来思考日本文化，容易发生这样的误解：认为可以从日本思想史当中发现"内发"性的日本人思维方式或者"自己同一性"的东西，而与一切"外来"思想完全独立，例如江户中期"国学"思潮以及近代日本主义或者当今70年代学界流行的"土著"思想论便持这种看法。丸山指出这种探索在方向上已经犯错，导致日本思想史研究在方法上不得不面临"失败的命运"，他提议看看当今欧洲人，他们谁都不会把基督教看作"外来"宗教。参见丸山真男：《原型・古層・執拗低音》，第133、136—137页。

一个"确切的、绝对的源头、事情的本质",他以同时代的德国"圣经学"学派的代表人物包尔(1792—1860)的神学研究为例,指出该学派主张寻找原始基督教义、真实的基督教本质及其核心,然而即便找到了所谓的基督教义之核心,哪怕是找到了"基督本人",但如果脱离了基督教义之系统,那么基督教的真实性及其价值便无从体现,犹如人们寻找种子而不见大树,甚至想要砍掉大树以寻找种子,"这样都是没有帮助的",因此德罗伊森的结论是:"只有在它结的果实中,才能见到原初源头的再现。"[1] 我以为用德罗伊森的这个说法来针砭丸山原型论的局限性是妥当的。因为问题已经很明显,如果说"减去法"相当于砍掉大树找种子,"原型论"相当于寻找种子而不见大树,那么,即便"原型"作为事实而存在于"古层"中,它恐怕也无法呈现出文化传统的意义。由此,寄希望于"原型"中找到"日本性"的努力恐怕也会落空。

第四,丸山对"日本性"问题的探索有何思想史意义呢?表面看,不论是"原型""古层"抑或"执拗低音",给人的印象仿佛是要回归"过去"、返至"原点"。然而,丸山史学思想的根本旨趣绝非是复古主义,证诸其所言可以充分说明这一点,例如他说:"从整体构造上来认识过去,这一认识过程本身便是变革的第一步","若能对日本过去的思考方式作出整体上的阐明,那么其本身正是突破 basso ostinato 的契机"。[2] 这就充分表明丸山的立场是:认识过去正是为了克服过去而改变现在。反过来说,为了现在就更应全盘把握过去。可见其对日本性问题的思考显然具有一种未来指向,而非为了恢复或者回归"原型之传统"。所以他说:"克服原型(古层)之传统的第一步,就在于全盘解明原型(古层)之本身。"[3] 我们可以称之为"丸山命题"——为现在而认识过去。我觉得,丸山史学的重要意义就在于此。之所以重要,因为历

---

[1] 参见德罗伊森:《历史知识理论》,胡昌智译,北京:北京大学出版社,2006年,第29—30页。
[2] 丸山真男:《日本思想史における"古層"の問題》,《丸山真男集》第11卷,東京:岩波書店,1997年,第222页。转引自水林彪:《原型(古層)論と古代政治思想論》,载大隅和雄、平石直昭编:《思想史家丸山真男論》,第13页。
[3] 同上。

史重演往往就是源自缺乏对历史的认识。更重要的是，我们从"丸山命题"中可以读取出作为战后日本的现代民主主义者丸山真男的思想精神就在于无论是对"过去"还是对"现在"，他都拥有一种自觉批判意识，这一点更是难能可贵。在学术上，我们固然可以对其"原型论"等进行讨论或商榷，但是对他在学术上所坚持的批判意识、理性精神则没有理由表示怀疑。相反，当我们开始认真思考在当下中国如何面对各种外来西学思潮作一番"中国化"的改造等实践问题时，是否也需要对"过去"的清醒认识以及对"现实"的批判精神？答案应当是肯定的。

最后，关于丸山史学的思想意义再略赘几句。我们何以说丸山史学的批判意识和理性精神十分可贵呢？以下一些事例可以充分说明这一点，尽管这些事例发生在丸山过世之后。2000年5月15日，当时的日本内阁总理森喜朗竟宣称"日本是以天皇为中心的神国"，而此"神国"意识恰恰就是丸山所说的"历史意识的古层"，令人仿佛回到了江户时代。2001年3至4月，经日本文部科学省认定，通过了含有以下内容的历史教科书：将神话当作史实一般来记述、全文刊载1890年明治天皇颁布的《教育敕语》(这部文献成为帝国日本推动"国民道德运动"的"圣典"，于战后1946年被废除)、美化战前军国主义日本。日本主流媒体《朝日新闻》在报道这则新闻的同一天(2001年4月4日)，刊登了韩国学者迟明镜(韩日文化交流会议韩国方面议长)的谈话，他引用丸山的"历史意识的古层隆起"说，含蓄地批评日本社会出现的这些举动是欲使"过去"在"现在"复活，他呼吁为了防止这类现象重演，现在更需要"理性的复权"[1]。在我们看来，这些事例正表明丸山的一个洞察十分重要：

---

[1] 以上参见水林彪：《原型(古层)论と古代政治思想论》"附记"，载大隅和雄、平石直昭编：《思想史家丸山真男论》，第91页(笔者在引用时有所省略，并考虑到中国读者而略附说明)。水林彪在文章末尾特意作为"附记"将他在撰写"丸山真男论"之际，与该主题相关的相继发生在当时日本的令其感到"心情沉重"的这段"同时代史的事实"记录下来，说是为了"备忘"，措辞谨慎，但寓意深远。文中提到的历史教科书，即指西尾干二等著：《新しい歴史教科书》，东京：扶桑社，2001年6月。另，韩国学者迟明镜在此借用丸山的"不断隆起"说来暗讽21世纪日本右翼的知识动向，可谓一针见血。不过，也有学者对"不断隆起"说有严厉批评，例如铃木贞美指出：丸山"古层"论无非是糅合了战前西田几多郎《日本文化问题》(1933)以为日本历史之本质在于"不断发展"的观点以及和辻哲郎(转下页)

执拗残存的政治意识、历史意识、伦理意识的"古层"不仅在历史上而且完全有可能在当下"持续隆起"。用中国话说，叫作"历史重演"。也正由此，为了改变"现在"而有必要直捣"古层"之巢穴、突破"原型"之框架、洞穿"低音"之实质，以促使人们对"现在"保持一种批判性的审视眼光。这应当是丸山鼓足勇气拼命探索"日本性"问题的终极目标。由此而使我们联想到：在当下中国，当我们宣称要走"中国化道路"时，我们对自己的"中国性"究竟如何认知？有何批判？

（接上页）《日本文化的多重性》一文中提出的"文化基层"说而形成的，至于国民精神论者纪平正美（1874—1949）《日本的特殊传统》（1941）所认为的某种"超古代"的传统精神会重新突然喷发的观点则是难以成立的，因为这种所谓的传统国民精神之重新出现乃是明治时代末期，通过宣扬本居宣长、平田笃胤乃至筧克彦（1872—1961）等人的国家民族主义观点之后逐渐膨胀起来的，据此可以说，丸山意图折返至历史意识的"古层"，其实质只不过是一种"大日本帝国的'实在'"——"亦即战时宣传的'民族大生命'的思想"（参见氏著：《日本的文化民族主义》，中译本，第185—186页）。这便是丸山"古层"说引发"恶评"如潮的一个显例，在此顺便将此点出，以见日本知识界盘根错节、异见纷杂的现象绝非我们这些"外人"可以轻易置喙的。

附录二

关于"东亚阳明学"的若干思考

——以"两种阳明学"的问题为核心

引言 何谓"东亚阳明学"、什么是"阳明学"?

"东亚阳明学"是东亚儒学领域中的一个研究对象,不同于"国别史"意义上的"中国阳明学"。然而,在历史上并不存在"东亚阳明学"这样一个思想"实体",因为,"东亚阳明学"是指"阳明学在东亚",而不是说存在一个本质同一、时空一贯的"东亚阳明学"。今天我们讨论东亚阳明学,主要关注的乃是阳明学在东亚文化地域(主要指中国、日本、韩国·朝鲜)的传播、展开、转化等思想现象,所以,东亚阳明学这一研究新领域有待开辟,但并不意味着重建东亚阳明学的思想体系。

"东亚阳明学"作为学术名称或许最早见诸韩国学者崔在穆1991年的博士学位论文《東アジア陽明学の展開》(日文版)[1]。崔教授对这项研究有一个自我定位:东亚阳明学研究是对阳明学在东亚三国(中国、朝鲜·韩国、日本)的展开过程与历史形态进行"比较考察",是从阳明学视域出发对"东亚近世思想史研究"的一种尝试[2]。就其研究的结果看,并不是对"东亚阳明学"的整体性体系结构的重建,而是展现阳

---

[1] 崔在穆:《東アジア陽明学の展開》,东京:ぺりかん社,2006年。"東アジア"即East Asia的译语,是日本第二次世界大战之后开始正式使用的名称,第二次世界大战前的"和制汉语"则是"東亞"。1941年12月日本东条内阁通过决议,将针对英美中发动的战争统称为"大東亞戰爭",然而第二次世界大战之后,由于当时接管日本的以美国为首的"联合国军司令官最高司令部"(简称GHQ)判定"東亚"为"战时用语",因而宣布禁止使用,改称为"太平洋戰爭",这就使得日本发动侵华战争的这段历史被遮蔽了。在当代日本,"東亞"一词一般不见使用。

[2] 崔在穆:《东亚阳明学的展开》,钱明译,台北:台大出版中心,2011年,第1页。

明学在东亚同中有异的各种特性。这是因为阳明学在东亚的历史展开过程中发生了种种"本土化"的转向，更因为"东亚"不是单纯的地理概念而是一种文化概念，故阳明学作为一种外来思想在东亚地域的传播流行，必然与本土文化发生碰撞、汲取以及转化等"本土化"现象，因而从跨文化研究的视域看，不可能存在所谓本质同一的"东亚阳明学"。

至于"阳明学"，其实也不是一个不言自明的概念，而是具有广狭两义的学术史概念。从历史上看，在晚明时代就已出现"阳明学"一词，例如晚明东林党人邹元标（1551—1624）曾经指称"北方王门"的孟秋（1525—1589）"夙志阳明学"，意谓孟秋追随其师张后觉（1503—1578）从事"阳明学"[1]，此处"阳明学"当是特指阳明本人的学说。成书于17世纪末的黄宗羲《明儒学案》在为汪俊（生卒不详）所作的"小传"中也曾使用"阳明学"一词，而汪俊与阳明同时而略晚，他对"阳明学不从穷事物之理"[2]的思想是表示反对的。显然，黄宗羲在此所谓的"阳明学"，是特指王阳明的学说。仅从以上两例来看，"阳明学"一词在明末清初并不流行，而且属于狭义的概指阳明本人的学说。然而约成书于18世纪的《明史·王守仁传》则有"学者翕然从之，世遂有'阳明学'云"的记载，这是说当时社会上"阳明学"得以广泛流传，这个说法的含义就比较宽泛，既指王阳明的学说，又含指阳明后学以及明末流传的心学思想[3]。

要之，就狭义言，"阳明学"专指阳明思想，从广义看，"阳明学"

---

[1] 邹元标：《愿学集》卷五《我疆孟先生墓志铭》，《四库全书》本。
[2] 黄宗羲：《明儒学案》卷四十八"诸儒学案二·文庄汪石潭先生俊"，北京：中华书局，1985年，第142页。
[3] 邓红认为《明史》中的"阳明学"一词并非严格意义上的学科名称，作为学科名称的"阳明学"则出现于19世纪八九十年代的日本，如同physics被译作物理学、economics被译作经济学一样，阳明思想被日本学者称作"阳明学"，故而是典型的"和制汉语"。不过他也指出在明治维新前，吉田松阴（1830—1859）就曾在狭义上使用过"阳明之学"的名称。参见邓红：《何谓"日本阳明学"》，载《华东师范大学学报》2015年第4期，第153—154页。作为"和制汉语"的"阳明学"虽然是近代日本学者在"汉字文化圈"的影响下所"制造"的术语，然而"阳明学"一词的出现仍然应当追溯至《明史》甚至明末，应当视作中国思想史上的一个固有史学概念。

盖指王阳明及其后阳明时代的心学家共同诠释、推广发展而逐渐形成的一种思想学说,其中包含后人的理论诠释等思想内涵。也就是说,阳明学不仅意味着阳明本人的思想,同时也指阳明思想的再解释、再建构的思想系统,例如后来传播至日本及韩国的阳明学而形成的所谓"东亚阳明学"便是广义上的阳明学。

从一种跨文化的视野看,阳明学传入东亚地域之后而形成的日本阳明学或韩国阳明学,与中国阳明学相比,既同中有异又异中有同,其所同者是对阳明学的致良知等普遍观念的接受,而其所异者则是在接受这些普遍观念的过程中所发生的某种"转化"。从根本上说,日本或韩国的阳明学是一种思想重建而不是某种概念复制,因而必然与中国阳明学存在种种差异现象以及理论张力。这一现象表明中国阳明学与日本或韩国的阳明学虽同属广义上的阳明学,但是彼此在理论形态、观念表述等方面则各有思想特色,充分说明阳明学在与异域的"他者"文化进行交流的过程中可以展现出多元发展的可能性。

但是,难道阳明学可以是复数形式的吗?换言之,阳明学的"多元性"是否意味着阳明学的"复数性"?这里所涉及的其实是这样一个问题:中国阳明学在理论上究竟是圆满自足的封闭体系,还是可以不断重新诠释的开放系统?其问题的实质也就是:是否存在一种本质主义意义上的"元阳明学",以及另一种特殊主义意义上的"阳明学"?于是,两者之间就必然存在宰制与被宰制的关系。当我们的视野局限在中国本土之际,往往会以为阳明学只是中国的阳明学,其思想普遍性规定了它只能"同化"异域的"他者"文化而不能被"他者"文化所"转化",因为阳明学的普遍性本质便是其自身的"合法性"唯一依据,而不可能发生变化。倘若历史的真相果真如此,那么结论必然是:阳明学只能有一种而不存在"复数性"的可能,也不可能被"他者"所转化,日本或韩国的阳明学就只能是被动地全盘接受中国阳明学的复制品而已,在思想上不可能有什么新发展。

然而,在当今经济全球化、文化多元化的背景下,在积极推动世界性文明的对话过程中,地方性知识也正日益受到重视,中国传统文化之一的儒学也早已打开国门而被纳入东亚儒学乃至文明对话的场域中得以重新审视。正是在 21 世纪人类文明发展的新形势下，对于以往的那种不免将自身封闭起来的阳明学本质化、狭隘化的看法，应当加以深刻的反省。

一　"两种阳明学"：解构中日阳明学的"同质性"

说起来，早在 19 世纪末，日本学者就开始认识到中国阳明学与日本阳明学并不一样，甚至产生了极大的反差，其差异之大，已经到了一者"亡国"一者"兴国"的程度，前者是中国阳明学，而后者则是日本阳明学。这是 19 世纪末 20 世纪初的阳明学者高瀬武次郎（1869—1950）提出的一个观点。此人是一位国家民族主义者，用今天的话来说，属于"右翼阳明学"者，他在 1898 年出版的《日本之阳明学》一书中指出阳明学有"事业性"和"枯禅性"这两种思想"元素"，"得枯禅之元素者可以亡国，得事业之元素者可以兴国，中日两国各得其一"[1]。这是说中国阳明学已经堕落为"枯禅"，相反，日本阳明学则继承了注重"事业"这一真正意义上的"阳明学"，此所谓"事业"，即指阳明学在"事功"方面所做的贡献。很显然，他的这个说法是以 19 世纪末日本的明治维新为背景的，所谓"兴国"便是指明治维新推动的日本民族国家的重建（史称"开国"）[2]。按照他的这个说法，阳明学不仅有"两种阳明学"，而且与"中国阳明学"不同，"日本阳明学"正可承担起重建现代民族国家的重任，成为从江户幕府的"封闭社会"向当时西方所谓开放性的"现代社会"转化的一种思想动力。关于高瀬的这个观点，当然我们不能照搬接受，因为从严格的学术角度看，他不仅对阳明学的理解存在重大偏差，而且他的阳明学解释在很大程度上是为当时明治帝国的国家建构所服务的。对此，我们理应有所反

---

[1] 高瀬武次郎：《日本之陽明学》，东京：铁华书院，1898 年，第 32 页。
[2] 所谓"开国"，意指由"封闭"向"开放"的社会转型。参见丸山真男：《開国》，原载《講座現代倫理》第 11 卷"轉換期の倫理思想"，1959 年；后收入氏著：《忠誠と反逆——轉形期の日本精神史の位相》，东京：筑摩书房，1992 年。

省和批判。

不过,从比较研究的视野看,"两种阳明学"的确在中日两国的思想史上是存在的。日本已故著名学者沟口雄三(1932—2010)就在现代学术的意义上提出了"两种阳明学"这一概念,他在1981年发表的同名论文中,通过对"中国阳明学和日本阳明学"的严格分梳,进而批判以往日本学界流行的一种观点:"认为中国的阳明学与日本的阳明学是同质的。"[1]对于这种"同质性"的观念想象,沟口认为有必要进行彻底解构,在他看来,中日阳明学无论在思想构造上还是在理论事实上,都存在着根本"差异",而且两者在中日两国的思想史上的地位及其作用也有重要差异,因而是属于异质的"两种阳明学"。

沟口雄三先生是一位出色的中国学专家,阳明学其实就是他的研究生涯的起点,因而他对阳明学的思想理解与19世纪末明治维新以降的那些所谓"阳明学者"不可同日而语。他指出,阳明学的思想本质可以归纳为"心即理"和"致良知"这两个基本命题,而阳明思想的旨意在于打破朱子学的"定理"观,摆脱程朱理学以来既有的徒具形式的"理观念的束缚",以使活生生的现实的"吾心之理"显现出来,从而"开辟通向理观的再生或变革的道路"。但是另一方面,不可讳言的是,"王阳明自身并没有到达构建新的理观的程度",意思是说,阳明学尽管解构了朱子学的"理",但却未能重构新理论形态的"理"。显然,沟口先生对阳明学的理解颇具独特性,在他看来,阳明学表面上所突出的是"心",然而其思想实质却是"理本主义"。

尽管如此,由于阳明思想是对朱子学"定理"观的一种叛逆,而将吾心之良知从既有的理观的束缚中解放出来,"致力于我之良知主体的确立",所以,"人们往往特别强调这种良知主体的内发的能动性与主体性",以为阳明学的特质就在于强调心体的动力,然而对阳明学的

---

[1] 沟口雄三:《二つの陽明学》,载《理想》第512号,1981年1月。引自中译本《沟口雄三著作集》所收《李卓吾·两种阳明学》,孙悦军、李晓东译,北京:三联书店,2014年,第203页。中译本《两种阳明学》收录了三篇文章:《两种阳明学》《关于日本阳明学》(原载《現代思想》臨時増刊"總專輯:日本人の心の歷史",Vol.10-12,东京:青土社,1982年)、《中国的阳明学与日本的阳明学》(原载《〈傳習錄〉解说》,东京:中央公论社,2005年)。

这种理解却是片面的。沟口强调指出："如果将阳明学的这种内发、能动、主动的属性看作是阳明学的本质，从历史的角度来看是不正确的。"[1]此话怎讲呢？

其实，沟口此说是针对长期存在于日本的对阳明学的一种误解，而且这种"并不正确的阳明学观在我国（指日本）的一些学者中却依然根深蒂固"。根据沟口的观察，这是因为日本"幕末阳明学的特性并没有作为日本特性而被正确地相对化"，故而导致人们往往"通过幕末阳明学这一变色镜来理解中国阳明学的倾向"。所谓"幕末"，指江户幕府政权的末期，大致指 1868 年明治维新之前的三四十年的一段时期，在当时的一批倒幕志士中涌现出不少所谓的阳明学者，如吉田松阴（1830—1859）、高杉晋作（1839—1867）、西乡隆盛（1827—1877）、河井继之助（1827—1868）等等，这批所谓的"阳明学者"在倒幕运动中起到了十分关键的作用。于是，历史上就形成了明治维新的成功有赖于阳明学等传说[2]。这类传说不仅在 19 世纪末的近代日本开始广泛流传，而且传到了中国。为近代中国相当一批知识精英如梁启超、章太炎等人接受。他们基于流亡日本期间的观察，无不对中国阳明学帮助日本取得明治维新成功的观点信以为真。至于以吉田松阴等人为代表的志在倒幕攘夷的一批志士提出的所谓"阳明学"到底是一种什么阳明学，却很少有人问个究竟。

其实，将阳明良知学理解为"能动性与主体性"的哲学，这是幕末阳明学者的"后见之明"。阳明良知学固然具有实践性、能动性的特征，然而这种实践性和能动性更多是作为"道德实践""成圣之学"被强调的，而不是以推翻社会秩序为指向的某种"革命"哲学。然而，

---

[1] 沟口雄三：《李卓吾·两种阳明学》，第 212 页。以下凡引此文，均见第 203—220 页，不再标注页码。
[2] 所谓"阳明学是明治维新的原动力"之说究竟由谁提出，尚无确考，一般认为，其滥觞者或是国粹主义者三宅雪岭（1860—1945），他在 1893 年出版的著作《王阳明》一书中，提出了"在维新前夕挺身而出者，大多修阳明良知之学"（《三宅雪嶺集》，柳田泉编：《明治文学全集》第 33 卷，东京：筑摩书房，1967 年，第 313 页）的说法，其中他提到的一份人物名单是大盐中斋、春日潜庵、西乡隆盛以及高杉晋作等。

江户幕末时代的所谓"阳明学者"却自以为在继承阳明学的"能动性与主体性"的基础上,便可以充分利用阳明学来达到他们推翻幕府体制、重建"祭政一体"(即"政教合一")的目的。对此,沟口尖锐地指出,这只不过是"幕末阳明学的特性"——即"日本特性"而已,而根本不同于中国阳明学的一般特性。因此,只有在充分认识这一点的前提下,将幕末阳明学"相对化"——即非本质化,也就是说,不把阳明学的"日本特性"等同于阳明学的一般特性,只有将"日本特性"相对化,才能对中日阳明学获得客观的了解,而不至于将幕末以来的"日本近代阳明学"误认为就是真正的阳明学。

所谓"相对化",是沟口学术思想中的重要方法论,旨在强调将研究对象客观化而反对将研究对象目的化,例如就中国学研究领域而言,只有首先将中国"相对化"而避免将中国目的化,才能建构起真正意义上的"中国学"。同样,对于幕末阳明学也须经过一番"相对化"之后,才能认清其思想特质已经发生了"日本化"转向,其所形成的阳明学是一种"日本特性"的阳明学。

重要的是,按沟口的看法,这种"日本特性"表现为对"心"的重视,与中国阳明学企图重建"理"的思想旨趣根本不同。而日本阳明学所注重的"心",其实与日本思想史上的"清明心"这一绵延不绝的传统密切相关,同时,也与日本思想注重"诚"的精神可谓"同属一脉"。沟口指出:

> 在中国的阳明学中,因为理是普遍存于所有人之中的,所以它也应是适用于所有人的秩序规范,同时,因其普遍性的缘故,就不得不应历史现实的推移而变革理的内容以适应新的现实,这种以理为基轴的思想史潮流中的中国阳明学与以心为基轴的日本阳明学不仅在历史的位相上,在思想的结构和本质上,从根本上就是不同的。

这是说,"两种阳明学"之间存在的差异性,遍及思想历史、思想构造以及思想本质这三个主要方面。如此一来,中日阳明学的"同质性"不得不被彻底解构。沟口汲取了日本思想史专家相良亨(1921—2000)将"清明心"与"诚"归约为日本文化特性这一重要观点[1],指出以"心""诚"为传统基调的日本思想才是"日本式阳明学"得以形成的重要根源。

值得注意的是,沟口断定中国阳明学虽称"心学",但其本质却是以"理"为中心主义的,因为中国阳明学的内发性、能动性、主动性无不是指向"理的再生",相比之下,日本阳明学由"内发"的、"灵动"的"心"出发,指向的却是"天我"。此所谓"天我",是日本特有的说法,源自幕末阳明学者大盐中斋(1796—1837)根据"心归太虚""太虚即天"的命题,进而提出的"天即我"的观念主张,认为天与我存在合一性,这种合一性意味着"以自我为主体,使自我在天欲中得到新生",而且"自我可以在超越自我的天我中获得革新行动的自由"[2]。沟口认为,中斋的这一"自我"观念正反映了日本传统文化中的"天我"趣向,而此趣向又是以"清明心""诚"等观念为基础的。经过上述比较考察,沟口判定中国阳明学是以"理"为指向的,日本阳明学才是以"心"为指向的,正是由于中日文化的根本趣向的不同,所以建立在自身传统文化基础上的两种阳明学就不可能具有"同质性"。结论是,中日阳明学本来就是两股道上跑的车,不仅殊途而且亦不同归。

沟口显然突出强调了中日阳明学的差异性,这一判断是否切合事实,我们无意深究。问题是,既然中日阳明学在历史、结构及本质上表现出根本差异,那么,以日本文化为资源的"日本式阳明学"又有何理由称得上是"阳明学"?这是沟口不得不回应的一个问题,所以他表示"从一开始"他就怀疑"将天我志向的日本式的阳明学称为阳明

---

[1] 参见相良亨:《誠實と日本人》,东京:鹈鹕社,1980年。相良亨有一个著名观点,认为中国儒学虽是"持敬中心主义"或"致良知中心主义"的,却没有形成"诚中心主义",而"诚中心主义的儒学是日本人的思想,日本式儒学得以产生的缘由正在于此。"(同上书,第180页)这一论断是否符合史实,可另当别论。沟口坦承他从相良亨的观点中获益不少(《李卓吾·两种阳明学》,第219页)。

[2] 沟口雄三:《李卓吾·两种阳明学》,第218、219页。

学本身是否妥当",而在全文结尾处则断然指出:"原本就没有两种阳明学"。

　　这句论断下得很重,值得重视。如果此言为真,那么,"日本阳明学"的说法在日本思想史领域中就失去了合法性,同时也意味着阳明学只能是中国的阳明学而不能有另一种阳明学。表面看,这一观点无疑是对阳明学的"本质化"论述,然而根据沟口一贯的思想立场,他对任何的"本质主义"都是持批判态度的,他特别强调无论是研究中国还是研究日本,都必须将对象"相对化""客观化"或"他者化",即将对象视作"方法"而非"目的",以往那种以中国为"目的"的中国学,其实就是日本汉学传统的"没有中国的中国学"——即"把中国这一对象本身都给舍弃掉了"的所谓"中国学"[1]。同样,按沟口的立场,只有将幕末阳明学"对象化",通过与中国阳明学的比较,才能认清日本阳明学之特质,以免落入"没有日本的日本阳明学"之窠臼。

　　我觉得,沟口之所以断定"没有两种阳明学",其真意就在于双重否定"没有日本的日本阳明学"和"没有中国的中国阳明学",进而肯定以阳明学为"方法"的阳明学,以此解构"同质化"的所谓"两种阳明学"。尽管从语言表述上看,沟口的叙述颇显曲折,但是其旨意是不难理解的,因为"以中国为方法的世界",其实是通过把中国看作"构成要素之一"的同时,"把欧洲也看作构成要素之一的多元世界"[2]。因此,所谓"原本就没有两种阳明学",并非强调世上只有一种阳明学,而在于提示我们须认清日本阳明学的"日本特性"。换种说法,也就是自日本阳明学始祖中江藤树以来就有充分表现的"阳明学中的日本特性"[3]。

---

[1] 沟口雄三:《沟口雄三著作集:作为方法的中国》,孙悦军译,北京:三联书店,2011年,第130页。

[2] 同上书,第131页。

[3] 沟口雄三:《关于日本阳明学》,见《李卓吾·两种阳明学》,第221页。"阳明学中的日本特性",乃是沟口转引尾藤正英《日本封建思想史研究——幕藩体制的原理与朱子学的思惟》(东京:青木书店,1961年)中的说法。

二 何以说"原本就没有两种阳明学"?

在发表《两种阳明学》的次年,沟口又有续作《关于日本阳明学》,意在从另一角度来补充说明"两种阳明学"的含义,特别是对"原本就没有两种阳明学"的问题有进一步的讨论。

沟口在文章开篇就表明了一个问题意识,他非常不满当时刚出版的《日本思想大系》中有不少学者不自觉地将中国概念当作日本概念来进行注释的做法,这种做法反映出这些学者"丝毫没有意识到两国相互间的独特性"[1]。在沟口看来,这无疑是"以中释日"的研究态度,而沟口的一贯立场则是,中日各为特殊,彼此差异明显,强调研究过程中须将研究对象"他者化",同时也意味着自身对象化,以实现世界多元化。

在这篇文章中,沟口指出中国阳明学的独特性并不表现为"心情"主义,而是"更为彻底地推进了理本主义的立场","将理本主义进一步扩大到一般民众的规模上",而阳明学与朱子学的不同并不表现在"理本"问题上,而表现为朱子主张定理的客观性与阳明主张心中之理的主体性这一观点上的不同,但毕竟都属于一种"理"的哲学。

至于日本,由于"历史风土"与中国相当不同,因而具有"独特性",与此同时,中国也有自身的"独特性",例如在天、理、公、自然等概念的理解方面无不显示出重要差异。从江户早期中江藤树一直到幕末阳明学的吉田松阴,都带有浓厚的"心法或心本主义的日本特色"。由此推论,"日本式的阳明学即便是在日本意义上,也没能作为阳明学而被确立,或者应该说这亦属理所当然"。说得更为干脆一点:"事实上,甚至应该说日本式阳明学这样的称呼是不妥当的。"这就与《两种阳明学》一文的最后一句断语趋于一致。那么,何以有"日本阳明学"之说呢?

沟口指出,"日本阳明学"的始作俑者是井上哲次郎(1855—

---

[1] 沟口雄三:《李卓吾·两种阳明学》,第222页。以下凡引此文,均见第221—243页,不再标注页码。

1944），出现于 1900 年问世的井上汉学研究三部曲之一的《日本阳明学派之哲学》[1]。而在沟口看来，井上的阳明学研究问题重重，其方法及立场都不可取，因为井上一方面"是对中国进行日本式的解读"，另一方面是"对日本进行中国式的解读"，故其所谓的阳明学，"作为思想研究是不科学的"，没有将中国和日本双重"对象化"，对中国的理解也是"肤浅的"。重要的是，井上之后，人们仍然深受其研究范式的影响，不免"以日本的心去理解作为心学的阳明学"。沟口认为，这种日本阳明学的观念必须彻底解构，究极而言，即便说"日本式阳明学的日本特性本身，也是没有意义的"。这是沟口得出的最终结论。由此推论，"日本式的朱子学"这一观念也同样可以从"江户期思想研究中消失"。不得不说，这是一种极端之论。不过，沟口的理路是清楚的，第一，由于中日两国的"历史风土"完全不同，因此不可能产生一模一样的思想，朱子学也好阳明学也罢，一旦传入日本之后，很快就被日本本土文化所淹没；第二，无论是中国研究还是日本研究，都有必要做一番"对象化"的处理，才能客观地认识对象，无疑这一方法论主张，具有重要的学术意义而应引起我们的重视。

但问题是，即便说中国儒学传入日本之后就被日本文化所淹没，然而在文化传播过程中，是否存在两种思想文化的碰撞、交汇乃至转化等现象呢？对此，沟口却未予关注，他强调的是，在许多根本问题上——如天、理、公、心等观念乃至"格物""穷理"等具体问题上，日本人的感受和理解都表现出与中国不同的面相，反而显出与近世日本的国学、神道思想等相通的"日本人独特的思想"。若以此推论，不仅日本朱子学、日本阳明学的说法不能成立，甚至日本历史上是否存在日本儒教也是值得怀疑的，进而言之，凡是一切外来的文化思想，

---

[1]　"日本阳明学"一词，似非井上首创，上文提到的高瀬武次郎《日本之阳明学》在 1898 年由铁华书院出版，不过"日本阳明学"作为学术用语在日本近代学术界获得话语权，则以井上的这部著作为标志。至于近代日本阳明学的开端，则应追溯至 1893 年出版的两部专著，即三宅雪岭《王阳明》（政教社，1893 年）以及德富苏峰《吉田松阴》（民友社，1893 年）。参见荻生茂博：《日本における"近代陽明学"の成立——東アジアの"近代陽明学"(1)》，见其著：《近代・アジア・陽明学》，东京：ぺりかん社，2008 年，第 414—444 页。

都难以冠上"日本"之名,即便是"日本佛教"之名亦难以成立。这是沟口不得不遭遇的困境。

然而事实上,沟口直到晚年也没有放弃使用"日本阳明学"这一概念。他在逝世前五年的2005年又有《中国的阳明学与日本的阳明学》之作,文章从三岛由纪夫(1925—1970)说起,承认三岛所理解的阳明学已经"过于日本化了",并承认"两种阳明学"(即三岛所理解的日本阳明学与中国阳明学)是相当不同的。为证明这一点,沟口从六个方面归纳了日本阳明学的"日本特性",即:1. 将阳明学看作是精神自立、不为外在权威所羁的进取思想;2. 将阳明学看作变革的思想;3. 将阳明学作为对心的锻炼、超脱生死的思想;4. 将良知比作神、佛的思想;5. 将阳明学看作具有日本性的思想;6. 将阳明学看作宇宙哲学的思想[1]。上述六点在沟口看来,是原本中国阳明学所没有的"新的意义"。

在这六点当中,特别引人关注的是第5点。何以见得呢?沟口引用了近代日本阳明学者的几段原话,我们也不妨来品味一下:"因为阳明先生就像日本人一样,所以我们似乎能够以我们的心来揣度阳明先生的心。……阳明先生的直截简易的单纯之处与日本人十分相像。"(大隈重信语)"阳明学与武士道十分相似。……(山鹿素行、佐久间象山、吉田松阴等人)其精神实与阳明学甚为相符,武士道的精神就在于实践,……它与阳明学的知行合一的实践精神一致,这正是称之为日本式的证据。"(井上哲次郎语)最后,沟口引用了杂志《阳明学》第48号发表于大正元年(1912)的"社说"中的一段话,讲得更为直白:

> 将阳明学试行于国家时,日本是好模范。……因此我要再次断言,那就是阳明学非支那之学,非往时明代之学,阳明学乃日本之学,近为先帝陛下(明治天皇)之学也。

这是说,阳明学传入日本直至明治时期,已经完全成为"日本之

---

[1] 《中国的阳明学与日本的阳明学》,沟口雄三:《李卓吾·两种阳明学》,第254—261页。以下凡引该文均见第244—263页,不再标注页码。

学",已不再是以前中国的阳明学。这是明治以来帝国意识形态下的一种怪论,也是近代日本民族主义、国家主义思潮的一种反映。当然在今天,这类观点早已被人们所唾弃,更不会是沟口所认同的,而沟口所言"日本式阳明学"虽然包含近代日本阳明学,但主要是指江户儒学中的日本阳明学。

的确,从文化交流、比较研究或经典诠释等角度看,自中江藤树到吉田松阴,再到三岛由纪夫,他们的阳明学已经融入了日本特殊的"历史风土"的诸多因素,因此他们的诠释理解必伴随着思想重构,形成不同于中国的阳明学,这一现象本属正常,不足为奇。问题在于经过重构之后,是否称得上是"阳明学"?如果说,这种完全不同于中国的所谓"阳明学"已属于日本自身的思想,因而否认其与阳明学有任何关联,那么可以想象其推论的结论必然是:凡是外来的思想文化经日本的"历史风土"转化之后,被最终"同化"而不复存在"日本朱子学"或"日本阳明学"。显然,这是一种文化特殊主义或文化本质主义的观点,并不可取也不符合历史事实。

在我们看来,所谓"原本就没有两种阳明学",或者所谓"日本式阳明学的日本特性"之说并无意义等观点,在沟口其实另有深意,其意并非否定在日本思想史上存在"日本阳明学"这一事实,而是旨在批评以中国阳明学来解读日本阳明学,或者由日本阳明学来理解中国阳明学的做法。在此意义上,不得不承认在东亚儒学史上,存在"两种阳明学",这才是沟口直至晚年一直坚持的思想观点。只是沟口一再提醒我们,日本阳明学不是单纯地对中国阳明学的传承或复制,而是基于日本特有的"历史风土",运用日本固有的思想资源,对中国阳明学做了全新的改造,就其理论结果看,已经不是原来的那个"阳明学",而是不折不扣的"日本式阳明学",甚至连"阳明学"也已经不足以涵盖其思想内涵与特质。

须指出,沟口的上述观点值得重视,因为他以"身临其境"的方式对日本阳明学的独到考察,对于身处"隔岸观火"的我们来说,无疑具有启发意义。尤其是在当今随着东亚儒学研究的深入,在展开东亚阳明学研究的过程中,更应切记一点:东亚阳明学绝非是铁板一块的"实体化"存在,而是具有多元性的思想形态,从根本上说,这是由于阳明学思想本身就是一个开放性系统的缘故。阳明学作为儒家文化的一种传统,其未来发展将取决于阳明学的思想精神能否在地方知识、区域文化当中展现其价值和意义。

三 "红色阳明学"与"白色阳明学"

日本近代(1868—1945)经历了在政治、经济、文化等方面向近代化成功转型的辉煌历史,同时又是一段并不光彩的向外扩张、挑起战争的帝国主义历史。在学术研究领域,一方面,日本在人文社会科学特别是东洋学、中国学研究等方面取得了举世瞩目的成就,在当时的东亚可谓独占鳌头,许多成就至今仍有重要参考价值;另一方面,在帝国主义乃至军国主义日趋狂热的背景当中,整个社会思潮被笼罩在帝国主义意识形态之下,特别是近代日本儒教推动的"国民道德"运动获得了上层政府的策援,积极主动地配合帝国主义意识形态的宣传需要,成为当时帝国主义、民族主义、军国主义的传声筒,扮演了御用学术的角色。因而第二次世界大战之后的日本学界,对于近代日本儒教尤其是近代日本阳明学,大多采取不屑一顾的态度,不认为其具有正面探讨的学术价值[1]。

小岛毅(1962—)《近代日本阳明学》一书[2]是少数几部以近代日本阳明学为研究对象的出色论著,另一部优秀著作则是荻生茂博(1954—2006)的遗著《近代·亚洲·阳明学》[3]。小岛毅在书中也提出了"两种阳明学"的观点,不过他的说法是"白色阳明学与红色阳明学"[4],前者是指明治以来"国体拥护主义"者,即国家主义者,他

---

[1] 关于近代日本儒教走过的一段曲折路程,参见吴震:《当中国儒学遭遇"日本"——19世纪末以来"儒学日本化"的问题史考察》,上海:华东师范大学出版社,2015年。
[2] 小岛毅:《近代日本の陽明学》,东京:讲谈社,2006年。
[3] 荻生茂博:《近代·アジア·陽明学》,东京:ぺりかん社,2008年。
[4] 小岛毅:《近代日本の陽明学》エピソードⅣ "帝国を支えるもの"の4 "白い陽明学、赤い陽明学",第121—132页。

们往往同时又是阳明学的信徒；后者则是指继承了幕末阳明学的革命精神的阳明学者。不过归根结底，这两种阳明学又属于同一类型，其间的区分其实很微妙，都偏向于推动社会变革的激进主义，将阳明学视作精神运动的思想资源，而与传统的保守主义显得很不同。"白色阳明学"可以井上哲次郎为代表，他所追求的所谓理想的阳明学，须与当时的帝国主义运动积极配合，旨在抵御来自西方的对社会人心的侵蚀，目的是了为维护"国体"（即以天皇为核心的政治体制）、重振国民道德、声张国粹主义；而"红色阳明学"则以幕末志士的一批阳明学者为标榜，更倾向于欣赏倒幕运动中那些信奉阳明学的志士仁人的革命激情，但在终极目标上，同样是以维护"国体"为宗旨。不过，按照高濑武次郎《王阳明详传》[1]末尾所引幕末阳明学者吉村秋阳（1797—1866）的话来说，"阳明学犹如一把利刃，若不善用则易伤手"，将阳明学比作一把双刃剑。弦外之音是，若过于推崇革命热情，而将阳明学视作"革命思想"的话，反而会使阳明学所指向的正道发生偏离。

在日本历史上，儒家特别是自孟子以来提倡的"汤武革命"的"革命"说向来是一个敏感词。与中国历史就是一部改朝换代史相比，自 17 世纪近世以来特别是随着国学以及神道思想的兴起，日本社会普遍拥有一个共识，即日本社会"万世一系"、从来不曾发生易姓革命的以天皇为核心的"国体"才是世界上最为理想的体制。于是，日本自古以来一直就是"神国"的观念，几乎变成全民的信仰。也正由此，所谓"革命"不能是指向天皇制度，相反应当是作为"勤皇"的思想动力，以推翻德川幕府为志向，最终实现返政于皇（日本史称"大政奉还"），这才是"革命"的真正含义。在这个意义上，幕末阳明学者在积极参与勤皇倒幕的历史进程中，借助阳明学来扮演"革命家"的角色。所以，1893 年，由自由民权论者转向国家主义者的德富苏峰（1863—1957）在撰写《吉田

---

[1] 该书初版于 1904 年，是当时日本最为详尽的王阳明传记的研究。不过在当代日本学界，大概不会再有人认真看待此书，因为不仅其中的史实错误太多，而且论述中夹杂着浓厚的信仰色彩，很难说是一部严格的学术著作。然而现在却有一个不完全的中译本在大陆出版，还取了一个原本没有的"日本天皇老师眼中的中国圣人"作为副标题以吸引读者的眼球，据传此书非常畅销，不免令人有时光倒转、地理错位的感觉。

松阴》(民友社,1893年)之际,就竭力称颂吉田松阴为"革命的志士",然而到了明治四十一年(1908)此书重新再版时,德富苏峰却小心翼翼地将"革命"一词删去,显然他意识到若将阳明学的精神归结为"革命",其后果有可能引发意外的联想:即阳明学不免被视作一种"危险思想"而与当时正在抬头的社会主义思潮同流合污。

果然,在1910年底发生明治天皇暗杀未遂事件(日本史称"大逆事件")之后,井上哲次郎首先站出来发难,在国学院举办的"大逆事件背景下的立国大本演讲会"上,揭露参与这一事件而后被处以极刑的社会主义活动家幸德秋水(1871—1911)其实是阳明学者,根据则是他的老师中江兆民(1847—1901)[1]曾经拜阳明学者三岛中州(1831—1919)为师,而当时的另一位参与者奥宫健之的父亲(奥宫慥斋)更是著名的阳明学者,由此断定他们的社会主义思想与阳明学难脱干系。井上的这一公开"指控"立即在社会上引发了不小的震动,以至于那些阳明学会的会员们产生了强烈的动摇,纷纷与社会主义之类的激进思想撇清关系。事实上,对井上而言,他相信阳明学才是儒教真精神的体现,而且在当时文明开化的新时代应该发挥更积极的作用。不仅如此,他甚至认为,阳明学在东洋伦理中是最值得学习的楷模,与日本的神道精神也最能契合[2],但他深感忧虑的是,在阳明学思潮中涌现出一种倡导"革命"的危险思想,这是决不能听之任之的,而阳明学复兴运动也不能因为这场事件而前功尽弃。

另一方面,"大逆事件"也引起了阳明学会的实际负责人东敬治(1860—1935)的紧张,他在《阳明学》第29号上发表的"社说"中,特意转载了井上的一封私人信件,转述了井上的一个态度,即他无意指责"大逆事件"的思想背景有阳明学的因素存在。这个表态使得阳

---

[1] 幸德秋水是《共产党宣言》的最早日译者,1904年翻译出版。不过其师中江兆民并不是社会主义者而是自由主义者、民权活动家,晚年在二松学舍跟随三岛中州学习阳明学,对阳明学也有同情了解,但很难说是一位阳明学者。

[2] 井上哲次郎:《重訂日本陽明学派之哲学序》,见《日本陽明学派之哲学》,东京:冨山房,1924年重订版,第1页。另参吴震:《当中国儒学遭遇"日本"》第3章第2节"井上哲次郎:国民道德运动的'旗手'",第45—49页。

明学者度过了一时的危机。不过,从整个事件的过程来看,显然与阳明学者没有直接的关联,但诡异的是,人们却有一种奇怪的想象,以为暗杀天皇一类的"革命"行为,肯定是那些信奉阳明学为行动哲学的人才能干得出来的,因为幕末的倒幕志士个个都是阳明学者的观念早已深入人心。甚至一直到三岛由纪夫在1970年自杀前夕创作这篇题为"作为革命哲学的阳明学"的文章时,仍将阳明学想象为一种"革命"的哲学。而三岛的所谓"阳明学"究竟是接近于幕末阳明学之类型的"红色阳明学",还是类似于井上哲次郎、高濑武次郎的国家主义的"白色阳明学",其实难有定论。他虽推崇吉田松阴为英雄,但他又是借助井上的阳明学叙述来了解阳明学的。用沟口雄三的说法,这是透过"幕末阳明学"来想象中国阳明学,其结果是"日本式的阳明学",就其实质而言,无疑是对阳明学的一种根本误读。

由上所述,可以看出在近代日本阳明学的发展过程中,其内部存在种种分化现象,"两种阳明学"不仅意味着中国与日本的"阳明学"存在根本差异,而且在近代日本阳明学的内部也有"两种阳明学"等现象存在,充分表明在以中日为代表的近代东亚世界,其实阳明学的发展方向绝非是单一的,自以为继承了阳明学之精神的所谓近代日本阳明学恰恰背离了阳明学的真精神。这一点我们从小岛毅所描述的近代日本"两种阳明学"当中可以得到确认。更重要的是,不论是"红色"还是"白色"的阳明学,从其思想的基本特质看,其实是一丘之貉,都属于近代日本在帝国主义、国家主义甚嚣尘上的特殊背景下,被虚构出来的"拟似"阳明学,绝非是阳明学思想发展的应有之方向。上面提到的沟口雄三的一句结论——"原本就没有两种阳明学",也只有放在这样的背景中,才能领会此言的深刻含义。

四 "近代阳明学"是日本的"近代思想""政治言说"

不过,对于沟口的"两种阳明学"的观点以及由此得出日本阳明学并非真正的"阳明学"之结论,荻生茂博表示了怀疑,他认为"两种阳明学"作为一种史实存在是毋庸置疑的,特别是近代日本阳明学者往往从日本汉学传统出发来理解阳明学，这也是事实，例如井上哲次郎的"日本汉学三部作"便是这样的产物。但是，荻生又强调指出，日本与中国的"阳明学"一方面共同拥有某种基础性的思想观点，另一方面，两者也存在根本差异，故不得不承认日本阳明学是另一种阳明学，及至近代，反过来对中国也产生了影响[1]。荻生不仅承认有"两种阳明学"，而且认为"两种阳明学"不应针对中国与日本的区别而言，更应该指向日本阳明学内部所存在的"近代阳明学"与"前近代阳明学"的巨大差异。

荻生指出"近代阳明学"是以明治时期的阳明学运动为主要标志，是对明治以来政府的西方化政策的一种反拨，是在明治二十年代涌现的日本民族主义思潮中开始抬头的一种日本的"'近代'思想"，与此同时，它又是一种包含各种时代主张而被制造出来的"'政治'言说"。[2]这里，荻生以"近代"性和"政治"性来为日本的"近代阳明学"进行定位，这个观点具有重要意义。具体而言，近代阳明学被宣扬为国家主义、国粹主义甚至是日本道德的精神体现，三宅雪岭《王阳明》甚至直言阳明学的政治观点"与社会主义极其相似"[3]。要之，日本近代阳明学并不具有严格的学术意义，而是掺杂着各种政治主张，包含了各种近代主义政治观点、宣扬"国家伦理""国民道德"等复杂思想因素。

举例来说，日本近代阳明学诞生的标志是1896年《阳明学》杂志（吉本襄主持，铁华书院出版）的创办，根据其创刊号"发刊词"的主旨说明，阳明学是重建国民国家的政治学说以及锻炼个人品格的修身之学，它构成了"国民道德的基础"。不用说，这里的国民国家，当然是日本的"国民国家"，而且是与其他国家都有所不同的独特的"日本的国性"，同时重要的是，此"国性"乃是以日本历代的"皇祖皇宗之道"

---

[1]　《幕末・明治の陽明学と明清思想史》《近代における陽明学研究と石崎東国の大阪陽明学会》，均见荻生茂博：《近代・アジア・陽明学》，第370、402—403页。
[2]　荻生茂博：《幕末・明治の陽明学と明清思想史》，见《近代・アジア・陽明学》，第354—355页。
[3]　转引自同上书，第355页。

为本的[1]。据此,则阳明学又可作为皇道主义或日本主义的一种言论主张。这就表明近代阳明学与明治帝国的意识形态走得太近,其基本立场是将阳明学看作"国民道德"的基础,而《阳明学》杂志的思想背景乃是国粹主义,这是需要我们格外注意的,切不可误以为以《阳明学》等杂志为代表的日本近代阳明学便是对中国阳明学的思想传承与理论发展。

须指出,在近代日本早期,"国粹"(nationality)主义以革新思想为指向,而与保守主义不同,国粹主义认为国家的基础在于"国民",而各国拥有自身的优秀"国粹",日本近代阳明学的出发点也正在于此,认为阳明学是国粹得以保存的思想根基。因此,《阳明学》的一个重要任务就在于如何从阳明学发现思想的"进步性",进而发挥其适应于时代的现实意义。就此而言,《阳明学》发刊之初,其国粹主义的思想立场与明治后期及至昭和年代盛行一时的国家主义、国体主义等思潮仍有基本差异。有研究表明:阳明学在推动明治维新成功之后,进而承担起重建国民道德的任务,这几乎是《阳明学》杂志同人的一个基本共识。但是这种观点随着时代的发展也发生了各种不同的转化,特别是在近代日本逐渐向天皇制背景下的民粹主义、国家主义乃至侵略主义倾斜的过程中,近代阳明学担当了并不光彩的助推角色,这是毋庸讳言的。

关于"两种阳明学",荻生主要关注的是日本"近代阳明学"与"前近代阳明学"所存在的问题,在他看来,"近代阳明学"在日本或在中国是否存在差异并不重要,因为中国"近代阳明学"其实就是从日本输入的"近代阳明学",故两者在本质上存在诸多相通之处,荻生甚至断言:可以将"近代阳明学"看作"东亚近代化过程中共通的时代思潮"。[2] 然而事实上,即便就"东亚"视域看,"近代阳明学"也绝

---

[1] 《陽明學》第 66 号《理想の独立と徳性の独立》,1899 年。转引自荻生茂博:《近代・アジア・陽明学》,第 356、383 页。

[2] 荻生茂博:《近代における陽明学研究と石崎東国の大阪陽明学会》,见《近代・アジア・陽明学》,第 404 页。

非铁板一块,所谓中国的"近代阳明学"到底有哪些代表人物及思想特征还有待深入探讨,就日本近代阳明学而言,根据山下龙二(1924—2011)的考察,明治时期的阳明学运动中也存在"两种阳明学"的现象,例如以内村鉴三(1861—1930)为代表的是一种"宗教的、个人主义的、世界主义的"阳明学,而以井上哲次郎为代表的则是一种"伦理的、国家主义的、日本主义的"阳明学[1]。对此,荻生也承认内村与井上的阳明学的确扮演了不同的思想角色。

但是,荻生对井上"阳明学"是持基本否定态度的。他认为井上"阳明学"的认识论基础是:认为中国是停滞落后的,故被殖民地化乃是必然的。故从本质上看,井上"阳明学"无非是对"皇统无穷之日本的一种颂词而已",这种思想观点也就必然演变成"煽动本国优越性以及侵略战争的意识形态",对此,荻生表示"我们必须予以坚决的批判"。而近代中国的一些"爱国者"之所以对"近代"日本抱有亲近感或厌恶感,其原因就在于"这种日本'近代阳明学'所具有的两面性";更严重的是,时至今日,"我们在总体上,依然没有超越存在于井上之流的'国民国家'历史观当中的民族性(nationality)",故在今天,人们所面对的课题仍将是"这种日本的'近代阳明学'的历史对象化"[2]。无疑地,荻生对近代以来占据主流的井上一系的"近代阳明学"所持的批判立场很值得重视。

根据荻生的看法,在"前近代阳明学"与"近代阳明学"这"两种阳明学"之间,存在着重大的历史性"断层",特别是在明治维新以及文明开化期,日本社会上下经历了激烈的"西化主义"风潮,儒教至少在文化教育领域,遭遇了"政治抹杀"的命运。然而随着明治二十年出现的"国民道德"运动不断升级和强化,政府、学界乃至媒体界,以幕末志士如吉田松阴、西乡隆盛等人信奉阳明学"行动主义"

---

[1] 山下龙二:《明代思想研究》,载《名古屋大学文学部研究論集》第 36 号。转引自荻生茂博:《近代・アジア・陽明学》,第 404 页。

[2] 以上见荻生茂博:《近代における陽明学研究と石崎東国の大阪陽明学会》,《近代・アジア・陽明学》,第 404—405 页。

思想精神为例，创造出"明治维新是以阳明学为先导的"这样一种"神话"，营造出儒教对于提升"国民道德"具有重要作用的社会舆论。而19世纪末20世纪初那些流亡日本的中国政治家或革命家深受此类观点的影响，深信日本的"革命"成功有赖于中国阳明学，如章太炎所言"日本维新亦由王学为先导"，孙中山亦云"日本维新之业，全为阳明学之功也"[1]，可见，日本近代阳明学反过来对近代中国（亦包括韩国）产生了深远影响。然而就其实质而言，这种所谓的影响，其实不过是20世纪初在中国出现的由"文化自卑"突然转向"文化自信"的一种扭曲表现。

然而事实是，所谓阳明学是明治维新的原动力这类"神话"的制造者，或可追溯至三宅雪岭的《王阳明》，明治二十年代特别是甲午战争之后，随着阳明学运动的兴起，阳明学与明治维新被直接划上等号的说法开始大行其道。然而，这种观点并不是严格意义上的学术观点，毋宁是一种带有"近代性"的"政治言说"。荻生认为，将阳明学与明治维新关联起来的说法并非历史事实，乃是"近代民族主义者将自己当时的实践理想投影于历史而制造出来的命题"[2]。

总之，日本近代阳明学的成立标志是明治二十六年（1893），即以三宅雪岭《王阳明》和德富苏峰《吉田松阴》的出版为标志，它是作为"民间之学"的"革新"思想出现的，也是以鼓舞"日本国民"具有与西方国家相匹敌的"独立""自尊"之精神为目的；甲午战争后，整个日本社会上下开始形成一种普遍观点，自以为从政治和军事上看，日本的"近代化"已经实现，"自尊"思想被"官学"所包摄，转化为自以为是的一种精神，这种转化在当时人的眼里，可能难以被直接发现。但是，从今天的立场看，作为"国民"的"革新"思想的"近

---

[1] 分别见章太炎：《答铁铮》，载《民报》第14号，1907年；孙中山：《建国方略》第1章"心理建设"。转引自荻生茂博：《近代・アジア・陽明学》，第400页。另参朱维铮：《阳明学在近代》，中国孔子基金会、新加坡东西哲学研究所编：《儒学国际学术讨论会论文集》（下），济南：齐鲁书社，1987年；后收入朱维铮：《走出中世纪》（增订版），上海：复旦大学出版社，2007年。
[2] 荻生茂博：《日本における"近代陽明学"の成立——東アジアの"近代陽明学"（Ⅰ）》，《近代・アジア・陽明学》，第426—427页。

代阳明学",仅活跃了十年左右的时间,20世纪初随着井上哲次郎、高瀬武次郎等"御用"学者开始提倡阳明学思潮,阳明学变成了与基于天皇主义"国体"论的"国民道德论"相契合的思想,是日本皇道精神的体现,属于"近代日本儒教"的一脉[1]。用日本殖民时期的(韩国)京城帝国大学的教授、朝鲜儒道会副会长高桥亨(1878—1967)的话来说,就是原本是中国的"王道儒学"已经理所当然地转化为日本的"皇道儒学",他甚至宣称中国的"王道儒学"是"温吞水"一般的儒学,而当今应当重建的必须是具有制霸世界之力量的符合军事大国身份的"皇道之儒道",而这种日本儒学已经与"日本国粹"充分"同化",成了培育涵养日本的"国民精神国民道德"的皇道之儒学。[2]由此可见,日本近代阳明学从明治发展到昭和的帝国主义、殖民主义时代,已不仅仅是"'近代'思想""'政治'言说",更是为军国主义张本的"御用学说"。

关于"两种阳明学",荻生有一个总结性的判断,他指出在日本近现代存在左右两翼的"两种阳明学",其实质都是"近代阳明学",值得关注:

> 明治时期的"两种阳明学"最后以"官学"的胜利告终,而在帝国主义时代,"右翼"阳明学运动得以持续蔓延。日本败战之后,"左翼"的阳明学评价得以复活,然而这种"左翼"阳明学的理解却也是对"近代阳明学"的继承。[3]

五 小结:东亚阳明学研究具有建构性的意义

以下提四点,以便我们省察:

---

[1] 参见井上哲次郎:《東洋文化と支那の將来》,东京:理想社出版部,1935年。
[2] 高桥亨:《王道儒学より皇道儒学へ》,载朝鲜总督府《朝鲜》295,1939年,转引自荻生茂博:《近代・アジア・陽明学》,第437页。
[3] 荻生茂博:《日本における"近代陽明学"の成立——東アジアの"近代陽明学"(Ⅰ)》,《近代・アジア・陽明学》,第438页。

第一，17世纪初阳明学传入日本之后，经过一番"日本化"改造，形成了与中国阳明学非常不同的"日本阳明学"，这是沟口雄三提出"两种阳明学"之说的根本旨意，他强调中日"阳明学"的差异要远远大于两者之间的相同性，目的在于解构中日阳明学的"同质性"。沟口之后对于"两种阳明学"的问题更有深入的讨论，认为不仅中日阳明学存在巨大差异，而且近代日本的"阳明学"内部也有不同，呈现出纷繁复杂的景象。这就告诉我们，阳明学从来不是"纯学问"或"元学问"——如物理学或数学那样，其自身是圆满自足、内在同一的学科体系，而是蕴含各种解释可能与思想张力的思想系统，因而具有开放性与多元性。在不同文化背景或时代背景下，阳明学在传播过程中必然发生种种转化现象——即本土文化与思想诠释的双重转化。这类现象的出现本不足为奇，可怪的是，人们总有一种想象：以为阳明学（或儒学）由中国传至日本乃至东亚，必然渗入当地本土文化，进而对不同的地域文化发生根本性的影响，若将这些不同地域的阳明学组合起来，便可建构一种"东亚阳明学"的思想实体。对于这类文化本质主义的同化论，必须加以彻底的解构。

第二，从历史上看，以吉田松阴、西乡隆盛等人为代表的幕末阳明学，三宅雪岭、德富苏峰所开创的"日本阳明学"，及至井上哲次郎、高濑武次郎所推动的所谓"近代阳明学"运动，显然与中国阳明学不可同日而语。"两种阳明学"之观点的提出，事实上便是对近代日本阳明学的一种批判和解构，以便揭示日本阳明学的多样性、复杂性乃至保守性。从这个角度看，沟口雄三、小岛毅、荻生茂博等对"两种阳明学"的讨论具有重要的思想史意义。只是近代日本阳明学绝不是对中国阳明学的传承与发展，而与明治帝国主流意识形态的国家主义、民粹主义密不可分，因此，在对近代日本阳明学的主义主张、思想诉求未作清算和批判的情况下，便笼统含糊地提倡"东亚阳明学"的重建，以为可与东亚儒学研究进行组合，这就会引发思想与学术上的混乱，进而需要我们格外注意。

第三，从近代到战后时代，无论是日本阳明学还是中国阳明学，日本学界所做出的研究成就在很长一段时期内，在世界范围处于领先地位。从某种意义上可以说，对于东亚儒学或东亚阳明学的研究而言，日本学者的研究具有重要参考价值。但是，这类研究大多属于学院派的学术研究，他们把阳明学（或儒学）看作是纯粹客观的研究对象，而与自身的身份认同无关，也就是说，儒学或阳明学已经在实践上失去任何现实意义。不过须注意的是，近代阳明学所存在的"右翼"阳明学并没有完全消失，例如曾与蒋介石有很深私交的安冈正笃（1898—1983）乃是一位横跨近现代的阳明学者，被称作"黑色阳明学"之代表，又有"历代宰相之师"的美誉。令人惊奇的是，从其80年代逝世之后直至现在，他的著述仍然十分畅销，往往在书店柜台上"堆积如山"（小岛毅语），与大学学者有关儒学的严肃论著在书店日益少见的冷清现象形成鲜明的对照，这就说明他的"黑色阳明学"在当今日本社会仍有广泛的"受众"基础，只是从来没有一位专家学者把他看作研究对象来认真对待，其影响似乎在财政两界仍在延续。可见，阳明学在近代日本，绝不是单纯的学术问题，其中涉及诸多复杂的非学术因素，这是我们在思考东亚阳明学问题时需要小心对待的。

第四，阳明学作为儒学的一个重要传统，其本身所蕴含的思想精神、儒学价值是值得加以传承和发扬光大的，特别是阳明良知学的实践性、开放性以及批判性等精神特质[1]，即便在当今社会仍有重要的思想价值。正是在这个意义上，有必要推动东亚阳明学的研究，深入探讨阳明学在未来东亚的发展可能性。与此同时，我们也要清醒地意识到东亚阳明学是一历史文化现象，在以往的历史发展过程中所呈现出来的多样性表明，作为儒学传统之一的阳明学在东亚的存在也必然具有多元性特征。因此，对我们而言，有必要坚持这样一种观点和立场：即阳明学的普遍性原理与"他者"文化的特殊性之间应当建构起积极互动、多元一体的动态关系而不是排斥关系，在

---

[1] 参见吴震：《心学道统论——以"颜子没而圣学亡"为核心》，载《浙江大学学报》2016年3月"网络版"。

这个意义上可以说，东亚阳明学足以成为一个具有学术意义的研究领域。

最后须说明的是，本文所说的"东亚阳明学"，主要探讨的是日本阳明学的问题，而不包括中国阳明学及韩国阳明学的问题。

参考文献

一、著作

1. 中文

周敦颐：《周敦颐集》，北京：中华书局，1990年。

程颢、程颐：《二程集》，北京：中华书局，1981年。

朱熹：《四书章句集注》，北京：中华书局，1983年。

朱熹：《朱子全书》，上海：上海古籍出版社，合肥：安徽教育出版社，2002年。

朱熹：《朱子语类》，北京：中华书局，1986年。

陈建：《学蔀通辨》，台北：广文书局，1971年。

罗钦顺：《困知记》，北京：中华书局，1990年。

邹元标：《愿学集》，《四库全书》本。

范立本辑、王衡校：《新锲京板正伪音释提头大字明心宝鉴正文二卷》（和刻本），宝永八年（1711）刊，日本关西大学图书馆泊园文库藏。

袁了凡：《了凡四训》，收入袁啸波编《民间劝善书》，上海：上海古籍出版社，1995年。

袁了凡：《阴骘录》，元禄十四年（1701）雒东狮子谷升莲社和刻本。

颜茂猷：《迪吉录》，《四库全书存目丛书》子部第222册，济南：齐鲁书社，1997年。

祁彪佳：《祁彪佳文稿》，北京：书目文献出版社，1991年。

黄宗羲：《明儒学案》，北京：中华书局，1985年。

陈智锡：《劝戒全书》，崇祯十四年（1641）序刊，日本内阁文库藏。

劳大与：《闻钟集》，康熙七年（1668）刻本，日本国会图书馆藏。

戴震：《戴震全书》，合肥：黄山书社，1995年。

朱舜水：《朱舜水集》，北京：中华书局，1981年。

朱舜水：《朱氏谈绮》，上海：华东师范大学出版社，1988年。

刘宝楠：《论语正义》，北京：中华书局，1990年。

黄遵宪:《黄遵宪全集》,北京:中华书局,2005年。

陈垣:《明季滇黔佛教考》,石家庄:河北教育出版社,2000年。
陈来《东亚儒学九论》,北京:三联书店,2008年。
陈玮芬:《近代日本汉学的"关键词"研究:儒学及其相关概念的嬗变》,台北:台大出版中心,2005年。
陈昭瑛:《台湾儒学:起源、发展与转化》,台北:台大出版中心,2008年。
陈时龙:《明代中晚期讲学运动:1522—1626》,上海:复旦大学出版社,2005年。
蔡振丰主编:《东亚朱子学的诠释与发展》,台北:台大出版中心,2009年。
葛兆光:《宅兹中国》,北京:中华书局,2011年。
高明士:《当代东亚教育圈的形成——东亚世界形成史的一侧面》,台北:"国立"编译馆中华丛书编审委员会,1984年。
高明士:《天下秩序与文化圈的探索——以东亚古代的政治与教育为中心》,上海:上海古籍出版社,2008年。
高明士主编:《东亚文化圈的形成与发展:儒家思想篇》,台北:台湾大学历史学系,2003年(后由台湾大学出版中心于2004年再版)。
黄俊杰:《儒学传统与文化创新》,台北:东大图书,1983年。
黄俊杰:《东亚儒学:经典与诠释的辩证》,台北:台大出版中心,2008年。
黄俊杰:《台湾意识与台湾文化》,台北:台大出版中心,2009年。
黄俊杰编:《东亚儒学研究的回顾与展望》,上海:华东师范大学出版社,2008年。
黄俊杰:《东亚文化交流中的儒家经典与理念:互动、转化与融合》,台北:台大出版中心,2010年。
黄进兴:《后现代主义与史学研究》,台北:三民书局,2006年。
黄平、崔之元主编:《中国与全球化:华盛顿共识还是北京共识》,北京:社会科学文献出版社,2005年。
韩东育:《从"脱儒"到"脱亚"——日本近世以来"去中心化"之思想过程》,台北:台大出版中心,2009年。
何俊编:《师英录》,上海:上海辞书出版社,2014年。
吕妙芬:《阳明学士人社群——历史、思想与实践》,台北:"中央"研究院近代史研究所,2003年。
李光耀:《李光耀40年政论选》,北京:现代出版社,1994年。

林庆彰：《中国经学研究的新视野》，台北：万卷楼，2012年。

刘宗贤、蔡德贵编：《当代东方儒学》，北京：人民出版社，2003年。

刘金才、草山昭：《报德思想与中国文化》，北京：学苑出版社，2003年。

潘朝阳：《台湾儒学的传统与现代》，台北：台大出版中心，2008年。

薄培林：《晚清中国官僚的中日韩联合论》，载日本关西大学《アジア文化交流研究》第5号，2010年。

薄井由：《东亚同文书院——大旅行研究》，上海：上海书店出版社，2001年。

石之瑜：《日本近代性与中国——在世界现身的主体策略》，台北："国立"编译馆，2008年。

孙歌：《竹内好的悖论》，北京：北京大学出版社，2004年。

孙卫国：《大明旗号与小中华意识——朝鲜王朝尊周思明问题研究（1637—1800）》，北京：商务印书馆，2007年。

王晓秋：《近代中国与日本——互动与影响》，北京：昆仑出版社，2005年。

王青主编：《儒教与东亚的近代》，保定：河北大学出版社，2007年。

王宝平主编：《中国馆藏和刻本汉籍书目》，杭州：杭州大学出版社，1995年。

王汎森：《执拗的低音——一些历史思考方式的反思》，上海：复旦大学出版社，2014年。

王屏：《近代日本的亚细亚主义》，北京：商务印书馆，2004年。

吴震：《明代知识界讲学活动系年：1522—1602》，上海：学林出版社，2003年。

吴震：《明末清初劝善运动思想研究》，台北：台大出版中心，2009年。

吴震：《泰州学派研究》，北京：中国人民大学出版社，2009年。

吴震：《当中国儒学遭遇"日本"——19世纪末以来"儒学日本化"的问题史考察》，上海：华东师范大学出版社，2015年。

俞可平等主编：《中国模式与"北京共识"：超越"华盛顿共识"》，北京：社会科学文献出版社，2006年。

余英时：《论戴震与章学诚》（修订本），北京：三联书店，2000年。

余英时：《儒家伦理与商人精神》，见《余英时文集》第3卷，桂林：广西师范大学出版社，2004年。

杨儒宾主编：《朱子学的开展——东亚篇》，台北：汉学研究中心，2002年。

杨儒宾：《异议的意义——近世东亚的反理学思潮》，台北：台大出版中心，2012年

张立文：《和合与东亚意识》，上海：华东师范大学出版社，2001年。

张崑将：《日本德川时代古学派之王道政治论——以伊藤仁斋、荻生徂徕为中

心》,台北:台大出版中心,2004年。

张崑将:《德川日本"忠""孝"概念的形成与发展——以兵学与阳明学为中心》,台北:喜马拉雅研究发展基金会,2003年。

张崑将:《德川日本儒学思想的特质:神道、徂徕学与阳明学》,台北:台大出版中心,2007年。

张崑将编:《东亚论语学:韩日篇》,台北:台大出版中心,2009年。

张宝三、徐兴庆编:《德川时代日本儒学史论集》,台北:台大出版中心,2004年。

张艺曦:《阳明学的乡里实践——以明中晚期江西吉水、安福两县为例》,北京:北京师范大学出版社,2013年。

周振鹤:《圣谕广训:集解与研究》,上海:上海书店出版社,2006年。

赵世瑜:《大历史与小历史——区域社会史的理念、方法与实践》,北京:三联书店,2006年。

赵京华:《日本后现代与知识左翼》,北京:三联书店,2007年。

朱维铮:《走出中世纪》(增订版),上海:复旦大学出版社,2007年。

2. 译著

哈佛燕京学社编:《全球化与文明对话》,南京:江苏教育出版社,2004年。

杜维明:《儒家传统与文明对话》(彭国翔编译),石家庄:河北人民出版社,2006年。

〔日〕沪友会编:《上海东亚同文书院大旅行记录》(杨华等译),北京:商务印书馆,2000年。

竹内好:《近代的超克》(孙歌编、李冬木等译),北京:三联书店,2005年。

子安宣邦:《东亚儒学:批判与方法》(陈玮芬等译),台北:喜马拉雅研究发展基金会,2003年。

子安宣邦:《东亚论:日本现代思想批判》(赵京华编译),长春:吉林人民出版社,2004年

子安宣邦:《国家与祭祀》(董炳月译),北京:三联书店,2007年

子安宣邦:《福泽谕吉〈文明论概略〉精读》(陈玮芬译),北京:清华大学出版社,2010年。

沟口雄三:《沟口雄三著作集:中国的公与私·公私》(郑静译、孙歌校),北京:三联书店,2011年。

沟口雄三:《沟口雄三著作集:李卓吾·两种阳明学》(孙军悦、李晓东译),北

京：三联书店，2014年。

高桥哲哉：《靖国问题》（黄东兰译、孙江校），北京：三联书店，2007年。

高桥哲哉：《国家与牺牲》（徐曼译），北京：社会科学文献出版社，2008年。

野村浩一：《近代日本的中国认识：走向亚洲的航迹》（张学锋译），北京：中央编译出版社，1998年。

鹤见俊辅：《战争时期日本精神史：1931—1945》（邱振瑞译），成都：四川教育出版社，2013年。

堀幸雄：《战前日本国家主义运动史》（熊达云译、高士华校），北京：社会科学文献出版社，2010年。

铃木贞美：《日本的文化民族主义》（魏大海译），武汉：武汉大学出版社，2008年。

加藤周一：《日本文学史序说》（叶渭渠、唐月梅译），北京：外语教学与研究出版社，2011年。

萨义德：《东方学》（王宇根译），北京：三联书店，1999年。

卡尔·波普尔：《开放社会及其敌人》（陆衡等译），北京：中国社会科学出版社，1999年。

卡尔·瑞贝卡：《世界大舞台：十九、二十世纪之中国的民族主义》（高瑾等译），北京：三联书店，2008年。

利奥波特·冯·兰克：《历史上的各个时代》（杨培英译），北京：北京大学出版社，2010年。

德罗伊森：《历史知识理论》（胡昌智译），北京：北京大学出版社，2006年。

扎卡利亚：《后美国世界：大国崛起的经济新秩序时代》（赵广成、林民旺译），北京：中信出版社，2009年。

宋荣培：《东西哲学的交汇与思维方式的差异》（朴海光、吕钼译），石家庄：河北人民出版社，2006。

3. 日文

中江藤樹：《藤樹先生全集》，東京：岩波書店，1940年。

中江藤樹：《翁問答》，《日本思想大系》29《中江藤樹》，東京：岩波書店，1982年。

中江藤樹：《鑑草》（加藤盛一標注），東京：岩波書店，1939年。

小山国三、吉田公平編：《中江藤樹心学派全集》，東京：研文出版，2007年。

山鹿素行：《謫居童問》，《山鹿素行全集》第12卷，東京：岩波書店，1937年。

熊沢蕃山：《集義和書》,《日本思想大系》第 30 册，東京：岩波書店，1971 年。

藤井懶斎：《大和為善録》，元禄二年（1689）刊本。東京大学附属図書館網站：http://kateibunko.dl.itc.u-tokyo.ac.jp/。

藤井懶斎：《和漢陰隲傳》，天保十一年（1840）序刊。网站 http://www.dh-jac.net/db1/books/。

伏原宣条：《和漢善行録》，天明八年（1788）序刊，金沢市立図書館稼堂文庫蔵。网站：http://kyoyusvr.rekihaku.ac.jp。

荻生徂徠：《徂徠集》《徂徠集拾遺》,《近世儒家文集集成》第 3 卷，東京：ぺりかん社，1985 年。

荻生徂徠：《論語徵》,《荻生徂徠全集》第 3、4 卷，東京：みすず書房，1978 年。

荻生徂徠：《弁道》《弁名》《学則》《太平策》《政談》,《日本思想大系》36《荻生徂徠》，東京：岩波書店，1973 年。

荻生徂徠：《蘐園随筆》，宝永六年（1709）刊本，日本山形県酒田市立光丘文庫蔵。http://base1.nijl.ac.jp/iview/Frame.

荻生徂徠：《孟子識》,《甘雨亭丛书》本，收入《域外汉籍珍本文库》第 1 辑经部第 3 册，重庆：西南师范大学出版社，2008 年。

逸名氏抄本：《徂徠先生年譜細君墓表神主一卷》，関西大学附属図書館泊園文庫蔵。

荻生北渓：《度量衡考》，享保十九年（1734）刊。

尾藤二洲：《正学指掌附録》，收入《日本思想大系》36《徂徠学派》，東京：岩波書店，1973 年。

尾藤二洲：《答問愚言》，載《寛政異学禁関係文書》,《日本思想大系》47《近世後期儒家集》，東京：岩波書店，1972 年。

太宰春台：《倭読要領》，享保十三年（1728）刻本，早稲田大学蔵。

太宰春台：《聖学問答》，載《日本思想大系》37《徂徠学派》，東京：岩波書店，1973 年。

安積澹泊：《澹泊斎文集》,《続続群書類従》第 13 册，東京：国書刊行会，1909 年。

伊藤仁斎：《古学先生文集》，享保二年（1717）序刊古義堂本，《近世儒家文集集成》第 1 卷，東京：ぺりかん社，1985 年。

伊藤仁斎：《語孟字義》,《日本思想大系》33《伊藤仁斎・伊藤東涯》，東京：岩波書店，1971 年。

伊藤仁斎：《論語古義》《孟子古義》,《日本名家四書注疏全書》第 3 卷，東京：

鳳出版，1973 年。

伊藤仁斎：《童子問》，《日本古典文学大系》97《近世思想家文集》，東京：岩波書店，1966 年。

伊藤仁斎：《仁斎日札》，《甘雨亭丛書》本，山形県酒田市立光丘文庫蔵。http://base1.nijl.ac.jp/iview/Frame.jsp.

吉川幸次郎等編：《日本思想大系》31《山崎闇斎学派》，東京：岩波書店，1980 年。

保科正之：《玉山講義附録》（1665 年刊），台北："中央"研究院中国文哲研究所籌備处，1994 年影印寛文十二年（1672）刊本。

本居宣長：《排蘆小舟》（约 1757 年成书），《本居宣長全集》第 2 巻，東京：筑摩書房，1968 年。

松永尺五：《尺五堂先生全集》，東京：ぺりかん社，2000 年。

賴春水：《学統説送赤崎彦礼》，載《寛政異学禁関係文書》，《日本思想大系》47《近世後期儒家集》，東京：岩波書店，1972 年。

石田梅岩：《石田梅岩全集》；京都：明倫舎，1957 年。

石田梅岩：《都鄙問答》，《石田梅岩全集》上，東京：清文堂，1972 年。

江村北海：《日本詩史》，明和八年（1771）抄本，早稲田大学蔵。

南川維遷：《閑散餘録》，明和七年（1770）序刊，网站：www2s.biglobe.ne.jp/~Taiju/1782_kansan_yoroku_2.htm.

豊島豊州：《仁説》，《日本儒林叢書》第 6 冊，東京：鳳出版，1978 年。

広瀬淡窓：《（増補）淡窓全集》，京都：思文閣，1971 年。

広瀬淡窓：《万善簿》，見《（増補）淡窓全集》下巻，京都：思文閣，1971 年。

広瀬淡窓：《約言或問》，東京：岩波書店，1940 年。

広瀬淡窓：《約言》，載《日本思想大系》47《近世後期儒家集》，東京：岩波書店，1972 年。

原念斎：《先哲叢談》（源了圓、前田勉訳注），東京：平凡社，1994 年。

徳富蘇峰：《吉田松陰》，民友社，1893 年版；東京：岩波書店，1981 年。

三宅雪嶺：《王陽明》，政教社，1893 年版，《明治文学全集》第 33 巻，東京：筑摩書房，1967 年。

近衛篤麿：《近衛篤麿日記》，東京：鹿島研究所出版会，1968 年。

西周：《百一新論》，載《明治文学全集》第 3 巻，東京：筑摩書房，1967 年。

川合清丸：《訳陰驚録》，東京：日本国教大道社，1896 年。

井上哲次郎：《日本陽明学派之哲学》，東京：冨山房，1900 年井上哲次郎：《日本古学派之哲学》，東京：冨山房，1903 年。
井上哲次郎；《日本朱子学派之哲学》，東京：冨山房，1905 年。
井上哲次郎：《東洋文化と支那の將来》，東京：理想社出版部，1935 年。
高瀬武次郎：《日本之陽明学》，東京：鉄華書院，1898 年。
西晋一郎：《東洋倫理》，東京：岩波書店，1934 年。
津田左右吉：《シナ思想と日本》，東京：岩波書店，1938 年。
津田左右吉：《蕃山・益軒》，東京：岩波書店，1938 年。
安井小太郎：《日本儒教史》，東京：冨山房，1939 年。
佐佐井信太郎：《二宮尊徳伝》，東京：日本評論社，1935 年。
加藤盛一：《中江藤樹》，東京：文教書苑，1942 年。
武内義雄：《易と中庸の研究》，東京：岩波書店，1943 年。
石川謙：《日本庶民教育史》，東京：玉川大学出版部，1977 年 (1929 年初版)。
石川謙：《石門心学史の研究》，東京：岩波書店，1938 年。
石川謙：《心学》第 1 卷《心学概説》，東京：雄山閣，1941 年。
石川謙、小杉岩：《堵庵と道二》，東京：藻岩書店，1941 年。
石川謙：《寺子屋》，東京：至文堂，1960 年。
石川謙：《石田梅岩と〈都鄙問答〉》，東京：岩波書店，1968 年。
川尻宝岑：《教育に関する勅話謹話》，東京：心学参前舎，1940 年。
和辻哲郎：《尊皇思想とその伝統——日本倫理思想史第一巻》，東京：岩波書店，1943 年。
西沢嘉朗：《陰騭録の研究》，東京：八木書店，1946 年。
西沢嘉朗：《東洋庶民道徳——了凡四訓の研究》，東京：明徳出版社，1956 年。
矢野仁一：《大東亜史の構想》，東京：目黒書店，1944 年。
平野義太郎：《大アジア主義の歴史的基礎》，東京：河出書房，1945 年。
丸山真男：《日本政治思想史研究》，東京：東京大学出版会，1952 年。
丸山真男：《現代政治の思想と行動》，東京：未来社，1957 年初版，1964 年增补版。
丸山真男：《日本の思想》，東京：岩波書店，1961 年。
丸山真男：《戦中と戦後の間：1936—1957》，東京：みすず書房，1976 年。
丸山真男：《忠誠と反逆》，東京：筑摩書房，1992 年。
丸山真男：《日本政治思想史 1967》,《丸山真男講義録》第 7 册，東京：東京大学出版会，1998 年。
家永三郎：《津田左右吉の思想史的研究》，東京：岩波書店，1972 年。

尾藤正英：《日本封建思想史研究——幕藩体制の原理と朱子学的思惟》，東京：青木書店，1961年。

尾藤正英：《日本文化の歴史》，東京：岩波書店，2000年。

柴田実：《石田梅岩》，東京：吉川弘文館，1962年。

柴田実：《心学》，東京：至文堂，1967年。

柴田実：《梅岩とその門流——石門心学史研究》，東京：ミネルヴァ書房，1977年。

阿部吉雄：《日本朱子学と朝鮮》，東京：東京大学出版会，1965年。

田原嗣郎：《徳川思想史研究》，東京：未来社，1967年。

色川大吉：《明治精神史》，東京：岩波書店，2008年再版（1968年初版）。

色川大吉：《新編明治精神史》1973年版），載《色川大吉著作集》第1巻，東京：筑摩書房，1995年。

風間道太郎：《尾崎秀実伝》，東京：法政大学出版局，1976年補訂版。

大久保勇市：《広瀬淡窓・万善簿の原点》，京都：啟文社，1971年。

葦津珍彦：《大アジア主義と頭山満（増補版）》，東京：日本教文社，1972年。

古川哲史：《広瀬淡窓》，京都：思文閣，1972年。

吉川幸次郎：《仁斎・徂徠・宣長》，東京：岩波書店，1975年。

庄司吉之助、林基、安丸良夫校注：《民衆運動の思想》，《日本思想大系》第58冊，東京：岩波書店，1970年。

木村光徳：《藤樹学の成立に関する研究》，東京：風間書房，1971年。

木村光徳：《日本陽明学派の研究——藤樹学派の思想とその資料》，東京：明徳出版社，1986年。

源了圓：《徳川思想小史》，東京：中央公論社，1973年。

源了圓：《近世初期実学思想の研究》，東京：創文社，1980年。

国立教育研究所編：《日本近代教育百年史》，東京：教育研究振興会，1974年。

安丸良夫：《日本の近代化と民衆思想》，東京：青木書店，1974年（1965年初版）。

相良亨：《誠実と日本人》，東京：鵜鶘社，1980年。

石田一良、金谷治編：《藤原惺窩・林羅山》，《日本思想大系》第28冊，東京：岩波書店，1975年。

衣笠安喜：《近世儒学思想史の研究》，東京：法政大学出版社，1976年。

衣笠安喜：《思想史と文化史の間——東アジア・日本・京都》，東京：ぺりかん社，2004年。

山本命：《中江藤樹の儒学——その形成史的研究》，東京：風間書房，1977年。
奧崎裕司：《中国郷紳地主の研究》，東京：汲古書院，1978年。
今井淳、小沢富夫編：《日本思想論争史》，東京：ぺりかん社，1979年。
中村幸彦等編：《近世の思想——大東急紀念文庫公開講座講演録》，大東急紀念文庫，1979年。
中田祝夫：《日本霊異記・解説》，東京：誠勉社，1979年。
東恩納寛惇：《六諭衍義伝》，《東恩納寛惇全集》第8卷，東京：第一書房，1980年。
石川梅次郎整理：《陰騭録》，東京：明徳出版社，1981年再版。
福永光司：《道教と日本文化》，京都：人文書院，1982年。
岡田武彦：《中国思想における理想と現実》，東京：木耳社，1983年。
西嶋定生：《古代東アジア世界と日本》(李成市編)，東京：岩波書店，2000年。
広松渉：《"近代の超克"論——昭和思想史への一視角》，東京：講談社，1989年。
子安宣邦：《"近代の超克"とは何か》，東京：青土社，2008年
子安宣邦：《伊藤仁斎——人倫的世界の思想》，東京：東京大学出版会，1982年。
子安宣邦：《"事件"としての徂徠学》，東京：青土社，1991年。
子安宣邦：《方法としての江戸》，東京：ぺりかん社，2000年。
子安宣邦：《平田篤胤の世界》，東京：ぺりかん社，2009年新版。
子安宣邦：《(新版) 鬼神論——神と祭祀のディスケール》，東京：白沢社，2002年。
子安宣邦：《伊藤仁斎の世界》，東京：鵜鶘社，2004年。
子安宣邦：《"アジア"はどう語られてきたか——近代日本のオリエンタリズム》，東京：藤原書店，2004年。
子安宣邦：《日本ナショナリズムの解読》，東京：白沢社，2007年。
子安宣邦：《徂徠学講義——〈弁名〉を読む》，東京：岩波書店，2008年。
平石直昭：《荻生徂徠年譜考》，東京：平凡社，1984年。
山本真功：《〈心学五倫書〉の基礎的研究》，東京：学習院大学，1985年。
渡辺浩：《近世日本社会と宋学》，東京：東京大学出版会，1985年。
渡辺浩：《東アジアの王権と思想》，東京：東京大学出版会，1997年。
渡辺浩：《日本政治思想史：十七—十九世紀》，東京：東京大学出版会，2010年。

小島康敬《徂徠学と反徂徠学》，東京：ぺりかん社，1987 年。
三宅正彦：《京都町衆伊藤仁斎の思想形成》，京都：思文閣，1987 年。
辻達也：《江戸時代を考える》，東京：中公新書，1988 年。
溝口雄三：《方法としての中国》，東京：東京大学出版社，1989 年。
宮崎道生：《熊沢蕃山の研究》，京都：思文閣，1989 年。
田崎哲郎：《地方知識人の形成》，東京：名著出版，1990 年。
桂島宣弘：《幕末民衆思想の研究――幕末国学と民衆宗教》（増訂版），京都：文理閣，2005 年。
高島元洋：《山崎闇斎：日本朱子学と垂加神道》，東京：ぺりかん社，1992 年。
今中寛司：《徂徠学の史的研究》，京都：思文閣，1992 年。
若水俊：《徂徠とその門人の研究》，東京：三一書房，1993 年。
陶德民：《懐徳堂朱子学の研究》，大阪：大阪大学出版部，1994 年。
陶德民：《明治の漢学者と中国――安繹・天囚・湖南の外交論策》，大阪：関西大学出版部，2007 年。
酒井直樹等編：《ナショナリティの脱構築》，東京：柏書房，1996 年。
川村肇：《在村知識人の儒学》，京都：思文閣，1996 年。
竹田聴洲：《日本人の"家"と宗教》，《竹田聴洲著作集》第 6 巻，東京：国書刊行会，1996 年。
長志珠繪：《近代日本と"国語"ナショナリズム》，東京：吉川弘文館，1998 年。
孫承喆：《近世の朝鮮と日本――交隣関係の虚と実》（山里澄江、梅村雅英訳），東京：明石書店，1998 年。
桂島宣弘：《思想史の十九世紀――"他者"としての徳川日本》，東京：ぺりかん社，1999 年。
沢井啓一：《"記号"としての儒学》，東京：光芒社，2000 年。
網野善彦：《"日本"とは何か》，東京：講談社，2000 年。
小路田泰直：《"邪馬台国"と日本人》，東京：平凡社，2001 年。
山室信一：《思想課題としてのアジア――基軸・連鎖・投企》，東京：岩波書店，2001 年。
西尾幹二等著：《新しい歴史教科書》，東京：扶桑社，2001 年。
前田勉：《近世神道と国学》，東京：ぺりかん社，2002 年。
中村春作：《江戸儒教と近代の"知"》，東京：ぺりかん社，2002 年。
大隅和雄、平石直昭編：《思想史家丸山真男論》，東京：ぺりかん社，2002 年。
黒住真：《近世日本社会と儒教》，東京：ぺりかん社，2003 年。

黒住真：《複数性の日本思想》，東京：ぺりかん社，2006 年。
村岡典嗣：《新編日本思想史研究》(前田勉編)，東京：平凡社，2004 年。
村岡典嗣：《(増補)本居宣長》，東京：平凡社，2006 年。
辻本雅史：《教育社会文化史》，東京：放送大学教育振興会，2004 年。
上安祥子：《近世論の近世》，東京：青木書店，2005 年。
今井淳、山本真功編：《石門心学の思想》，東京：ぺりかん社，2006 年。
田尻佑一郎：《山崎闇斎の世界》，東京：ぺりかん社，2006 年。
前田勉：《兵学と朱子学、蘭学、国学——近世日本思想史の構図》，東京：平凡社，2006 年。
髙橋文博：《近世の死生観——徳川前期儒教と仏教》，東京：ぺりかん社，2006 年。
小森陽一：《天皇の玉音放送》，東京：五月書房，2003 年。
髙橋哲哉：《靖国問題》，東京：筑摩書房，2005 年。
小島毅：《靖国史観：幕末維新という深淵》，東京：筑摩書房，2006 年。
小島毅：《近代日本の陽明学》，東京：講談社，2006 年。
小泉吉永編：《近世育児書集成》，東京：クレス出版，2006 年。
八木意知男：《和解本善書の資料と研究》，京都：同朋舎，2007 年。
玉悬博之：《日本近世思想史研究》，東京：ぺりかん社，2008 年。
荻生茂博：《近代・アジア・陽明学》，東京：ぺりかん社，2008 年。
安丸良夫、磯前順一編：《安丸思想史への対論——文明化・民衆・両義性》，東京：ぺりかん社，2010 年。
土田健次郎：《"日常"の回復——江戸儒学の"仁"の思想に学ぶ》，東京：早稲田大学出版部，2012 年。
土田健次郎：《江戸の朱子学》，東京：筑摩書房，2014 年。
吾妻重二：《朱熹〈家礼〉实证研究——附宋版〈家礼〉家校勘本》(吴震编，吴震、郭海亮等译)，上海：华东师范大学出版社，2012 年。
吾妻重二、朴元在編：《朱子家禮と東アジアの文化交渉》，東京：汲古書院，2012 年。
〔韩〕姜沆：《看羊録》(朴鐘鳴訳注)，東京：平凡社，1984 年。
溝口雄三等編：《アジアから考える》，東京：東京大学出版会，1994 年。
R.N. 贝拉：《徳川時代の宗教》(池田昭訳)，東京：岩波書店，1996 年。

4. 西文

Marius B.Jansenze:China in the Tokugewa World.Cambridge MA:Harvard University press,1992.

沈清松：Centralities in Diaspora——A Philosophical Reflection，2010 年 6 月国际中国哲学会（ISCP）、武汉大学哲学院"近三十年来中国哲学的发展：回顾与展望"国际学术研讨会论文。

5. 韩文

權近：《陽村先生文集》，首爾大學校奎章閣藏 1674 年重刊本。
趙光祖：《靜庵先生續集》，韓國古典綜合資料庫網站 http://db.itkc.or.kr.
李珥：《栗谷先生全書》，韓國古典綜合資料庫網站 http://db.itkc.or.kr.
金鎬逸、朴京夏、朴焞、朴鐘彩編：《朝鮮後期鄉約文獻集成——靈岩、海南、羅州》Ⅰ．靈岩，韓國：國史編纂委員會，1997 年。
崔瑆煥編：《太上感應篇圖說》附諺解，高宗十七年（1880）刊本。
陶琪：《陶水部先生增損當官功過格》，日本東洋文庫藏朝鮮咸豐三年南秉哲重刊本。

二、论文

1. 中文

陈玮芬：《"东洋""东亚""西洋"与"支那"》，载氏著：《近代日本汉学的"关键词"研究：儒学及其相关概念的嬗变》，台北：台大出版中心，2005 年。
陈玮芬：《"伦理"、"道德"概念在近代日本的转化与再生》，载李明辉、邱黄海主编：《理解、诠释与儒家传统：比较观点》，台北："中央"研究院中国文哲研究所，2010 年。
常建华：《东亚社会比较与中国社会史研究》，载《天津社会科学》2004 年第 3 期。
葛兆光：《地虽近而心渐远——17 世纪中叶以后的中国、朝鲜和日本》，载《台湾东亚文明研究学刊》第 3 卷第 1 期，2006 年。
葛兆光：《谁的思想史？为谁写的思想史？》，载氏著：《西潮又东风：晚清民初思想、宗教与学术十论》，上海：上海古籍出版社，2006 年。
董世俊：《为何种普遍主义辩护？——评赵敦华教授的"为普遍主义辩护"》，

《学术月刊》2007年第5期。

邓红:《何谓"日本阳明学"》,载《华东师范大学学报》2015年第4期。

郭齐勇:《东亚儒学核心价值观及其现代意义》,载《孔子研究》2000年第4期。

韩东育:《"仁"在日本近代史观中的非主流地位》,《历史研究》2005年第1期。

黄俊杰:《东亚近世儒学思潮的新动向:戴东原、伊藤仁斋与丁茶山对孟学的解释》,载《韩国学报》第1期,1981年4月。

黄俊杰《伊藤仁斋对〈论语〉的解释:东亚儒学诠释学的一种类型》,载《中山人文学报》15,2002年。

黄俊杰:《作为区域史的东亚文化交流史:问题意识与研究主题》,载《台大历史学报》第43期,2009年6月。

黄俊杰:《朱子〈仁说〉在德川日本的回响》,收入钟彩钧编:《"中央"研究院第四届国际汉学会议论文集:东亚视域中的儒学——传统的诠释》,台北:"中央"研究院中国文哲研究所,2013年10月。

黄心川:《中国与东方周边国家哲学的双向交流及其影响》,载《中国社会科学院研究生院学报》1999年第4期。

户仓恒信:《省思"东亚的近代"的必要性:从子安宣邦的"来台"意义谈起》,载《文化研究》第6期(增刊)2008年夏季号,台北:远流出版,2008年。

林庆彰:《明清时代中日经学研究的互动关系》,载《中国思潮与外来文化》,台北:"中央"研究院中国文哲研究所,2002年。

罗丽馨:《十九世纪以前日本人的朝鲜观》,载《台大历史学报》第38期,2006年12月。

刘纪蕙:《他者视点与方法:子安宣邦教授访谈》,载《文化研究》第6期(增刊)2008年夏季号,台北:远流出版,2008年。

李甦平:《东亚儒学与东亚意识》,载《中国文化》1998年春季号。

李明辉:《中央研究院"当代儒学主题研究计划"概述》,载《汉学研究通讯》19:4,台北:汉学研究中心,2000年11月。

蓝弘岳:《战后日本学界德川儒学研究史论评:以对丸山真男〈日本政治思想史研究〉的批判与修正为中心》,载黄俊杰编:《东亚儒学研究的回顾与展望》,上海:华东师范大学出版社,2008年。

潘朝阳:《从原乡生活方式到中华文化主体性——台湾的文化原则和方向》,载《台湾研究季刊》总第87期,厦门大学台湾研究院,2005年1月。

桑兵：《"兴亚会"与戊戌庚子间的中日民间结盟》，载《近代史研究》2006年第3期。

王尔敏：《清廷〈圣谕广训〉之颁行及民间之宣讲拾遗》，载《"中研院"近代史研究所集刊》22下，1993.6。

王汎森：《戊戌前后思想资源的变化：以日本因素为例》，载香港中文大学《二十一世纪》网络版，2002年9月号总第6期。

王汎森：《从东亚交涉史料看中国》，载日本关西大学《東アジア文化交渉研究》别册1，大阪：关西大学，2008年。

王晴佳：《中国近代"新史学"的日本背景——清末的"史界革命"与日本的"文明史学"》，载《台大历史学报》第32期，2003年。

吴震：《"心是做工夫处"——关于朱子"心论"的几个问题》，收入吴震主编：《宋代新儒学的精神世界》，上海：华东师范大学出版社，2009年。

吴震：《晚明时代儒家理论的宗教化趋向——以颜茂猷〈迪吉录〉为例》，载中国人民大学国学院《国学学刊》创刊号，2009年第1期。

吴震：《"事天"与"尊天"：明末清初地方儒者的宗教关怀》，台湾《清华学报》2009年第1期。

吴震：《以"讲会"兴起"善人"——17世纪东亚文化交涉与福建乡绅的讲学活动》，载日本关西大学《東アジア文化交渉研究》第3号，2010年3月。

吴震：《试说"东亚儒学"何以必要》，载《台湾东亚文明研究学刊》第8卷第1期，2011年6月。

吴震：《中国善书思想在东亚的多元形态——从区域史的角度看》，《复旦学报》2011年第5期。

吴震：《"东亚儒学"刍议——普遍性与特殊性问题为核心》，载《中国学术》总第31辑，北京：商务印书馆，2012年。

吴震：《鬼神以祭祀而言——关于朱子鬼神观的若干问题》，载《哲学分析》2012年第3卷第5期。

吴震：《宋代政治思想史上的"皇极"解释——以朱熹〈皇极辨〉为中心》，《复旦学报》2012年第6期。

吴震：《德川日本心学运动中的中国因素——兼谈"儒学日本化"》，载《中华文史论丛》2013年第2期。

吴震：《德川儒者荻生徂徕的经典诠释方法论初探》，《中山大学学报》2014年第3期。

徐兴庆：《朱舜水与德川水户藩的礼制实践》，台湾大学《台大文史学报》第

75 期，2011 年。

余英时：《从价值系统看中国文化的现代意义》，载《余英时文集》第 3 卷，桂林：广西师范大学出版社，2004 年。

余英时：《中日文化交涉学的初步观察》，载关西大学《東アジア文化交渉学研究》别册 1，大阪：关西大学，2008 年。

余英时：《余英时谈治学经验》，载《东方早报·上海书评》2014 年 6 月 29 日。

叶国良：《"国立"台湾大学对日本汉学研究的努力》，载关西大学《アジア文化交流研究》第 5 号，大阪：关西大学，2010 年 2 月。

杨天石：《黄遵宪的〈朝鲜策略〉及其风波》，载氏著：《晚清史事》，北京：中国人民大学出版社，2007 年。

杨儒宾：《理学的仁说：一种新生命哲学的诞生》，载《台湾东亚文明研究学刊》第 6 卷第 1 期总第 11 期，2009 年。

章太炎：《答铁铮》，载《民报》第 14 号，1907 年。

庄礼伟：《"亚洲价值观"的语义与渊源考证》，载吴志攀、李玉主编，包茂红副主编：《东亚的价值》，北京：北京大学出版社，2010 年。

张崑将：《"顺""逆""去"中心的互动模式——以东亚儒学为中心的思考》，台湾大学高等人文社会科学研究院主办 2014 年 7 月 10 日 "东亚儒学研讨会" 会议论文。

张崑将：《安藤昌益的儒教批判及其对〈四书〉的评论》，载黄俊杰编：《东亚儒者的四书诠释》，台北：台湾大学出版中心，2005 年。

张崑将：《片山兼山〈论语一贯〉的解释特色》，载张崑将编：《东亚论语学：韩日篇》，台北：台大出版中心，2009 年。

赵敦华：《为普遍主义辩护——兼评中国文化特殊主义思潮》，《学术月刊》2007 年第 5 期。

2. 译文

子安宣邦：《"世界史"和日本近代的观点》，载《台大历史学报》第 28 期，2001 年 12 月。

子安宣邦：《作为事件的徂徕学：思想史方法的再思考》（朱秋而译），载《台大历史学报》第 29 期，2002 年 6 月。

土田健次郎：《伊藤东涯之〈论语〉研究》，载张崑将编：《东亚论语学：韩日篇》，台北：台大出版中心，2009 年。

山室信一：《"多而合一"的秩序原理与亚洲价值论》，载吴志攀、李玉主编，包茂红副主编：《东亚的价值》，北京：北京大学出版社，2010年。

中村春作：《荻生徂徕〈论语征〉及其后之〈论语〉注释》（金培懿译），载张崑将编：《东亚论语学：韩日篇》，台北：台大出版中心，2009年。

辻本雅史：《谈日本儒学的"制度化"——以十七至十九世纪为中心》（田世民译），载《台湾东亚文明研究学刊》第3卷第1期总第5期，2006年6月。

辻本雅史：《十八世纪后半期儒学的再检讨：以折衷派、正学派朱子学为中心》（田世民译），载张宝三、徐兴庆编：《德川时代日本儒学史论集》，台北：台大出版中心，2004年。

权五荣：《崔汉绮的生涯与气学》（邢东风译），载杨国荣主编：《思想与文化》第9辑，上海：华东师范大学出版社，2009年。

泽井启一：《近代日本儒学的展开》（廖肇亨译），载李明辉、陈玮芬主编：《现代儒家与东亚文明：地域与发展》，台北："中央"研究院中国文哲研究所，2004年。

梅约翰：《东亚儒学与中华文化民族主义：一种来自边缘的观点》，载复旦大学文史研究院编：《从周边看中国》，北京：中华书局，2009年。

渡边浩：《儒学史异同的解释："朱子学"以后的中国与日本》（蓝弘岳译），载张宝三、徐兴庆编：《德川时代日本儒学史论集》，台北：台大出版中心，2004年。

3. 日文

藤塚邻《物茂卿の〈論語徵〉と清朝の経師》，载《支那学研究》第4期，東京：斯文会，1935年2月。

津田左右吉：《東洋文化とは何か》，收入氏著：《シナ思想と日本》，東京：岩波書店，1938年。

尾崎秀実：《"東亜協同体"の理念とその成立の客観的基礎》，载《中央公論》1939年1月号。

高橋亨：《王道儒学より皇道儒学へ》，载朝鲜総督府《朝鮮》295，1939年。

丸山真男：《近世儒教の発展における徂徕学の特質並にその国学との関連》，载《国家学会雑誌》第54卷第2—4号，1940年。

丸山真男：《超国家主義の倫理と心理》，载《世界》第5号，1946年。

丸山真男：《近代日本思想史における国家理性の問題》（一）（《近代日本思想史上的国家理性的问题》），载《展望》1949年1月号。

丸山真男：《べら—〈徳川時代の宗教〉について》，载堀一郎、池田昭

译:《日本近代化と宗教倫理——日本近世宗教論》付録, 東京:未来社, 1962 年。

丸山真男:《闇斎学と闇斎学派》, 載《日本思想大系》31《山崎闇斎学派》, 東京:岩波書店, 1970 年。

丸山真男:《歴史意識の"古層"》, 載《日本の思想》第 6 卷《歴史思想集》別册, 東京:筑摩書房, 1972 年。

丸山真男:《政治意識の執拗低音》(原为英文讲演稿),《丸山真男集》第 12 卷, 東京:岩波書店, 1997 年。

丸山真男:《日本思想史における"古層"の問題》,《丸山真男集》第 11 卷, 東京:岩波書店, 1997 年。

丸山真男:《〈太平策〉考》, 載《日本思想大系》36《荻生徂徠》, 東京:岩波書店, 1973 年。

丸山真男:《近代的思维》, 載其著:《戦中と戦後の間:1936—1957》, 東京:みすず書房, 1976 年。

丸山真男:《福沢諭吉の儒教批判》, 載其著:《戦中と戦後の間:1936—1957》, 東京:みすず書房, 1976 年。

丸山真男:《原型・古層・執拗低音——日本思想史方法論についての私の歩み》, 加藤周一、木下順二、丸山真男、武田清子合著:《日本文化のかくれた形》, 東京:岩波書店, 1984 年。

丸山真男:《英語版への著者の序文》,《日本政治思想史研究》, 東京:東京大学出版会, 1983 年新装版。

丸山真男:《思想史の方法を摸索して——一つの回想》, 載《丸山真男集》第 10 卷, 東京:岩波書店, 1997 年。

丸山真男:《福沢・岡倉・内村》, 載其著:《忠誠と反逆——転形期日本の精神史学的位相》, 東京:筑摩書房, 1998 年。

柴田実:《〈都鄙問答〉の成立——石田梅岩の心学の諸典據について》, 載《史林》39 卷 6 号, 1956 年 11 月。

柴田実:《石門心学について》, 載《日本思想大系》42《石門心学》, 東京:岩波書店, 1971 年。

柴田実:《寛政異学の禁と心学》, 載《関西大学文学論集》創立九十周年纪念特輯, 1971 年 11 月。

大村興道:《清朝教育思想史における〈聖諭広訓〉の地位について》, 收入林友春編:《近世中国教育史研究》, 東京:国土社, 1958 年。

溝口雄三：《反宋学の道》，載《実存主義》第 54 号，東京：理想社，1960 年 12 月。

溝口雄三：《二つの陽明學》，載《理想》第 512 号，1981 年 1 月。

溝口雄三：《中国思想の受容について》，載《日本の美学》第 9 号，東京：ぺりかん社，1984 年。

今中寬司：《江戸時代の倫理思想》，載日本思想史研究会編《日本における倫理思想の展開》，東京：吉川弘文館，1965 年。

石毛忠：《戦国・安土桃山時代の倫理思想——天道思想の展開》，載日本思想史研究会編《日本における倫理思想の展開》，東京：吉川弘文館，1965 年。

酒井忠夫：《江戸前期日本における中国善書の流通》，《東方宗教》26 号，1965 年；

酒井忠夫：《近世日本文化に及ぼせる中国善書の影響并びに流通》，多賀称五郎編：《近世アジア教育史研究》，東京：文理書院，1966 年。

荒木見悟：《貝原益軒の思想》，《日本思想大系》34，東京：岩波書店，1970 年。

荒木見悟：《顏茂猷小論》，載氏著：《陽明学の開展と仏教》，東京：研文出版，1984 年。

西嶋定生：《東アジア世界の形成：総説》，岩波書店讲座《世界歴史》4，東京：岩波書店，1970 年。

今井淳：《飛驒の心学運動——二木长啸の〈講席日志〉》，載《専修大学人文学研究月報》第 15 号，1970 年。

二木長啸：《講席日志》（大野政雄整理），載飛驒乡土学会《飛驒春秋》第 150 号，1970 年 2 月。

長谷川伸三：《文政期下館町における石門心学の青少年教化の実際——中村兵左衛門家文書〈心学こゝろのしらべ〉の紹介》，載茨城県史編纂委員会《茨城県史研究》第 16 号，1970 年。

吉川幸次郎：《徂徠学案》，《日本思想大系》36《荻生徂徠》，東京：岩波書店，1973 年。

赖惟勤：《徂徠門弟以後の経学説の性格》，載《日本思想大系》37《徂徠学派》，東京：岩波書店，1973 年。

赖惟勤：《薮孤山と亀井昭陽父子》，載《日本思想大系》37《徂徠学派》，東京：岩波書店，1973 年。

尾藤正英：《儒教》，載尾藤正英編：《中国文化叢書》第 10 册《日本文化と中国》，東京：大修館，1974 年。

柏原佑泉：《浅井了意の教化思想》，笠原一男博士還暦記念会編：《日本宗教史論集》卷下，東京：吉川弘文館，1976 年。

下出積與：《江戸時代における農民と善書——〈太上感応編霊験〉について》，笠原一男博士還暦記念会編《日本宗教史論集》卷下，東京：吉川弘文館，1976 年。

小川武彦：《〈堪忍記〉の出典・上の一——中国種の説話を中心に》，載《近世文芸：研究と評論》第 10 号，早稲田大学文学部暉峻研究室，1976 年。

小川武彦：《〈堪忍記〉の出典・上の二——中国種の説話を中心に》，載《近世文芸：研究と評論》第 12 号，早稲田大学文学部暉峻研究室，1977 年。

白土わか：《日本霊異記にあらわれた因果応報思想》，載佛教思想研究会編《佛教思想》第 3 册，京都：平樂寺書店，1978 年。

源了圓：《石田梅岩論》，載古田紹欽、今井淳編：《石田梅岩の思想——"心"と"倹約"の哲学》，東京：ぺりかん社，1979 年。

逆井孝仁：《"通俗道徳"の思想構造——"心"の哲学成立の思想史的意義》，載古田紹欽、今井淳編：《石田梅岩の思想——"心"と"倹約"の哲学》，東京：ぺりかん社，1979 年。

川原彰編：《日本思想史における"古層"の問題——丸山真男先生をお招きして》，東京：慶應義塾大学内山秀夫研究会，1979 年。

佐佐博雄：《清法戦争と上海東洋学館の設立》，載《国士館大学文学部人文学会紀要》第 12 号，1980 年 1 月，网站 kiss.kokushikan.ac.jp/pages/。

玉懸博之：《近世前期における神観念》，載《神観念の比較文化論的研究》，東京：講談社，1981 年。

子安宣邦：《"誠"と近世的知の位相》，載《現代思想》第 10 卷第 12 号，東京：青土社，1982 年 9 月。

子安宣邦：《徂徠を語るとは何を語るのか》，載《思想》第 839 号，1994 年。

子安宣邦：《"東亜"概念と儒学》，載子安宣邦：《"アジア"はどう語られてきたか——近代日本のオリエンタリズム》，東京：藤原書店，2004 年。

子安宣邦；《昭和日本と"東亜"の概念》，載子安宣邦：《"アジア"はどう語られてきたか——近代日本のオリエンタリズム》，東京：藤原書店，2004 年。

子安宣邦：《何が問題なのか：広松渉"東亜新体制"発言をめぐって》，載子安宣邦:《"アジア"はどう語られてきたか——近代日本のオリエンタリズム》,東京:藤原書店,2004年。

子安宣邦:《朱子学と近代日本の形成——東亜朱子学の同調と異趣》,載《台湾东亚文明研究学刊》第3巻第1期,総第5期,2006年6月。

上山春平:《朱子〈家禮〉と〈儀禮経伝通解〉》,載《東方学報》第54号,1982年。

古川哲史:《〈万善簿〉と〈陰鷺録〉》,《季刊日本思想史》第19号"広瀬淡窓の思想"特集,東京:ぺりかん社,1983年。

岡田武彦:《朱子と智藏》,載其著:《中国思想における理想と現実》,東京:木耳社,1983年。

田原嗣郎:《山鹿素行と士道》,載《日本の名著》第12册《山鹿素行》,東京:中央公论社,1983年。

増淵龍夫:《日本の近代史学史における中国と日本(Ⅰ)——津田左右吉の場合》,載氏著:《历史家の同時代史的考察について》,東京:岩波書店,1983年。

田尻祐一郎:《音楽・神主と徂徠学——薮慎庵・安積澹泊との往復書簡をめぐって》,載《日本思想史研究》第14号,1983年。

福永光司:《津田左右吉博士と道教》,載《東方宗教》第61号,1983年。

平石直昭:《戦中、戦後徂徠論批判——初期丸山、吉川両学説の検討を中心に》,載《社会科学研究》39巻1号,1987年。

平石直昭:《徳川思想史像の綜合的構成——"日本化"と"近代化"の統一をめざして》,平成6—7年度科学研究費補助金(綜合研究A)研究成果報告書(非公開出版物),1996年3月。

陶德民:《和刻本〈聖諭広訓〉に関する再考》,載《懷徳》第57号,東京:汲古書院,1988年。

藤谷浩悦:《戊戌変法と東亜会》,《史峰》第2号,1989年3月。

川村肇:《幕末在村"知識人"の儒学知の性格——一八三〇年代信州松尾亭庵の事例》,載《日本の教育史学》第33集,1990年。

川村肇:《渉川における幕末の儒学——"性"と教育、"忠信"と易姓革命》,載《日本教育史研究》第10号,1991年。

川村肇:《幕末における在村の儒学と主体形成——武蔵国秩父、若林嘉陵の事例》,載《教育学研究》第59巻第2号,1992年。

川村肇:《江戸時代後期の在存知識人の儒学——甲斐国市川大門、座光寺南屏の事例》，載《鳴門教育大学研究紀要（教育科学編）》第 10 巻，1995 年。

川村肇：《民衆儒学へのアプローチ——教育史の窓から》，載《江戸の時代》第 3 号，東京：ぺりかん社，1996 年。

田原嗣郎：《日本の"公・私"》，載溝口雄三：《中国の公と私》，東京：研文出版，1995 年。

相良亨：《人倫日用における超越——伊藤仁斎の場合》，収入《相良亨著作集》第 2 冊，東京：ぺりかん社，1996 年。

花田富二夫：《浅井了意の文事——〈堪忍記〉を中心に》，載長谷川強編《近世文学の俯瞰》，東京：汲古書院，1997 年。

広松渉：《東北アジアが歴史の主役に——日中を軸に"東亜"の新体制を》，載《広松渉著作集》第 14 巻，東京：岩波書店，1997 年。

石田雄：《丸山真男と市民社会》，載国民文化会議編：《丸山真男と市民社会》，東京：世織書房，1997 年。

小島毅：《地域からの思想史》，載溝口雄三等編：《交錯するアジア》，"アジアから考える" 1，東京：東京大学出版会，1993 年。

柄谷行人：《戦後の思考》，東京：文芸春秋，1994 年。

狭間直樹：《初期アジア主義についての史的考察》，連載《東亜》第 410—416 号，2001 年 8 月—2002 年 2 月。

酒井直樹：《丸山真男と忠誠》，載《現代思想》第 22 巻第 1 号，東京：青土社，1994 年。

成海俊：《〈明心宝鑑〉が日本文学に与えた影響——とくに小瀬甫庵の〈明意宝鑑〉との関連をめぐって》，載《日本思想史研究》27，1996 年。

黒住真：《日本思想とその研究——中国認識をめぐって》，載東京大学《中国——社会と文化》第 11 号，1996 年。

黒住真：《徳川儒教と明治におけるその再編》，載氏著：《近世日本社会と儒教》，東京：ぺりかん社，2003 年。

緒形康：《他者像の変容——中国への眼差》，載《江戸の思想》第 4 号，東京：ぺりかん社，1996 年。

葛西弘隆：《丸山真男の"日本"》，載酒井直樹等編：《ナショナリティの脱構築》，東京：柏書房，1996 年。

高橋文博：《〈鑑草〉再考》，載《季刊日本思想史》第 54 号，東京：ぺりかん社，1999 年。

水林彪：《原型（古層）論と古代政治思想論》，載大隅和雄、平石直昭編：《思

想史家丸山真男論》，東京：ぺりかん社，2002年。

安丸良夫：《丸山思想史学と思惟様式論》，載大隅和雄、平石直昭編：《思想史家丸山真男論》，東京：ぺりかん社，2002年。

沢井啓一：《丸山真男と近世／日本／思想史研究》，載大隅和雄、平石直昭編：《思想史家丸山真男論》，東京：ぺりかん社，2002年。

沢井啓一：《"近代儒教"の生産と丸山真男》，載《現代思想》第42巻第11号，2014年8月臨時増刊号。

夫馬進：《朝鮮燕行使申在植の〈筆譚〉に見える漢学・宋学論議その周辺》，載岩井茂樹編：《中国近世社会秩序の形成》，京都：京都大学人文科学研究所，2004年3月。

夫馬進：《朝鮮通信使による日本古学の認識——朝鮮燕行使による清朝漢学の把握を視野に入れ》，載《思想》981号，東京：岩波書店，2006年1月。

夫馬進：《一七六四年朝鮮通信使と日本の徂徠学》，載京都大学文学部《史林》89巻5号，2006年9月。

夫馬進：《一七六五年洪大容の燕行と一七六四年朝鮮通信使——両者が体認した中国・日本の"情"を中心に》，載東洋史研究会《東洋史研究》第67巻第3号，2008年12月。

岸本美緒：《東洋のなかの東洋学》，《岩波講座："帝国"の学知》第3巻，東京：岩波書店，2006年。

陶德民：《周振鶴の新著〈聖諭広訓：集解与研究〉について》，関西大学アジア文化交流センター《還流》第3号，大阪：関西大学，2006年。

吉田公平：《石門心学と陽明学》，載今井淳、山本真功編：《石門心学の思想》，東京：ぺりかん社，2006年。

荻生茂博：《大国主義と日本の"実学"》，載氏著：《近代・アジア・陽明学》，東京：ぺりかん社，2008年。

吾妻重二：《江戸初期における学塾の発展と中国、朝鮮》，載関西大学《東アジア文化交渉研究》第2号，2009年3月。

吾妻重二：《水戸徳川家と儒教儀礼——祭礼を中心に》，載《アジア文化交流研究》第3号，大阪：関西大学アジア文化交流センター，2008年。

吾妻重二：《日本における〈家禮〉の受容——林鵞峰〈泣血余滴〉〈祭奠私議〉を中心に》，吾妻重二、朴元在編：《朱子家禮と東アジアの文化交渉》，東京：汲古書院，2012年。

前川亨：《身体感覚としての孝——二十四孝と宝巻にみる孝の実践形態》，

載土屋昌明編：《東アジア社会における儒教の変容》，東京：専修大学出版局，2007年。

大川真：《近世王権論研究の新たな視座——文武論をてかがりとして》，載《日本思想史研究》第36号，2004年。

土田健次郎：《東アジアにおける朱子学の機能——普遍性と地域性》，載《アジア地域文化学の構築》，京都：雄山閣，2006年。

藤田高夫：《東アジア文化交渉学の構築にむけて》，載《東アジア文化交渉学研究》創刊号，大阪：関西大学，2008年。